普通高等教育"十一五"国家级规划教材

普通高等教育精品教材

浙江省高等教育重点建设教材

浙江省普通高校"十三五"新形态教材

ECONOMICS

经济学原理

（第四版）

主　编 ◎金立其

副主编 ◎俞　涔

ZHEJIANG UNIVERSITY PRESS

浙江大学出版社

图书在版编目(CIP)数据

经济学原理 / 金立其主编.—4 版.—杭州：浙江大学出版社，2018.8(2020.8 重印)

ISBN 978-7-308-18288-1

Ⅰ.①经… Ⅱ.①金… Ⅲ.①经济学—高等学校—教材 Ⅳ.①F0

中国版本图书馆 CIP 数据核字（2018）第 117275 号

经济学原理（第四版）

金立其　主　编

俞　涔　副主编

责任编辑	朱　玲	
责任校对	高士吟	
封面设计	春天书装	
出版发行	浙江大学出版社	
	（杭州市天目山路 148 号　邮政编码 310007）	
	（网址：http://www.zjupress.com）	
排　版	杭州林智广告有限公司	
印　刷	杭州高腾印务有限公司	
开　本	889mm×1194mm　1/16	
印　张	22.75	
字　数	471 千	
版印次	2018 年 8 月第 4 版　2020 年 8 月第 4 次印刷	
书　号	ISBN 978-7-308-18288-1	
定　价	49.00 元	

　　教材是教学内容和教学方式的载体,是把教育思想、观念、宗旨等转变为具体教育现实的中介,是教学基本建设和教学改革的一个重要方面,是实现培养目标的重要工具。它对于提高教学质量、深化课程内容体系改革、推动高职高专教育的发展、办出高职高专院校的特色具有重要意义。

　　《经济学原理》一书自 2004 年出版以来,被全国多所高职高专院校选用,受到了广泛的好评;先后被确定为浙江省高等教育重点建设教材(2005 年)、普通高等教育"十一五"国家级规划教材(2006 年)、浙江省商业教育研究会教学成果一等奖(2007 年)、普通高等教育精品教材(2011 年)。《经济学原理》是高职高专经济管理类专业的基础理论课程教材,编者努力使本教材体现高职高专特点,具备先进性和整体性。内容选择、教材体例、教学方法、学习方法和实训配套等方面既体现最新的经济学理论动态,又突出高职高专教育注重应用能力培养的特点。教材摆脱了冗长的理论分析,增加并充实了图、表、应用实例等内容;对职业岗位所需知识和能力结构进行恰当的设计与安排,在知识的实用性、综合性上下功夫,理论联系实际,加强学生思维训练,把学生应用能力培养融入教材;同时,从实现高职高专人才培养目标着眼,从人才所需知识、能力、素质出发,强调教材的整体优化,注意处理好课程前后衔接、理论教学与课程训练衔接等问题;项目体例设计符合教学规律和学生的认知规律及能力养成规律。

　　近年来,随着移动互联技术的高速发展与飞速普及,在"互联网+"背景下,传统纸质教材与数字化教学资源融合形成的新形态教材开始成为教材建设的一种新趋势。读者群体深受互联网影响,思想多元、开放,社交和尊重成为其主要需求,因此,教材应更注重趣味性和参与性;而互联网、多媒介、智能与社交技术的发展以及印刷等技术的变化,也要求教材多种表现形式的有机统一。为了进一步推进课堂教学创新,提升教学服务质量,引领新型教材改革,《经济学原理》教材的变革迫在眉睫。

编者遵循"一本书"带走"一个课堂"理念，带领教材编写团队以"新阅读·新体验·新融合"为主旨，结合实践应用，探索纸质教材、电子教材、网络资源、教学终端一体化，打造新形态《经济学原理》(第四版)教材。本教材依托优质资源，从教材出版向教学服务延伸，实现教学内容、教学技术与教学管理的紧密结合，既突破传统教材的局限，以二维码连接纸书与课程资源，又为传统课堂教学模式的创新提供了辅助工具，以立方书 App(应用程序)的互动特性支撑教师教学与学生自学的实时交互，将教材、课堂、教学资源三者融合，营造教材即课堂、教材即教学服务、教材即教学环境的产品生态，极大地增强了教学资源的丰富性、动态性及学生学习的实效性。本教材每章前面都有"导入语"和"学习目标"；每章中都有有利于理解本章原理的"资料卡"和"知识链接"，并穿插大量的"即问即答"和"同步训练"；每章后附有"本章小结"(框架体系、主要术语、主要理论)、"理论自测"(客观题、主观题)、"应用自测"和"案例分析"(案例评论、决策设计)以及学生学习的"自我评价表"。期望依照"理论讲透、实务足够、案例同步、实训到位"的原则开展教学，努力做到"教学目标""教学内容""章后自测"和"学习评价"的内在统一。

　　本次新形态教材修订工作分工如下：金立其教授负责修订方案的制定和栏目体例的设计，并总纂和审定全书，俞洚教授负责文字与网络资源的统筹与汇总以及第 11 章的修订，李莉老师负责第 1、2 章的修订，刘潇潇老师负责第 3 章的修订，吴哲老师负责第 4 章的修订，吴后宽老师负责第 5 章的修订，吴亚军老师负责第 6 章的修订，虞最老师负责第 7、9 章的修订，吕宏芬教授负责第 8、10 章的修订。本教材的修订得到了浙江省高职高专教育工商管理类专业教学指导委员会及有关兄弟院校的大力支持。在编写和修订本教材的过程中，编者参考了国内外有关著作等文献资料，在此一并表示感谢。限于时间和编者水平因素，教材中定有诸多纰漏和不足，请广大读者指正。

编　者

2018 年 8 月 10 日

目录
CONTENTS

第1章 绪 论

1.1 经济学的研究对象 / 1

1.2 经济学的研究方法 / 6

1.3 微观经济学与宏观经济学 / 15

【本章小结】/ 20

【理论自测】/ 21

【应用自测】/ 22

【案例分析】/ 23

【自我评价】/ 25

第2章 价格理论

2.1 需求理论 / 27

2.2 供给理论 / 33

2.3 均衡价格理论 / 37

2.4 弹性理论 / 46

【本章小结】/ 55

【理论自测】/ 56

【应用自测】/ 58

【案例分析】/ 58

【自我评价】/ 60

第3章 消费理论

3.1 效用理论 / 62

3.2 边际效用分析与消费者均衡 / 66

3.3 无差异曲线分析与消费者均衡 / 72

3.4 公共物品与消费政策 / 84

【本章小结】/ 86

【理论自测】/ 88

【应用自测】 / 90

【案例分析】 / 90

【自我评价】 / 92

第4章 生产与成本理论

4.1 生产理论 / 94

4.2 成本理论 / 108

4.3 收益与利润最大化 / 118

【本章小结】 / 121

【理论自测】 / 122

【应用自测】 / 124

【案例分析】 / 125

【自我评价】 / 127

第5章 市场理论

5.1 完全竞争市场与厂商均衡 / 129

5.2 完全垄断市场与厂商均衡 / 136

5.3 垄断竞争市场与厂商均衡 / 142

5.4 寡头垄断市场与厂商均衡 / 147

5.5 产业政策 / 153

【本章小结】 / 159

【理论自测】 / 160

【应用自测】 / 162

【案例分析】 / 162

【自我评价】 / 164

第6章 分配理论

6.1 生产要素的需求与供给 / 166

6.2 工资理论 / 167

6.3 利息理论 / 171

6.4 地租理论 / 174

6.5 利润理论 / 177

6.6 社会收入的分配及政策 / 178

【本章小结】 / 184

【理论自测】 / 186

【应用自测】 / 188

【案例分析】 / 188

【自我评价】 / 191

第7章 国民收入决定理论

7.1 国民收入核算理论 / 193

7.2 简单国民收入决定模型 / 203

7.3 IS-LM 模型 / 210

7.4 总需求—总供给模型 / 215

【本章小结】 / 220

【理论自测】 / 221

【应用自测】 / 223

【案例分析】 / 224

【自我评价】 / 227

第8章 失业与通货膨胀理论

8.1 失业理论 / 229

8.2 通货膨胀理论 / 235

8.3 失业与通货膨胀的关系 / 246

【本章小结】 / 249

【理论自测】 / 250

【应用自测】 / 252

【案例分析】 / 253

【自我评价】 / 256

第9章 经济周期与经济增长理论

9.1 经济周期理论 / 257

9.2 经济增长理论 / 266

【本章小结】 / 278

【理论自测】 / 279

【应用自测】 / 280

【案例分析】 / 280

【自我评价】 / 283

第 10 章　**宏观经济政策**

10.1　宏观经济政策概述　/　285

10.2　财政政策　/　287

10.3　货币政策　/　295

10.4　供给管理政策　/　303

10.5　宏观经济政策的运用与作用　/　306

【本章小结】　/　309

【理论自测】　/　310

【应用自测】　/　312

【案例分析】　/　312

【自我评价】　/　316

第 11 章　**开放经济理论**

11.1　开放经济与国际贸易　/　318

11.2　国际收支　/　324

11.3　汇率理论　/　333

11.4　开放经济中国民收入的均衡　/　340

11.5　对外经济政策　/　344

【本章小结】　/　348

【理论自测】　/　349

【应用自测】　/　351

【案例分析】　/　352

【自我评价】　/　354

参考文献　/　355

第1章

绪　论 ▶▶▶

- 经济学的研究对象
- 经济学的研究方法
- 微观经济学与宏观经济学

教学说明

导入语

经济生活,即物质资料的生产和消费,是人类社会赖以生存和发展的基本物质基础。当今世界,经济失衡、贫富对立、失业、通货膨胀、经济停滞、国际经济冲突等,仍然是各国所面临的难题。透过各种表面现象,所有的经济问题其实都产生于一个不可避免的事实:任何社会、组织或个人总是无法得到自己想要的一切东西,总是生活在一个存在"稀缺性"的世界中,总是充满了各种各样的选择。经济学正是为解决这些问题而生的。

本章将介绍你将要学习的学科基本情况,包括经济学产生的根源及定义、经济学所要解决的问题、经济学的框架体系和主要内容、经济学的研究和分析问题的方法以及微观经济学和宏观经济学的基础知识。

学习目标

◎ 明白什么是经济学,经济学因何而生;

◎ 理解经济学所要解决的问题;

◎ 把握经济学研究问题的方法、技术和工具;

◎ 了解经济学的主要内容。

1.1　经济学的研究对象

人类经济问题产生的根源在于资源的有限性。一方面,相对于人类的无穷欲望而言,人类已有的资源太少了;另一方面,由于自然或社会的原因,这些有限的资源还往往得不到充分的利用。因此,如何合理地配置和利用有限的资源,就成为人类社会永恒的问题。经济学研究的对象正是由这种资源的有限性所决定的。

1.1.1 稀缺性

生产需要各种资源(资本、人力、自然资源等),如果这些资源是无限的,能生产出来的产品也是无限的,那么,就不需要经济学了。但谁都知道,人类社会的资源永远是有限的。这种资源的有限性被称为**稀缺性(scarcity),即相对于人类社会的无穷欲望而言,经济物品,或者说生产这些物品所需要的资源总是不足的。**

即问即答

> 稀缺性是(　　)存在的,它是对应于(　　)而言的。
>
> A. 绝对　　　　　　　　　　B. 相对
>
> C. 人类欲望的无限性　　　　D. 人类欲望的有限性

资料卡 1-1

稀缺性的现实

一个孩子想要一罐75美分的饮料和一包50美分的口香糖,但她口袋里只有1美元,她遇到了稀缺性问题;一个学生想在周六晚上参加一个聚会,但又想把这个晚上用来补上近来的作业,他遇到了稀缺性问题;一个百万富翁想用周末打高尔夫球和出席一个企业战略会议,但两者不能兼得,他遇到了稀缺性问题……人们需要许多舒适而宽敞的住房,但社会能用于建房的土地、资金、材料、人力总是有限的。这就说明,任何社会、组织和个人都无时不遇到稀缺性问题。

(资料来源:迈克尔·帕金.经济学(第5版)[M].梁小民,译.北京:人民邮电出版社,2003:2)

这里要注意的是,经济学上所说的稀缺性是指相对稀缺性,也就是说,稀缺性不是指能用于生产的资源的绝对数量有多少,而是指相对于人类欲望的无限性而言,再多的资源也是不足的。但是,这种稀缺性的存在又是绝对的,它存在于人类历史的各个时期和一切社会中。稀缺性是人类社会永恒的问题,只要有人类社会,就会有稀缺性。

经济学就是研究如何用有限的资源来满足无限的欲望,它产生于稀缺性的存在。

同步训练

> 目标:理解稀缺性与经济学的关系。

1.1.2 选择、资源配置与机会成本

1.1.2.1 选择与资源配置

人类社会的无穷欲望有轻重缓急之分,因而在解决稀缺性问题时,就必须对如何使用资源做出选择。**所谓选择(choice),就是要决定如何用有限的资源去生产经济物品,以更好地满足人类的需求。**这就是说,我们拥有的资源不能满足所有的欲望,必须按照一定的原则决定先满足哪些欲望,后满足哪些欲望。由于稀缺性迫使我们做出选择,所以经济学又被称为"选择的科学"。

资料卡 1-2

生活充满了选择

你的每一天生活都充满了选择:什么时候起床?今天你穿什么衣服?你将吃什么早饭?你是开车去学校还是坐公共汽车?你将听什么课?你将完成哪项任务?……有时,你面临可以改变你整个生活方向的决策:你将学什么专业?当你做出你自己的决策时,其他人也在做出他们的决策,而且其他人做出的某些决策将影响你以后的决策。……所有这些由你和其他人做出的选择和决策都是生活中经济学的例子。

(资料来源:迈克尔·帕金.经济学(第 5 版)[M].梁小民,译.北京:人民邮电出版社,2003:1)

在做出选择时,一个重要的原则就是要使从这种选择中所得到的收益与为此付出的代价达到平衡。在尽可能大的范围内实现这种平衡,即最好地利用有限的资源而达到最优化(optimizing)或经济化(economizing),这是做出选择的基本原则。

资料卡 1-3

智猪博弈

"智猪博弈"是一个著名的纳什均衡例子:假设猪圈里有一头大猪、一头小猪。猪圈的一头有猪食槽,另一头安装着控制猪食供应的按钮,按一下按钮会有 10 个单位的猪食进槽,但是谁按按钮就会首先付出 2 个单位成本。若大猪先到槽边,大、小猪吃到食物的收益比是 9∶1;若大、小猪同时到槽边,收益比是 7∶3;若小猪先到槽边,收益比是 6∶4。那么,在两头猪都有智慧的前提下,最终结果是小猪选择等待。

博弈论

实际上让大猪去按控制按钮,而小猪选择"坐船"(或称为"搭便车")的原因很简单:在大猪选择行动的前提下,小猪如果也行动的话,小猪可得到 1 个单位的纯收益(吃到 3 个单位食品的同时付出 2 个单位的成本,以下纯收益计算相同);而小猪等待的话,则可以获得 4 个单位的纯收益,等待优于行动。在大猪选择等待的前提下,小猪如果行动的话,小猪的收入将不抵成本,纯收益为—1 个单位;如果小猪也选择等待,那么小猪的收益为零,成本也为零。总之,对于小猪来说,等待还是优于行动的。

"选择"包括以下四个相关的问题。

第一,生产什么与生产多少。因为资源是有限的,社会必须决定用这些有限的资源生产什么、各生产多少,以满足哪些欲望。例如,只有一定量的土地和其他资源,是用来生产粮食以满足人们食的欲望,还是用来修建高尔夫球场以满足人们运动的欲望?或者说,用这些有限的土地生产多少粮食,修建多少高尔夫球场?

第二,如何生产,即用什么方法来生产。在生产产品和提供劳务的过程中,要使用各种不同的资源(生产要素),生产方法实际就是寻求各种生产要素组合的方法。是多用资本、少用劳动,用资本密集型方法来生产,还是少用资本、多用劳动,用劳动密集型方法来生产?不同的资源组合方式,即不同的生产方法可以达到相同的产量,但在不同的情况下,其经济效率并不相同。如何生产就是要决定在若干种资源组合方式中使用哪一种,以实现效率更高。

第三,在什么时候生产与什么地方生产。在什么时候生产就是要决定是常年生产,还是季节生产;什么时候应该扩大生产产量,什么时候又应该减少生产产量。在什么地方生产就是要决定在本地生产,还是在外地生产;在国内生产,还是在国外生产,等等。

第四,为谁生产,即生产出来的产品谁来消费。这取决于人们的收入,所以这是一个社会财富的分配问题。谁应该多得?谁应该少得?社会将按什么标准进行社会收入的分配?

稀缺性是人类社会各个时期都面临的永恒的问题,所以,生产什么与生产多少、如何生产、何时与何地生产以及为谁生产等问题,是人类社会所必须解决的基本问题。这些问题被称为资源配置问题。

经济学是为解决稀缺性问题而产生的,因此,经济学所研究的对象就是由稀缺性而引起的选择问题,即资源配置问题。也正是在这种意义上,许多经济学家把经济学定义为"研究稀缺资源在各种可供选择的用途之间进行分配的科学"。

1.1.2.2 机会成本

机会成本

机会成本(opportunity cost)是指如果一种生产要素被用于某一特定用途,它便放弃了在其他替代用途上可能获取的种种收益,所放弃的收益中最大的收益就是这一特定用途的机会成本。机会成本是由选择所引起的,它的存在需要两个前提条件:第一,生产要素是稀缺的;第二,生产要素是具有多种用途的。

●●● 即问即答

Q 即问即答

如果你打算在周末找份校外兼职,岗位及待遇如下,你会选择(　　　),你的机会成本是(　　　)。

A. 星巴克咖啡服务员,每天工作 8 小时,日薪 100 元

B. 广告传单派发员,每天工作 8 小时,日薪 120 元

C. 便利店售货员,每天工作 10 小时,日薪 110 元

机会成本的故事

机会成本是做出一项决策时所放弃的其他可供选择的最好用途。例如，某人有 10 万元资金，可供选择的用途及各种用途可能获得的收入是：开商店获利 2 万元，开饭店获利 3 万元，炒股获利 3.5 万元，进行期货投机获利 4 万元。如果某人选择把 10 万元用于期货投机，则放弃的其他可供选择的用途是开商店、开饭店和炒股。在所放弃的用途中，最好的用途是炒股（可获利 3.5 万元）。所以，在选择进行期货投机时，机会成本就是炒股。或者说，选择进行期货投机获利 4 万元的机会成本是所放弃的炒股可能获得的 3.5 万元。

（资料来源：梁小民.西方经济学教程[M].北京：中国统计出版社，2000：156）

从机会成本的角度考虑问题，要求我们把每种生产要素用在能取得最佳经济效益的地方，做到物尽其用、人尽其才，否则，所损失的潜在收益将会超过所取得的现实收益，生产要素的配置不合理，将造成生产资源的浪费。必须注意到，机会成本只是一种对生产要素使用上的不同选择而产生的相对成本，它并不是一种会计成本。

1.1.3 资源利用

人类社会往往面临这样一种矛盾：一方面资源是稀缺的，另一方面稀缺的资源又得不到充分的利用。如失业问题，从某种意义上讲也是人力资源的浪费。这样，资源的稀缺性又引出了另一个问题——资源利用。所谓资源利用，就是人类社会如何更好地利用现有的稀缺资源，生产出更多的物品。

表 1-1　就业基本情况

项　目	2012 年	2013 年	2014 年	2015 年
经济活动人口/万人	78894	79300	76690	80091
就业人员合计/万人	76704	76977	77253	77451
城镇登记失业人数/万人	917	926	952	966
城镇登记失业率/%	4.10	4.05	4.09	4.05

（资料来源：中华人民共和国国家统计局.中国统计年鉴 2016[M].北京：中国统计出版社，2016）

资源利用包括以下三个相关的问题。

第一，为什么资源得不到充分的利用。换句话说，就是如何能使稀缺的资源得到充分利用，如何在资源既定的情况下，使产品和劳务的产量达到最大。这就是一般所说的

"充分就业"问题。

第二,在资源既定的情况下,为什么产量有时高有时低,即尽管资源没变,但产品和劳务的产量为什么不能始终保持最大化。也就是说,经济为什么会周期性波动。与此相关的是,如何用既定的资源生产出更多的产品,提供更多的劳务,即实现经济增长。这就是一般所说的"经济波动与经济增长"问题。

第三,现代社会是一个以货币为交换媒介的商品社会,货币购买力的变动对资源稀缺所引起的各种问题的解决都影响甚大。这样,在解决资源稀缺问题时,就必然涉及货币购买力的变动问题。这也就是一般所说的"通货膨胀(或通货紧缩)"问题。

●●● 同步训练

> 目标:理解资源配置与资源利用的经济学意义。

综上可以看出,稀缺性不仅引起了资源配置问题,而且引起了资源利用问题。正因为如此,许多经济学家认为把经济学定义为"研究稀缺资源配置和利用的科学"也许更恰当一些。

1.2 经济学的研究方法

1.2.1 实证与规范

经济学是一门社会科学,经济学家的主要目标是发现经济世界是如何运行的。在实现这个目标时,经济学家区分了两种类型的表述:是什么(what is)和应该是什么(what ought to be)。关于"是什么"的表述是实证表述(positive statements),关于"应该是什么"的表述是规范表述(normative statements)。

资料卡 1-6

实证表述与规范表述的例子

一些科学家认为,几个世纪以来烧煤和石油增加了空气中二氧化碳的含量,并引起最终摧毁这个星球上一系列生命的气温升高。"我们的星球正在变暖是因为空气中二氧化碳排放量的增加"是一种实证表述。它可以(而且在原则上要有充分的数据)进行检验。"我们应该减少对煤和石油这类以二氧化碳为基础的燃料的使用"是一种规范的表述。你可以同意或不同意这种表述,但你不能检验它,它取决于价值观。

(资料来源:迈克尔·帕金.经济学(第5版)[M].梁小民,译.北京:人民邮电出版社,2003:11)

可见,实证表述是对现象的客观描述,它可能是真实的,也可能是虚假的。这种关于表述是真实的还是虚假的争论,最终可以通过认真的观察和度量来解决。规范表述是关于看法的,不同的人有不同的价值判断标准,对同样的事实会有截然不同的看法。对一种规范表述的争论却不能用检验的方法解决。

以实证表述为内容的经济学称为实证经济学(positive economics),以规范表述为内容的经济学称为规范经济学(normative economics)。

●●●● 同步训练

目标:理解实证和规范的表述方法。

同步训练

1.2.2　经济理论模型

经济学的任务是发现并列出实证表述,这种实证表述与我们在世界上观察到的事实一致,并能使我们理解经济是如何运行的。为了完成这种任务就要提出经济理论模型。

一个完整的理论模型包括定义、假设、假说和预测。

定义是对经济学所研究的各种经济变量明确含义的规定。

知识链接

> 经济变量
>
> 在经济分析中常用的变量包括内生变量与外生变量、存量与流量。
>
> 内生变量是"一种理论内所要解释的变量";外生变量是"一种理论内影响其他变量,但本身由该理论外的因素所决定的变量"。
>
> 存量是指一定时点上存在的变量的数值,其大小与时间维度无关;流量是指一定时期内存在的变量的数值,其数值大小与时间维度相关。
>
> (资料来源:梁小民.西方经济学教程[M].北京:中国统计出版社,2000:21)

假设是某一理论所适用的条件。离开了一定的假设条件,分析与结论都是毫无意义的。例如,需求定理是在假设消费者收入、偏好、人口量、社会风尚等不变的前提下分析需求量与价格之间的关系,离开这些假设,需求定理所说明的需求量与价格反方向变动的理论就没有意义。

假说是对两个或更多的经济变量之间关系的阐述,也就是未经证明的理论。

预测是指根据假说对未来进行预测。预测是否正确是对假设的验证。

如图 1-1 所示。

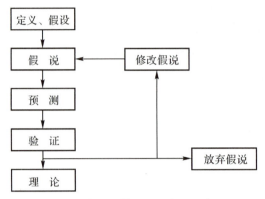

图 1-1　经济理论模型的组成及形成过程

知识链接

合成谬误与后此谬误

某个原因而对个体来说是对的,并据此认为其对整体来说也是对的,这就是合成谬误。

观察到事件 A 在事件 B 之前的事实并不能证明事件 A 是事件 B 的原因,认为"在此事件之后"便意味着"因为此事件"就是犯了后此谬误。

(资料来源:保罗·A.萨缪尔森,威廉·D.诺德豪斯.经济学(第 12 版)[M].高鸿业,等译.北京:中国发展出版社,1992:12-13)

运用实证分析所得出的各种理论可以用不同的方法进行表述,即同样的理论内容可以用不同的方法表述。一般来说,经济理论有四种表述方法。

第一,口述法或称叙述法,即用文字来表述经济理论。

第二,算术表示法或称列表法,即用表格来表述经济理论。

第三,几何等价法或称图形法,即用几何图形来表述经济理论。

第四,代数表达法或称模型法,即用函数关系来表述经济理论。

1.2.3　实证分析工具

经济学中运用实证分析法分析经济问题,形成理论时,运用了各种分析工具,主要包括:均衡分析与非均衡分析,静态分析与动态分析,静态均衡分析、比较静态均衡分析和动态均衡分析。

1.2.3.1　均衡分析与非均衡分析

19 世纪末,英国经济学家 A.马歇尔把物理学中的"均衡"概念引入经济学。均衡是指经济中各种对立的、变动着的力量处于一种力量相当、相对静止、不再变动的状态。均衡分析是分析各种经济变量之间的关系,说明均衡的实现及其变动。均衡分析又可以分为局部均衡分析与一般均衡分析。局部均衡分析考察在其他条件不变时单个市场均衡的建立与变动;一般均衡分析考察各个市场的均衡问题。

均衡分析偏重于数量分析,非均衡分析则认为经济现象及其变化的原因是多方面的、复杂的,不能单纯用有关变量之间的均衡与不均衡来解释,而主张以历史的、制度的、社会的因素来分析,即使是量的分析,非均衡也不是强调各种力量相等时的均衡状态,而是强调各种力量不相等时的非均衡状态。

1.2.3.2 静态分析与动态分析

静态分析与动态分析的基本区别在于时间因素的引入。静态分析考察一定时期内各种变量之间的关系,而动态分析考察各种变量在不同时期的变动情况。也就是说,静态分析主要是横断面分析,不涉及时间因素所引起的变动,即研究经济现象的相对静止状态;而动态分析主要是一种时间序列分析,涉及时间因素所引起的变动,研究经济现象的发展变化过程。

1.2.3.3 静态均衡分析、比较静态均衡分析和动态均衡分析

把均衡分析与静态分析和动态分析结合在一起就产生了三种分析工具:静态均衡分析、比较静态均衡分析和动态均衡分析。静态均衡分析要说明各种经济变量达到均衡的条件;比较静态均衡分析要说明从一种均衡状态变动到另一种均衡状态的过程,即原有的条件发生变动时均衡状态发生了什么相应的变化,并把新旧均衡状态进行比较;动态均衡分析则要在引进时间因素的基础上说明均衡的实际变化过程,说明某一时点上经济变量的变动如何影响下一时点上该经济变量的变动,以及这种变动对整个均衡状态变动的影响。

1.2.4 绘制与运用图形

经济学家研究的许多概念可以用经济变量来表示,而这些经济变量往往是相互关联的,表述变量之间关系的一种方法就是绘制与运用图形。

1.2.4.1 一个变量的图形

常见的一个变量的图形有三种:圆形图、柱形图和时间序列图,如图 1-2、图 1-3、图 1-4所示。

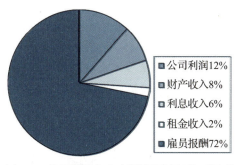

图 1-2　美国国民收入来源[圆形图(截面图)]

图 1-3　2017 年多国人均 GDP(柱形图)

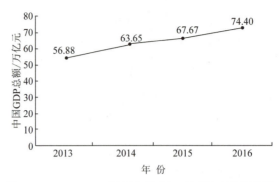

图 1-4　2013—2016 年年中国 GDP 总额(时间序列图)

以上三种图形在表明变量如何随时间推移或在描述个体之间变动上是有用的,但这类图形只能表示一个变量的信息,能承载的信息量有限。

1.2.4.2　两个变量的图形

经济学家通常更关注变量之间的关系,因此,需要能在一个图形上表示两个变量,坐标系使这种需要成为可能。

资料卡 1-7

学习时间与平均绩点

假设你想考察学习时间与平均绩点之间的关系,你可以对全班每个学生记录一对数字——每周用在学习上的时间(小时数)和平均绩点(绩点数),将其作为有序数对,如用"每周 25 小时,3.5,张三"来代表张三的有序数对,用"每周 5 小时,1.9,李四"代表李四的有序数对……我们可以把全班学生的这些有序数对画在一张二维坐标方格图上(以学习时间为 x 轴,以平均绩点为 y 轴),得到一张反映学习时间与平均绩点这两个变量之间关系的坐标图,如图 1-5 所示。

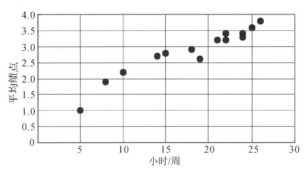

图 1-5　学习时间与平均绩点的关系

在看图 1-5 时,我们马上会注意到,越是向右的点(学习时间更多),成绩越高(平均绩点越高)。学习时间与成绩一般是同方向变动的,表明这两个变量是一种正相关关系。

(资料来源:曼昆.经济学原理(原书第 3 版)[M].梁小民,译.北京:机械工业出版社,2003:32)

图 1-5 所示的图称为离散图,因为它描述了不连续的各点。

经济学家通常还在假设其他条件不变的情况下，考察一个变量对另一个变量的影响。我们可以通过以下资料来说明坐标中的曲线及其变动情况。

艾玛的小说需求

需求曲线描绘出一种物品的价格对消费者想购买的物品的影响。表1-2说明艾玛购买小说的数量取决于她的收入和小说的价格。当小说便宜时，艾玛就大量购买；随着小说的价格越来越高，她就从图书馆借书而不买书，或者去看电影而不是读小说。同样，在价格既定时，艾玛收入越高，买书越多。

表 1-2 艾玛的小说需求

小说价格	收　入		
	2 万美元	3 万美元	4 万美元
10 美元	2 本小说	5 本小说	8 本小说
9 美元	6 本小说	9 本小说	12 本小说
8 美元	10 本小说	13 本小说	16 本小说
7 美元	14 本小说	17 本小说	20 本小说
6 美元	18 本小说	21 本小说	24 本小说
5 美元	22 本小说	25 本小说	28 本小说

根据以上数据，我们用 x 轴表示艾玛购买小说的数量，y 轴表示小说的价格，这样就可以描绘出不同收入情况下的需求曲线，见图1-6。

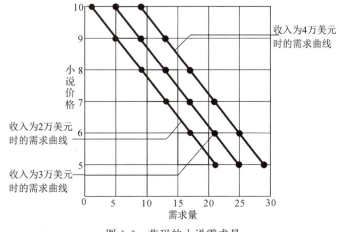

图 1-6 艾玛的小说需求量

需求曲线向右下方倾斜，表明小说需求量与价格反方向变动。收入水平不同时，需求曲线会平行移动，收入增加，需求曲线向右上方移动；收入减少，需求曲线向左下方移动。

（资料来源：曼昆.经济学原理（原书第 3 版）[M]. 梁小民，译. 北京：机械工业出版社，2003：33 - 34）

1.2.4.3 经济分析中图形的运用

两个经济变量之间的关系主要有四种情况：同方向变动、反方向变动、最大化与最小化、相互无关。

（1）两个变量同方向变动的图形

两个变量同方向变动的关系称为正相关关系（positive relationship）。

知识链接

变量的正相关关系

如速度与距离、速度与能耗、完成的习题量与学习时间等之间的关系都是属于正相关关系。如图 1-7 所示。

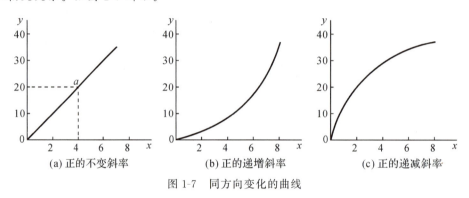

图 1-7　同方向变化的曲线

图 1-7(a)中，x 轴表示速度，y 轴表示 5 小时内走的距离。该图说明了 5 小时走的距离与速度之间的关系，例如，a 点表示当速度为 4 千米每小时，5 小时可走 20 千米；如果速度加倍，则走的距离加倍。速度与距离的关系用一条向右上方倾斜的直线表示。直线表示变量之间是一种线性关系。

图 1-7(b)中，x 轴表示速度，y 轴表示能耗（能耗用心跳恢复到正常状态所需要的时间衡量）。该图说明了速度与能耗之间的关系。这是一条向右上方倾斜的曲线，从原点出发时斜率小，但之后斜率不断加大，即斜率是递增的。这说明随着速度增加，能耗的增加是递增的。

图 1-7(c)中，x 轴表示学习时间，y 轴表示习题量。该图说明了一个学生要做的习题量与学习时间之间的关系。这是一条向右上方倾斜的曲线，但离原点越远，其斜率越小，即斜率是递减的。这说明随着学习时间增加，所做的习题量的增加是递减的。

在经济分析中，无论图形是直线（线性关系）还是曲线（非线性关系），一般都称为曲线（curve）。

（资料来源：梁小民.微观经济学［M］.北京：中国社会科学出版社，1996：37－38）

（2）两个变量反方向变动的图形

两个变量反方向变动的关系称为负相关关系（negative relationship）。

变量的负相关关系

如一个人学习与玩游戏的时间选择、行走每1千米的成本与旅程长度、闲暇时间与所做习题量之间的关系都属于负相关关系。如图1-8所示。

图1-8（a）中，x 轴表示学习时间，y 轴表示玩游戏时间。该图表示每多玩1小时的游戏，就要少学习1个小时，反之亦然。由于每增加1小时玩游戏时间总是减少1小时学习时间，所以，这两者是线性关系，曲线斜率不变。

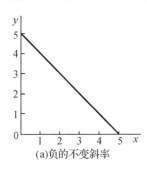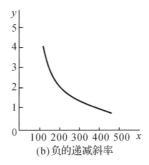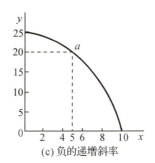

图1-8　反方向变化的曲线

图1-8（b）中，x 轴表示每走1千米的成本，y 轴表示旅程长度。该图表示旅程越长，每千米的成本越低，但随着旅程的增加，每千米的成本的减少是递减的。这种关系表现为一条向右下方倾斜的曲线，而且开始时斜率大，随着旅程增加，斜率减小。

图1-8（c）中，x 轴表示一个学生的闲暇时间，y 轴表示他要做的习题的量。该图表示如果没有闲暇，他可以做25道题；如果有5个小时闲暇，只能做20道题（图中的 a 点）；如果闲暇时间超过5小时，所做习题会大大减少；如果有10个小时闲暇，则一道题也做不了。闲暇时间与所做习题量之间的关系可以用一条向右下方倾斜的曲线表示，但这条曲线开始时较平坦，以后越来越陡峭，即斜率是递增的。

（资料来源：梁小民.微观经济学[M].北京：中国社会科学出版社，1996：39－40）

（3）最大化与最小化图形

经济学是研究最优化问题的，最优化的例子包括实现可能的最高利润和达到可能的最低成本。为此，常用最大化或最小化图形来说明具有最优化关系的变量。

知识链接

最大化与最小化关系

降雨量与小麦产量、每千米耗油量与速度之间就存在最大化与最小化关系。如图1-9所示。

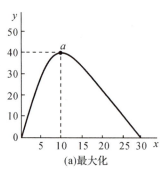
(a)最大化

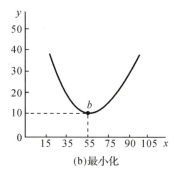
(b)最小化

图1-9　最大化、最小化的曲线

图1-9(a)中，x轴表示降雨量，y轴表示小麦产量。该图说明当没有降雨时，产量为零；当降雨量增加到每月10天以内，产量一直在增加；当降雨量为每月10天时，小麦产量达到了最高(为40单位，图中的a点)；当降雨量超过10天时，小麦产量减少；如果每天都下雨(30天)，小麦会由于没有阳光而产量降为零。降雨量与小麦产量之间开始时是正相关关系，达到最大产量后就变为负相关关系。

图1-9(b)中，x轴表示汽车速度，y轴表示每千米耗油量。在汽车速度低时，每千米耗油量高；在汽车速度很高时，每千米耗油量也高。当汽车速度为每小时55千米时，每千米耗油量最低(为10升，图中的b点)。在达到每千米耗油量最低前，随着速度的增加，每千米耗油量下降，速度与每千米耗油量之间为负相关关系；在每千米耗油量降到最低后，随着速度的增加，每千米耗油量增加，两者为正相关关系。表示两者关系的曲线是一条先下降后上升的U形曲线。

(资料来源：梁小民.微观经济学[M].北京：中国社会科学出版社，1996：40－41)

(4)两个变量无关时的图形

在许多情况下，一个变量与另一个变量无关，即无论一个变量如何变动，另一个变量都保持不变。

知识链接

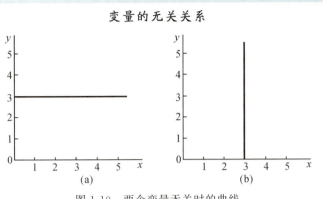

图 1-10　两个变量无关时的曲线

在图 1-10(a)中,x 轴表示香蕉的价格,y 轴表示你的经济学知识。价格与经济学知识无关,无论你是什么学位,买一千克香蕉都要支付同样的价格。这两个变量之间的关系表现为一条水平线。

在图 1-10(b)中,x 轴表示法国葡萄酒的产量,y 轴表示美国的降雨量。无论美国每月降多少雨,法国的葡萄酒产量不变。这两个变量之间的关系表现为一条垂直线。

（资料来源:梁小民.微观经济学[M].北京:中国社会科学出版社,1996:41）

1.3　微观经济学与宏观经济学

1.3.1　微观经济学

1.3.1.1　什么是微观经济学

微观经济学(microeconomics)以单个经济单位为研究对象,通过研究单个经济单位的经济行为和相应的经济变量单项数值的决定来说明价格机制如何解决社会的资源配置问题。

在理解微观经济学的概念时,要注意把握以下几点。

第一,微观经济学研究的对象是单个经济单位的经济行为。单个经济单位是指组成经济的最基本的单位:居民户与厂商。居民户又称家庭,是经济中的消费者;厂商又称企业,是经济中的生产者。在微观经济学的研究中,假设居民户与厂商经济行为的目标是实现最大化,即消费者居民户要实现满足程度(即效用)最大化,生产者厂商要实现利润最大化。微观经济学研究居民户与厂商的经济行为,就是研究居民户如何把有限的收入分配于各种物品的消费,以实现满足程度的最大化,以及厂商如何把有限的资源用于各

种物品的生产，以实现利润最大化。

第二，微观经济学解决的问题是资源配置。资源配置即前文所说的生产什么、如何生产和为谁生产的问题。解决资源配置问题就是要使资源配置达到最优化，即在这种资源配置下能给社会带来最大的经济福利。微观经济学从研究单个经济单位的最大化行为入手，来解决社会资源的最优配置问题。因为如果每个经济单位都实现了最大化，那么整个社会的资源配置也就实现了最优化。

第三，微观经济学的中心理论是价格理论。在市场经济中，居民户和厂商的行为受价格的支配，生产什么、如何生产和为谁生产都由价格决定。价格像一只"看不见的手"，调节着整个社会的经济活动，通过价格的调节，社会资源的配置实现了最优化。微观经济学正是要说明价格如何使资源配置达到最优化。因此，价格理论是微观经济学的中心理论，其他内容是围绕这一中心理论展开的。也正因为这样，微观经济学也被称为价格理论。微观经济学的中心理论实际上是解释英国古典经济学家亚当·斯密的"看不见的手"的原理。斯密认为，每个人都在追求自己的利益，但在这样做时，由于一只"看不见的手"的指引，结果是增进了社会利益。"看不见的手"就是价格。微观经济学的中心就是要解释价格如何实现资源配置最优化。

第四，微观经济学的研究方法是个量分析。个量分析研究经济变量的单项数值如何决定。例如，某种商品的价格，就是价格这种经济变量的单项数值。微观经济学分析这类个量的决定、变动及其相互间的关系。美国著名经济学家 P. 萨缪尔森(P. Samuelson)强调了微观经济学个量分析的特征，即微观经济学是"关于经济中单个因素——如一种产品价格的决定或单个消费者、企业的行为——的分析"。

1.3.1.2　微观经济学的基本假设

经济学的研究是以一定的假设为前提的。就微观经济学而言，其基本假设有以下三点。

第一，市场出清。这就是坚信在价格可以自由而迅速地升降的情况下，市场上一定会实现充分就业的供求均衡状态。具体来说，物品价格的调节使商品市场均衡，利率(资本价格)的调节使金融市场均衡，工资(劳动价格)的调节使劳动市场均衡。在这种均衡的状态下，资源可以得到充分利用，不存在资源闲置或浪费问题。因此，微观经济学就是在假设资源充分利用为常态的情况下，集中研究资源配置问题。

经济人假设

第二，完全理性。在微观经济学中最优化行为起了关键作用。正因为每个消费者和厂商的行为都是最优的，所以，价格的调节才能使整个社会的资源配置实现最优化。这一最优化的基础就是完全理性的假设。这一假设是指消费者和厂商都是以利己为目的的经济人，他们自觉地按利益最大化的原则行事，既能把最大化作为目标，又知道如何实现最大化。这就是说，他们具有完全理性。只有在这一假设之下，价格调节实现资源配置最大化才是可能的。

第三，完全信息。消费者和厂商只有迅速获得完备的市场信息才能及时对价格信号做出反应,以实现其行为的最优化。完全信息假设是指消费者和厂商可以免费而迅速地获得各种市场信息。

只有在以上三个假设之下微观经济学关于价格调节实现资源配置最优化,以及由此引出自由放任的经济政策,才是正确的。但是,事实上,这三个假设并不一定具备。现代经济学家正是由这一点出发,对传统微观经济学提出了质疑。本书所介绍的微观经济学的主要内容还是传统的,都是以这三个假设为前提的。

●●● 同步训练

目标:理解价格理论在微观经济学理论中的地位。

同步训练

1.3.1.3 微观经济学的基本内容

微观经济学包括的内容相当广泛,主要有以下几点。

第一,均衡价格理论,也称价格理论。研究商品的价格如何决定,以及价格如何调节整个经济的运行。如上所说,这一部分是微观经济学的中心,其他内容都是围绕这一中心展开的。

第二,消费理论,即消费者行为理论。研究消费者如何把有限的收入分配于各种物品的消费上,以实现效用最大化。这一部分是对决定价格的因素之一——需求的进一步解释。

第三,生产理论,即生产者行为理论。研究生产者如何把有限的资源用于各种物品的生产而实现利润最大化。这一部分包括研究生产要素与产量之间关系的生产理论,研究成本与收益的成本理论,以及研究不同市场条件下厂商行为的厂商理论。这一部分是对决定价格的另一个因素——供给的进一步解释,以及对如何生产的论述。

第四,分配理论。研究产品按什么原则分配给社会各集团与个人,即工资、利息、地租和利润如何决定。这一部分是运用价格理论来说明为谁生产的问题。

第五,一般均衡理论与福利经济学。研究社会资源配置最优化的实现以及社会经济福利的实现等问题。

第六,市场失灵与微观经济政策。按照微观经济学理论,市场机制能使社会资源得到有效配置。但实际上,市场机制的作用并不是万能的。其原因主要有三点:一是市场机制发挥作用的前提是完全竞争,但实际上不同程度垄断的存在是一种极为普遍的现象。这样,市场机制往往不能正常发挥作用。二是市场机制对经济的调节是自发的,其结果不一定符合社会的要求。三是市场机制不能解决经济中的某些问题。例如,不能提供公共物品,无法消除个体经济活动对社会的不利影响。因此,就需要相应的微观经济政策。

1.3.2 宏观经济学

1.3.2.1 什么是宏观经济学

宏观经济学(macroeconomics)以整个国民经济为研究对象,通过研究经济中各有关总量的决定及其变化,来说明资源如何才能得到充分利用。

在理解这一概念时,应注意把握以下几点。

第一,宏观经济学研究的对象是整个经济。这就是说,宏观经济学所研究的不是经济中的单个单位,而是由这些单位所组成的整体。这样,宏观经济学就要研究整个经济的运行方式与规律,从总体上分析经济问题。正如 P. 萨缪尔森所说,宏观经济学根据产量、收入、价格水平和失业来分析整体经济行为。美国经济学家 E. 夏皮罗则强调了宏观经济学考察国民经济作为一个整体的功能。

第二,宏观经济学解决的问题是资源利用。宏观经济学把资源配置作为既定的前提,研究现有资源未能得到充分利用的原因、达到充分利用的途径以及如何增长等问题。微观经济学把资源的充分利用作为既定的前提,但 20 世纪 30 年代的大危机打破了这一前提。这样,资源利用就被作为经济学的另一个组成部分——宏观经济学所要解决的问题。

第三,宏观经济学的中心理论是国民收入决定理论。宏观经济学把国民收入作为最基本的总量,以国民收入的决定为中心来研究资源利用问题,分析整个国民经济的运行。国民收入决定理论被称为宏观经济学的核心,其他理论则是运用这一理论来解释整体经济中的各种问题。宏观经济政策则是这种理论的运用。

第四,宏观经济学的研究方法是总量分析。总量是指能反映整个经济运行情况的经济变量。这种总量有两类:一类是个量的总和,例如,国民收入是组成整个经济的各个单位的收入之总和,总投资是各个厂商的投资之总和,总消费是各个居民户消费之总和,等等。另一类是平均量,例如,价格水平是各种商品与劳务的平均价格。宏观经济学所涉及的总量很多,其中主要有:国民生产总值、总投资、总消费、价格水平、增长率、利率、国际收支、汇率、货币供给量、货币需求量等。总量分析就是分析这些总量的决定、变动及其相互关系,并通过这种分析说明经济的运行状况、决定经济运行的政策等。因此,宏观经济学也被称为"总量经济学"。

1.3.2.2 宏观经济学的基本假设

宏观经济学产生于 20 世纪 30 年代,它的基本内容基于两个假设。

第一,市场失灵,即市场机制是不完善的。自从市场经济产生以来,市场经济体制国家的经济就是在繁荣与萧条的交替中发展的,若干年一次的经济危机成为市场经济的必然产物。尤其是 20 世纪 30 年代空前严重的大危机使经济学家认识到,如果只靠市场机制的自发调节,经济就无法克服危机与失业,就会在资源稀缺的同时,又产生资源的浪费。稀缺性不仅要求资源得到恰当配置,而且还要使资源得到充分的利用。要做到这一点,仅仅靠市场机制就不够了。

第二,政府有能力调节经济,纠正市场机制的缺点。人类不是只能顺从市场机制的作用,还能在遵从基本经济规律的前提下,对经济进行调节。进行这种调节的机构就是政府。政府可以通过观察与研究经济运行的规律,采取适当手段进行调节。整个宏观经济学正是建立在对政府调节经济能力信任的基础之上的。

总之,宏观经济学的前提是:政府应该调节经济,政府可以调节经济。

1.3.2.3 宏观经济学的基本内容

宏观经济学的内容相当广泛,包括宏观经济理论、宏观经济政策以及宏观经济计量模型。本书涉及的主要是宏观经济理论与政策,主要有以下几点。

第一,国民收入决定理论。国民收入是衡量一国经济资源利用情况和整个国民经济状况的基本指标。国民收入决定理论就是要从总需求和总供给的角度出发,分析国民收入决定及其变动的规律,这是宏观经济学的中心。

第二,失业与通货膨胀理论。失业与通货膨胀是各国经济中最主要的问题。宏观经济学把失业与通货膨胀和国民收入联系起来,分析其原因及其相互关系,以便找出解决这两个问题的途径。

第三,经济周期与经济增长理论。经济周期是指国民收入的短期波动,经济增长是指国民收入的长期趋势。这一理论要分析国民收入短期波动的原因、长期增长的源泉等问题,以期实现经济长期稳定的发展。

第四,开放经济理论。现实的经济都是开放型的经济,开放经济理论要分析一国国民收入的决定与变动如何影响别国以及如何受到别国的影响,同时也要分析开放经济中一国经济的调节问题。

第五,宏观经济政策。宏观经济学是为国家干预经济服务的,宏观经济理论要为这种干预提供理论依据,而宏观经济政策则是为这种干预提供具体的措施。政策问题包括政策目标(即通过宏观经济政策的调节要达到什么目的)、政策工具(即用什么具体办法来达到这些目的)以及政策效应(即宏观经济政策对经济的作用)。

应该指出的是,不同的经济学家对经济运行进行了不同的分析,对各种宏观经济问题做出了不同的解释,并由此出发提出了不同的政策主张,这就形成了不同的宏观经济学派。当前最有影响的流派是新古典综合派、理性预期学派。以美国经济学家 P. 萨缪尔森为首的新古典综合派是凯恩斯主义在当代的代表,主张国家干预经济。以美国经济学家 M. 弗里德曼和 R. 卢卡斯为代表的理性预期学派则主张自由放任。本书所介绍的宏观经济学是以新古典综合派的理论体系为基础的。

同步训练

●●●同步训练

目标：理解微观经济学与宏观经济学的联系与区别。

⇨【本章小结】

■ 框架体系

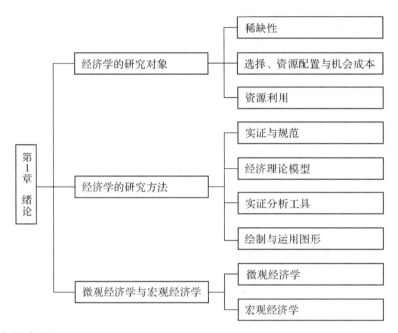

■ 主要术语

稀缺性　选择　资源配置　资源利用　微观经济学　宏观经济学　实证经济学
规范经济学

■ 主要理论

通过学习本章,你已经知道了经济学研究什么重大问题、经济学将要解决什么重大社会经济问题。同时,你也领略了经济学家思考问题的方法以及经济学的框架体系和主要内容。以下几个方面作为本章重点,你应该掌握好。

□ 有限的自然资源和无穷的人类欲望之间的矛盾,致使经济社会内部产生了矛盾与问题。经济学就是研究由稀缺性引起的选择以及资源配置和资源利用的一门科学。

□ 实证分析和规范分析是经济学研究的主要方法。前者主要描述经济现象是什么以及社会经济问题如何解决,旨在揭示有关经济变量之间的函数关系和因果关系;后者主要研究经济活动应该是什么以及社会经济问题应该怎样解决,这种方法通常以一定的价值判断为基础,提出某些准则作为经济理论的前提和制定政策的依据,并考察如何才能符合这些准则。

□ 均衡分析和边际分析也是经济学常用的方法。在经济分析中,均衡指的是这样一种状态：各个经济决策主体(如消费者、厂商)所做出的决策正好相容,并且在外界条件不变的情况下,每个人都不会再调整自己的决策,从而不再改变其经济行为。均衡分析包括局部均衡分析和一般均衡分析。在均衡状态下,当事人决策的最优化是通过边际分析来实现的。所谓边际,指的是一个微小的增量带来的变化。

□ 经济分析中还常借助图形和模型,经济模型是指用来描述与所研究的经济现象有关的经济变量之间的依存关系的理论结构。一个完整的经济模型包括定义、假设、假说和预测。

□ 经济学从研究内容上可分为微观经济学与宏观经济学。前者以单个经济单位为研究对象,通过研究单个经济单位的经济行为和相应的经济变量单项数值的决定来说明价格机制如何解决社会的资源配置问题;后者以整个国民经济为研究对象,通过研究经济中各有关总量的决定及其变化来说明资源如何才能得到充分利用。微观经济学与宏观经济学理论的假设前提、研究方法和范围各具特点。

⬚▷【理论自测】

■ **客观题**

□ 选择题

1. 为每个关键术语选择一个定义。

理论自测

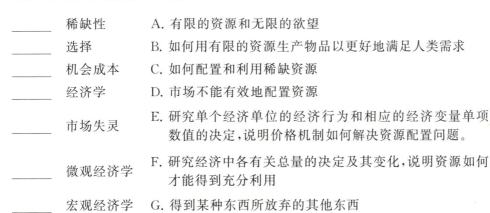

	稀缺性	A. 有限的资源和无限的欲望
	选择	B. 如何用有限的资源生产物品以更好地满足人类需求
	机会成本	C. 如何配置和利用稀缺资源
	经济学	D. 市场不能有效地配置资源
	市场失灵	E. 研究单个经济单位的经济行为和相应的经济变量单项数值的决定,说明价格机制如何解决资源配置问题。
	微观经济学	F. 研究经济中各有关总量的决定及其变化,说明资源如何才能得到充分利用
	宏观经济学	G. 得到某种东西所放弃的其他东西

2. 现有资源不能充分满足人的欲望这一事实被称为( )。

A. 机会成本 　　 B. 稀缺性 　　 C. 规范经济学 　　 D. 生产什么的问题

3. 实证的表述是( )。

A. 通货膨胀对经济发展不利 　　 B. 通货膨胀对经济发展有利

C. 只有控制货币量才能抑制通货膨胀 　　 D. 治理通货膨胀比减少失业更重要

4. 规范的表述是( )。

A. 由于收入水平低,绝大多数中国人还买不起小轿车

B. 随着收入水平的提高,拥有小轿车的人会越来越多

C. 鼓励私人购买小轿车有利于促进我国汽车工业的发展

D. 提倡轿车文明是盲目向西方学习,不适合我国国情

5. 经济学家说人们是理性的,是指(　　)。

A. 人们不会做出错误的判断

B. 人们总会从自己的角度出发做出最好的决策

C. 人们根据完全信息而行事

D. 人们不会为自己做出的任何决策而后悔

6. 下列问题中不属于宏观经济学研究范畴的是(　　)。

A. 橘子汁价格下降的原因　　　　　B. 物价水平下降的原因

C. 政府预算赤字对通货膨胀的影响　　D. 国民生产总值的决定

□ 判断题

(　　)1. 生产什么、如何生产、为谁生产等问题被称为资源利用问题。

(　　)2. 两个实际上没有关系的变量的关系图形可以是一条水平线,也可以是一条垂直线。

(　　)3. 如果 Y 与 X 的关系是当 X 增加到一定量时 Y 达到最大,X 继续增加 Y 反而下降,那么这两个变量在 Y 达到最大之前是负相关关系,在 Y 达到最大之后是正相关关系。

(　　)4. 对一个学生来说,看一场演唱会的机会成本应该包括门票的价格和可以用于学习的时间的价值。

(　　)5. 假说就是某一理论所适用的条件。

■ 主观题

1. 从资源的稀缺性角度说明经济学的定义。

2. 什么是均衡分析?均衡分析有哪些技术方法?

3. 如何理解价格理论是微观经济学的中心理论?

4. 如何理解国民收入决定理论是宏观经济学的中心理论?

应用自测

➭【应用自测】

1. 下表为某国 1981—1990 年的通货膨胀率与利率的资料。

年　份	1981	1982	1983	1984	1985	1986	1987	1988	1989	1990
通货膨胀率/%	10.3	6.2	3.2	4.3	3.6	1.9	3.6	4.1	4.8	5.4
利率/%	14.0	10.7	8.6	9.6	7.5	6.0	5.8	6.7	8.1	7.5

根据上表资料:

(1)画出利率变动的时间序列图。

(2)画出通货膨胀率与利率变动的时间序列图。

(3)画出通货膨胀率(横轴)和利率(纵轴)的离散图。

(4)用正相关、负相关或无关来说明通货膨胀率与利率之间的关系。

2. 常言道："天下没有免费的午餐。"为了得到某种东西,可能要放弃另一种东西,这就是所谓的机会成本。请列举下述行为可能的机会成本。

(1)你高中毕业了可以全职工作或上大学,你最终选择了上大学。

(2)你的同学小李可以上大学或全职工作,他选择了工作。

(3)老张有10亩(1亩≈666.7平方米)承包田,可以种水稻,每亩可获得收入800元;也可以种蔬菜,每亩可获得收入1100元。他选择了种水稻。

(4)老赵有10亩承包田,可以种水稻,每亩可获得收入800元;也可以种蔬菜,每亩可获得收入1100元。他选择了种蔬菜。

【案例分析】

案例分析

■ 案例评论

□ 案例

盗窃者与雷锋：经济人理论的阐释

香港大学张五常教授在以私有产权理论评述中国的经济改革和发展时,就经常运用"经济人"或"自私人"假设这一分析方法。张先生在《卖桔者言》《经济解释》等书中提到不少事例:"经济学上最重要的基本假设是:每一个人无论何时何地,都会在局限约束条件下争取他个人最大的利益。说得不雅一点,即每个人的行为都是一贯的,永远不变的,以自私为出发点。……在经济学的范畴内,任何行为如捐钱、协助他人、上街行动等,都是以'自私'为出发点的。""盗窃何害之有? ……盗窃是自私的行为。人若不因自私而去盗窃,防盗的费用当然是会减少,这对社会是有所增益的。但若不因为自私而不断地去争取利益,则自私所带给社会的贡献就减少了。此消彼长,可能得不偿失。在一般性的概念上,'盗窃'与'生产'都是在局限下为自利争取'极大化'。我们不能接受自私的假设,而希望没有盗窃的行为。""利己损人对社会可能有利也可能有害。问题是损人所得的利益是否大过他人蒙受的损失。""并非所有的贪污都有害。……全力肃贪不利于经济发展。……不能大肆批评贪污的盛行。"

有人讨论时应用上述事例和逻辑,强调雷锋是最大的自私者,因为雷锋做好事时心里感到最大的愉快,满足了个人的最大心理需求;强调反法西斯而牺牲的人也是自私的,因为烈士觉得"牺牲光荣",满足了个人的心理需求;等等。

(资料来源:张元鹏.盗窃者与雷锋:不同经济人理论的阐释[N].文汇报,2002 - 06 - 09)

□ 问题

经济人假设的含义是什么? 如何理解它? 它与人的自私性有何关系?

□ 考核点

经济人假设;理性经济人;人的利己性与自私性

■ 决策设计

□ 案例

毕业后你先购房还是先买车？

房子让我有归属感

车子让我有面子

有关先买房还是先买车问题的几个事实。

（1）房子与汽车的功能不同。房子的功能有两个——提供住宿和炫耀，住宿是指有安身之地，炫耀则是为了面子，无论是住宿还是炫耀，单从住房的角度看，其实很难创造出经济效益和社会效益。汽车的功能也有两个——炫耀和交通。炫耀还是为了面子，但汽车作为交通工具所创造的价值已远远超出车的价格。有了汽车，人的活动圈子增大，交际面不断扩大，构建的关系网也在不断延伸。

（2）汽车与房子相比，其优势还在于成本低。由于年轻人刚参加工作，没有资金基础，若要买房子，则只能四处"搜刮"亲朋好友的积蓄，每月还要面对巨大的还款额，借款、贷款、还款成了生活的重心。买了房的年轻人就像背着壳的蜗牛，生活质量和前程都会受到影响。而一辆车的价格要远远低于一套房子的价格，年轻人即使支付不起全额，去贷款，每月的还款额也比住房贷款还款额少得多。

（3）房子的基本功能是遮风挡雨，租房一样可以满足人的这一基本需求。因而租房完全可以成为买房的替代品，不会影响生活质量和事业发展，反而可以帮助"房奴"砸掉脚下的债务锁链，轻装上阵，使年轻人在职场打拼没有后顾之忧。而汽车在很大程度上是不具有可替代性的，它所带来的辐射性影响是步行、自行车等所无法比拟的。

（4）经济学认为买房与买车的一个明显区别是：买房属于投资行为，可以保值或增值，当然也有房价下跌带来的风险；而买车是纯粹消费行为，并且在消费中还必须追加支出各种费用。

……

假如你事业刚刚起步，只积累了些许资本，先买房还是先买车，你将如何权衡？

（资料来源：编者编写）

□ 问题

1. 利用机会成本的概念，分析你大学毕业后买房的话，其机会成本是什么？若买车呢？

2. 汽车消费有什么特点？作为理性消费者，在目前市场情况下你会买车还是买房？为什么？

□ 考核点

稀缺性;选择与机会成本;最大(优)化与理性经济人

⇨【自我评价】

学习成果	自我评价				
我已经明白了什么是经济学以及经济学为何而生	□很好	□较好	□一般	□较差	□很差
我已经知道了稀缺性、资源配置、资源利用、机会成本等本章所涉及的经济学术语的含义	□很好	□较好	□一般	□较差	□很差
我已经明白了经济学研究的对象及微观经济学和宏观经济学的区别与联系	□很好	□较好	□一般	□较差	□很差
我已经初步掌握了经济学研究问题的基本方法、相关技术和简单工具	□很好	□较好	□一般	□较差	□很差
我已经了解了所要学习的经济学课程的主要内容及框架体系	□很好	□较好	□一般	□较差	□很差

价格理论 ▶▶▶

■ 需求理论
■ 供给理论
■ 均衡价格理论
■ 弹性理论

教学说明

导入语

在市场经济条件下,需求和供给是经济活动中相互对立而又相互依存的两个方面。需求是从消费者的立场出发,阐述购买行为;供给是从生产经营者的立场出发,阐述销售行为。价格理论是微观经济学的中心理论,均衡价格的变动是由市场供求关系决定的,弹性理论分析需求量(供给量)变动对价格的敏感程度。因此,均衡价格的产生及其变动是微观经济学研究的中心内容。本章将从分析需求与供给入手,阐述需求和供给对商品价格的影响、均衡价格的形成和变动以及需求量、供给量变动对价格的影响程度,从而为进一步学习经济学知识打好基础。

学习目标

◎ 明白什么是需求,影响需求的因素有哪些,什么是需求定理;

◎ 理解需求量变动与需求变动有何区别;

◎ 明白什么是供给,影响供给的因素有哪些,什么是供给定理;

◎ 理解供给量变动与供给变动有何区别;

◎ 理解均衡价格是如何形成与变动的,什么是供求定理;

◎ 理解什么是价格政策,支持价格政策和限制价格政策的理论依据和应用;

◎ 明白什么是弹性,弹性有哪几种类型;

◎ 理解弹性大小与总收益的关系。

2.1 需求理论

2.1.1 需求的概念

需求(demand)是指对商品和劳务的需求,是消费者在某一特定时间内,在每一价格水平上愿意并且能够购买的商品的数量。需求反映了价格变化与需求量变化之间的关系。

需求是购买欲望和支付能力的统一。消费者既要有购买商品的欲望,又要有购买该商品的货款支付能力,两者缺一不可,否则就不可能形成需求。在经济尚不发达的情况下,支付能力可能会成为制约需求的关键因素;在经济比较发达的情况下,制约需求的关键因素可能会转变为购买欲望。当然需求还受时间的限制(受某一特定时段的限制),这样的需求才有效,不受时间约束的需求在经济学上毫无意义。

资料卡 2-1

iPhone 8 的"冷"与"热"

1. 首销遇冷

2017 年 9 月,iPhone 8 首销却遭遇滑铁卢,线下销售遇冷,门店远没有以前 iPhone 发新机时的火热,为什么会出现这种情况呢?

2017 年是 iPhone 上市十周年,iPhone 8 一直受万众期待,作为苹果的十年佳作,iPhone 8 却让人很失望,产品没有什么大的创新,虽然采用了全面屏,无线充电,升级了处理器,但是这些改变实在谈不上是创新,消费者为何要买一台与 iPhone 7 区别不大的 iPhone 8 呢? 于是大家将更多期待留给了 11 月上市的 iPhone X。

2. 新的转机

2017 年 11 月,iPhone X 在万众期待中如约上市,可是 64G 容量 8600 元、256G 容量 11000 元的市场价格令消费者望而却步。与此同时,之前市场遇冷的 iPhone 8 却突然热卖起来,256G 容量、6000 元的价格被消费者广泛认同并接受,一度热销至断货。

(资料来源:编者整理)

同步训练

●●● 同步训练

目标：理解需求术语的含义。

2.1.2 需求量、需求表和需求曲线

2.1.2.1 需求量

需求量（quantity demanded）就是消费者在某一价格水平下愿意而且能够购买商品的数量。需求量是一个动态的概念，它直接受到价格的影响，对于同一种商品，当价格较高时需求量相对较少，而当价格较低时需求量相对较多。

2.1.2.2 需求表

需求表（demand schedule）是表明某种商品的价格与需求量之间内在关系的表。例如，某年某市场鸡蛋需求情况如表 2-1 所示。

表 2-1　某年某市场鸡蛋需求表

	价格/（元/千克）	需求量/千克
a	18	200
b	19	150
c	20	100
d	21	75
e	22	50

需求表实际上是用表格的形式来表示需求的概念。

2.1.2.3 需求曲线

需求曲线（demand curve）是用几何图形的形式表示需求量与价格之间的内在关系。若把表 2-1 中的需求量与价格的关系用图形表示，就可以得出如图 2-1 所示的需求曲线。

图 2-1 中，横轴 OQ 代表需求量，纵轴 OP 代表价格，D 为需求曲线。它描述了消费者在某一时间、某一地点在不同价格下对鸡蛋的需求量及能够购买的数量。需求曲线向右下方倾斜，表明价格上升，需求量减少；价格下降，需求量增加。

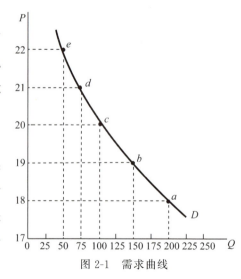

图 2-1　需求曲线

2.1.3 影响需求的因素

由于消费者的购买行为不仅会受到价格等经济因素的影响,而且还受到需求偏好等非经济因素的影响,因此,影响消费者需求的因素是错综复杂的,但归纳起来主要有以下六个方面。

(1)商品本身的价格。一般来说,当某种商品价格较高时,需求较少,而当商品价格较低时,需求就较大。商品价格是影响消费者需求最直接的因素。

(2)相关商品的价格。许多商品之间存在着相互影响的关系,一些商品价格的变动会影响到消费者对其他商品的需求。各种商品之间的关系,可分为互补(complement)关系和替代(substitute)关系。互补关系是指两种商品共同满足消费者的一种需要,有这种关系的商品称为互补商品。例如收音机和电池,如果电池价格上升,就会影响收音机的需求量。替代关系是指两种商品可以互相替代来满足消费者的同一种需求,有这种关系的商品称为替代品。例如面条和米饭,当米饭价格上升时,消费者可能会少吃米饭多吃面条,当米饭价格下降时,面条的需求量可能会减少。

(3)消费者的收入水平。在一定的价格水平条件下,消费者收入的增加和减少就会导致商品需求的增加和减少。消费者收入增加,如果商品价格水平不变,对正常商品来说,消费者需求就会增加,商品的需求曲线就会向右移动。

(4)消费者偏好。消费者对某种商品偏好程度的强弱往往决定对该种商品需求的多少,偏好加强,则需求增加;偏好减弱,则需求减少。消费者的偏好是消费者心理需求和社会需求的具体表现,一般受风俗习惯、广告和社会流行风尚等因素的影响。

(5)消费者对未来的预期。未来的预期就是消费者对某种商品价格在今后一段时间内上涨和下跌的预计。如果预计某种商品价格会上涨,则会增加该商品现在的需求。如果预计该商品价格会下降,则会减少该商品现在的需求。

(6)政府的经济政策。政府如果采用某些刺激经济的政策,如降低利息率、增加政府支出等,就会增加消费者对商品的需求;反之,政府如果采取某些紧缩经济的政策,则会减少消费者对商品的需求。

●●●●同步训练

目标:把握影响需求的因素。

2.1.4 需求函数

我们知道,消费者对商品的需求受到很多因素的影响,如果把影响需求的各种因素作为自变量,把需求作为因变量,则可以用函数关系来表示影响需求的因素与需求之间的关系,这种函数就被称为需求函数(demand function)。假设 D 代表需求,a,b,c,d,

同步训练

e，…代表影响需求的多种因素，则需求函数为

$$D = f(a, b, c, d, e, \cdots)$$

如果只考虑需求量与价格之间的关系，把商品本身的价格作为影响需求的唯一因素，而不考虑收入水平、消费者需求偏好等其他因素。那么，需求函数可以改写为

$$D = f(P)$$

上式表明了某种商品的需求量 D 是价格 P 的函数。该种商品的需求量随着价格的上升而减少，随着价格的下降而增加。

如果商品的需求量与其价格之间是线性关系，即需求曲线是一条直线，那么，这种需求函数就是线性需求函数，其公式为

$$D = a - b \cdot P$$

如果商品的需求量与其价格之间是非线性关系，即需求曲线不是直线，那么，这种需求函数就是非线性需求函数，其公式为

$$D = aP^{-\alpha}$$

以上两式中的 a、b、α 都是数值为正的常数。

2.1.5 需求定理

需求定理（law of demand）是说明商品价格本身与其需求量之间内在关系的定理。其基本内容是：在其他条件不变的情况下，某商品的需求量与价格呈反方向变动，即需求量随着商品本身价格的上升而减少，随着商品本身价格的下降而增加。

"其他条件不变"是指除了商品本身价格之外，其他影响需求的因素不变。这就是说，需求定理是在假设影响需求的其他因素不变的前提下，只研究商品本身价格与需求量之间的关系。

资料卡 2-2

需求定理的应用

美国面临的环境问题之一就是如何处理家庭和企业每天产生的大量垃圾。1960 年，美国平均每人每天丢弃的垃圾为 2.6 磅，可是今天这个数目为 3.6 磅。随着垃圾量的增加，现有的垃圾堆积场都已经被填满，要在城区附近寻找新的垃圾堆积场所已经越来越困难了。

有一个小的社区利用了需求定理，使垃圾的收集问题得到了缓解。1987 年，宾夕法尼亚州珀卡西的居民，每人每年向市政当局缴纳固定的垃圾收集费 120 美元，当时他们每人每天丢弃的垃圾为 2.2 磅。由于收集费是固定的，居民如果再增加丢弃量，这增加的部分就不再收费，因此居民对减少垃圾丢弃量就没有利益驱动。

1988 年，珀卡西开始改变收费办法。市政当局要求所有的垃圾都装在由市政当局出售的专门的垃圾袋里。例如，一只容量为 40 磅的大垃圾袋收费 1.5 美元。因此，居民丢

弃垃圾的边际成本就从零增加到每磅约 4 美分。未经批准的垃圾袋不得使用。另外，市政当局还实施了一项废物再利用计划。它发给每个家庭主妇一个桶，用来装罐子和瓶子，每周收集一次。此外还每月收集一次旧报纸。

结果和预料的一样，人们开始减少垃圾丢弃量。第一年就见效，每人每天丢弃的垃圾减少到 1 磅以下。珀卡西居民开始受益，因为他们比以前可以少付 30 美元的费用，市政当局收集垃圾的成本也减少了 40%。

（资料来源：克雷·彼得森，克里斯·刘易斯.管理经济学[M].吴德庆，译校. 北京：中国人民大学出版社，1998：55）

在微观经济学中需求定理是用替代效应与收入效应来解释的。

替代效应是指在实际收入不变的情况下某种商品价格变化对其需求量的影响。研究表明，某种商品价格上升会引起其他商品对这种商品的替代，替代效应使价格上升的商品需求量减少。如鸡蛋价格上升，鸭蛋需求量增加，鸡蛋的需求量就会减少。收入效应是指在货币收入不变的情况下某种商品价格变化对其需求量的影响。研究表明，某种商品价格上升会引起实际收入与需求量减少。替代效应强调了一种商品价格变动对其他商品相对价格水平的影响；收入效应强调了一种商品价格变动对实际收入水平的影响。需求定理所表明的商品价格与需求量反方向变动的关系正是这两种效应共同作用的结果。

替代效应

需求定理反映了商品的需求量与价格之间变动的趋势。但对于某些特殊商品来说，也存在着例外的情况。例如，首饰、珠宝、项链等是用来显示人们社会身份的商品，如果价格下降，就会失去炫耀性，需求量反而会减少；而古董、古画和名贵邮票等珍品，往往价格越高，需求量就越大；证券和黄金等商品，在价格大幅度升降时，它们的需求曲线往往会出现不规则变化。还有一些劣质商品，其需求量与价格的关系会出现"吉芬之谜"，即在特定条件下，价格上升，需求量反而增加；价格下降，需求量反而减少。

资料卡 2-3

布鞋与爱马仕

布鞋是一种穿着比较舒服的鞋子，穿布鞋可减少出脚汗、发胀等现象，其在 20 世纪 80 年代曾经受到广大消费者的欢迎，需求量很大。但进入 20 世纪 90 年代以来，由于经济的发展和生活水平的提高，穿什么鞋已成为身份和地位的象征。布鞋价格较低，穿布鞋往往会被一些人视为贫穷或地位低的象征，于是，布鞋的需求量就大幅度下降，取而代之的是价格较高的皮

鞋,布鞋的生产经营逐渐衰退。这就是需求定理的例外。

2017 年 6 月 2 日,法国著名奢侈品牌爱马仕(Hermes)一个带有白金点缀的鳄鱼皮镶钻手提包,打破全球最昂贵包款拍卖纪录,于 5 月 31 日在香港拍卖会以近 38 万美元(约合人民币 258.77 万元)的天价落槌。世界著名艺术品拍卖行佳士得拍卖行发言人告诉记者,这个稀有的喜马拉雅鳄鱼皮镶钻铂金包,经过激烈竞标后,由身份不明的电话买家拍下。佳士得拍卖行指出,爱马仕每年只会生产 1 个或 2 个喜马拉雅鳄鱼皮镶钻铂金包,使得这种包款成为最稀有最珍贵的手提包之一,贵妇们对此趋之若鹜,不惜千金千方百计地想拥有它。

（资料来源：编者整理）

2.1.6　需求量的变动与需求的变动

销量增加的原因是什么?

在现实经济生活中,影响需求的各种因素(商品本身的价格、其他相关商品的价格、收入等)既影响需求量,又影响需求。为了方便分析研究,我们需要区分需求量的变动与需求的变动。

需求量的变动是指在其他条件不变的情况下,商品本身价格的变动所引起的需求量的变动。需求量的变动表现为同一条需求曲线上需求量的移动,向右下方移动,需求量增加;向左上方移动,需求量减少。如图 2-2 所示。

在图 2-2 中,当价格由 P_0 上升为 P_1 时,需求量从 Q_0 减少到 Q_1,在需求曲线 D 上则是从 b 点向左上方移动到 a 点。当价格由 P_0 下降到 P_2 时,需求量从 Q_0 增加到 Q_2,在需求曲线 D 上则是从 b 点向右下方移动到 c 点。

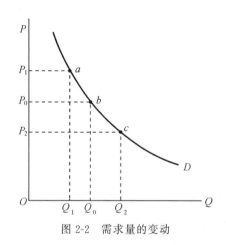

图 2-2　需求量的变动

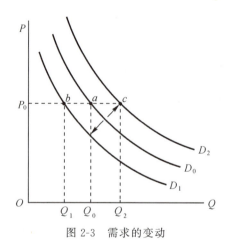

图 2-3　需求的变动

需求的变动是指商品本身价格不变的情况下,其他因素变动所引起的需求的变动。需求的变动表现为需求曲线的平移,向右上方移动,需求增加;向左下方移动,需求减少。如图 2-3 所示。

在图 2-3 中,价格为 P_0 时其他因素变动所引起的需求曲线的移动是需求的变动。

如收入减少,在同样价格水平 P_0 上,需求减少,则需求曲线由 D_0 向左下方移动至 D_1;收入增加,则 D_0 向右上方移动至 D_2。

●●●● 同步训练

同步训练

> 目标:理解需求量变动与需求变动的区别。

2.2 供给理论

2.2.1 供给的概念

供给(supply)是指某种商品的生产厂商在特定时期内,在每一价格水平上愿意而且能够提供的商品的数量。供给反映了商品价格的变化与商品供给量变化之间的关系。

供给是供给商品的欲望与供给商品的能力的统一,两者缺一不可。在生产成本一定时,商品价格较低,生产厂商供给的欲望就较低;当商品价格较高时,生产厂商供给的欲望就较强烈。当然这必须与该商品生产厂商的生产能力相结合,如果没有生产能力,也就谈不上供给。与需求一样,供给也受一定的时间限制,即供给是一定时间内的供给,这样的供给在经济学上才有意义。

2.2.2 供给量、供给表和供给曲线

2.2.2.1 供给量

供给量(quantity of supply)是指商品供应商在某一价格水平下愿意而且能够提供的商品数量。供给量是一个动态的概念,它直接受到价格的影响,对于同一种商品,当价格较低时供给量相对较少,而当价格较高时供给量会相对较多。

2.2.2.2 供给表

供给表(supply schedule)是表明某种商品的价格与供给量之间关系的表。例如某年某市场鸡蛋供给情况如表 2-2 所示。

表 2-2 某年某市场鸡蛋供给表

	价格/(元/千克)	供给量/千克
a	18	0
b	19	50
c	20	100
d	21	150
e	22	200

供给表实际上是用表格的形式来表示供给的概念。

2.2.2.3　供给曲线

表 2-2 中供给量和价格之间的变动关系还可以用图来表示,如图 2-4 所示。

横轴 OQ 代表供给量,纵轴 OP 代表价格,S 即为供给曲线(supply curve)。供给曲线是根据供给表画出的,表示厂商在某一时间、地点在不同价格水平下愿意而且能够供给的商品的数量。供给曲线从左下方向右上方倾斜,表明供给量和价格同方向变化。价格上升,供给量增加;价格下降,供给量减少。

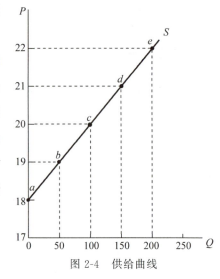

图 2-4　供给曲线

2.2.3　影响供给的因素

影响商品供给的因素是复杂多样的,但归纳起来主要有以下七个方面。

(1)企业的目标。不同的企业目标是不一样的,有的以利润最大化为目标,即厂商供给多少取决于这些供给能否给它带来最大的利润;有的以市场占有率为目标;有的企业在供给某些商品时还有其他政治或社会道义目标。不同的目标会使企业的供给有所不同。

(2)商品本身的价格。这是影响企业供给的最直接、最普遍的因素。某种商品价格的上升,会引导企业积极从事该产品的生产经营,导致供给的增加;某种商品价格的下降,会限制企业从事该产品的生产经营,导致供给的减少。

(3)相关商品的价格。与影响需求的因素一样,供给也存在着商品之间的互补关系和替代关系。在存在着互补关系的商品中,一种商品的价格上涨,对另一种商品的需求就会减少,导致这种商品的价格下降,供给减少;反之,一种商品的价格下降,那么对另一种商品的需求相应增加,导致该种商品的价格上涨,供给增加。如,收音机与电池、影碟机与碟片等都存在着互补关系。在存在替代关系的商品中,当一种商品价格上升,对另一种商品的需求就会增加,从而使这种商品的价格上升,供给增加;反之,一种商品的价格下降,对另一种商品的需求就会减少,从而使这种商品的价格下降,供给减少。

(4)生产技术的变动。在资源既定的条件下,生产技术的提高,新工艺、新材料的运用,会使企业现有资源得到更充分的利用,从而导致供给增加。

(5)生产要素的价格。生产要素的价格下降,会使产品的生产成本降低,从而在产品价格不变的情况下,增加单位产品的利润,增加供给;反之则减少供给。

(6)政府的政策。若政府采用鼓励某种产品生产的政策,则会刺激生产,增加该种产品的供给。反之,若政府采用限制某种产品生产的政策,则会抑制该种产品的生产,减少供给。

政府政策

(7)厂商对未来的预期。如果厂商对未来的经济发展持悲观态度,则会减少供给,反之,则会增加供给。

总之,厂商的供给受到多种多样因素的影响,这些因素对厂商的供给欲望和供给能力产生不同的影响,这些因素共同决定了厂商的供给。

目标:理解影响厂商供给的因素。

同步训练

2.2.4 供给函数

通过上述分析我们知道,商品供给量受到多种因素的影响,如果把影响商品供给量的各种因素作为自变量,把商品供给量作为因变量,则可以用函数关系来表示影响供给量的因素与供给量之间的关系,这种函数就被称为供给函数(supply function)。假如 S 代表供给量,a、b、c、d、e,…代表影响供给量的多种因素,则供给函数为

$$S = f(a, b, c, d, e, \cdots)$$

如果只考虑供给量与价格之间的关系,把商品本身的价格作为影响供给的唯一因素,而不考虑其他因素。那么供给函数可以改写为

$$S = f(P)$$

上式表明了某种商品的供给量 S 是价格 P 的函数。该种商品的供给量随着价格的上升而增加,随着价格的下降而减少。

如果某商品的供给量与其价格之间是线性关系,即供给曲线是一条直线,那么,这种供给函数就是线性供给函数,其公式为

$$S = -c + d \cdot P$$

如果某商品供给量与其价格之间是非线性关系,即供给曲线不是直线,那么,这种供给函数就是非线性供给函数,其公式为

$$S = \lambda P^{\beta}$$

以上两式中,c、d、λ、β 都是数值为正的常数。

2.2.5 供给定理

供给定理(law of supply)是指在其他条件不变的情况下,商品的供给量与其价格是呈同方向变动的。即供给量随着商品本身价格的上升而增加,随商品本身价格的下降而减少。这里必须注意"其他条件不变"这一前提条件,如果其他条件变化了,例如企业某种产品的经营目标由利润目标转为某种社会效益目标,那么该商品供给量与其价格不一定同方向变化。

供给定理中引起商品价格和供给量同方向变动的原因可以用生产成本来解释。在

经济中作为生产要素的资源总是有限的,供给增加,生产要素价格上升。此时,只有在商品价格上升时,供给才会增加。

供给定理是就一般商品而言普遍存在的定理,但这并不适用于所有商品。一些特殊商品的供给情况,也会出现例外。如文物、古画和土地等因为是数量有限且不能再生的物品,属于供给定理例外。

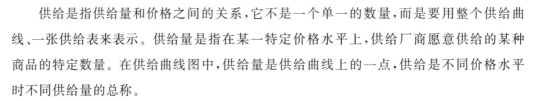

翡翠市场的变动是什么原因引起的?属于什么变动?

2.2.6 供给量的变动与供给的变动

供给是指供给量和价格之间的关系,它不是一个单一的数量,而是要用整个供给曲线、一张供给表来表示。供给量是指在某一特定价格水平上,供给厂商愿意供给的某种商品的特定数量。在供给曲线图中,供给量是供给曲线上的一点,供给是不同价格水平时不同供给量的总称。

在经济分析中特别要注意区分供给量的变动与供给的变动。商品本身价格变化所引起的厂商供给数量的变动称为供给量的变动。商品本身价格之外其他因素变动所引起厂商供给量的变动称为供给的变动。供给的变动是指商品本身价格不变的情况下,其他因素变动所引起的供给的变动。供给量的变动在图形上呈现为从供给曲线上一个点移动到另一个点,如图 2-5 所示。供给的变动表现为供给曲线的平行移动,如图 2-6 所示。

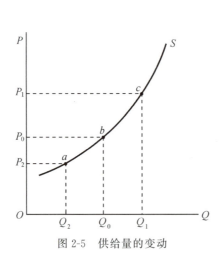

图 2-5　供给量的变动

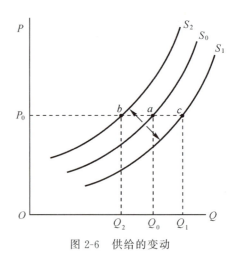

图 2-6　供给的变动

●●●即问即答

2017 年有记者卧底中国某著名连锁餐饮企业,揭露老鼠爬进食品柜、火锅勺掏下水道等真相后,原本生意火爆的各地门店一时无人光顾,请问这属于(　　　)。

A. 需求变动　　　B. 需求量变动　　　C. 供给变动　　　D. 供给量变动

表 2-3　某种商品供给变动表

价格/(元/千克)	供给量 S_0/千克	供给量 S_1/千克	供给量 S_2/千克
2.2	200	250	150
2.1	150	200	100
2.0	100	150	80
1.9	80	100	50
1.8	50	70	30

在表 2-3 中，S_0 表示在原生产成本情况下供给商在不同价格水平上的供给量，S_1 表示生产成本降低后供给商在不同价格水平上的供给量，S_2 表示生产成本提高后供给商在不同价格水平上的供给量。

（资料来源：编者整理）

●●●同步训练

目标：理解供给变动与供给量变动的区别。

同步训练

2.3　均衡价格理论

市场经济条件下，均衡价格是由供给和需求双方共同决定的。供给和需求中任何一方的变动，都会导致新的均衡的产生。价格这只"看不见的手"调节着社会经济的运行。

2.3.1　均衡价格的概念

均衡价格（equilibrium price）是指一种商品需求与供给相等时的价格。这时该商品的需求价格与供给价格相等，称为均衡价格；该商品的需求量与供给量相等，称为均衡数量（equilibrium quantity）。如图 2-7 所示。

在图 2-7 中，横轴代表数量（需求量与供给量），纵轴代表价格（需求价格与供给价格），D 为需求曲线，S 为供给曲线。D 与 S 相交于点 E，这就决定了均衡价格为 P_0，均衡量为 Q_0。

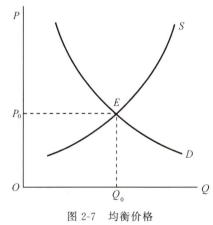

图 2-7　均衡价格

2.3.2　均衡价格的形成

需求理论分析中的价格实际上是需求价格（demand price），即消费者对一定量的商品或劳务所愿意并能够支付的最高价格。供给理论分析中的价格实际上是供给价格（supply price），即供给商为提供一定数量的商品或劳务所能够接受的最低价格。需求理论和供给理论只是分别说明了各种不同价格水平下会有不同的需求量和供给量。因此，单纯从需求理论和供给理论分析中我们无法确定该商品具体的市场价格。

2.3.2.1　均衡价格形成的需求表分析

我们引用需求理论分析中的需求表 2-1 和供给理论分析中的供给表 2-2，把它们放在同一时间、同一市场上（见表 2-4）来进行考察。

表 2-4　某年某市场鸡蛋供给与需求均衡表

价格/（元/千克）	需求量/千克	供给量/千克	供给过剩/千克	供给不足/千克
22	50	200	150	
21	75	150	75	
20	100	100	0	0
19	150	50		100
18	200	0		200

从表 2-4 中可以看出，当市场上的鸡蛋价格为每千克 22 元、21 元时，生产者愿意供给的数量分别为 200 千克、150 千克，而消费者愿意购买的数量分别为 50 千克、75 千克，商品供给大于需求，供给过剩分别为 150 千克、75 千克，在这些价格上生产者无法完全售出自己所生产的产品，为了不致商品积压，生产者势必相互降价竞销。当市场上的鸡蛋价格为每千克 18 元、19 元时，生产者愿意供给的数量分别为 0 千克、50 千克，而消费者愿意购买的数量分别为 200 千克、150 千克，出现鸡蛋供不应求的局面，分别有 200 千克、100 千克的需求无法得到满足，由于市场上没有足够数量的鸡蛋，消费者就会愿意以较高的价格竞购鸡蛋，势必导致鸡蛋价格的上升。当鸡蛋价格为每千克 20 元时，需求量和供给量均为 100 千克，供给量和需求量相等，既没有库存积压即过剩供给，也没有得不到满足的需求。在不考虑其他因素的前提下，鸡蛋每千克 20 元的价格是供求双方都能够接受的价格，此时市场处于均衡状态。每千克 20 元的价格就是均衡价格，100 千克的数量就是均衡数量。

📚 **知识链接**

马歇尔的均衡价值论

马歇尔的均衡价值论是建立在局部均衡论基础上的均衡价格论。均衡价值论是马歇尔经济理论的核心和基础，它通过商品的均衡价格衡量商品的价值。马歇尔认为在其他条件不变的情况下，一种商品的价值是由该商品的供给状况和需求状况共同决定的。马歇尔主要通过均衡价格来衡量商品的价值。所谓均衡价格，是指商品的供给与需求相均衡，从而它的供给价格与需求价格相一致的价格。需求价格是指消费者对一定数量的商品所愿意支付的价格，它由一定量商品对消费者的边际效用决定。由于边际效用递减规律的作用，因此随着商品供给量增加，边际效用递减，从而需求价格也是递减的。需求曲线是一条向右下方倾斜的曲线。供给价格则指生产者提供一定量商品时愿意接受的价格，它由生产一定量商品所需支付的边际成本决定。由于边际成本递减规律的作用，随着需求量增大，商品的供给量也要增加，而边际成本递增必然导致供给价格递增，从而供给曲线是向左下方倾斜的。均衡价格是通过将需求曲线和供给曲线置于同一坐标平面中分析得出的。供给曲线和需求曲线的交点就是均衡点，该点所决定的价格即为均衡价格，此时供给量等于需求量，供给价格等于需求价格。该点决定的产量为均衡产量，企业照此产量生产必然实现价值最优。马歇尔的均衡价值论融合了供求论、边际效用论和生产成本论。该理论用价格的概念替换了价值，以市场价格决定价值，用对市场价格的分析取代价值决定和价值实体等问题，将影响价格水平的供求力量说成价值的决定力量。

（资料来源：编者整理）

2.3.2.2 均衡价格形成的图形分析

可以用图 2-8 来说明均衡价格的形成。

在图 2-8 中，如果价格为 2.1 元，需求量为 50 千克，而供给量为 150 千克，供大于求，价格必然按箭头所示方向向下移动。如果价格为 1.9 元，则需求量为 150 千克，供给量为 50 千克，供小于求，价格必然按箭头所示方向向上移动。这种一涨一跌的现象会一直继续下去，直至最终达到价格为 2.0 元时为止。因为这时供求相等，均衡就实现了，2.0 元就是均衡价格。

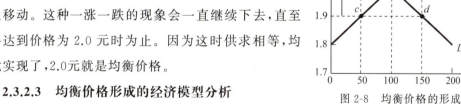

图 2-8　均衡价格的形成

2.3.2.3 均衡价格形成的经济模型分析

均衡价格的决定条件为

$$D = f(P) = a - b \cdot P \tag{1}$$

$$S = f(P) = -c + d \cdot P \tag{2}$$

（1）式为需求函数，（2）式为供给函数。均衡价格是供求相等时的价格，即

$$D = S$$

$$a - b \cdot P = -c + d \cdot P$$

$$P = \frac{a+c}{b+d}$$

均衡价格

2.3.3 均衡价格的变动

均衡价格是一种静态的均衡,是在假定需求和供给本身不变的情况下,由市场供求双方自发调节而决定的。当供给和需求任何一方发生变动时,都会引起均衡价格的变动。

2.3.3.1 需求变动

需求变动是指在商品价格不变的前提下,影响需求的其他因素变动所引起的需求变动。这种变动在图形上表现为需求曲线的平行移动。可以用图 2-9 来说明需求变动对均衡价格与均衡数量的影响。

在图 2-9 中,D_0 与供给曲线 S 相交于点 E_0,决定了均衡价格为 2.0 元,均衡数量为 100 千克。需求增加,需求曲线向右上方移动,即由 D_0 移动到 D_1,D_1 与 S 相交于点 E_1,决定了均衡价格为 2.1 元,均衡数量为 150 千克。这表明由于需求的增加,均衡价格上升了,均衡数量增加了。需求减少,需求曲线向左下方移动,即由 D_0 移动到 D_2,D_2 与 S 相交于点 E_2,决定了均衡价格为 1.9 元,均衡数量为 50 千克。这表明由于需求减少,均衡价格下降了,均衡数量减少了。

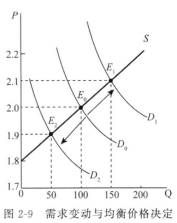

图 2-9 需求变动与均衡价格决定

结论是:需求变动引起均衡价格与均衡数量同方向变动。

2.3.3.2 供给变动

供给变动是指在商品价格不变的前提下,影响供给的其他因素变动所引起的供给变动。这种变动在图形上表现为供给曲线的平行移动。可以用图 2-10 来说明供给变动对均衡价格与均衡数量的影响。

在图 2-10 中,S_0 是供给曲线,S_0 与需求曲线 D 相交于点 E_0,决定了均衡价格为 2.0 元,均衡数量为 100 千克。供给增加,供给曲线向右下方移动,即由 S_0 移动到 S_1,S_1 与 D 相交于点 E_1,决定了均衡价格为 1.9 元,均衡数量为 150 千克。这表明由于供给的增加,均衡数量增加,均衡价格下降。供给减少,供给曲线向左上方移动,即由 S_0 移动到 S_2,S_2 与 D 相交于点 E_2,决定了均衡价格为 2.1 元,均衡数量为 50 千克。这表明由于供给的减少,均衡价格上升,均衡数量减少。

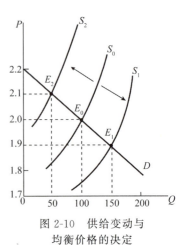

图 2-10 供给变动与
均衡价格的决定

结论是:供给变动引起均衡价格与之反方向变动,均衡数量与之同方向变动。

艺术品行情的调整往往受到宏观经济与政策层面等因素的影响。曾经价格疯涨的寿山石,除了受国内外宏观经济增速下滑和老挝石的冲击之外,更面临中央反腐败对"雅贿"行为的釜底抽薪,其交易急剧萎缩。由此,寿山石市场将持续呈现(　　)。

　　A. 市场价格下跌　　　B. 成交量下滑　　　C. 市场价格上涨　　　D. 成交量上升

●●●同步训练

　　目标:把握需求、供给变动对均衡价格、均衡数量的影响。

2.3.4　供求定理与价格机制

2.3.4.1　供求定理

从上述关于需求与供给变动对均衡价格和均衡数量影响的分析中,我们可以得出供求定理,其内容是:

(1)需求的增加会引起均衡价格上升,均衡数量增加。

(2)需求的减少会引起均衡价格下降,均衡数量减少。

(3)供给的增加会引起均衡价格下降,均衡数量增加。

(4)供给的减少会引起均衡价格上升,均衡数量减少。

当需求与供给同时发生作用时,则应根据其变动的具体情况,依据上述定理来综合分析均衡价格、均衡数量的变动趋势。

2.3.4.2　价格机制

市场经济是一种用价格机制(市场机制)来决定资源配置的经济体制。价格机制就是通过价格对供给和需求的自动调节来实现较为合理的资源配置。在市场经济条件下,企业是独立的经济实体,各种生产要素是可以自由流动的,经济的运行是由价格调节的,即资源的配置是由市场价格决定的。

价格高低反映了市场的供求状况,价格的变动调节着供给和需求,从而使资源配置达到最优状态。当市场上某种商品供给大于需求时,产品积压,过剩供给会促使厂商竞销商品,使商品的价格下降,刺激消费,增加对该商品的需求,最终将使该商品的供求趋于平衡;当市场上某种商品需求大于供给时,产品脱销,需求得不到满足,会促使消费者竞购商品,使商品的价格上升,刺激生产,增加对该商品的供给,与此同时,价格上升又会抑制消费,减少对该商品的需求,最终也将使该商品的供求趋于平衡。

根据价格理论,由市场供求关系决定的价格调节着生产与消费,自发地调节经济是价格机制发挥作用的基本特点,没有自发性就没有价格机制的作用。价格机制自发地调节经济使资源配置趋于合理。

资料卡 2-5

限购缘何难抑房价

2016 年,杭州楼市成交量一路飙涨,全年近 20 万套的成交量使得商品房库存量从 2016 年年初的 177236 套下降到年底的 111414 套,截至 2017 年 1 月 15 日,杭州全市商品房库存量已经降到 110106 套,为近年新低(见图 2-11)。从政策方面来看,相比其他热门城市,杭州的楼市调控政策并不严厉。虽然杭州出台了限购限贷政策,但由于巨大的供应缺口,一路向上的房价依然无法被拉低。

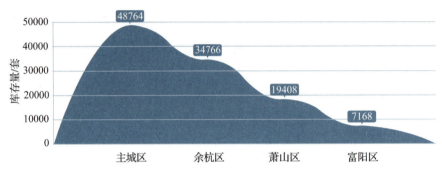

图 2-11　2017 年年初杭州市各城区商品房显性库存分布

（资料来源：编者整理）

同步训练

●●● **同步训练**

目标：理解供求定理与价格机制。

2.3.5　价格政策

价格机制对经济的调节存在着不完善性、盲目性和滞后性等不足,而且有时由供求决定的价格对经济发展并不一定是最有利的。这就是说,由价格机制进行调节所得出的结果,并不一定符合整个社会的全局利益和长远利益。这主要表现在两个方面:一是供求决定的均衡价格从短期来看也许是合适的,但从长期来看,会对生产有不利的影响;二是由供给与需求决定的价格会产生不利的社会影响,如人们的生活必需品,如果价格长期居高不下,势必会给社会增加不安定因素,这就要求在不违背价格机制的前提下采用一定的价格政策来纠正和避免价格机制的缺陷。价格政策形式有很多,这里主要介绍两种——支持价格与限制价格。

2.3.5.1　支持价格

（1）支持价格的含义

支持价格是政府为了扶植某一行业的生产而规定的该行业产品的最低价格。 可用图 2-12 来分析说明。

从图 2-12 中可以看出，该行业产品由供求所决定的均衡价格为 P_0，均衡数量为 Q_0。政府为支持该行业生产而规定的支持价格为 P_1，$P_1 > P_0$，即支持价格一定高于均衡价格。这时，需求量为 Q_1，而供给量为 Q_2，即供给量大于需求量，Q_1Q_2 为供给过剩。

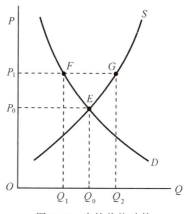

图 2-12　支持价格政策

（2）农产品支持价格的运用

许多国家都对农产品实行支持价格政策。一般有两种形式。

一是缓冲库存法，即政府或其代理人按照某一平价收购全部农产品，在供大于求时增加库存或出口，在供小于求时减少库存，以平价进行买卖，使农产品价格由于政府的支持而维持在某一水平上。

二是稳定基金法，也是由政府或其代理人按照某一平价收购全部农产品，但不是建立库存进行存货调节，而是供大于求时努力维持一定的价格水平，供小于求时确保价格不致过高。这种情况下，农产品收购价是稳定的，而销价不稳定，同样可以支持农业生产。

（3）支持价格的作用

支持价格政策的运用对经济的发展和稳定有其积极的意义。以对农产品的支持价格为例，从长期看，支持价格确实有利于农业的发展。

第一，稳定了农业生产，减缓了经济危机对农业的冲击。

第二，通过对不同农产品采取不同的支持价格，可以调整农业结构，使之适应市场需求的变动。

第三，扩大了农业投资，促进了农业现代化的发展和劳动生产率的提高。

但支持价格政策也有其负面作用，主要是会使财政支持增加，使政府背上沉重的财政负担。

●●● **同步训练**

请列举近年运用支持价格的案例。

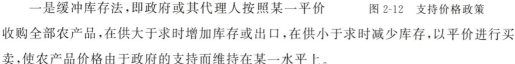
资料卡 2-6

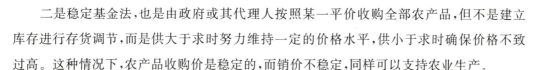
最低工资制能否战胜贫穷?

最低工资制是市场经济国家普遍采用的一种劳动力保护制度，许多国家已经实行并以立法的形式确立了最低工资保障制度，比如美国、日本、泰国、法国等。

虽然经济学家经常提出实施最低工资制的弊端和消极影响，提醒人们注意观察实施最低工资制后的实际效应，从而引出了把最低工资制作为"扶贫"措施是否具有实际效应的问题，但迄今为止在大多数国家中仍然没有取消最低工资制的迹象。

最低工资是劳动者在法定工作时间内提供正常劳动的前提下，用人单位在最低限度内支付的足以维持职工及其供养人口基本生活需要的工资。《中华人民共和国劳动法》规定："国家实行最低工资保障制度。用人单位支付劳动者的工资不得低于当地最低工资标准。"

从经济学理论上说，根据传统的劳动经济学供求模型分析，把工资增加到均衡水平之上就会导致低就业率。虽然较高的工资有可能提高生产率，减少旷工和跳槽，但如果政府通过最低工资立法而迫使企业提高工资，那么生产率提高的大部分也可能被工资增长的部分抵消。

在存在不完全信息的劳动力市场上，最低工资可能会增加就业。由于不完全的流动性，企业面对的是一条向右上方倾斜的劳动力供给曲线。实施最低工资制意味着增加企业的劳动力成本，这就阻碍了企业增加雇员。近年来劳动经济学中许多统计研究表明，最低工资对就业所产生的影响即使是积极的，也必然是微乎其微的。

在经济学界当然也有一些不同的见解，比如美国斯坦福大学的加文·莱特教授从经济史的角度指出，最低工资制在美国南方的经济转变过程中发挥了极其重要的作用。最低工资制促使南方进行了许多变革，使不少就业者从低收入行业转移到支付高工资的新兴行业上来。另外，有人认为提高最低工资的一个优点是，通过扩大低收入者的实际收入以及就业者之间的工资差别，加强了对工作努力程度的促进和激励。此外，有效的最低工资制也可能提高生产率，使劳动力需求曲线右移，从而抵消最低工资可能导致的任何失业。

目前关于最低工资制对就业的影响，经济学家们尚未取得一致性的看法，在过去的20多年里，有数百项劳动经济学的实证研究成果并未能够从理论上支持最低工资制，但也不足以从理论上完全推翻这一政策措施。在此期间研究方法的微小变化对研究成果产生重大影响的例子之一是对青少年就业效应的时间序列分析(一般而论，青少年是低工资群体，最有可能受最低工资制的影响)。

这些分析在控制了每一年份中影响青少年就业的其他变量的条件下(比如可能影响青少年就业的成人失业率)，估计青少年就业如何随着实际最低工资水平的变化而变化。美国经济学家曾使用1949—1994年的资料进行分析，发现最低工资制对16岁、17岁青少年的就业率(该年龄组中的就业人数除以同一年龄组中的人口)没有影响。但是利用相同的程序分析了1954—1993年的资料，结果其就业效应是负的。

另外一项研究估测了青少年就业率与总就业率之间的关系，研究结果与假设相一致，即在其他因素不变的条件下，最低工资的上升将会减少青少年的就业机会，并且强制性工资增长的幅度越大，就业机会减少的幅度也就越大。那么在什么条件下，最低工资制具有就业正效应呢？西方发达市场经济国家中的多项研究表明，在就业无弹性(无论工资如何变化，就业量都不受影响)的情况下，最低工资的提高将有助于增加低工资工人总体的工资报酬。

那么，最低工资制是战胜或减少贫穷的有效武器吗？迄今为止的多数研究表明，这取决于有多少人受益于最低工资制，并且这些人中间有多少是真正属于弱势群体的。根据美国20世纪90年代初的一项研究结果，最低工资提高所增加的工资报酬中，只有

19％进入贫困家庭。因此,最低工资制经常是一种事与愿违的相当迟钝的"扶贫"工具。

中国改革开放以来,特别是中央政府明确宣称建立市场经济体制以来,劳动力要素的流动较计划经济时期明显活跃,并且其流动规模与流动范围均显著扩大,不少贫困落后地区的剩余劳动力不断涌向沿海发达地区和中心城市,寻求各种就业机会,填补了少数高速发展地区对普通劳动力的巨大需求。

中国是处于转型时期的人口大国,农村剩余劳动力达两亿人之多,同时由于长期以来中国事实上存在阻碍劳动力自由迁徙和择业的户籍制度以及由此产生的劳动力市场的制度性分隔,因此即使在城镇地区普遍实行最低工资制,也并非一种保护全体公民之就业权利以及保障劳动者获得合理薪酬的普惠方式。

但是,我们也应当看到,最低工资制的出发点是保护处于弱势地位的就业者,他们是缺乏竞争优势的劳动供给方和低端劳动力市场中的主要储备资源。实施最低工资制应当考虑到地区差距和发展阶段的差异,而不能一概而论地大面积推行。同时我们并没有充分的理论和事实依据表明最低工资制已经有效地改善了低收入劳动者的生活水准,因此我们必须谨慎对待这一效果尚不确定的政策措施,而不能先入为主地相信,实施最低工资制就一定能够改善弱势群体的实际生活状况,提高社会的整体福利水平。

（资料来源：夏业良.经济学能做什么[M].郑州：郑州大学出版社,2004：171）

2.3.5.2　限制价格

（1）限制价格的含义

限制价格是政府为了限制某些生活必需品的物价上涨而规定的这些产品的最高价格。可用图 2-13 来分析说明。

从图 2-13 中可看出,该产品由供求所决定的均衡价格为 P_0,均衡数量为 Q_0,但在这一价格水平下低收入者无法得到必需品,政府为了制止过高的价格,规定的限制价格为 P_1,P_1 小于 P_0,即限制价格一定低于均衡价格。这时的需求量为 Q_2,供给量为 Q_1,Q_2 大于 Q_1,Q_1Q_2 为供给不足部分。

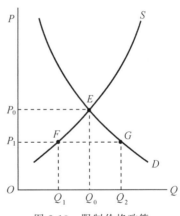

图 2-13　限制价格政策

（2）限制价格的运用

限制价格一般是在战争或自然灾害等特殊时期使用的。但也有许多国家对某些生活必需品或劳务长期实行限制价格政策。

（3）限制价格的利与弊

限制价格有利于社会平等和安定,但也会引起严重的不利后果。

第一,价格水平低不利于刺激生产,从而会使产品长期存在短缺现象。

第二,价格水平低不利于抑制需求,从而会在资源短缺的同时造成严重浪费。

第三,限制价格之下所实行的配给制会败坏社会风气。

2.4 弹性理论

弹性理论分析价格变动与供求之间的关系。经济学中的弹性就是衡量需求对价格、收入或相关商品价格等因素变化的反应和敏感度。它描述了经济变量之间的函数关系。弹性理论具有较强的实用性，既可以用于企业微观决策，又可以用于宏观经济分析。

经济学中的弹性分为需求弹性与供给弹性。需求弹性又分为需求价格弹性、需求收入弹性与需求交叉弹性；供给弹性则主要指供给的价格弹性。

2.4.1 需求价格弹性

2.4.1.1 需求价格弹性的含义

需求价格弹性（price elasticity of demand）简称需求弹性，是指价格变动所引起的需求量变动的程度。其中，价格是自变量，需求量是因变量。我们知道需求量和价格呈反方向变动，即价格上升，需求量下降，价格下降，需求量上升。但在日常生活中，不同商品的需求量对它本身价格的反应程度是不同的，有些商品需求量的变化幅度小于价格的变化幅度；而有些商品却相反，价格略有变动，需求量就会出现大幅度波动。因此，分析需求价格弹性能使我们进一步明确商品的需求量与价格之间的关系。

2.4.1.2 需求价格弹性系数的计算

各种商品的需求价格弹性是不同的。在经济学中一般用需求价格弹性系数来表示弹性的大小。需求价格弹性系数是需求量变动的比率与价格变动的比率的比值。公式为

$$E_d = \frac{\dfrac{\Delta Q}{Q}}{\dfrac{\Delta P}{P}} = \frac{\Delta Q}{\Delta P} \cdot \frac{P}{Q}$$

式中，E_d 表示需求价格弹性系数，Q 表示需求量，ΔQ 表示需求的变动量，P 表示价格，ΔP 表示价格变动的绝对量，$\Delta Q/Q$ 是需求量变动的比率，$\Delta P/P$ 是价格变动的比率。由于价格与需求量呈反方向变动，因而，需求价格弹性系数为负值，在实际运用时，为了方便，一般取其绝对值。

2.4.1.3 需求价格弹性的分类

不同商品的需求价格弹性是不同的，根据弹性系数绝对值的大小，可以将需求价格弹性分成五种类型。

第一类：需求完全无弹性，即 $E_d = 0$。这类商品无论价格怎样变动，其需求量都不会发生变化。这类商品比较少见，如食盐等。在这种情况下，需求价格弹性系数为零，即 $E_d = 0$，需求曲线表现为一条与横轴垂直的直线。如图 2-14 所示。

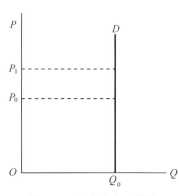

图 2-14 需求完全无弹性

第二类：需求弹性无穷大，即 $E_d \rightarrow \infty$。这类商品价格的微小变动，会引起需求量无限大的变动。即价格稍有下降，需求量便无穷大；价格稍有上升，需求量便会减少到零。这类商品极为罕见，在这种情况下，需求曲线的斜率为零，需求的价格弹性系数为无穷大，即 $E_d \rightarrow \infty$，需求曲线表现为一条与横轴平行的水平线。如图 2-15 所示。

第三类：需求富有弹性，即 $E_d > 1$。此时需求量的变化幅度大于价格的变动幅度。在这种情况下，价格的下降会引起需求量较大幅度的增加，价格的上升会引起需求量较大幅度的减少。大多数奢侈品属于此类商品。在这种情况下，需求曲线表现为一条比较平坦的曲线。如图 2-16 所示。

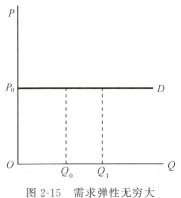

图 2-15 需求弹性无穷大

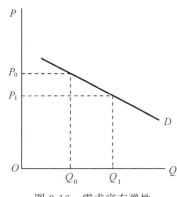

图 2-16 需求富有弹性

第四类：需求单一弹性，即 $E_d = 1$。此时需求量的变化幅度与价格的变化幅度一致。在这种情况下，价格下降会引起需求量增加，价格上升也会引起需求量减少，且价格变动的幅度和需求量变动的幅度是相等的。此类商品也比较少见，需求曲线表现为一条与纵横坐标成 45° 夹角的线。如图 2-17 所示。

第五类：需求缺乏弹性，即 $E_d < 1$。此时需求量的变化幅度小于价格的变动幅度。在这种情况下，价格下降会引起需求量较小幅度的增加，价格上升会引起需求量较小幅度的减少。此类商品较常见，需求曲线表现为一条比较陡峭的曲线。如图 2-18 所示。

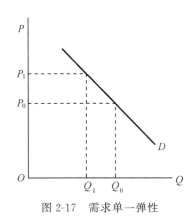

图 2-17 需求单一弹性

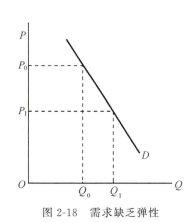

图 2-18 需求缺乏弹性

2.4.1.4 影响需求价格弹性的因素

一般来说，有这样五种因素决定着需求价格弹性的大小。

第一，消费者对某种商品的需求程度，即该商品是生活必需品还是奢侈品。一般来说，消费者对生活必需品的需求强度大，需求弹性就小；而对奢侈品的需求强度小，需求弹性就大。

第二，商品的可替代程度。若一种商品有许多替代品，那么该商品的需求就富有弹性。

第三，商品本身用途的广泛性。一种商品的用途越广泛，其需求弹性也就越大；而一种商品的用途越少，其需求弹性也就越小。

第四，商品使用时间的长短。一般来说，使用时间长的耐用消费品需求弹性大，而使用时间短的非耐用消费品需求弹性小。

第五，商品在家庭支出中所占的比例。在家庭支出中所占比例小的商品，价格变动对需求的影响小，所以其需求弹性也小；在家庭支出中所占比例大的商品，价格变动对需求的影响大，所以其需求弹性也大。

以上五种影响需求价格弹性的因素中，最重要的是需求程度、可替代程度和在家庭支出中所占的比例。某种商品的需求价格弹性到底有多大，是由上述这些因素综合决定的，计算其需求价格弹性系数时不能只考虑其中的一种因素。而且，某种商品的需求价格弹性也因时期、消费者收入水平和地区的不同而不同。

●●● 即问即答

> 以下哪种商品的需求价格弹性最小？（　　）
>
> A. 香水　　　　　　　　B. 大米　　　　　　　　C. 药品

●●● 同步训练

> 目标：理解需求价格弹性的含义。

2.4.1.5 需求价格弹性与总收益的关系

总收益（TR）也可以称为总收入，是指厂商出售一定量商品所得到的全部收入，也就是销售量与价格的乘积。总收益的计算公式为

$$TR = P \cdot Q$$

总收益与需求价格弹性有密切的联系。这是因为商品的价格变动会引起需求量的变动，从而引起销售量的变动，使厂商的总收益发生变化。不同商品的需求价格弹性不同，价格变动引起的销售量变动不同，从而使总收益的变动也不同，这就使得人们在经济活动中常把总收益与价格联系起来分析。因为在经济活动中最常见的是需求富有弹性和需求缺乏弹性两种情况，所以以下着重分析这两类弹性与总收益的关系。

（1）需求富有弹性的商品需求价格弹性与总收益之间的关系

如果某种商品的需求是富有弹性的，那么，当该商品价格下降时，需求量（销售量）增加的幅度大于价格下降的幅度，总收益增加；相反，当该种商品的价格上升时，需求量（销售量）减少的幅度大于价格上升的幅度，总收益减少。即富有弹性的商品总收益与价格呈反方向变动。其需求曲线如图 2-19 所示。

从图 2-19 中可见，当价格为 P_0 时，总收益为矩形 OP_0BQ_0 的面积。当价格为 P_1 时，总收益为矩形 OP_1AQ_1 的面积。矩形 OP_0BQ_0 的面积小于矩形 OP_1AQ_1 的面积，说明当价格从 P_0 降至 P_1 时，总收益没有减少，反而增加。这就是薄利多销的原理。

（2）需求缺乏弹性的商品需求价格弹性与总收益之间的关系

如果某种商品的需求是缺乏弹性的，那么，当该商品价格下降时，需求量（从而销售量）增加的幅度小于价格下降的幅度，总收益减少；相反，当该商品的价格上升时，需求量（从而销售量）减少的幅度小于价格上升的幅度，总收益增加。即缺乏弹性的商品总收益与价格呈同方向变动。其需求曲线如图 2-20 所示。

从图 2-20 中可见，当价格为 P_0 时，总收益为矩形 OP_0BQ_0 的面积，当价格为 P_1 时，总收益为矩形 OP_1AQ_1 的面积。矩形 OP_0BQ_0 的面积大于矩形 OP_1AQ_1 的面积，说明当价格从 P_0 降至 P_1 时，总收益明显减少。

▶ "双 11"哪些商品促销力度最大？为什么？

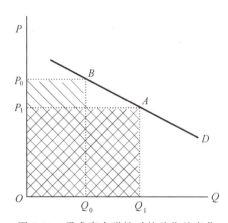

图 2-19　需求富有弹性时的总收益变化

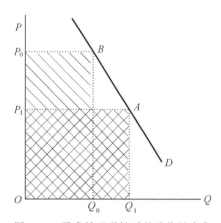

图 2-20　需求缺乏弹性时的总收益变化

资料卡 2-7

苏州乐园门票降价的启示

2017 年夏季，苏州乐园门票从每人每张 60 元降到 10 元。一时间，趋之者众，10 天内该园日均接待游客量创下历史之最，累计实现营业收入 400 万元以上。

"火"是 7 月 20 日傍晚 5 时点起来的。这天是该园举办"2001 年仲夏狂欢夜"活动的首日，门票从每人每张 60 元降至 10 元。是夜，到此一乐的游客竟达 7 万人之多，大大出乎主办者"顶多 3 万人"的意料，这个数字更是平时该园日均游客数的约 20 倍，创下开园 4 年以来的游客数之最。

到 7 月 29 日,为期 10 天的"狂欢夜"活动落下了帷幕。园方坐下来一算,喜不自禁:这 10 天累计接待游客 25 万余人次,实现营业收入 400 万元以上,净利润达 250 万余元……这些指标,均明显超过白天正常营业时间所得。正常情况下,苏州乐园的门票每人每张 60 元,每天的游客总数为 3000～4000 人,营业时间从上午 9 时到下午 5 时。而"狂欢夜"活动是在"业余"时间举行的,即从每天下午 5 时到晚上 10 时,门票降到 10 元。也就是说,"狂欢夜"这 10 天,苏州乐园在不影响白天正常营业的情况下,每天延长了 5 小时的营业时间,营业额和利润就翻了一番以上。

"狂欢夜"与该园举办的"第四届啤酒节"是同时进行的。42 个相关厂家到乐园助兴——其实,厂家是乘机宣传和推销自己的产品。据园方介绍,以往搞"啤酒节"活动,乐园是要收取厂家一定的"机会"费用的,但是,这次却基本不收或少收些,而厂家须向游客提供一些"小恩小惠"——企业的广告宣传品等。减免了货币的支付,厂家岂有不乐的?园方也承认,众厂家的参与,带来大笔场地费,降低了乐园搞"狂欢夜"活动的风险,不过,这并非这次活动最后成功的决定性因素。

"火"一把的关键,是原先 60 元一张的门票陡降到 10 元一张。非但如此,每位到乐园过"狂欢夜"的游客,凭门票还可以领到与 10 元门票同等价值的啤酒、饮料和广告衫等。

需要说明的是,白天购 60 元门票入园后,园内的多数活动项目就不再收费;而晚上购 10 元门票入园后,高科技型项目和水上娱乐项目等仍要适当收取一点费用。这样算下来,园方至少可以保证自己不赔钱,何况还有那么多厂家的支撑。消费者算算,这样也比 60 元一张门票值,因为,有些游客只是参与部分娱乐项目的消费,甚至只是晚间出来纳凉、吹吹风,尤其是三口之家,更是觉得这样划算,总共花 30 元就能享受凉爽的空气、新鲜的啤酒、精彩的演出、美丽的焰火、免费的礼品,太实惠了!厂家更实惠——做了广告,推销了产品,还培育了潜在的消费群体。总之,大家都赚了。

专家指出,苏州乐园是一个以高科技为主、以参与性为特征的现代化乐园,投资 5 亿多元,运行成本也比较高。这样的景点尚且有降低入园门槛的成功实践,那些众多以简单的观赏功能为主、投资和运行成本都十分有限而门票价格又居高不下的主题公园,恐怕有更大的降价空间。别忘了,降低入园门槛,受益的是消费者,也是娱乐企业自身。

（资料来源：编者整理）

●●● 同步训练

目标：正确选择价格策略。

同步训练

2.4.2 需求收入弹性

2.4.2.1 需求收入弹性的含义

需求收入弹性(income elasticity of demand)又称收入弹性,是指在一定价格水平条件下收入变动的比率所引起的需求量变动的比率。它反映了需求量对收入变动的反应程度。

在其他条件不变的情况下,消费者收入增加后对各种商品的需求量也会增加,但增加的幅度不同。因而,各种商品的收入弹性大小也就不同。

2.4.2.2 需求收入弹性系数的计算

一般用需求收入弹性系数来表示需求收入弹性的大小,需求收入弹性系数就是需求量变动的比率与收入变动的比率的比值。需求收入弹性系数的计算公式为

$$E_m = \frac{\dfrac{\Delta Q}{Q}}{\dfrac{\Delta M}{M}} = \frac{\Delta Q}{\Delta M} \cdot \frac{M}{Q}$$

式中,E_m 代表需求收入弹性系数,Q 表示需求量,ΔQ 表示需求的变动量,M 表示收入,ΔM 表示收入变动的绝对量,$\Delta Q/Q$ 是需求量变动的比率,$\Delta M/M$ 是收入变动的比率。

在此要注意两点:第一,在计算收入弹性系数时,假设价格和其他影响需求的因素不变;第二,因为收入与需求量同方向变动,所以收入弹性系数一般为正值。

2.4.2.3 需求收入弹性的分类

商品的需求收入弹性也因商品而异,一般也可以分为五类。

第一类:需求收入无弹性,即 $E_m = 0$。在此情况下,无论收入怎样变化,需求量都不会变动。

第二类:需求收入富有弹性,即 $E_m > 1$。在此情况下,随着收入的增加,人们对某些商品的需求量也会相应增加,而且,需求量的变动比率大于收入的变动比率。

第三类:需求收入缺乏弹性,即 $0 < E_m < 1$。在此情况下,随着收入的增加,需求量也会增加,但需求量增加的幅度小于收入增加的幅度。这一类商品大多属于生活必需品。

第四类:需求收入单一弹性,即 $E_m = 1$。在此情况下,随着收入的增加,某些商品的需求会按收入增加的幅度相应增加,即需求变动的比率等于收入变动的比率。

第五类:需求收入负弹性,即 $E_m < 0$。在此情况下,随着收入的增加,对某些粗劣低档商品的需求,不仅不会增加反而会减少,即需求量和收入反方向变动。

知识链接

低档品、必需品和奢侈品

需求收入弹性系数可以是正值,也可以是负值。如果是负值,收入增加就会导致物品或服务需求量的减少。便宜的热狗可能是一个例子。经济不宽裕的人可能买不起别的肉制品。但随着他们收入的增多,他们就会放弃热狗转而购买烤牛肉和猪排。这样,收入的增加导致对热狗需求量的减少。需求收入弹性系数为负的物品被定义为低档品(inferior goods)。

正常的物品和服务的需求收入弹性系数是正值。还可以根据 E_m 的大小对其进一步分类。如果 $0<E_m\leqslant1$,需求量的变动比率为正值,但小于或等于收入变动的比率,即需求量受收入变化的影响相对较小。这类物品和服务被称为必需品(necessaries),如面包就是必需品,它是人们(即使是最贫穷的家庭)吃的基本食品。当家庭变得富有后,会消费更多面包,但这种需求量通常不与收入同比例增长。

如果 $E_m>1$,则这类物品和服务被称为奢侈品(luxuries),即这类物品需求量的变化幅度要大于收入的变化幅度。例如,如果 $E_m=4$,收入增加 1% 就会导致需求量增加 4%。珠宝就是奢侈品的例子。一个人富有后就会有更多的可支配收入,因而,他就会用收入中的更大份额来购买项链、手镯和高级手表等奢侈品。

(资料来源:克雷·彼得森,克里斯·刘易斯.管理经济学[M].吴德庆,译校.北京:中国人民大学出版社,1998:70)

2.4.2.4　需求收入弹性与恩格尔定理

德国统计学家恩格尔根据其对德国某些地区消费统计资料的研究,发现生活必需品的需求收入弹性小,奢侈品和耐用品的需求收入弹性大。当人们收入很低时必须购买食品来维持基本生活,随着收入的提高,食物支出在全部支出中所占的比例越来越小,而花在其他耐用消费品和奢侈品上的支出随之增加。这就是恩格尔定理。恩格尔定理可以用恩格尔系数来说明,其计算公式为

$$恩格尔系数 = \frac{食物支出总额}{家庭（个人）消费支出总额} \times 100\%$$

恩格尔系数可以反映一个国家或一个家庭的富裕程度与生活水平。恩格尔系数越高,消费者越贫穷,生活水平越低;反之,恩格尔系数越低,消费者越富裕,生活水平越高。

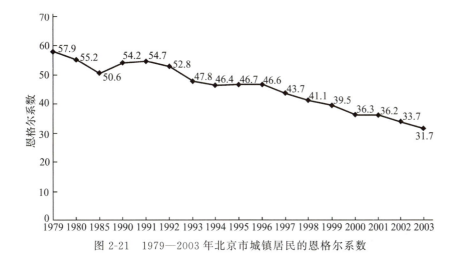

图 2-21　1979—2003 年北京市城镇居民的恩格尔系数

（资料来源：北京市统计局）

2.4.3　需求交叉弹性

需求交叉弹性（cross elasticity of demand）是指相关的两种商品中一种商品价格变动的比率与另一种商品需求量变动的比率的比值，即一种商品的需求量对另一种商品价格变动的反应程度。

需求交叉弹性的大小可以用需求交叉弹性系数来表示，其计算公式为

$$E_{xy} = \frac{\Delta Q_x}{Q_x} \Big/ \frac{\Delta P_y}{P_y} = \frac{\Delta Q_x}{\Delta P_y} \cdot \frac{P_y}{Q_x}$$

式中，E_{xy} 表示 X 商品的交叉弹性系数，Q_x 表示 X 商品的需求量，P_y 表示 Y 商品的价格，$\Delta Q_x / Q_x$ 表示 X 商品需求量变动的比率，$\Delta P_y / P_y$ 表示 Y 商品价格变动的比率。

根据商品的需求交叉弹性系数，我们可以把两种商品的关系分为以下三类。

（1）替代关系。需求交叉弹性系数 $E_{xy} > 0$，在这种情况下，一种商品的价格提高，可使另一种商品的需求量增加，两种商品之间存在着替代关系，需求交叉弹性系数越大，替代关系越强。

（2）互补关系。需求交叉弹性系数 $E_{xy} < 0$，在这种情况下，一种商品的价格提高，可使另一种商品的需求量减少，两种商品之间存在着互补关系，需求交叉弹性系数的绝对值越大，互补关系越强。

（3）没有关系。需求交叉弹性系数 $E_{xy} = 0$，则意味着这两种商品之间没有关系。

2.4.4　供给弹性

2.4.4.1　供给弹性的概念

供给弹性又称供给的价格弹性,它是指价格变动的比率与供给量变动的比率之比值,即供给量变动对价格变动的反应程度。供给弹性可用供给弹性系数来表示,计算公式为

$$E_s = \frac{\dfrac{\Delta Q}{Q}}{\dfrac{\Delta P}{P}} = \frac{\Delta Q}{\Delta P} \cdot \frac{P}{Q}$$

式中,E_s 表示供给弹性系数,Q 表示商品供给量,P 表示商品价格,$\Delta Q/Q$ 表示商品供给量变动的比率,$\Delta P/P$ 表示商品价格变动的比率。

2.4.4.2　供给弹性的分类

第一,供给无弹性,即 $E_s=0$。无论价格怎样变化,其供给量都不变。

第二,供给弹性无限大,即 $E_s \rightarrow \infty$。价格轻微的变化,就会引起供给量的极大变动。

第三,供给单一弹性,即 $E_s=1$。供给量变动的比率与价格变动的比率相同。

第四,供给富有弹性,即 $E_s > 1$。供给量变动的比率大于价格变动的比率。

第五,供给缺乏弹性,即 $E_s < 1$。供给量变动的比率小于价格变动的比率。

2.4.4.3　影响供给弹性的因素

第一,生产周期的长短。产品的生产周期越长,其供给弹性就越小;反之,供给弹性就越大。

第二,生产的难易程度。产品的生产难度越大,其供给弹性就越小;反之,供给弹性就越大。

第三,生产要素的供给弹性。由于产品产量的大小取决于生产要素供给的多少,所以,某种产品的生产要素供给弹性越大,产品的供给弹性就越大;反之,供给弹性就越小。

第四,生产成本的变化。若增加产品的产量所需增加的生产要素成本较大,则供给弹性较小;反之,供给弹性就越大。

在分析某种产品的供给弹性时要把以上因素综合起来。一般而言,重工业产品采用资本密集型技术,生产较为困难,并且生产周期长,所以供给弹性较小。轻工业产品,尤其是食品、服装,一般采用劳动密集型技术,生产较为容易,并且生产周期短,所以供给弹性较大。大米、面粉等农产品的生产尽管也采用劳动密集型技术,但由于生产周期长,因此供给弹性较小。

【本章小结】

■ 框架体系

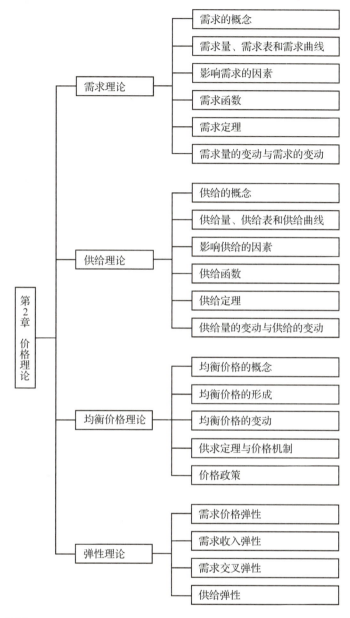

■ 主要术语

需求　需求曲线　需求定理　供给　供给曲线　供给定理　均衡价格　需求弹性
收入弹性　供给弹性　互补商品　替代商品　价格机制　价格政策

■ 主要理论

通过学习本章,你应知道均衡价格是怎样形成的,需求、供给对价格有何影响以及各
类弹性系数的计算分析方法。为了更加深入地理解均衡价格理论,请你着重把握以下几
个方面的内容。

□ 需求定理与供给定理是微观经济学的两个基本定理。前者阐明需求量与价格反
方向变动,后者阐明供给量与价格同方向变动。需求量的变动和需求的变动是两个不同

的概念,需求量的变动是由商品本身价格的变动引起的,表现为同一条曲线上需求量的移动;需求的变动是由商品本身价格以外的因素引起的,表现为需求曲线的平移。供给量和供给的变动也有类似区别。

□ 需求与供给是均衡价格的两个基本方面,需求与供给分别可用需求表、需求曲线和供给表、供给曲线来描述。需求量随着价格的上升而减少,供给量随着价格的上升而增加,需求量等于供给量时的价格就是均衡价格。

□ 供求定理与价格机制是均衡价格理论的重要内容。供求定理描述的是需求与供给的变动对均衡价格及均衡数量的影响;价格机制是指价格自动调节供给和需求,达到市场均衡的机理和功能,它阐明了市场价格是如何实现资源配置的。

□ 价格机制也存在失灵之处,需要采用一定的经济政策来弥补。这种政策就是价格政策,主要有支持价格政策和限制价格政策。

□ 弹性理论分析价格变动与供求之间的关系。经济学中的弹性就是衡量需求对价格、收入或相关商品价格等因素的变化的反应和敏感度。它描述的是经济变量之间存在的函数关系。经济学中的弹性分为需求弹性与供给弹性。需求弹性又分为需求价格弹性、需求收入弹性与需求交叉弹性;供给弹性则主要指供给的价格弹性。学习弹性理论应把握好对各种弹性理论的理解、弹性系数的计算和运用。

理论自测

⊟➙【理论自测】

■ 客观题

□ 选择题

1. 为每个关键术语选择一个定义。

_____ 需求量	A. 衡量一种物品的需求量对消费者收入的反应程度
_____ 供给量	B. 衡量一种物品的需求量对该物品价格变动的反应程度
_____ 替代品	C. 衡量一种物品的需求量对另一种物品价格变动的反应程度
_____ 互补品	D. 均衡价格时的供给量和需求量
_____ 需求定理	E. 认为在其他条件相同的情况下,当一种物品的价格上升时,这种物品的需求量减少
_____ 供给定理	F. 一种物品价格上升引起另一种物品需求量增加的两种物品
_____ 均衡价格	G. 一种经济变量变动所引起的另一种经济变量变动的程度
_____ 均衡数量	H. 卖者愿意而且能够卖出的一种物品的数量
_____ 供求定理	I. 一种物品价格上升引起另一种物品需求量减少的两种物品
_____ 需求收入弹性	J. 使供给量与需求量平衡时的价格

	需求价格弹性	K. 认为在其他条件相同的情况下,当一种物品价格上升时,这种物品的供给量增加
	供给价格弹性	L. 买者愿意并且能够购买的一种物品的数量
	弹性系数	M. 认为任何一种物品价格的调整都会使那种物品的供给量与需求量平衡
	需求交叉弹性	N. 衡量一种物品的供给量对该物品价格变动的反应程度

2. 当汽油价格上升,对小汽车的需求量将(　　)。

A. 减少　　　　　　　　B. 保持不变　　　　　　　　C. 增加

3. 鸡蛋的供给量增加是指(　　)。

A. 鸡蛋的需求量增加所引起的供给量增加

B. 鸡蛋的价格上升所引起的供给量增加

C. 收入的增加所引起的供给量增加

4. 政府为了扶持农业,对农产品实行支持价格政策。但政府为了维持这个高于均衡价格的支持价格,就必须(　　)。

A. 实行农产品配给制　　　B. 增加对农产品的税收　　　C. 收购过剩的农产品

5. 已知某商品的需求富有弹性,假定在其他条件不变的情况下,卖者要想获得更多的收益,应该(　　)。

A. 适当降低价格　　　　　B. 适当提高价格　　　　　C. 保持价格不变

6. 下列三种商品中需求价格弹性最小的是(　　)。

A. 食盐　　　　　　　　B. 衣服　　　　　　　　　C. 化妆品

□ 判断题

(　　)1. 假定其他条件不变,某种商品价格的变化将导致它的需求量变化,但不会引起需求变化。

(　　)2. 在其他条件不变的情况下,某种商品的价格下降将引起需求的增加和供给的减少。

(　　)3. 限制价格是政府规定的某种商品的最低价格。

(　　)4. 某种商品的支持价格一定高于其均衡价格。

(　　)5. 需求弹性系数是价格变动的绝对量与需求量变动的绝对量的比率。

(　　)6. 当某产品的价格上升 8%,需求量减少 7%,则说明该产品的需求是富有弹性的。

■ 主观题

1. 需求变动和需求量变动的区别是什么?

2. 影响供给和需求的主要因素是什么?

3. 试述需求定理、供给定理和供求定理的主要内容。

4. 支持价格政策和限制价格政策的内容和作用是什么?

5. 分析需求交叉弹性的现实意义。

应用自测

【应用自测】

1. 假设下表为自行车的市场供给与需求表。

价格/元	需求量/辆	供给量/辆
100	70	30
200	60	40
300	50	50
400	40	60
500	30	70
600	20	80

(1)画出自行车的供给曲线与需求曲线。

(2)自行车的均衡价格、均衡数量分别是多少？

(3)如果自行车的价格是100元，自行车存在过剩还是短缺？有多少单位的过剩或短缺？这将引起自行车价格上升还是下降？

(4)如果自行车的价格是400元，自行车存在过剩还是短缺？有多少单位的过剩或短缺？这将引起自行车价格上升还是下降？

(5)假设自行车行业增加了工资水平，从而增加了生产成本，而且每种自行车价格上升时减少了自行车的供给量20辆。请画出新的供给曲线和需求曲线，并说出自行车市场新的均衡价格和均衡数量是多少？

2. 为了减少吸烟者的人数，政府对每盒烟征收2元的税。一个月后，对消费者来说，香烟价格虽然大大上升，但需求量只有微不足道的减少。

(1)这表明在这一个月内，香烟的需求富有弹性还是缺乏弹性？

(2)上个月的证据表明，可以进一步提高香烟价格，以增加企业收益。假设由你负责烟草企业定价，你认为可以进一步提高香烟价格吗？为什么？

(3)假设其他的烟草企业并没有决定进一步提高其产品的价格，只是你所在的企业进一步提高了香烟的价格。这会使你所在的企业收益增加吗？为什么？

【案例分析】

■ **案例评论**

□ 案例

加油站前的长队

案例分析

1973年石油输出国组织(OPEC)提高了世界石油市场的原油价格。原油是生产汽油的主要投入物，较高的原油价格减少了汽油供给。加油站前的长队成为司空见惯的现象，而且，驾车人常常不得不为了买几升汽油而等待几个小时。是什么引起了排队加油呢？大多数人将其归咎于OPEC。的确，如果OPEC不提高原油价格，汽油的短缺就不会出现。但经济学家把它归咎于限制石油公司提高汽油价格的政府管制。

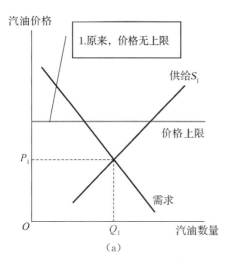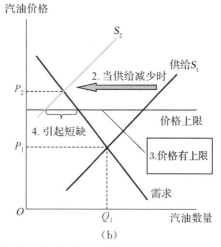

图 2-22　限制价格上限引起汽油供给的变化

正如图 2-22(a)所示，在 OPEC 提高原油价格以前，汽油的均衡价格为 P_1，低于最高限价。因此，价格管制没有影响。但是，当原油价格上升时，情况变了。原油价格上升增加了生产汽油的成本，而且也减少了汽油的供给。正如图 2-22(b)所示，供给曲线从 S_1 移动到 S_2。在一个没有管制的市场上，供给的这种移动将使汽油的均衡价格从 P_1 上升到 P_2，而且不会引起短缺。但价格上限使价格不能上升到均衡水平。在价格处于上限时，生产者愿意出售的量小于消费者愿意购买的量。因此，在有管制价格的情况下，供给移动引起了汽油的严重短缺。

最后，对汽油价格管制的法律被撤销了。这项法律的制定者终于明白了，他们要为美国人排队等候买汽油而失去的许多时间承担部分责任。现在，当原油价格变动时，也可以调整汽油的价格以使供求均衡。

（资料来源：曼昆．经济学原理（原书第 3 版）[M]．梁小民，译．北京：机械工业出版社，2003：122－123）

□ 问题

价格管制应用了何种价格政策原理？这种政策的实施会产生什么市场结果？你对此怎么看？

□ 考核点

价格政策；支持价格；短缺或过剩

■　决策设计

□ 案例

农业的好消息对农民来说会是坏消息吗？

设想你是堪萨斯州一个种小麦的农民。由于你所有的收入都来自出售小麦，所以，你尽了最大的努力来提高你的土地的产量。你注意天气和土壤状况，检查田地、预防病虫害并学习农业技术的最新进展。你知道，你的小麦种得越多，收成之后也就卖得越多，而你的收入和生活水平也就越高。有一天，堪萨斯州立大学宣布了一项重大发现，该大学农学系的研究人员培育出新杂交品种小麦,该品种可以使每英亩(1英亩≈4046.9平方米)土地的产量增加20%。

(资料来源:曼昆.经济学原理(原书第3版)[M].梁小民,译.北京:机械工业出版社,2003:89-91)

□ 问题

你如何看待案例中提到的新杂交品种小麦可使每英亩地产量增加20%? 你认为应该采用这一新杂交品种吗? 这一品种会使农民的收入较以前提高还是降低?

□ 考核点

供给与供给量变动;均衡价格与均衡数量;需求价格弹性;收益

⇨【自我评价】

学习成果	自我评价				
我已经明白了什么是需求、什么是供给,理解了需求定理和供给定理	□很好	□较好	□一般	□较差	□很差
我已经理解了影响需求和供给的主要因素,明白了需求变动与需求量变动、供给变动与供给量变动的区别	□很好	□较好	□一般	□较差	□很差
我已经理解了均衡价格、均衡数量的概念,明白了均衡价格是如何形成与变动的,也了解了供求定理的基本内容	□很好	□较好	□一般	□较差	□很差
我已经理解了政府运用价格政策的原因,明白了支持价格政策、限制价格政策如何应用	□很好	□较好	□一般	□较差	□很差
我明白了需求弹性的含义、类型及计算方法,理解了影响需求价格弹性的因素,掌握了需求弹性大小与总收益的关系	□很好	□较好	□一般	□较差	□很差

第3章

消费理论 ▶▶▶

- 效用理论
- 边际效用分析与消费者均衡
- 无差异曲线分析与消费者均衡
- 公共物品与消费政策

教学说明

导入语

每个人都作为消费者而存在,在任何时候,你和你的家人总是以有限的收入在琳琅满目的商品中进行选择——买什么、买多少、怎样买,从而才能得到最大的满足。

在经济中,消费者又称居民户(household),是指能自主做出统一消费决策的单位,它可以是个人,也可以是由若干人组成的家庭。居民户具有获得各种生产要素的收入,并把这种收入用于消费。他们消费是为了获得幸福。对于什么是幸福,经济学家 P. 萨缪尔森用一个"幸福方程式"来概括:

$$幸福 = \frac{效用}{欲望}$$

可见,消费者实现最大幸福的行为涉及效用与欲望这两个概念。本章的中心内容是说明消费者在一定约束条件下如何实现效用的最大化。

学习目标

◎ 了解什么是效用,效用如何计量——基数效用论和序数效用论;

◎ 明确什么是边际效用以及边际效用递减规律;

◎ 明确收入预算线和无差异曲线及其特点;

◎ 掌握消费者均衡分析的基本原理;

◎ 理解公共物品的含义、特征;

◎ 了解消费外部性问题以及相关的消费政策。

3.1 效用理论

3.1.1 欲 望

消费者之所以需要各种商品和服务,是因为这些东西可以满足他的各种欲望。因此,欲望便成为研究消费者选择行为的出发点。所谓欲望(desire),是指想要得到而又没有得到某种东西时的一种心理状态,也就是人对未得到的某种东西的一种需要。欲望具备两个条件:第一,有不足之感;第二,有求足之愿。例如,人们因为饥饿而形成购买满足填饱肚子需求的食品的欲望,因为寒冷而形成购买衣服以获得温暖的欲望。

人们的欲望是广泛的,有人皆有之的基本欲望,如吃饱、穿暖,还有丰富多彩的奢侈欲望、享乐欲望等。对人的欲望加以系统解释的是美国著名心理学家马斯洛,他在《动机与人格》一书中将人的需要分为五种:①生理需要。其包括人们对基本生活资料的需求,这是人最基本的需要。②安全的需要。这种欲望实际可以看作生理需要的延伸。③社会需要。人是社会中的一分子,希望自我归属于某一集团或阶层,在与本集团或本阶层正常交往的过程中,希望能爱别人并且能得到别人的爱。④自尊的需要。其包括对获得信心、能力、本领、成就、独立和自由的愿望。⑤自我实现的需要。这种需要包括对真、善、美的追求以及实现自己理想与抱负的愿望,这是最高层次的愿望。当较低层次的需要得到满足之后,又会产生新的需要,所以欲望是多种多样而又无止境的。

经济学家曾提出了关于欲望的两条定律:①欲望强度递减定律,即在一定时间内,一个人对某种商品的欲望随着消费该商品的增加而减少。②享受递减定律,即随着欲望的满足,人所得到的愉快是不断减少的。

3.1.2 效 用

3.1.2.1 效用的概念

效用(utility)是指满足人的欲望的能力,或者说,效用是指消费者在消费商品和服务时所感受到的满足程度。

一种商品对消费者是否具有效用,取决于该种商品是否能满足消费者的某种欲望。效用与人的欲望是联系在一起的,消费者只有对某种商品或者某种服务有欲望,该商品和服务才具有效用。例如,香烟对抽烟的人是有效用的,对不抽烟的人是没有效用的;空气对每个人是必不可少的,但它没有效用,因为在正常情况下,空气并不稀缺,人们对它没有欲望;暖气在冬天的效用大,在夏天却几乎没有效用。效用及其大小会因为不同的消费者、不同的消费时间、不同的欲望程度而不同。

资料分析

"朝三暮四"和"朝四暮三"的故事

战国时代,宋国有一个养猴子的老人,家里养了许多猴子。日子一久,这个老人竟然能和猴子讲话了。

老人每天早晚都分别给每只猴子四颗橡子。几年之后,老人的经济条件越来越不好,而猴子的数目却越来越多,所以他就想把每天的橡子由八颗改为七颗,于是就和猴子们商量:"从今天开始,我每天早上给你们三颗橡子,晚上还是照常给你们四颗橡子,不知道你们同不同意。"

猴子们听了,都认为早上怎么少了一颗,于是一个个吱吱大叫,到处跳来跳去,好像非常不愿意似的。

老人看此情形,连忙改口说:"那么早上给你们四颗,晚上再给你们三颗,这样可以了吧?"

猴子们听了,以为早上的橡子已经由三个变成四个,跟以前一样,就高兴地在地上翻滚起来。

橡子的总数没有变,只是分配方式有变化,猴子们就转怒为喜。通常的观点认为这些猴子太愚笨了,告诫我们不应该像猴子那样短视,要用整体的眼光看问题。

无论"朝三暮四"还是"朝四暮三",单纯从数量上看橡子总数均为七,区别在于橡子数量在时间安排顺序上有所不同。一般人们只看到了数量的相同,而未看到时序的不同,于是便以此来嘲笑猴子的愚笨,而赞赏老人的聪明,但是,如果把时序因素加以考虑,从经济学原理来思考,猴子虽然是动物但也是有欲望的,猴子在不同的消费时间会存在不同程度的欲望,因此消费橡子时感受到不同的满足程度,这就是橡子的效用及其大小。也就是说,猴子白天活动量大,夜晚活动量小,白天消耗的能量比晚上要多,"朝四暮三"比"朝三暮四"能给猴子们带来更大的效用,所以猴子更青睐于"朝四暮三"。

(资料来源:编者整理)

●●● 同步训练

同步训练

目标:明确效用的特点。

3.1.2.2 基数效用与序数效用

效用是用来表示消费者在消费某种商品和服务时所感受到的满足程度,那么,怎样去衡量这种"满足程度"呢？对这一问题,经济学家先后提出了基数效用与序数效用的概念,并在此基础上,形成了分析消费者行为的两种方法,分别是基数效用论者的边际效用分析方法和序数效用论者的无差异曲线分析方法。

基数效用论的基本观点是:效用是可以计量并加总求和的,也就是说效用的大小可用自然数(即基数)1、2、3等计算出来。例如,某消费者吃一块巧克力所得到的满足程度是7个效用单位,吃一片面包获得9个效用单位,则消费者消费这两种物品所得到的总满足程度是16个效用单位。吃一块巧克力获得20个效用单位,吃一个苹果获得15个效用单位,吃一个梨获得5个效用单位,总效用单位为40个。

序数效用论认为效用是消费者个人的偏好,是一种心理活动,只能根据偏好程度用第一、第二、第三等加以排列。例如,同时吃了一块巧克力、一个苹果和一个梨,比较一下觉得巧克力带来的满足程度大,苹果次之,梨更次之,于是巧克力的效用排在第一,苹果的效用排在第二,梨的效用排在第三。

3.1.2.3　总效用与边际效用

从基数效用论的观点来看,效用有总效用与边际效用之分。

总效用(total utility,TU)是指消费者在一定时间内从一定数量的商品或服务的消费中所得到的效用量的总和。假定消费者对一种商品的消费数量为Q,则总效用函数的计算公式为

$$TU = TU(Q)$$

边际效用(marginal utility,MU)是指消费者在一定时间内增加一单位商品的消费所得到的效用量的增量。相应的边际效用函数的计算公式为

$$MU = \frac{\Delta TU}{\Delta Q}$$

边际效用

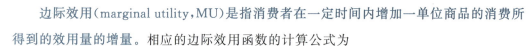
资料卡 3-2

垃圾中的边际效用

美国是世界上经济最为强大的国家,人均消费商品数量居世界第一,人均垃圾量也没有一个国家能与之相比。美国的垃圾不但包括各种废弃物,也包括各种用旧了的家具、地毯、鞋子、炊具乃至电视机和冰箱。在美国旧东西有几条出路:或通过"后院拍卖"被卖掉或捐赠给教堂,或捐赠给旧货商店,或当垃圾扔掉。旧东西在美国很不值钱,你可以在"后院拍卖"中花1美元买到一个电熨斗,在教堂拍卖中花10美元买到一套百科全书(20本),花5美元买到一套西服。相反,有的旧东西在中国就值钱多了。在大城市,经常看到有人在收购各种旧的生活用品,然后运到贫穷、偏僻的农村地区以几倍的价格卖出。

表面上看,这是一个矛盾的现象:相对穷的中国人,却愿意花几倍于相对富的美国人愿意出的价钱去买这些旧东西。但这个现象可以用经济学的效用理论来解释,即商品价

格的高低与商品所提供的边际效用的大小成正比。

富人用一块钱要比穷人用一块钱轻率，或者说，富人的钱的边际效用低。人们越富裕，就越有钱来购买奢侈品。举例来说，在美国最便宜的剃须刀是 10 美分一把，最豪华的剃须刀大约要 100 美元，二者相差达千倍。豪华剃须刀虽然更美观、更安全、更经用，但它的基本功能也只限于剃胡子，它提供的附加效用非常有限。廉价手表和豪华手表的价格也可相差千倍。过去我国比较穷，奢侈品没有市场，现在人们钱多起来，情况正在发生变化。

中美两国富裕程度的差别而形成的效用评价的差别，提供了巨大的贸易机会，即中国可以用极低的价格进口美国的某些旧用品，其代价主要是收集、分类及运输的成本，如旧汽车是值得进口的。在美国，由于人力昂贵、修理费用高，所以报废的标准比较高。

（资料来源：生活中的经济学：垃圾中的边际效用［EB/OL］.（2008－04－16）［2018－06－25］. http://news.163.com/08/0416/08/49KVIV4F00012GGE.html）

可以举例说明商品消费量、总效用与边际效用的关系（见表 3-1）。

表 3-1　商品消费量、总效用与边际效用的关系

消费量	总效用	边际效用
0	0	0
1	30	30
2	50	20
3	60	10
4	60	0
5	50	－10

根据表 3-1 可绘出总效用曲线与边际效用曲线（见图 3-1）。

由表 3-1 和图 3-1 可知，总效用与边际效用之间存在如下关系：①当总效用随着消费量的增加而增加时，边际效用为正数；②当总效用随着消费量的增加而减少时，边际效用为负数；③当总效用达到最大时，边际效用为零。

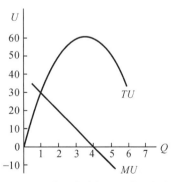

图 3-1　总效用曲线与边际效用曲线

●●● 即问即答

对于一种商品，消费者想要的数量已知，这时（　　　），在商品量增加的过程中，（　　　）。

　　A. 边际效用为零　　　　　　B. 边际效用最大　　　　　　C. 总效用最大

D. 边际效用为负   E. 总效用为零

F. 总效用和边际效用不断增加

G. 总效用不断下降,边际效用不断增加

H. 总效用不断增加,边际效用不断下降

3.2 边际效用分析与消费者均衡

3.2.1 边际效用分析

3.2.1.1 边际效用递减规律

边际效用
递减规律

边际效用具有一个重要的性质,即随着消费者对某种物品消费量的增加,他从该物品连续增加的消费单位中所得到的边际效用是递减的。这种情况普遍存在于一切物品的消费中,所以被称为边际效用递减规律(law of diminishing marginal utility)。

边际效用递减规律可以用以下两个理由来解释:第一,生理或心理的原因。随着消费一种物品的数量增多,即某种刺激的反复使人们在生理上的满足或心理的反应减少,人们的满足程度减少。第二,物品本身用途的多样性。每一种物品都有多种用途,这些用途的重要性不同,消费者总是先把物品用于最重要的用途,而后用于次要的用途。当他有若干这种物品时,把第一单位用于最重要的用途,其边际效用就大,把第二单位用于次要用途,其边际效用就小,按此顺序,用途越来越不重要,边际效用也就递减了。

资料卡 3-3

同时读五本书可能是更适合孩子的阅读方法?

我们中的绝大多数人在阅读时,都习惯看完第一本书,再看第二本,看完第二本,再看第三本……遵循这样一种"仪式感"。但这是不是最好的阅读方法呢?英国作家毛姆曾分享了一个与之截然不同的阅读习惯:"就我自己而言,我发觉同时读五六本书反而更合理。"

毛姆的说法,乍听起来有点任性,因为我们无法每一天都保持不变的心情,而且,即使在一天之内,也不见得会对同一本书具有同样的热情。但我们仔细分析一下会发现,这种阅读习惯可能确实更科学,也更适合孩子。

阅读和学习时要不时切换"频道"?

经济学里有一个概念,叫作"边际效用"。边际,原本是指边缘、界限,被经济学家借用来描述"对行动计划的微小增量的调整"。我们可以打一个比方:

假如现在你和你的小伙伴在拔河,本来你们两个人势均力敌,这时候,有另一个小伙伴要加入你这边,他的加入,就会让你这边更有优势,这个优势就是一个边际量,能发挥的作用就是边际效用。

其实，我们在生活中接触过的很多商业策略都和"边际效用"有关，它指的就是当我们每多消费一件商品而产生的满足感。比如，你可能很喜欢吃披萨，但是，如果让你今天吃披萨，明天吃披萨，后天还是吃披萨，到了后天，你可能就觉得披萨不好吃了。

掌握这个规律，可以帮助我们在生活中做出更好的决策。比如阅读。

在看书时，我们常常发现自己没有办法长时间持续地看同一本书。在刚开始的第一个小时，我们可能非常兴奋，注意力非常集中，但是每过一个小时，我们的注意力就会减弱一点，读书的热情也会越来越低。

所以，我们不如两三本书放在一起看。当我们发现第一本书给自己带来的"效用"开始降低的时候，就转而看第二本书，当第二本书的"效用"开始降低的时候，就翻开第三本书，当第三本书给自己带来的效用也开始降低的时候，就索性合上书，休息一下，过几个小时或等到第二天再继续。

在其他方面，我们也能采取一些措施来减少或阻止"边际效应递减"。比如在学习的时候，我们可以把学习的时间分割成几块，一部分用来学习英语，一部分用来学习数学，一部分用来听音频，等等。这样做的效率，可能要比你用一天的时间都来学习英语的效率更高。

经济学让我们学会理性决策。

（资料来源：同时读5本书可能是更适合孩子的阅读方法？[EB/OL].(2017-07-08)[2019-12-01].http://www.sohu.com/a/160467816_119570）

●●●同步训练

> 目标：理解边际效用递减规律。

3.2.1.2 货币的边际效用

同其他物品一样，货币本身也存在总效用和边际效用。货币的边际效用是指增加一单位货币的效用。与商品的边际效用一样，货币的边际效用也是递减的，即随着货币收入量的不断增加，货币的边际效用是递减的。所以，每增加一单位货币的消费，低收入者会比高收入者获得更大的满足。如果将高收入家庭的货币减少某一数额，而使同等数额的货币收入转移到低收入家庭，就会增加社会的总效用。

在分析消费者行为时，通常假定其货币收入是不变的。在这一假定下，每一单位货币的边际效用是不变的。也就是说，每一单位货币在消费者心目中的重要性是一样的。

3.2.2 消费者均衡分析

消费者均衡（consumer's equilibrium）所研究的是消费者在收入既定的情况下，如何实现效用最大化的问题。

在消费者均衡分析时，我们假设：第一，消费者的偏好是既定的，即消费者对各种物品效用与边际效用的评价是既定的，不会发生变动。第二，消费者的收入是既定的，每一单位货币的边际效用对消费者来说都是相同的。也就是说，由于货币收入是有限的，货币可以购买一切物品，所以货币的边际效用不变。第三，物品的价格是既定的。

3.2.2.1 消费者均衡条件

基数效用论
的消费者均衡

消费者用全部收入购买的各种物品所带来的边际效用，与为购买这些物品所支付的价格的比值相等，或者说每一单位货币所得到的边际效用都相等。

假设消费者的收入为 M，消费者购买并消费 X 与 Y 两种物品，X 与 Y 的价格为 P_x 与 P_y，所购买的 X 与 Y 的量为 Q_x 与 Q_y，X 与 Y 所带来的边际效用为 MU_x 与 MU_y，每一单位货币的边际效用为 MU_m。这样，可以把消费者均衡条件写为

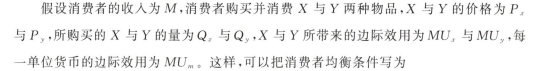

$$P_x \cdot Q_x + P_y \cdot Q_y = M \tag{1}$$

$$\frac{MU_x}{P_x} = \frac{MU_y}{P_y} = MU_m \tag{2}$$

式（1）是限制条件，说明收入是既定的，购买 X 与 Y 物品的支出不能超出也不能小于收入。超过收入的购买是无法实现的，而小于收入的购买也达不到收入既定时的效用最大化。式（2）是消费者均衡条件，即所购买的 X 与 Y 商品带来的边际效用与其价格的比值相等，也就是说，每一单位货币不论购买 X 商品还是购买 Y 商品，所得到的边际效用都相等。

如果所消费的不是两种商品，而是多种商品，设各种商品的价格为 P_1，P_2，P_3，…，

P_n,购买量为 $Q_1,Q_2,Q_3,\cdots,Q_n$,各种商品的边际效用为 $MU_1,MU_2,MU_3,\cdots,MU_n$,则可以把消费者均衡条件表示为

$$P_1 \cdot Q_1 + P_2 \cdot Q_2 + P_3 \cdot Q_3 + \cdots + P_n \cdot Q_n = M \qquad (3)$$

$$\frac{MU_1}{P_1} = \frac{MU_2}{P_2} = \frac{MU_3}{P_3} = \cdots = \frac{MU_n}{P_n} \qquad (4)$$

水与钻石的价值之谜

作为生活本身基础的水在很多人看来一文不值,但与水相比毫无用处的钻石却十分昂贵,为什么?

可以通过区分总效用和边际效用来解开这个谜。我们从水中得到的总效用是巨大的,但要记住,我们消费的某种东西越多,它的边际效用越小。我们用如此大量的水,以至于它的边际效用——我们从多得到的一杯水中获得的利益——递减到极小值。钻石相对于水来说总效用很小,但因为我们很少购买钻石,所以它的边际效用很高。当一个家庭要使总效用最大时,它以使支出于所有物品的每一元的边际效用相等的办法来安排自己的预算。这就是说,对所有物品来说,从一种物品中得到的边际效用与该物品的价格的比值相等。这种每一元支出的边际效用相等的特点对钻石和水都是正确的:钻石有高价格和高边际效用,水有低价格和低边际效用。当钻石的高边际效用除以其高价格时,得出一个等于水的低边际效用除以低价格的数字,每一元支出的边际效用对钻石和水是相同的。

(资料来源:迈克尔·帕金.经济学(第5版)[M].梁小民,译.北京:人民邮电出版社,2003:149)

3.2.2.2 消费者均衡分析举例

设 $M = 100$ 元,$P_x = 10$ 元,$P_y = 20$ 元,X 与 Y 的边际效用如表 3-2 所示,购买组合、均衡条件与总效用如表 3-3 所示。

表 3-2　商品购买量及边际效用

Q_x	MU_x	Q_y	MU_y
1	5	1	6
2	4	2	5
3	3	3	4
4	2	4	3
5	1	5	2
6	0		
7	-1		

续 表

Q_x	MU_x	Q_y	MU_y
8	-2	9	-3
10	-4		

表 3-3　购买组合、均衡条件与总效用

组合方式	$\dfrac{MU_x}{P_x}$ 与 $\dfrac{MU_y}{P_y}$	总效用
$Q_x=10,Q_y=0$	$\dfrac{-4}{10}\neq\dfrac{0}{20}$	5
$Q_x=8,Q_y=1$	$\dfrac{-2}{10}\neq\dfrac{6}{20}$	18
$Q_x=6,Q_y=2$	$\dfrac{0}{10}\neq\dfrac{5}{20}$	26
$Q_x=4,Q_y=3$	$\dfrac{2}{10}=\dfrac{4}{20}$	29
$Q_x=2,Q_y=4$	$\dfrac{4}{10}\neq\dfrac{3}{20}$	27
$Q_x=0,Q_y=5$	$\dfrac{0}{10}\neq\dfrac{2}{20}$	20

从表 3-2 和表 3-3 中可以看出,各种购买组合都符合消费者均衡条件的式(1)(限制条件),即正好用完 100 元,但只有在 $Q_x=4,Q_y=3$ 时,才满足用完 100 元的情况下 $\dfrac{MU_x}{P_x}=\dfrac{MU_y}{P_y}=MU_m$ 的条件,也只有这种购买组合才实现了 X 与 Y 所带来的总效用最大——29 个单位。其他组合所带来的总效用都不是最大。

●●● 即问即答

Q 即问即答

已知消费者的收入为 50 元,商品 X 的价格为 5 元,商品 Y 的价格为 4 元。假定该消费者计划购买 6 个单位 X 商品和 5 个单位 Y 商品,商品 X 和 Y 的边际效用分别为 60 和 30。如要得到最大效用,他应该(　　　)。

A. 增购 X 的购买量,减少 Y 的购买量

B. 增购 Y 的购买量,减少 X 的购买量

C. 同时减少 X 和 Y 的购买量

3.2.3　边际效用递减与需求定理

西方经济学家用边际效用递减规律来解释需求定理。边际效用递减规律证明,随着

消费者购买数量的增加,他所得到的追加效用或欲望的满足程度减少,他所愿意支付的价格就越低。因而,从消费者角度来说,他支付价格的高低与效用的大小是正相关的,即效用大,消费者所愿支付的价格就高,反之则低。这样,消费者所消费的某种商品的数量与该商品的价格呈反方向变动,即价格与需求为反比关系,需求曲线向右下方倾斜。可用表 3-4 来说明边际效用与需求的关系。

表 3-4　边际效用与需求的关系

边际效用 MU	购买量 Q	需求价格 P/元
20	1	10.0
10	2	5.0
5	3	2.5
2	4	1.0
1	5	0.5

从表 3-4 中可以看出,当某商品购买量为 1 时,边际效用为 20 个效用单位,消费者愿意为这 20 个效用单位付 10.0 元。当该商品购买量增加至 2 时,消费者从第二单位中得到的边际效用为 10 个效用单位,消费者只愿意为这 10 个效用单位付 5.0 元。当该商品购买量增加至 3 时,消费者从第三单位中得到的边际效用为 5 个效用单位,消费者只愿意为这 5 个效用单位付 2.5 元。随着商品量的增加,所增加的商品能够带给消费者的效用增加量越来越少,因而消费者愿意支付的价格也越来越低。可见,消费者对某商品的需求量与价格反方向变动是由边际效用递减决定的。如图 3-2 所示。

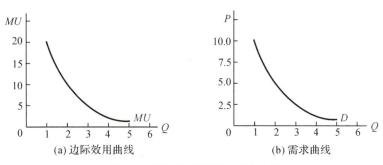

图 3-2　边际效用曲线与需求曲线

3.2.4　消费者剩余

消费者剩余(consumer's surplus)是指消费者为购买某种商品而愿意支付的总价格与其实际购买该商品时所花费的总支出的差额。它是边际效用递减规律起作用的直接结果。

由需求的性质而知,对于商品最初的消费单位,消费者愿意出高价购买,是因为其边际效用较高。其后随着消费量的增加,商品的边际效用逐渐降低,消费者愿意支付的价格随之降低。而商品的市场价格是由市场的供求关系决定的。价格决定后,消费者按同样的价格购买其愿意购买的全部数量,而不是按照其愿意支付的价格逐个购买其愿意购买的全部数量。如图 3-3 所示,消费者愿意支付的总价款大于实际支付的总价款,其差额即为消费者剩余。图 3-3 中,消费者愿意支付的总价

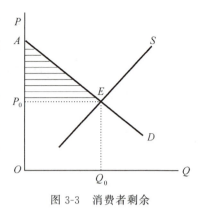

图 3-3　消费者剩余

款为 $OAEQ_0$ 的面积,实际支付的总价款为 OP_0EQ_0 的面积,其差额 P_0AE 的面积即为消费者剩余。

同步训练

●●● **同步训练**

目标:明确消费者剩余的含义。

同步训练

●●● **同步训练**

目标:用边际效用递减规律与需求定理解释电商推广拉新的现象。

3.3　无差异曲线分析与消费者均衡

无差异曲线分析是基于序数效用论来分析消费者均衡的实现。

3.3.1　无差异曲线分析

3.3.1.1　消费者偏好

按照序数效用论,消费者从商品中得到的效用按等级排列,由此就提出了消费者偏好的概念。**消费者偏好是消费者根据自己的喜好对可能消费的商品组合进行排列。**假定消费者面对 A、B 两组商品组合,假设 A 组商品给消费者带来的效用大于 B 组商品,则消费者对 A 组商品的偏好大于对 B 组商品的偏好。

关于消费者偏好有三个假设:第一,偏好的可比性。消费者能够按照其偏好程度对给定的商品进行排列。第二,偏好的可传递性。可传递性是指对于任何三个商品组合 A、B、C,如果消费者对 A 的偏好大于 B,对 B 的偏好大于 C,那么,在 A、C 这两个组合中,消费者对 A 的偏好大于 C。偏好的可传递性保证了消费者的偏好是一致的、是理性的。第三,偏好的非饱和性。消费者对每一种商品的消费都没有达到饱和点,或者说,对于任

何一种商品,消费者总是认为多比少好。

3.3.1.2 无差异曲线

(1)无差异曲线的概念

无差异曲线(indifference curve)是用来表示两种商品的不同数量组合给消费者带来的总满足程度即效用完全相同的曲线。

假设,现有 X 与 Y 两种商品,它们有 a、b、c、d、e、f 六种组合方式,这六种方式给消费者带来同样的效用。如表 3-5 所示。

表 3-5 同一满足程度下两种商品消费量的组合

组合方式	X 商品	Y 商品
a	5	30
b	10	18
c	15	13
d	20	10
e	25	8
f	30	7

根据表 3-5 可以画出图 3-4。

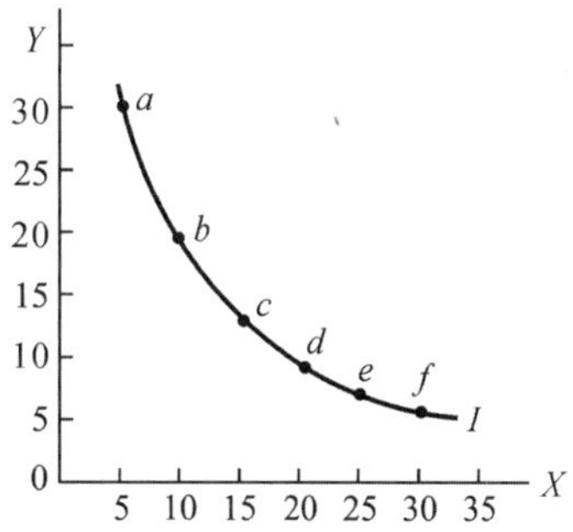

在图 3-4 中,横轴代表 X 商品的数量,纵轴代表 Y 商品的数量,I 为无差异曲线,曲线上的任何一点所代表的 X 与 Y 的数量组合虽然不同,但给消费者带来的效用的满足程度都是相同的。

(2)无差异曲线的特征

结合图 3-4,可以看出无差异曲线具有以下特征。

图 3-4 无差异曲线

第一,无差异曲线是一条向右下方倾斜的曲线,凸向原点,其斜率为负值。这说明,在收入与价格既定的条件下,消费者为了得到相同的总效用,在增加一种商品的消费时,必须减少另一种商品的消费。

第二,在同一平面上可以有无数条无差异曲线。同一条无差异曲线代表相同的效用,不同的无差异曲线代表不同的效用。离原点越远,表示效用越大,反之,则越小。在图 3-5 中,I_1、I_2、I_3 表示三条不同的无差异曲线,其效用大小的顺序是 $I_1 < I_2 < I_3$。

第三,在同一平面上,任意两条无差异曲线是不能相交的。因为在交点上两条无差异曲线代表了相同的效用,这与第二点是矛盾的。

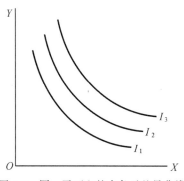

图 3-5 同一平面上的多条无差异曲线

边际替代率

3.3.1.3　边际替代率

边际替代率（marginal rate of substitution）是消费者在保持相同的效用时，减少的一种商品的消费量与增加的另一种商品的消费量之比。例如：为了增加 X 商品而放弃 Y 商品，增加的 X 商品的数量与所放弃的 Y 商品的数量之比就是以 X 商品代替 Y 商品的边际替代率，写作 MRS_{xy}，如以 ΔX 代表 X 商品的增加量，以 ΔY 代表 Y 商品的减少量，则

$$MRS_{xy} = \frac{\Delta Y}{\Delta X}$$

边际替代率递减规律（law of diminishing marginal rate of substitution）是指人们得到一单位某种物品而愿意牺牲的另一物品的数量是递减的。这是因为随着 X 商品的增加，它的边际效用在递减；随着 Y 商品的减少，它的边际效用在增加。这样，每增加一定数量的 X 商品，所能代替的 Y 商品的数量越来越少。或者说，增加同等数量的 X 商品，所减少的 Y 商品越来越少。可以用表 3-6 来进一步说明这个问题。

表 3-6　边际替代率递减

变动情况	ΔX	ΔY	MRS_{xy}
a—b	10	20	2.0
b—c	10	18	1.8
c—d	10	15	1.5
d—e	10	10	1.0

由表 3-6 可以看出，增加 10 个单位的 X 商品，减少的 Y 商品分别为 20、18、15、10 个单位，其边际替代率由 2.0 减至 1.0，呈现递减趋势。

边际替代率递减规律是以边际效用递减规律为基础的，两者不同的是，边际效用递减规律只涉及一种商品的消费量，而边际替代率递减规律涉及两种商品同时变动，在保持总效用不变的前提下，一种商品对另一种商品的边际替代率是递减的。这里的边际替代率实质就是一种商品用另一种替代品表示的边际效用。

3.3.2　消费可能线

消费可能线（consumption possibility curve）又称等支出线、预算线，它是一条表明在消费者收入和价格水平既定的条件下，消费者所能购买的两种商品数量最大组合的线。

消费可能线表明了消费者行为的限制条件。这种限制就是购买商品所花的钱不能大于收入，也不能小于收入。大于收入是在收入既定的条件下无法实现的，小于收入则无法实现效用最大化。这种限制条件可写为

$$M = P_x \cdot Q_x + Q_y \cdot P_y$$

上式也可写为

$$Q_y = \frac{M}{P_y} - \frac{P_x}{P_y} \cdot Q_x$$

这是一个斜率为 $-\dfrac{P_x}{P_y}$，截距为 $\dfrac{M}{P_y}$ 的直线方程式。

●●● 同步训练

同步训练

> **目标：理解消费可能线的含义。**

假定某个消费者可用于支出的收入为 60 元，他购买 X 商品和 Y 商品。X 商品的价格为 20 元，Y 商品的价格为 10 元。如果他用全部的收入购买这两种商品，那么，也就达到了消费可能的最高限。表 3-7 说明在价格既定的条件下该消费者购买 X 商品和 Y 商品的各种可能组合。

表 3-7　消费可能组合

消费可能	X 商品	Y 商品
a	0	6
b	1	4
c	2	2
d	3	0

根据表 3-7，如果将 60 元全部用于购买 X 商品，可以买 3 个单位；如果将 60 元全部用于购买 Y 商品，可以买 6 个单位。据此可画出图 3-6。

图 3-6 中 A 点为将支出全部购买 Y 商品的数量，B 点为将支出全部用于购买 X 商品的数量。连接 A、B 两点的线即为消费可能线，在 AB 线上任何一点都表示以现有支出能购买的 X、Y 商品的可能组合。在线内的点表示所购买的 X、Y 商品的组合可以实现，但没有用完收入，即不是最大数量的组合。在线外的点，表示所购买的 X、Y 商品的组合不能实现。

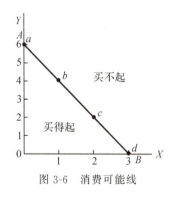
图 3-6　消费可能线

图 3-6 中的消费可能线是在消费者的收入和商品价格既定的条件下画出的，如果消费者的收入和商品的价格发生改变，消费可能线就会变动，一般有四种情况。

第一，商品价格不变，消费者收入变动。如果消费者收入增加，消费可能线将向右上方平行移动。收入减少，消费可能线向左下方移动。如图 3-7(a) 所示。

第二，消费者收入不变，两种商品的价格同比例上升或下降，其变动结果第一种情况相同。

第三，消费者收入不变，两种商品的价格以不同比例上升或下降，其变动结果如图 3-7(b) 所示。AB 为原来的消费可能线，当 X 商品的价格上涨幅度大于 Y 商品的价格上涨幅度时，将形成消费可能线 A_1B_1；当 X 商品的价格上涨幅度小于 Y 商品的价格上涨幅度时，将形成消费可能线 A_2B_2。

第四,支出和一种商品的价格不变,另一种商品的价格变动,则消费可能线以不变价格的一端为轴心改变斜率,如图 3-7(c)所示。AB 为原来的消费可能线,其他条件不变时,若 X 商品的价格上升,消费可能线移至 AB_1,如果 X 商品的价格下降,消费可能线移至 AB_2。

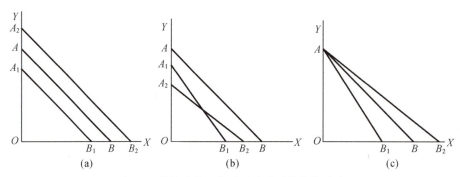

图 3-7　价格或收入变动时消费可能线的移动

3.3.3　消费者均衡分析

我们把无差异曲线与消费可能线结合在一起分析消费者均衡的实现。现将图 3-5 和图 3-6 移至同一平面上。那么消费可能线与无数条无差异曲线中的一条相切于 E 点,在 E 点上就实现了消费者均衡。可用图 3-8 来说明。

在图 3-8 中,I_1、I_2、I_3 为三条无差异曲线,线 AB 为消费可能线。线 AB 与 I_2 相切于 E 点,这时实现了消费者均衡。这就是说,在收入与价格既定的条件下,消费者购买数量为 OC 的 X 商品、数量为 OD 的 Y 商品,获得了最大效用。

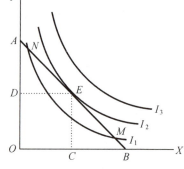

图 3-8　无差异曲线与消费者均衡

为什么只有在 E 点才能实现消费者均衡呢?从图 3-8中可以看出,I_3 所代表的效用大于 I_2,但 I_3 与线 AB 既不相交又不相切,说明 I_3 的效用水平无法实现。线 AB 与 I_1 相交于 M 点和 N 点,在 M 点和 N 点所购买的数量也是收入与价格既定条件下的最大组合,但 $I_1 < I_2$,在 M 点和 N 点上并不能达到最大效用。另外,除 E 点之外的其他各点也在线 AB 之外,是无法实现的。因此,只有在 E 点上才能实现消费者均衡。

3.3.4　收入效应与替代效应

现在我们用消费者均衡分析收入效应与替代效应。

3.3.4.1　收入效应

收入效应(income effect)是指收入变化导致商品购买量变化的现象。在消费者偏好和商品价格不变的情况下,消费者收入的增加会增加对 X、Y 两种商品的购买。下面用图 3-9 来说明。

在图 3-9 中,原来的收入所决定的消费可能线为 AB,AB 与无差异曲线 I_1 切于 E 点,这时购买的 X 商品的量为 OC,购买的 Y 商品的量为 OD。收入增加后,消费可能线向右上方平行移动至 A_1B_1,A_1B_1 与 I_2 切于 E_1 点,这时购买的 X 商品的量为 OC_1,购买的 Y 商品的量为 OD_1,$OC_1 > OC$,$OD_1 > OD$,说明由于收入增加,所购买的两种商品的量都增加了。

如果商品价格同时下降,尽管货币收入不变,但实际收入增加,这种情况与收入增加是相同的。

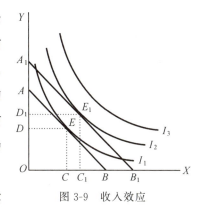

图 3-9　收入效应

3.3.4.2　替代效应

替代效应(substitute effect)是指假设消费者的偏好与收入不变,商品的相对价格发生变化(例如,一种商品价格不变,而另一种商品价格变化,或者两种商品价格发生了反方向变化)对消费者购买产生的影响。

替代效应

我们假设 X 商品的价格下跌了,Y 商品的价格不变,用图 3-10 来说明。

在图 3-10 中,原来的消费可能线为 AB,AB 与无差异曲线 I_1 相切于 E 点,决定了 X 商品的购买量为 OC,Y 商品的购买量为 OD。当 Y 商品的价格不变,而 X 商品的价格下降时,消费可能线就会移动至 AB_1,AB_1 与无差异曲线 I_2 相切于 E_1 点,决定了 X 商品的购买量为 OC_1,Y 商品的购买量为 OD_1,$OC_1 > OC$,$OD_1 < OD$。这说明由于 X 商品降价,Y 商品的相对价格上升,于是消费者就多购买 X 商品,少购买 Y 商品。

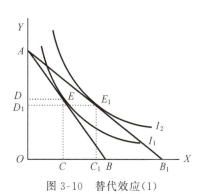

图 3-10　替代效应(1)

我们假设 Y 商品价格上升,X 商品价格下降,如图 3-11所示。

在图 3-11 中,消费可能线为 AB,AB 与无差异曲线 I_1 切于 E 点,这时购买的 X 商品的量为 OC,购买的 Y 商品的量为 OD。现在 X 商品的价格下降,Y 商品的价格上升,消费可能线移至 A_1B_1,A_1B_1 与 I_1 切于 E_1 点,这时购买的 X 商品的量为 OC_1,购买的 Y 商品的量为 OD_1,$OC_1 > OC$,$OD_1 < OD$,这表明消费者会增加购买价格下降的 X 商品以替代价格上升的 Y 商品。

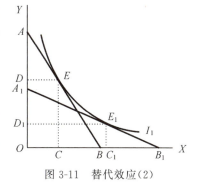

图 3-11　替代效应(2)

大白话说说消费中的替代效应和收入效应

图 3-12 是电影价格变化前后张三的消费可能线变化及效用变化。冰激淋价格为 3 元/个,电影价格为 6 元/场,张三总共有 30 元。电影降价至 3 元/场后,张三由原先每个月 6 个冰激淋和 2 场电影的消费数量,改为每个月 4 个冰激淋、6 场电影的消费数量。这种价格变动对产品消费数量的影响称为价格效应,价格效应可分解为替代效应和收入效应两部分。

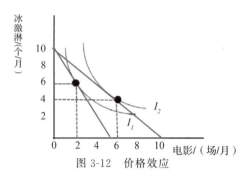

图 3-12 价格效应

(1)替代效应

替代效应是某种产品价格变化而其他产品价格不变时,产品之间的相对价格会发生变化,导致消费者在保持总效用不变的前提下,用相对更便宜的产品替代相对更贵的产品,从而引起该产品需求数量的变化。对于张三来说,当电影价格下降时,电影和冰淇淋之间的相对价格改变,冰淇淋的价格虽然没有变化,但是相对于下降之后的电影价格来说,冰淇淋比原来贵了,于是,他用价格相对变得较低的电影替代价格相对变高的冰淇淋,以便保持自己的总效用不变,这就是价格变化引起的替代效应。

(2)收入效应

收入效应是指在消费者货币收入不变的情况下,当某种产品的价格改变时,消费者的实际收入(即购买能力或支付能力)随之发生改变,造成对该产品的需求量发生变化。对于张三来说,当电影价格下降时,张三的实际收入增加,可以购买更多的电影。在价格改变之前,张三消费 6 个冰淇淋和 2 场电影,他的花费是 30 元钱,而电影价格从 6 元/场下降为 3 元/场之后,如果张三仍然消费 6 个冰淇淋和 2 场电影,他需要支付的货币数量为 24 元,他还剩余 6 元可用于购买电影,因此电影的需求量会增加,这就是价格变化引起的收入效应。

需要说明的是,正常品和低档品的收入效应是不同的。当某产品价格下降引起消费者实际收入增加时,如果这种产品是正常品,那么其需求量会增加,但如果这种产品是低档品,消费者对这种产品的需求量会减少。也就是说,收入效应有两种可能,这要具体情况具体分析,比如上面冰淇淋和电影的分析中,我们假设电影是正常品,价格下降引起实际收入增加之后,其需求量增加。

在消费者货币收入不变的情况下,某产品价格发生变化时,替代效应和收入效应同时发生作用,两种效应的叠加表现为价格效应,即价格效应＝替代效应＋收入效应。正常品价格下降时,替代效应会增加其需求量,收入效应也会增加其需求量,所以两者加总之后的价格效应是需求量增加。因此,正常品的需求曲线表现为价格下降、数量增加,是向右下方倾斜的。

3.3.5　价格变动对正常商品、劣等商品与吉芬商品需求的影响

3.3.5.1　正常商品

某种商品的价格下跌,会使消费者用这种商品来代替其他价格未变的商品,因而对该商品的需求增加,即产生替代效应是正效应。同时,价格下跌引起消费者的实际收入提高,从而增加对该商品的需求,即收入效应也为正数。正常商品或正常品是指具有这两种特点的商品。如图 3-13 所示。

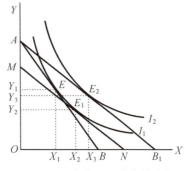

图 3-13　正常商品的替代效应与收入效应

在图 3-13 中,原来的预算线 AB 与无差异曲线 I_1 相切于 E 点,这时 X 的购买量为 OX_1,Y 的购买量为 OY_1。假设收入和 P_Y 不变,P_X 下降,则预算线移到 AB_1,先剔除 P_X 下降导致实际收入增加的因素,将预算线 AB_1 向下平行移动到与 I_1 相切的位置 MN,切点为 E_1。现在比较 E 点与 E_1 点,$OX_2 > OX_1$,$OY_1 > OY_2$。

X 商品的购买量之所以由 OX_1 增加到 OX_2,显然是由于替代效应致使 X 的购买量增加,而这时 Y 商品的购买量则必须由于替代效应减少,因为按照这里的假定,X 与 Y 提供的总效用维持原有的水平。现在把 E_1 点与 E_2 点相比较,将前面剔除的实际收入增加的因素考虑进来。P_X 的下降导致消费者的实际收入增加,从而原来设想的预算线 MN 向上平行移至 AB_1,在这种情况下 X 商品的购买量之所以由 OX_2 增加到 OX_3,是由于收入效应使 X 的购买量增加。

所以,当消费者收入和 P_Y 不变时,P_X 的下降所引起的效应,即对 X 的购买量从 OX_1 增加为 OX_3,是替代效应与收入效应共同作用的结果。即

$$X_1 X_3 (总效应)= X_1 X_2 (替代效应)+ X_2 X_3 (收入效应)$$

这里运用替代效应与收入效应从更深层次上论述了为什么某种商品的价格下降(上升)会导致对该种商品的需求增加(减少)。

3.3.5.2　劣等商品

某种商品的价格下跌导致消费者的实际收入提高,对该商品的需求反而减少,即收入效应为负,具有这种特点的商品叫作劣等商品或低等商品。劣等商品的收入效应之所以为负数,是因为消费者的实际收入提高后,消费者会购买和消费更为高级的商品。例如:消费者的实际收入提高后,对半自动洗衣机的购买减少而对全自动洗衣机的需求增加。劣等商品的收入效应虽然为负数,但替代效应仍为正数,而且替代效应的绝对值大于收入效应的绝对值。也就是说,劣等商品的价格下跌后,替代效应引起对该商品需求的增加,超过了收入效应引起的对该商品需求的减少,其最终结果仍然是需求量的增加。如图 3-14 所示。

图 3-14 表示了劣等商品价格下降后的需求变化情况。原来的预算线 AB 与无差异曲线 I_1 相切于 E 点,这时 X 的购买量为 OX_1,Y 的购买量为 OY_1。为了分析收入和 P_Y 不变的情况下,P_X 下跌所引起的替代效应和收入效应,将预算线 AB_1 向下平行移动到与 I_1 相切的位置 MN,切点为 E_1。现在比较 E 点与 E_1 点,当 P_X 下降后,假如将消费者的货币收入减少一定的金额,即剔除 P_X 下降导致实际收入增加的因素,那么,X 商品的购买量之所以由 OX_1 增加到 OX_2,显然是由于替代效应致使 X 商品的购买量增加,而这时 Y 商品的购买量则必须由于替代相应减少,因为按照这里的假定,X 与 Y 提供的总效用维持原有的水平。现在比较 E_1 点与 E_2 点,将前面剔除的实际收入增加的因素考虑进来。P_X 的下降导致消费者的实际收入增加,从而原来设想的预算线 MN 向上平行移至 AB_1,这时,X 商品的购买量之所以由 OX_2 减少到 OX_3,是由于收入效应使 X 的购买量减少。

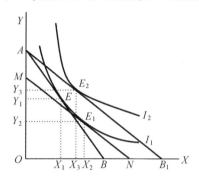

图 3-14　劣等商品的替代效应与收入效应

所以,当消费者收入和 P_Y 不变时,P_X 的下降所引起的效应,即对 X 商品的购买量从 OX_1 增加为 OX_3,是替代效应与收入效应共同作用的结果。即

$$X_1X_3(总效应) = X_1X_2(替代效应) - X_2X_3(收入效应[①])$$

3.3.5.3　吉芬商品

在 1845 年的爱尔兰饥荒中,英国经济学家吉芬发现,虽然马铃薯的价格急剧上升,但爱尔兰的许多农民反而增加了对马铃薯的购买和消费。这恰巧违反了需求规律,我们把这种违反需求规律的商品称为吉芬商品。

以图 3-15 说明吉芬商品价格下降时的需求变动情况。吉芬商品的需求量与商品价格同方向变动,吉芬商品 X 降价后,均衡点也从 E 点移动到 E_2 点,消费者的满足程度也提高了,但是,吉芬商品 X 的消费量减少了。替代效应是 X_1X_3,表明降价仍然增加对商品 X 的需求,但是由于商品 X 是吉芬商品,所以实际收入的增加使得消费者大大减少对该商品的需求,而增加对商品 Y 的需求。

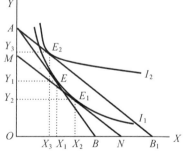

图 3-15　吉芬商品的替代效应与
收入效应

收入效应表现为从 E_1 点到 E_2 点的移动,即购买数量从 X_2 减少到 X_3。由于吉芬商品不同

---

　　① 收入效应为负。

于一般低档商品,所以,降价的总效应表现为收入的负效应大于正的替代效应,其结果导致该商品需求量的明显减少。用公式表示为

$$X_1X_3(总效应)= X_1X_2(替代效应)-X_2X_3(收入效应^{①})$$

综上所述,价格下降对正常商品、劣等商品和吉芬商品的收入效应、替代效应和总效应的影响可以概括在表 3-8 中。

表 3-8　降价对各类商品需求量的影响

类　别	收入效应	替代效应	总效应
正常商品	增加	增加	增加
劣等商品	减少	增加	增加
吉芬商品	减少	增加	减少

3.3.6　收入变化对消费者均衡的影响

3.3.6.1　收入消费曲线

当其他条件不变而仅消费者的收入水平发生变化时,消费者的效用最大化的均衡位置会发生改变,由此可以得到收入消费曲线。下面用图 3-16 来说明收入消费曲线。

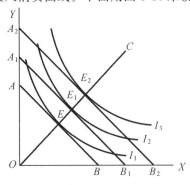

图 3-16　收入消费曲线

在图 3-16 中,随着收入水平的不断提高,预算线从 AB 移至 A_1B_1,再移至 A_2B_2,对应地形成了三个不同的收入水平下的消费者效用最大化的点,分别为 E、E_1、E_2。如果收入水平的变化是连续不断的,那么就可以得到无数个这样的均衡点,连接这些均衡点便得到收入消费曲线 OC。它表明:随着收入水平的提高,消费者所能购买的商品 X 和 Y 的量都增加了,或者说,消费者的消费水平随着收入水平的提高而提高了。

但并不是所有商品的需求量都随着收入水平的提高而增加。可以用恩格尔曲线来说明这种现象。如图 3-17(a)表明商品 X 是正常商品,而图 3-17(b)表明商品 Y 是劣等商品。

---

① 收入效应为负。

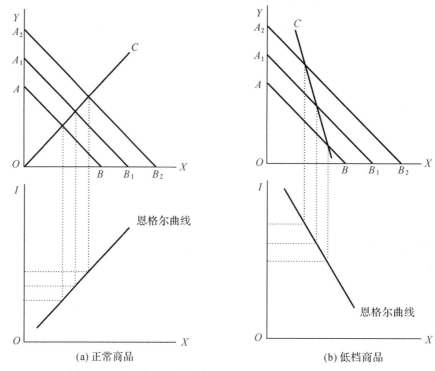

图 3-17　正常商品和低档商品的收入消费曲线与恩格尔曲线

3.3.6.2　同一商品的恩格尔曲线分析

必需品需求量的增加速度慢于收入的增加速度,奢侈品需求量的增加速度快于收入的增加速度,低档品的需求量随收入的增加而减少,它们的恩格尔曲线分别如图 3-18(a)、(b)、(c)所示。

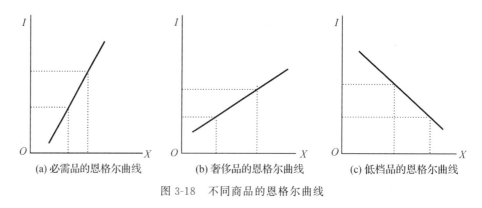

图 3-18　不同商品的恩格尔曲线

恩格尔通过对统计资料的研究得出如下结论:无论个人、家庭,还是整个国家,随着收入的增加,收入中用于食物支出的比重趋于下降。收入中用于食物支出的比重可以用恩格尔系数来表示。根据恩格尔定律,无论个人、家庭,还是整个国家,收入中用于食物支出的比重越高,即恩格尔系数越大,就说明他们越贫穷;反之,则说明他们越富裕。

中国恩格尔系数

恩格尔系数由食物支出金额在总支出金额中所占的比重决定。恩格尔系数为 60% 及以上表明生活水平为贫困,恩格尔系数为 50%～60%(含 50%)表明生活水平为温饱,恩格尔系数为 40%～50%(含 40%)表明生活水平为小康,恩格尔系数为 30%～40%(含 30%)表明生活水平为相对富裕,恩格尔系数为 20%～30%(含 20%)表明生活水平为富足。

2017 年 2 月 28 日,国家统计局发布了 2016 年国民经济和社会发展统计公报。公报显示,2016 年经济总体保持了平稳运行的态势,经济增长质量提高,就业稳定增加,价格温和上涨。同时,经济结构出现了积极变化,新的力量、新的动能不断发力,对经济社会发展的贡献度不断提高。

初步核算,2016 年全年国内生产总值(GDP)为 744127 亿元,比上年增长 6.7%。其中,第一产业增加值为 63671 亿元,增长 3.3%;第二产业增加值为 296236 亿元,增长 6.1%;第三产业增加值为 384221 亿元,增长 7.8%。第一产业增加值占国内生产总值的比重为 8.6%,第二产业增加值所占比重为 39.8%,第三产业增加值所占比重为 51.6%,比上年提高 1.4 个百分点。

国家统计局副局长李晓超表示,GDP 增速处在调控预期目标区间,增长速度虽然比 2015 年有所回落,但国内生产总值以 2015 年不变价计算的增量达 4.6 万亿元,比上年 4.4 万亿元增量多约 2000 亿元。

这一增长速度是在单位能耗下降的情况下实现的。2016 年万元国内生产总值能耗比 2015 年下降了 5.0%,说明消耗了较少的能源生产了等量的国内生产总值,能源消耗少了,生产并没有少,更为重要的是在能源消费中清洁能源消费的比重还提高了 1.7 个百分点。李晓超认为,在保持经济总体平稳的基础上,经济增长的质量是提高的。

国际货币基金组织最新预计,2016 年美国经济增长 1.6%,欧元区经济增长 1.7%,日本经济增长 0.9%,印度经济增长 6.6%,南非经济增长 0.3%。较大的总量和较快的增速决定了我国对世界经济增长的贡献率为 33.2%,我国仍是世界经济增长的主要动力。

据统计,我国全年人均国内生产总值为 53980 元,比 2015 年增长 6.1%。全年国民总收入为 742352 亿元,比 2015 年增长 6.9%,提高 0.6 个百分点,继续跑赢 GDP 增速。李晓超表示,这说明收入增速并没有因生产增长的回落而放慢,整个社会还是得到了实惠。

农村居民人均可支配收入名义增速和实际增速分别高于城镇居民 0.4 个和 0.6 个百分点。农村居民收入增速继续快于城镇居民。

脱贫攻坚取得明显成效。按照每人每年 2300 元(2010 年不变价)的农村贫困标准计算,2016 年农村贫困人口为 4335 万人,比 2015 年减少 1240 万人,超额完成减少 1000 万贫困人口的目标任务。

社会保障网进一步完善。2016 年年末参加城镇职工基本养老保险、城乡居民基本养老保险、城镇基本医疗保险人数分别比 2015 年年末增加 2501 万人、375 万人和 8257 万人。

与之相匹配的是就业的稳定增加。2016 年年末,全国就业人数达 77603 万人,比 2015 年年末增加了 152 万人,就业保持了基本稳定的态势。从城乡方面看,就业增量主要集中在城镇,2016 年年末城镇就业人数达 41428 万人,净增 1018 万人。

物价也呈现温和上涨态势。2016 年全年居民消费价格上涨 2.0%,涨幅比 2015 年提高 0.6 个百分点,但总体呈现温和上涨的态势。恩格尔系数继续下降。2016 年,中国恩格尔系数为 30.1%,比 2015 年下降 0.5 个百分点,接近联合国划分的 20% 至 30% 的富足标准。

（资料来源：中国恩格尔系数[EB/OL].(2017 - 09 - 01)[2018 - 06 - 25]. http：// www.chinabgao.com/k/egexs/28855.html）

同步训练

●●● 同步训练

目标：明确恩格尔系数的含义。

3.4 公共物品与消费政策

消费者行为理论以单个消费者为中心,认为消费者在完全自由消费和完全理性消费的前提下,通过市场交易可以自动实现效用最大化。但现实并非如此。一是消费者的消费包括了衣服、粮食这类私人物品,还包括交通、立法这类公共物品。如果仅仅依靠市场机制,这类公共物品是无法获得的。二是消费者的消费并非完全自由和完全理性。消费者的需求受到了许多社会因素的左右,如生产厂商的广告"轰炸",在消费过程中,面对各种诱惑,消费者往往做出不理性的行为。因此,需要相关的政策来弥补市场机制的不足,实现消费者效用最大化。

3.4.1 公共物品

3.4.1.1 私人物品与公共物品

私人物品即市场上普通的商品和劳务,如衣服、粮食、面包等。它具有两大特点:一是竞争性,即某人如果消费了某商品,则其他人就不能再消费该商品。二是排他性,是指只有支付了相应的价格才有资格消费,即付费后能排除他人的消费。

公共物品是指在消费上和使用上不具有竞争性和排他性的商品和劳务,如国防、道路、交通、立法等。

公共物品具有两大特性:一是非竞争性,无论增加多少人的消费,都不会减少其他人的消费。例如:道路,10 个人行走与 20 个人行走得到的便利是一样的;海上的灯塔,多增加一艘船对其他船舶使用灯塔并没有影响；一部法律可以同时被所有的人利用。二是非排他性，指任何人都可以无偿享有，即不能通过付费阻止其他人的消费。例如：道路，很难不让未付费的人行走；海上的灯塔，很难不让未付费的船舶使用。

3.4.1.2 公共物品的提供

公共物品通常由政府提供。因此，公共物品还被定义为政府所生产的物品。政府为提供公共物品的筹资渠道是多种多样的，主要有强制税收。人们纳税可以被理解为消费公共物品支出。另外，还可以通过发行政府债券在资本市场筹资等方式为公共物品筹资。

3.4.2 消费政策

3.4.2.1 保护消费者的政策

在市场中，表面看起来是消费者主权占主导地位，实质上却往往是生产者主权占主导地位。所以，为了保护消费者的消费行为和消费者的利益，各国一般都制定了一些政策法规，如《民法》《消费者权益保护法》《广告法》《价格法》都有相应保护政策；还组建相应的社会组织，如消费者协会。

3.4.2.2 消费外部性及干预政策

消费者的消费不仅是个人的事情，还会影响社会资源的配置，产生消费的外部性。消费的外部性分为负的外部性和正的外部性。如果消费者对社会产生不利的影响，则为负的外部性。反之，如果消费者个人的行为对社会产生有利的影响，则为正的外部性。这两种消费的外部性可用图 3-19 来表示。

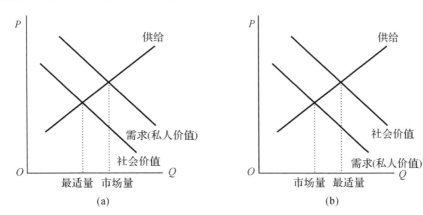

图 3-19　消费的外部性

图 3-19（a）表示有负消费外部性，代表社会价值的曲线在需求曲线的左侧，而且，社会最适量小于均衡数量，即市场量。而图 3-19（b）则表示有正消费外部性，代表社会价值的曲线在需求曲线的右侧，而且社会最适量大于均衡数量，即市场量。

知识链接

关于消费的外部性

消费外部性的例子很多，如某公司生产一种对汽车废气进行过滤的装置，这种产品对净化空气大有好处，但却遭到消费者的拒绝，因为不能阻止他人使用清新的空气；吸烟不仅对本人无益，还会污染环境；酒精饮料市场产生负的外部性，而教育市场则产生正的外部性；等等。

（资料来源：编者整理）

可见，不管是正的外部性还是负的外部性，单靠市场都不能使最适量等同于市场量，所以政府要制定相关的消费政策引导消费者的消费行为，从而解决消费的外部性问题。如通过《资源保护法》禁止或限制人们对某些珍稀动物的消费，通过加重税收限制某些商品的消费，这些可以解决消费的负的外部性。对于正的外部性，政府可以通过补贴等形式加以鼓励。

同步训练

●●● **同步训练**

目标：理解消费外部性的特点。

【本章小结】

■ **框架体系**

■ **主要术语**

效用　边际效用　边际效用递减规律　消费者均衡　消费者剩余　无差异曲线
消费可能线　公共物品　消费政策

■ **主要原理**

通过学习本章,你已经知道了效用的概念、经济学家分析消费者均衡的两类方法、公共物品与私人物品的区别以及政府倡导的一些消费政策。以下几个方面作为本章重点,你应该掌握好。

□ 效用、边际效用的概念。效用是指消费者在消费商品和服务时所感受到的满足程度。边际效用是指消费者在一定时间内增加一单位商品的消费所得到的效用量的增量。

□ 边际效用递减规律。边际效用递减规律是指消费者连续增加同一商品消费时,他从增加的商品中所获得的满足程度越来越小。

□ 实现消费者均衡的两个条件是

$$P_1 \cdot Q_1 + P_2 \cdot Q_2 + P_3 \cdot Q_3 + \cdots + P_n \cdot Q_n = M$$

$$\frac{MU_1}{P_1} = \frac{MU_2}{P_2} = \frac{MU_3}{P_3} = \cdots = \frac{MU_n}{P_n}$$

□ 消费者剩余的含义。消费者剩余是指消费者为购买某种商品而愿意支付的总价格与其实际购买该商品时所花费的总支出的差额。

□ 无差异曲线的含义及基本特征。无差异曲线是用来表示两种商品的不同数量组合给消费者带来的总满足程度即效用完全相同的曲线。其基本特征是它是一条向右下方倾斜的曲线,凸向原点,斜率为负值;在同一平面上可以有无数条无差异曲线;在同一平面上,任意两条无差异曲线是不能相交的。

□ 边际替代率的含义、边际替代率递减规律。边际替代率是消费者在保持相同的效用时,减少的一种商品的消费量与增加的另一种商品的消费量之比。边际替代率递减规律是指人们得到一单位某种物品而愿意牺牲的另一物品的数量是递减的。

□ 消费可能线的含义。消费可能线又称等支出线、预算线,它是一条表明在消费者收入和价格水平既定的条件下,消费者所能购买的两种商品数量最大组合的线。

□ 序数效用论中的消费者均衡。无差异曲线与消费可能线的切点即为消费者均衡点。

□ 收入效应与替代效应的含义。收入效应是指收入变化导致商品购买量变化的现象;替代效应是指由于商品的相对价格发生了变化,消费者增加跌价商品的购买量以代替价格相对上升的商品,而效用水平未发生变动的现象。

□ 价格变动对正常商品、劣等商品和吉芬商品的收入效应、替代效应和总效应的影响。

□ 公共物品与私人物品的区别,消费外部性的含义及政府对消费者行为的引导政策。

理论自测

⤷【理论自测】

■ 客观题

□ 选择题

1. 为每个关键术语选择一个定义。

_____ 效用　　A. 认为效用是可以计量并加总求和的,也就是说效用的大小可用自然数(即基数)1、2、3等计算出来

_____ 欲望　　B. 认为效用是消费者个人的偏好,是一种心理活动,只能根据偏好程度用第一、第二、第三等加以排列

_____ 基数效用论　C. 消费者在消费商品和服务时所感受到的满足程度

_____ 序数效用论　D. 想要得到而又没有得到某种东西的一种心理状态

_____ 总效用　　E. 消费者在一定时间内增加一单位商品的消费所得到的效用量的增量

_____ 边际效用　　F. 消费者在一定时间内从一定数量的商品或服务的消费中所得到的效用量的总和

_____ 边际效用递减规律　G. 指消费者为购买某种商品而愿意支付的总价格与其实际购买该商品时所花费的总支出的差额

_____ 消费者均衡　H. 随着消费者对某种物品消费量的增加,他从该物品连续增加的消费单位中所得到的边际效用是递减的

_____ 消费者剩余　I. 消费者在收入既定的情况下,如何实现效用的最大化的问题

_____ 无差异曲线　J. 消费者在保持相同的效用时,减少的一种商品的消费量与增加的另一种商品的消费量之比

_____ 边际替代率　K. 一条表明在消费者收入和价格水平既定的条件下,消费者所能购买到的两种商品数量最大组合的线

_____ 消费可能线　L. 用来表示两种商品的不同数量组合给消费者所带来的总满足程度即效用完全相同的曲线

_____ 替代效应　M. 在消费上和使用上不具有竞争性和排他性的商品和劳务

_____ 收入效应　N. 收入变化导致商品购买量的变化的现象

_____ 公共物品　O. 假设消费者的偏好与收入不变,商品相对价格的变化对消费者购买产生的影响

2. 根据美国经济学家 P. 萨缪尔森的"幸福方程式",使幸福增加的有效方法是( )。

A. 增强欲望的同时,增加效用　　　　B. 减少欲望的同时,减少效用

C. 欲望不变而增加效用　　　　　　D. 增强欲望,增加效用

3. 某消费者逐渐增加某种商品的消费量,直至达到效用的最大化,在这个过程中,该商品的( )。

A. 总效用和边际效用不断增加

B. 总效用不断减少,边际效用不断增加

C. 总效用不断增加,边际效用不断减少

D. 总效用增加,边际效用不变

4. 下列哪种情况描述的是边际效用(　　　　)。

A. 面包的消费量从 1 个增加到 2 个,满足程度从 5 个效用单位增加到 8 个效用单位,即增加了 3 个效用单位

B. 消费 2 个面包获得的满足程度为 13 个效用单位

C. 消费 2 个面包,平均每个面包获得的满足程度为 6.5 个效用单位

D. 消费 3 个面包的总效用为 15 个效用单位

5. 总效用曲线达到最高点时,(　　　　)。

A. 边际效用曲线达到最大点　　　　　　B. 边际效用为零

C. 边际效用为正　　　　　　　　　　　D. 边际效用为负

6. 已知商品 X 的价格为 1.5 元,商品 Y 的价格为 1 元,如果消费者从这两种商品中得到最大效用的时候商品 Y 的边际效用是 30,那么商品 X 的边际效用应该是(　　　　)。

A. 20　　　　　　　B. 30　　　　　　　C. 45　　　　　　　D. 50

7. 无差异曲线(　　　　)。

A. 向右上方倾斜　　　　　　　　　　　B. 向右下方倾斜

C. 是一条垂线　　　　　　　　　　　　D. 向左下方倾斜

8. 在同一个平面图上有(　　　　)。

A. 三条无差异曲线　　　　　　　　　　B. 无数条无差异曲线

C. 许多但数量有限的无差异曲线　　　　D. 若干条相交的无差异曲线

□ 判断题

(　　　)1. 同样商品的效用因人、因时、因地的不同而不同。

(　　　)2. 效用就是使用价值。

(　　　)3. 只要商品的数量增加,边际效用大于零,消费者得到的总效用就一定增加。

(　　　)4. 当消费者从物品消费中所获得的总效用不断增加时,边际效用是正的。

(　　　)5. 如果消费者从每一种商品中得到的总效用与它们的价格之比都相等,那么他将获得最大效用。

(　　　)6. 在同一条无差异曲线上,不同的消费者所得到的总效用是无差异的。

(　　　)7. 在消费者的收入和商品的价格一定的条件下,消费可能线是一条确定的直线。

(　　　)8. 在无差异曲线与消费可能线的交点上,消费者所得到的效用达到最大。

(　　　)9. 无差异曲线离原点越远,表示消费者所得到的总效用越小。

(　　　)10. 如果消费者的收入增加而商品的价格不变,则无差异曲线向右上方平行移动。

应用自测

■ 主观题

1. 分析边际效用递减规律产生的原因。

2. 应用无差异曲线和消费可能线分析如何实现消费者均衡。

3. 分析如何解决消费中的负外部性问题。

▶【应用自测】

1. 下面的信息反映了房东劳瑞是否将粉刷她的五套公寓。她认为每套公寓是否需要粉刷,取决于其坏到什么程度。她对第一、第二、第三、第四、第五套公寓愿意支付的粉刷费用分别为 5000 美元、4000 美元、3000 美元、2000 美元、1000 美元。

(1)画出房东劳瑞的支付意愿图。

(2)假设粉刷每套公寓的费用是每套 5000 美元,劳瑞将粉刷多少套? 她的消费者剩余是多少?

(3)假设粉刷每套公寓的费用下降到 2000 美元。劳瑞将选择粉刷多少套? 她的消费者剩余是多少?

(4)当粉刷每套公寓的费用下降时,劳瑞的消费者剩余会发生什么变动? 为什么?

2. 假设生活在 KTV(唱歌娱乐场所)边的公民对安静与安全的评价是 30 万元。

(1)如果 KTV 娱乐企业降低噪音的成本是 40 万元,政府规定 KTV 娱乐企业必须消除噪音有效率吗? 为什么?

(2)如果 KTV 娱乐企业降低噪音的成本是 20 万元,政府规定 KTV 娱乐企业必须消除噪音有效率吗? 为什么?

(3)假设没有交易成本,再假设人们有权要求宁静,如果 KTV 娱乐企业降低噪音的成本是 20 万元,私人解决这个问题的方法是什么?

(4)假设没有交易成本,再假设 KTV 娱乐企业有想制造多少噪音就制造多少噪音的权利,如果 KTV 娱乐企业降低噪音的成本是 20 万元,私人解决这个问题的方法是什么?

(5)比较你对问题(3)和(4)给出的答案,其有什么相似之处,有什么不同? 你能从这种比较中得出一般性的规律吗?

▶【案例分析】

案例分析

■ 案例评论

□ 案例

最好吃的东西

兔子和猫争论世界上什么东西最好吃。兔子说:"世界上萝卜最好吃。萝卜又甜又脆又解渴,我一想起萝卜就要流口水。"

猫不同意,说道:"世界上最好吃的东西是老鼠。老鼠的肉非常嫩,味道美极了!"

兔子和猫争论不休、相持不下,跑去请猴子评理。

猴子听了,不由得大笑起来:"瞧你们这两个傻瓜,连这点儿常识都不懂!世界上最好吃的东西是什么?是桃子!桃子不但美味可口,而且长得漂亮。我每天都梦见吃桃子。"

兔子和猫听了,全都直摇头。

那么,世界上到底什么东西最好吃?

说明:效用完全是个人的心理感觉;不同的偏好决定了人们对同一种商品效用大小的不同评价。

□ 问题

什么是效用?该案例说明了效用具备什么特点?

□ 考核点

效用的含义;效用的特点

■ 决策设计

□ 案例

公共物品与外部性

许多经济学家用非排他性和非竞争性消费品来定义公共物品。清洁的空气是非排他性消费品的例子:即使某些人为防止空气污染而付出了代价,但也不可能阻止那些没有为此付钱的人呼吸清洁的空气。他们被称为靠别人付费的"免费乘客",清洁空气的生产者也难以为自己提供的服务收取费用(在一定意义上,非排他性是客观外在性的对应面)。

一般来讲,清洁空气也是非竞争性消费品的一个例子:一个人呼吸了空气,并不导致其他人空气供给的减少。也就是说,即使能让"免费乘客"呼吸不清洁的空气以示惩罚,但从经济上来说,这也是没有效率的。如果从边际成本角度看,一物可无花费而取得,那么,就应该免费供应此物才见实效。这是价格应该等于边际成本这一古老法则的另一种表述。

具备非排他性和非竞争性消费这两大特点,意味着清洁空气是公共物品。这种物品不可能在有效率的私人市场上找到。保持清洁空气的社会利益超过了私人利益。除非政府利用税收、补贴以及其他形式的干预手段去鼓励,否则,清洁空气的供应将很少。

另外一个典型的有关公共物品的例子是灯塔:它满足非排他性和非竞争性消费两个条件,也具备除了政府任何人都不愿提供的明显特点。常被用作有关外在性的例子的是蜜蜂养殖,这看似有些奇怪。在这里,外在性是指一种利益,而非成本。养蜂人为周围的花果种植者提供了授粉劳务,但却得不到与之相对应的报酬。因而,从社会角度来说,蜜蜂养殖量可能低于社会的最适当水平。

□ 问题

1. 清洁的空气、灯塔是否为公共物品?它们具备哪种外部性?

2. 如何解决消费外部性的问题?

□ 考核点

公共物品的含义;外部性的含义;消费外部性问题的解决方式

▣⟩【自我评价】

学习成果	自我评价				
我已经知道了效用、欲望、边际效用、消费者剩余、公共物品、外部性等本章所涉及的经济学术语的含义	□很好	□较好	□一般	□较差	□很差
我已经明白了边际效用递减规律及其产生的原因以及消费者均衡分析	□很好	□较好	□一般	□较差	□很差
我已经明白了收入效应和替代效应如何影响正常商品、劣等商品的需求量	□很好	□较好	□一般	□较差	□很差
我已经了解了消费外部性问题以及相关的消费政策	□很好	□较好	□一般	□较差	□很差

生产与成本理论 ▶▶▶

- 生产理论
- 成本理论
- 收益与利润最大化

📹 教学说明

ⓒ 导入语

在研究了家庭和个人如何做出关于消费的决策之后,我们把分析注意力转向生产或供给方面,本章开始转入对生产理论(production theory)的讨论。任何一个社会都需要通过某种方式提供给社会成员需要的物品和劳务,现代经济中组织生产或供给的主体通常是企业或厂商,因而企业生产或供给的选择决策行为,构成经济学分析的一个基本内容。

产品是厂商供给的,厂商是指市场经济中为达到一定目标而从事生产活动的经济单位。厂商可以是个人企业、合伙企业和公司。不管什么形式的厂商组织都被假定是追求最大利润的,即假定厂商买进生产要素从事生产经营是为了使总收入(产销量与其价格的乘积)与总成本(投入的生产要素与其价格的乘积)之间的差额达到最大。这就要求,要么是产量既定情况下成本最小,要么是成本既定情况下产量最大。这里,一方面涉及生产要素与产量之间的物质技术关系;另一方面涉及生产要素价格构成的成本问题。

ⓒ 学习目标

◎ 理解生产过程需要利用劳动、资本等生产要素,知道企业获得这些要素时受到什么因素约束。

◎ 理解企业选择组织形式和规模受什么规律支配。

◎ 理解同样一种产品可能用不同技术和要素组合来生产,企业如何选择适当的技术。

◎ 理解盈利受到成本、价格等内外部因素约束,获得产出需要投入,投入会产生成本,而成本如何制约企业实现盈利目标。

◎ 理解追求利润最大化的企业如何决定产出水平。

4.1 生产理论

4.1.1 生产与生产函数

所谓生产,就是指一切能够创造或增加效用的人类活动,是对各种生产要素进行组合以制成产品的行为,即把投入变成产出的过程。

生产要素(factor of production)是指在生产中投入的各种经济资源,包括劳动、土地和资本。劳动是人类为了进行生产或者为了获取收入而提供的劳务,包括体力劳动和脑力劳动;土地是一个广义的概念,不仅包括泥土地,还包括山川、河流、森林、矿藏等自然资源;资本是指机械、工具、厂房、仓库等资本物品。除了以上传统的生产三要素,后来英国经济学家阿·马歇尔在《经济学原理》一书中又提出了一种生产要素,即企业家才能。于是,就有了所谓"生产四要素"说。

●●● 即问即答

美国的钢铁工业劳动生产率是中国钢铁工业劳动生产率的 8 倍,但中国生产 1 吨普通钢材的成本却比美国低。为什么?

📚 知识链接

> **企业家才能**
>
> 在全面深化改革的背景下,中国经济发展步入新常态,结构不断优化升级,发展的内生动力、创新活力不断显现。改革的加速推进,激荡起澎湃的市场动力,而企业家是市场大潮中的弄潮儿,是创新创富的活力之源。中央经济工作会议中更是出现了"更加注重发挥企业家才能"的表述。任何国家、企业在发展中都会面临一定的困难,需要企业家发挥聪明才智摆脱困境,对任何市场经济国家而言,企业家才能都是一种稀缺资源。
>
> (资料来源:编者整理)

产品产出量与为生产这种产品所需要投入的要素量及其组合之间的依存关系,称为生产函数(production function)。如用 $x_1, x_2, \cdots, x_n$ 表示生产要素的投入量,用 Q 表示产品的产出量,则该产品的生产函数可表示为

$$Q = f(x_1, x_2, \cdots, x_n)$$

例如,生产函数 $Q = 3x_1 + 2x_2$,这表示如果 x_1 要素投入 1 个单位,x_2 要素投入 2 个单位,则可以得到 7 个单位($Q = 3 \times 1 + 2 \times 2$)的该产品。

需要指出的是,生产函数中的产量,是指一定的投入要素组合所能生产的最大产品数量,或者说,生产函数所反映的投入与产出之间的关系是以企业经营管理得好、一切投入要素的使用都非常有效为假定的。生产函数中的投入与产出关系,取决于投入的设备、原材料、劳动力等诸要素的技术水平。因此,任何生产方法(包括技术、生产规模)的改进都会导致新的投入产出关系产生。不同的生产函数代表不同的生产方法和技术水平。

各种产品生产中投入的各种要素之间的配合比例,称为技术系数(technological coefficient)。它可以是固定的,例如,每生产 1 单位某产品必须投入一定量的资本和劳动,随着产量的增加或减少,这两种要素必须按固定比例增加或减少。比方说一辆汽车配一个司机,两辆汽车要配两个司机。这种技术系数固定的生产函数称为固定比例的生产函数。反之,有些产品生产中的要素配合比例是可变的,这种生产函数就是可变比例的生产函数。

一种生产函数,如果投入的所有生产要素变化 λ 倍,而产量也同方向变化 λ^n 倍,那么这样的生产函数为齐次生产函数,若 $n=1$,该生产函数为线性齐次生产函数。在齐次生产函数中有一种典型的生产函数,即柯布(Cobb)和道格拉斯(Douglas)在 1928 年研究美国 1899 年到 1922 年间资本与劳动这两种生产要素对产量的影响时提出的生产函数,称为柯布—道格拉斯生产函数。其公式为

$$Q = AK^{\alpha}L^{\beta}$$

式中,A 代表技术水平,K、L 分别代表资本与劳动,α、β 是系数。他们通过研究得出结论:产量增加中的 3/4 是劳动的贡献$\left(即\ \beta = \dfrac{3}{4}\right)$,1/4 是资本的贡献$\left(即\ \alpha = \dfrac{1}{4}\right)$。由于 $\alpha + \beta = 1$,因此,该生产函数是线性齐次函数,它显示出规模报酬不变的性质。

4.1.2　一种可变生产要素投入的生产函数

在分析投入的生产要素与产量之间的关系时,假定只有一种要素的投入是变动的,这一假定表明所进行的是一种短期分析。这种情况在农业中最为典型。在农业生产中,土地是固定的,劳动投入可以变化。假定所讨论的生产函数的公式为

$$Q = f(L, \overline{K})$$

式中,$\overline{K}$ 表示资本投入量不变。以下借助这一种变动投入的生产函数来讨论产出变化与投入变化之间的关系。

●●● 即问即答

在一种可变生产要素投入的生产函数中,这种可变动的投入要素指的是什么呢?

同步训练

●●●**同步训练**

目标：理解生产函数的含义。

4.1.2.1 总产量、平均产量和边际产量

总产量（total product，TP）是指一定量的某种生产要素所提供的全部产量。平均产量（average product，AP）是指平均每单位某种生产要素所提供的产量。而边际产量（marginal product，MP）是指某种生产要素每增加一单位所得到的产量的增加量。

如果以 L 代表某种生产要素的投入量，ΔL 代表某种生产要素投入的增加量，则有

$$TP = AP \cdot L$$

$$AP = \frac{TP}{L}$$

$$MP = \frac{\Delta TP}{\Delta L}$$

资料卡 4-1

一种要素投入与产量之间的关系

以农产品生产为例，观察 10 亩地中劳动投入的变化所引起的某种农产品产量的变化。表 4-1 描述了这种变化。

表 4-1 劳动投入变化所引起的农产品产量的变化

土地投入量 K	劳动投入量 L	劳动投入增量 ΔL	总产量 TP	边际产量 MP	平均产量 AP
10	0	0	0	0	0
10	1	1	1000.0	1000.0	1000.0
10	2	1	2400.0	1400.0	1200.0
10	3	1	3900.0	1500.0	1300.0
10	4	1	5200.0	1300.0	1300.0
10	5	1	6100.0	900.0	1220.0
10	6	1	6600.0	500.0	1100.0
10	7	1	6600.0	0	942.9
10	8	1	6400.0	−200.0	800.0

由表 4-1 可知，土地 K 为固定投入，其投入量一直为 10 亩，劳动 L 为可变投入。当 $L=0$ 时，MP、AP、TP 均为 0。当增加 1 单位劳动投入，即 $\Delta L=1$ 时，带来产量的增加，此时 $TP_1=1000$，$MP_1=\Delta TP/\Delta L=(1000-0)/(1-0)=1000$，$AP_1=TP/L=1000/1=1000$，$TP_1=MP_1=1000$；当再增加 1 单位劳动投入时，$TP_2=2400$，$MP_2=\Delta TP/\Delta L=(2400-1000)/1=1400$，$AP_2=TP/L=2400/2=1200$，$TP=MP_1+MP_2=$

$1000+1400=2400$；依此类推，当劳动量投入增加到第七单位时，$MP_7=0$，总产量没有变动；当劳动量增加到第八单位时，$MP_8=-200$，产量减少了 200 千克，总产量下降，即产量的增加量为负值。

（资料来源：张瑞恒.经济学原理[M].重庆：重庆大学出版社，2002：53）

由此可归纳出总产量、平均产量与边际产量之间的关系。

（1）总产量与边际产量的关系。总产量是生产要素投入而产出的总量，边际产量是增加一单位生产要素投入所得到的产量增加量，所以总产量是边际产量的累加值。因而当边际产量增加较快时（递增的增加），总产量也增加较快（递增的增加）；当边际产量增加较慢时，总产量也增加较慢；只要边际产量大于 0，总产量就是增加的；当边际产量等于 0 时，总产量达到最大；而当边际产量小于 0（为负值）时，总产量减少。

（2）平均产量与边际产量的关系。第一，当边际产量大于平均产量时（即 $MP>AP$），平均产量是不断增加的。第二，当边际产量小于平均产量时（即 $MP<AP$），平均产量是不断减少的。第三，当边际产量等于平均产量时（即 $MP=AP$），平均产量达到最大。

应该注意的是，在总产量、平均产量、边际产量这三个量中，边际产量的变化是能动的，边际产量的变化引起总产量与平均产量的变化。

4.1.2.2 总产量曲线、平均产量曲线和边际产量曲线

利用表 4-1 中的数据，可画出总产量曲线、平均产量曲线和边际产量曲线，如图 4-1 所示。

图 4-1 形象地展示出总产量、平均产量、边际产量随着劳动这一生产要素投入变动而变动的情况，也形象地展示出了它们三者之间的相互关系。

第一，总产量曲线先随着劳动投入量的增加而不断上升，开始增加得较快（由于 MP 曲线上升），然后增加得较慢（由于 MP 曲线下降）。与边际产量最高点对应的总产量由快到慢的转折点，称为拐点，即图 4-1 中的 B 点。

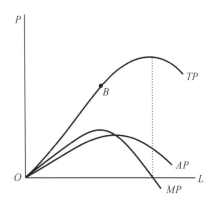

图 4-1　总产量曲线、平均产量曲线和边际产量曲线

总产量曲线、平均产量曲线和边际产量曲线的关系

第二，当边际产量等于 0 时，边际产量曲线与横轴相交的点所对应的总产量达到最高点（即总产量达到最大），之后，随着劳动这一生产要素投入量的不断增加，总产量曲线在逐步下降（因为此后 $MP<0$）。

第三，$MP>AP$ 时，即从曲线图上看，边际产量曲线高于平均产量曲线时，平均产量曲线不断上升，即 AP 增加；而当 $MP<AP$ 时，即平均产量曲线高于边际产量曲线时，AP 曲线逐渐下降，即 AP 减少；而当 $AP=MP$ 时，即两条曲线相交时，AP 曲线达到最高点，此时 AP 达到最大值。

在图 4-1 中，边际产量的变动幅度最大，因为边际产量是最后增加一份生产要素的投入所引起的产量的增加量，而总产量、平均产量是前面每份投入要素引起产量变动累积作用的结果，反映在曲线变动上要比边际产量曲线平缓。

边际报酬
递减规律

4.1.2.3　边际报酬递减规律

从表 4-1 和图 4-1 中可以看到这一现象：当不断增加劳动投入的数量时，最初劳动要素的边际产量递增，后来这一要素的边际产量又递减。这在经济学中被称为边际报酬递减规律。边际报酬递减规律被用于要素投入和产量之间关系的短期分析中。这一规律可以表述如下：在技术水平不变的情况下，其他要素投入量固定不变，持续增加一种要素的投入量，最初边际产量递增，当该要素增加到一定限度后再增加该要素的投入量，边际产量递减，最终还会使边际产量为负值，总产量减少。

正确理解这一规律必须把握以下几点。

（1）这一规律是经科学实验和生产实践证明了的客观存在的规律，应受到重视。我国农谚"水多淹死，肥多烧死"，说的也是这一规律。我国工业企业中几十年来的实践也证明，在其他要素投入不变的情况下，盲目增加劳动力的投入，会使劳动生产率下降，造成窝工、扯皮等现象，最终会使企业的效益下降。行政部门中机构臃肿、人员过多也会降低行政办事效率，形成相互推诿、官僚主义的作风。

（2）这一规律的存在是相对的，只适用于技术水平不变的情况。从历史的长河来看，科学技术总是不断进步的，从而某生产要素的边际报酬总是不断增加的。但是就某一时期来讲，科学技术又有相对的稳定性，短期内不发生变化，这样某生产要素的边际报酬就不会总是增加，而是有随着该生产要素的不断投入而逐渐减少的趋势。

资料卡 4-2

化肥使用量与产量的关系

农业中的优良品种技术，可以使单位面积产量不断提高，但当使用的优良品种稳定时，化肥的边际报酬就会随化肥的不断投入而逐渐减少。优良品种可以提高产出，但不可能每个生产周期使用的优良品种都与上一周期不一样，不可能天天繁育出新的优良品种。

（资料来源：张瑞恒.经济学原理［M］.重庆：重庆大学出版社，2002：54）

（3）边际报酬递减规律只适用于其他要素投入量不变、只有一种生产要素投入量变化的情况，对于所有要素的投入同时变化的情况并不适用。正因为其他投入因素不变，所以随着某一生产要素投入量的增加，此生产要素投入量与其他不变的生产要素的比例在发生变化。在最初阶段，相对于不变的生产要素而言，可变化的生产要素投入量过少，因此，增加其投入，其边际产量递增。当它们之间的组合比例最恰当时，边际产量达到最大。如果再继续增加变动的生产要素的投入，相对于其他不变的生产要素的数量而言，可变生产要素就相对过多，于是边际产量就必然递减。

(4)边际报酬递减规律是对整个投入过程的考察得出来的,随着某一生产要素投入量的增加,边际报酬要经过递增、递减甚至变为负数的过程,也就是说,某一生产要素的边际产量并不是一开始就是递减的,而是当生产要素的投入超过一定量时,边际产量才开始递减。在此之前,边际产量是递增的。所以边际报酬递减是从整个过程来看的,即随着生产要素投入的不断增加,总会出现边际报酬递减的趋势。

4.1.2.4 生产的三个阶段

根据总产量、平均产量、边际产量的关系,可以把一般的生产函数划分为三个阶段,如图 4-2 所示。

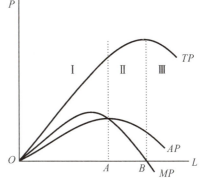

图 4-2 生产函数的三个阶段

第Ⅰ阶段是从原点到平均产量最高点(O—A段)。在第Ⅰ阶段,随着生产要素投入的不断增加,平均产量不断增加,边际产量大于平均产量。在这一阶段,由于可变生产要素相对于固定生产要素而言,投入量太少,一部分固定生产要素没有被充分利用,每份可变生产要素投入所带来的产量总是增加的,故在这一阶段不应停止投入。虽然对特定的一份生产要素来说,收益最好应是边际产量最大,但对全部投入的生产要素而言,收益最好应是平均产量最大,所以在 A 点以前不应停止生产要素投入。

第Ⅱ阶段是从平均产量最高点到总产量最大点(A—B 段)。在第Ⅱ阶段,边际产量与平均产量都随着生产要素投入的增加逐步递减,也就是说,每份可变生产要素投入带来的产量越来越少,直至为 0,总产量达到最大。

第Ⅲ阶段是边际产量为 0 以后的阶段(即 B 点以后)。在第Ⅲ阶段,边际产量为负值,总产量因生产要素的不断投入而逐步减少,说明在这一阶段,相对于固定的投入,可变生产要素投入过多,因而增加可变生产要素的投入不但没有带来总产量的增加,反而引起总产量的减少。

对生产函数三个阶段的分析,可以得出结论:对于理性的生产者而言,第Ⅰ、Ⅲ阶段都是不合理的生产阶段。因为在第Ⅰ阶段,只要增加生产要素的投入,就可以增加产出,所以生产要素的投入不应停留在这一阶段;而在第Ⅲ阶段随着生产要素投入的增加,产出不仅没有增加,反而减少,所以生产要素的投入也不能达到第Ⅲ阶段。只有生产的第Ⅱ阶段,才是生产要素投入的合理阶段,而生产要素投入量究竟应在这一阶段的哪一点,还要引入生产要素与产品的价格,结合成本与收益进行分析。

●●●同步训练

目标:理解边际报酬递减规律的经济学意义。

4.1.3 两种可变生产要素投入的生产函数

上面分析了投入要素只有一种可变的情况。为了使问题简化,假定生产某种产品只投入两种要素,资本 K 与劳动 L,生产函数为

$$Q = f(L, K)$$

如果需要,可以很方便地将两要素投入的生产函数的讨论推广到多要素的讨论中去。

●●● 即问即答

> 与一种可变生产要素投入的生产函数相比,两种可变生产要素投入的生产函数在假定上有什么不同?

4.1.3.1 等产量线与边际技术替代率

(1)等产量线

等产量线(isoquant curve)是表示两种生产要素的不同数量的组合可以带来相等产量的一条曲线,或者说是表示某一固定数量的产品可以用不同数量的生产要素组合生产出来的一条曲线。

假如,现在用资本与劳动两种生产要素生产一种产品,它们有 a、b、c、d 四种组合方式,这四种组合方式生产的产量都相同,为 100 单位。这样可以得到表 4-2。

表 4-2 生产 100 单位某产品的不同生产要素的组合方式

组合方式	资本投入量 K	劳动投入量 L
a	6	1
b	3	2
c	2	3
d	1	6

根据表 4-2,可画出图 4-3。

在图 4-3 中,横轴 OL 代表劳动量,纵轴 OK 代表资本量,曲线 Q 为等产量线,即该曲线上任何一点所表示的资本与劳动不同数量的组合,都能带来相等的产量。等产量线与无差异曲线相似,不同的只是等产量线代表的是产量,而无差异曲线代表的是效用。

等产量线具有以下几个特征。

第一,等产量线是一条向右下方倾斜的曲线,其斜率为负值。这说明为了生产相同产量的产品,两种

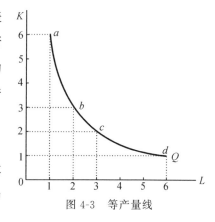

图 4-3 等产量线

投入的生产要素之间是有替代关系的,增加一种生产要素的投入,就必须减少另外一种生产要素的投入。两种生产要素的同时增加,在资源既定时是无法实现的;两种生产要素的同时减少,又不能保持相等的产量。

第二,等产量线上任何一点代表两种生产要素投入的一种组合,虽然组合的方式各不相同,但功效相同,都是生产相等产量的产品。

第三,在同一平面图上,可以有无数条等产量线。同一条等产量线代表相同的产量,不同的等产量线代表不同的产量。离原点越远的等产量线所代表的产量水平越高,反之产量水平越低。而且任意两条产量线不能相交,如图4-4所示。

第四,等产量曲线是一条凸向原点的曲线。这一点要用边际技术替代率来说明。

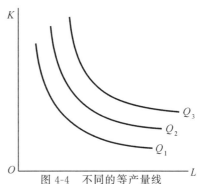

图 4-4　不同的等产量线

(2)边际技术替代率

等产量曲线表明,在保持产量不变时,增加一定数量的某种要素投入必须同时减少另一种生产要素的投入。也就是说,生产相同数量的产品,劳动和资本之间可以相互替代。边际技术替代率(marginal rate of technical substitution,MRTS)是在维持同一产量水平时,减少一种生产要素的数量,与增加的另一种生产要素的数量之比。以 ΔL 代表劳动的增加量,ΔK 代表资本的减少量,$MRTS_{L,K}$ 代表劳动代替资本的边际技术替代率,则有

$$MRTS_{L,K} = \frac{\Delta K}{\Delta L}$$

边际技术替代率应该是负值,因为一种生产要素增加,另一种生产要素就要减少。但为了方便,一般用其绝对值表示。

为了维持既定产量,劳动增量所带来的产量增量必须等于资本减少所带来的产量损失量,故在等产量线上有

$$MP_L \cdot \Delta L = MP_K \cdot \Delta K$$

即

$$\frac{\Delta K}{\Delta L} = \frac{MP_L}{MP_K}$$

所以有

$$MRTS_{L,K} = \frac{\Delta K}{\Delta L} = \frac{MP_L}{MP_K}$$

可以用表4-2中的数字说明边际技术替代率的变动,由表4-2可以得出表4-3。

表 4-3　边际替代关系

变动情况	ΔL	ΔK	$MRTS_{L,K}$
$a-b$	1	3	3
$b-c$	1	1	1
$c-d$	3	1	0.33

从表 4-3 可以看出,边际技术替代率是递减的,这是因为,根据边际收益递减规律,随着劳动量的增加,边际产量在递减。这样,每增加一定数量的劳动所能代替的资本越来越少,即 ΔL 不变时,ΔK 越来越小。边际技术替代率递减反映了边际报酬递减规律的作用。边际技术代替率也就是等产量线的斜率。等产量线的斜率递减决定了它是一条凸向原点的曲线。

4.1.3.2　等成本线

等成本线又称企业预算线,它是一条表明在生产者的成本与生产要素价格既定的条件下,生产者所能购买到的两种生产要素的最大组合的线。如果资本和劳动的价格分别为 P_K 和 P_L,资本和劳动投入量分别为 K 和 L,总成本为 C,那么

$$C = P_L \cdot L + P_K \cdot K$$

满足上式的 K 和 L 的组合的点所连成的线,在坐标图上就是等成本线。如果 $P_L = 2$ 元,$P_K = 1$ 元,则等成本线的方程式可以表示成

$$C = 2L + K$$

例如,企业的预算为 600 元,即 $C = 600$,则可以用 $600 = 2L + K$ 画出等成本线。令 $K = 0$,则 $L = 300$;令 $L = 0$,则 $K = 600$。在坐标图上找到点 $(300, 0)$,$(0, 600)$。连接这两点所形成的直线就是总成本为 600 元的等成本线。如图 4-5 所示。

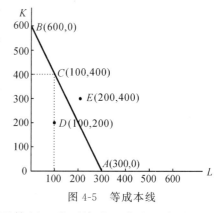

图 4-5　等成本线

等成本线具有以下几个特点。

第一,等成本线上的任何一点,代表两种生产要素的组合下总成本相等,如图 4-5 中的 A 点,用全部的预算购买劳动,可以购买 300 单位,B 点表示全部预算用于购买资本,则可以购买 600 单位,而 C 点则表示购买 100 单位劳动和 400 单位资本,则其成本同样为 $600(C = 2 \times 100 + 1 \times 400)$ 元。

第二,等成本线的斜率是两种生产要素价格之比的相反数。图 4-5 中,劳动的价格为 2 元,资本的价格为 1 元,则等成本线的斜率为 -2。

第三,等成本线表明了厂商进行生产的限制条件,即它购买的生产要素所花的钱不能大于或小于所拥有的预算成本。大于预算成本是无法实现的。如图 4-5 中的 E 点,此时的成本为 $800(C = 2 \times 200 + 1 \times 400)$ 元,超出了 600 元的预算。小于预算成本则表明,

生产资源未能得到充分利用。如图 4-5 中的 D 点,此时的成本为 $500(C=2\times100+1\times300)$ 元,小于 600 元的预算。

第四,如果厂商的预算成本变动,而生产要素价格不变(或者以相同幅度变化),则等成本线会平行移动。预算成本增加,等成本线向右上方平行移动;预算成本减少,等成本线向左下方平行移动。如图 4-6 所示。

在图 4-6 中,AB 是原来的等成本线。当预算成本增加时,等成本线移动变为 A_1B_1,当预算成本减少时,等成本线变为 A_2B_2。

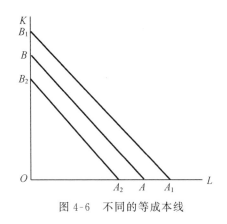

图 4-6 不同的等成本线   图 4-7 等产量线与等成本线

4.1.3.3 最优的生产要素组合

(1)两种生产要素的最优组合

现在把等产量线与等成本线结合起来分析生产要素的最优组合。如果把等产量线与等成本线画在一个图上,那么,等成本线必定与无数条等产量线中的一条相切于一点。在这个切点上,就实现了生产要素的最优组合。可以用图 4-7 来说明这一点。

在图 4-7 中,Q_1、Q_2、Q_3 为三条等产量线,其产量大小的顺序为 $Q_1<Q_2<Q_3$。AB 为等成本线,AB 线与 Q_2 相切于 E 点,这时实现了生产要素的最优组合。这就是说,在厂商的预算成本与生产要素价格确定的条件下,OM 的劳动与 ON 的资本结合,能实现利润最大化,即既定产量下成本最小或既定成本下产量最大。

为什么只有在 E 点时才能实现生产要素的最优组合呢?从图 4-7 上看,C 点、E 点、D 点都是相同的成本,C 点和 D 点在 Q_1 上,而 E 点在 Q_2 上,$Q_2>Q_1$,所以 E 点的产量是成本既定时的最大产量。在 Q_2 上产量是相同的,除 E 点之外,其他两种生产要素组合的点都在 AB 线之外,成本大于 E 点,所以 E 点的成本是既定产量时的最小成本。

在等成本线与等产量线的切点,两条曲线的斜率是相等的。等产量线的斜率为 $-\dfrac{MP_L}{MP_K}$,等成本线的斜率为 $-\dfrac{P_L}{P_K}$,因此在切点有

$$\frac{MP_K}{MP_L}=\frac{P_K}{P_L}=\frac{\Delta K}{\Delta L}$$

或

$$\frac{MP_K}{P_K}=\frac{MP_L}{P_L}$$

上式就是两种生产要素的最优组合原则。它表明,当厂商在每种要素的边际产量与该生产要素的价格之比相等时,或者两种要素的边际替代率与它们的价格之比相等时,两种生产要素达到最优组合。

(2)多种生产要素的最优组合

如果投入要素有 n 种,要素最佳组合的条件为

$$\frac{MP_1}{P_1}=\frac{MP_2}{P_2}=\cdots=\frac{MP_n}{P_n}$$

(3)生产扩展线

如果生产者的预算成本增加,则等成本线向右上方平行移动,不同的等成本线与不同的等产量线相切,形成不同的生产要素最优组合点,将这些点连接在一起,就是生产扩展线。如图 4-8 所示。

在图 4-8 中,A_1B_1 到 A_3B_3,等成本线向右上方移动,说明生产者的预算成本在增加。A_1B_1、A_2B_2、A_3B_3 分别与等产量线 Q_1、Q_2、Q_3 相切于 E_1、E_2、E_3,把 E_1、E_2、E_3 与原点连接起来的 OC 就是生产扩展线。

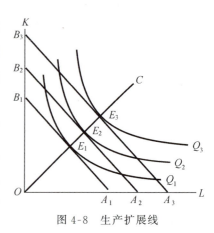

图 4-8　生产扩展线

生产扩展线表示在生产要素价格和技术不变的条件下,当厂商调整产量或成本时,应沿着扩展线选择要素投入组合。因为生产扩展线上的每一点都会使厂商得到一定产量下的最小成本或一定成本下的最大产量,从而实现厂商的利润最大化目的。

4.1.4　规模报酬

规模报酬(return to scale)就是探讨这样一种投入—产出的数量关系,即当各种要素同时增加或减少一定比率时,生产规模变动所引起产量的变化情况。

📚 知识链接

生产规模扩大导致报酬变动的分析

从物理规律角度来看,如果我们认为生产是多种有形或无形物质转化为一种最终产品的过程,那么规模报酬不变是一种非常符合直觉的假设。规模报酬不变的假设,本质上是说生产过程可以被复制,比如,1 间厂房、3 台机器、10 名工人每天可以生产 1 件工业品,那么 2 间厂房、6 台机器、20 名工人每天就能生产 2 件工业品。然而

事实上规模报酬是变动的，一方面会出现规模报酬递减。在上面的例子中，如果2间厂房、6台机器、20名工人每天只能生产1.5件工业品，说明我们没有考虑到一些重要的要素，比如在这个过程中厂商的管理能力是不是没有被复制。另外，从宏观经济角度来看，又可能普遍存在整体规模报酬递增的现象，分析其中原因，可能是知识或是人力资本在积累过程中对生产的作用导致的。

（资料来源：编者整理）

4.1.4.1 规模报酬变动

实践中上述生产工业品的厂商增加一倍的资本和劳动投入，产量不外乎三种情况：一是产量增加一倍，二是产量增加超过一倍，三是产量增加不到一倍。可见，厂商规模报酬有三种情况。

（1）规模报酬递增

规模报酬递增（increasing return to scale）的特征是产出量的变化比例大于投入量的变化比例。规模报酬递增的原因有以下三点。

第一，生产专业化程度提高。当生产要素增加时，提高生产专业化程度，如劳动者分工更细，会提高劳动生产效率。

第二，生产要素具有不可分的性质。有些要素必须达到一定的生产水平，才能更有效率。这表明原有生产规模中含有扩大生产的潜力。假如一个邮递员原来每天给某地送100封信，现在有2000封信要送时，也许只要增加2个或3个人就够了，并不需要配备20名邮递员。

第三，管理更合理。生产规模扩大时，容易实行现代化管理。现代化的管理，会造成一种新的生产力，合理的、先进的管理可以更进一步充分发挥各要素的组合功能，带来更高的效率和收益。当一个生产经营单位规模过小时，就不能取得应有的效率，这种情况可称为规模不经济，通过扩大规模可提高效率，从而实现规模经济。

（2）规模报酬不变

规模报酬不变（constant return to scale）的特征是产出量的变化比例等于投入量的变化比例。规模报酬不变的原因主要是规模报酬递增的因素吸收完毕，某种生产组合的调整受到了技术上的限制。假定一个生产面包的工人，操纵2台机器生产面包已达到最大效率，这时要增加产量，除非是改进机器或使用新机器，否则产量只会与投入同比例变化，使规模报酬成为常数。

（3）规模报酬递减

规模报酬递减（diminishing return to scale）的特征是产出量的变化比例小于投入量的变化比例。规模报酬递减的原因主要是规模过大造成管理效率的下降。表现在管理上，就是内部机制难以协调，指挥系统十分庞杂，信息沟通变得困难，从而贻误时机，造成规模报酬的递减。

同步训练

农业适度
规模经营

●●● 同步训练

目标：理解规模报酬递增和规模报酬递减的原因。

4.1.4.2 适度规模

从以上分析可知，当一个企业规模过小时，不能充分发挥规模经济的作用，应继续扩大生产规模。当一个企业规模过大时，就会产生规模不经济，应缩小生产规模。因而一个企业的适度规模应是规模报酬固定阶段。但是，对于不同行业的厂商，适度规模的大小是不同的，并没有一个统一的标准。在确定适度规模时应该考虑以下因素。

（1）本行业的技术特点

一般来说，所需要的投资量大，所用的设备复杂、先进的行业，适度规模大。例如冶金、机械、汽车制造、造船、化工等重工业厂商，生产规模越大，经济效益越高。相反，需要投资少、所用的设备比较简单的行业，适度规模小。例如，服装、服务行业生产规模小，能更灵活地适应市场需求的变动，对生产更有利，所以适度规模也就小。

（2）市场条件

一般来说，生产市场需求量大、标准化程度高的产品的厂商，适度规模也应大。这也是重工业行业适度规模大的原因。相反，生产市场需求量小且标准化程度低的产品的厂商，适度规模也应小。所以服装行业的厂商，适度规模就要小一些。

当然除上述两个因素外，其他诸如交通条件、能源供给、原料供给、政府政策之类的因素也是在确定适度规模时必须考虑的。当然各国、各地区由于经济发展水平、资源、市场等条件的差异，即使同一行业的企业，其适度规模的大小也并不完全相同。对一些重要行业，有国际通行的适度规模标准。

超越规模
经济

📖 知识链接

规模经济与范围经济

什么是"规模经济"

一般认为，规模经济（economies of scale）是当生产或经销单一产品的单一经营单位因规模扩大而减少了生产或经销的单位成本而导致的经济。或者说，当企业的平均成本随着产出的增加而下降时，企业实现了规模经济。因此，规模经济是描述企业在生产过程中平均成本下降特征的一个指标。根据微观经济学原理，如果企业的平均成本（average cost）随产出增加而下降，那么边际成本（marginal cost）一定小于平均成本。此时，我们称企业实现了规模经济。

什么是"范围经济"

范围经济（economies of scope）是指利用单一经营单位内原有的生产或销售过程来生产或销售多于一种产品而产生的经济。或者说，当两种产品一起生产（联合生产）

比单独生产便宜时,就存在范围经济。如果随着产量的增加,企业能够降低单位成本,则存在规模经济;如果随着企业生产的产品品种或提供的服务多样化,企业能够降低成本,则存在范围经济。

规模经济与范围经济的关系

规模经济与范围经济是两个不同的概念,二者之间并无直接的关系。

(1)一个生产多种产品的企业,其生产过程可能不存在规模经济,但却可能存在范围经济;

(2)一个工厂大规模生产某一种产品可能会产生规模经济,但是却不可能产生范围经济;

(3)范围经济强调生产不同种类产品(包括品种与规格)获得的经济性,规模经济强调的是产量规模带来的经济性。

资料卡 4-3

生产规模的国际标准

钢铁厂生产规模的国际标准为年产 600 万吨钢,彩色显像管厂生产规模的国际标准为年产 200 万套,电冰箱厂双班能力为年产 50 万~80 万台。当然,我们国家不一定套用这些标准。但我国不少企业远远没有达到规模经济,如电冰箱厂平均年产仅 5.96万台。即使不套用国际标准,我国的电冰箱年产双班能力也应在 40 万台。应该注意的是,随着技术进步,规模经济的标准也是在变化的。在 20 世纪 50 年代,汽车厂的规模经济为年产 30 万辆,但到 1977 年这一规模经济标准已达年产 200 万辆。重工业行业中普遍存在规模经济的生产规模不断扩大的趋势。这是因为这些行业的设备日益大型化、复杂化和自动化,投资越来越多,从而只有在产量达到相当大数量时,才能实现规模经济。

(资料来源:尹伯成.西方经济学简明教程[M].上海:上海人民出版社,2002:110)

此外,规模经济也并不一定都是采用集中的方式实现。在生产连续性强的工业生产中,集中是扩大规模的主要方式,但在商业中,实现规模经济并不是要盖越来越大的商场,而是进行连锁经营。连锁经营是由一个配送中心对一个城市、一个地区甚至一个国家的众多加入连锁的商店进行统一管理、贮运和调配,从而节约流通成本,提高效益。所以,连锁经营是商业规模经营的主要形式,这也正是第二次世界大战后连锁经营发展迅速并成为主要商业经营形式的原因。

同步训练

●●● **同步训练**

目标:理解规模报酬的含义。

4.2 成本理论

成本(cost),通常是指厂商为了得到一定数量的商品或劳动所付出的代价。也就是说,成本是厂商生产一定数量的商品或提供一定数量的劳务所耗费的生产要素的价值。

4.2.1 几种成本的概念

4.2.1.1 显成本

显成本(explicit cost)指厂商购买生产要素而支付货币所构成的成本。它是一种会计成本。显成本包括支付给雇员的工资,购买的原材料、燃料和其他生产资源,也包括支付的利息、租金、保险费等费用。

4.2.1.2 隐成本

隐成本(implicit cost)指厂商使用自有生产要素而支付的费用。厂商使用自有生产要素必须支付费用,是因为要素具有多种用途,其市场价格必须按在最佳用途上取得的收益来确定,厂商所追求的是最大化的利润,如果其拥有的生产要素在自用的情况下价格为零,那么,按机会成本概念的要求,它就应当把这部分生产要素出售或出租给他人使用,以实现其应有的市场价值。这种成本之所以被称为隐成本,是因为人们常常把使用自有生产要素当作消费自有消费品一样看待,忽略其费用计算。

隐成本也是一种会计成本,它包括使用自有资本的折旧费,使用自产原材料、燃料的费用(按市价计),使用自有资金的利息(按市场利率计)和企业主为自己企业提供劳务所应得的酬金。这种酬金又被称为"正常利润",被视为成本的一个组成部分。隐成本加上显成本才是厂商的真实生产成本。

除了以上几种成本概念外,还有许多不同的成本概念,如沉入成本、惩罚性成本等。

 知识链接

显成本与隐成本

假设某一店主每年花费 40000 元租赁商店设备,年终该店主从销售中所获毛利为 50000 元。该店主赚了多少钱? 从显成本的角度看,该店主赚了 10000 元,因为厂商的显成本是 40000 元。但是从隐成本的角度看,该店主可能一点也没赚。

厂商的隐成本是什么? 计算隐成本是一件比较复杂的事,只能进行粗略的估算。假定市场利率为 10%,该店主从事其他职业所能获得的收入是 20000 元,则该店主的隐成本是 24000(隐成本 = 20000 + 40000 × 10%)元。厂商的机会成本是 64000 元。也可以说该店主获得的会计利润为 10000 元,从机会成本的角度看,该店主不仅没有赚钱,反倒赔了钱。但是获得的经济利润是—14000(经济利润＝50000—64000)元。会计利润以成本的计算为基础。经济利润以机会成本的计算为基础。

(资料来源:厉以宁.西方经济学[M].北京:高等教育出版社,2002:106－107)

●●● 同步训练

目标:理解显成本与隐成本的含义。

同步训练

4.2.2 短期成本分析

经济学上所说的短期是指厂商不能根据它所要达到的产量来调整其全部生产要素的时期。具体来说,在这一时期内它只能调整原料、燃料及生产工人数量这类生产要素,而不能随意调整厂房、设备等固定资产和管理人员这类生产要素。短期生产成本包括固定成本(fixed cost,FC)和可变成本(variable cost,VC)两部分。前者是不随产量变化而变化的成本支出,为一固定常数。后者是随产量变化而变化的成本支出,表现为产量的函数,因而短期成本函数可表示为 $C(Q)=FC+VC$。

📚知识链接

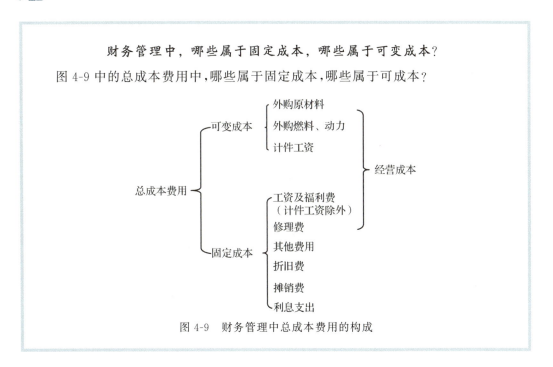

图 4-9 财务管理中总成本费用的构成

4.2.2.1 短期成本的分类

(1)短期总成本、总固定成本与总可变成本

短期总成本(short-run total cost,STC)是短期内生产一定量产品所需要的成本总

和。短期总成本包括总固定成本和总可变成本。

总固定成本(total fixed cost，TFC)是指那些在一定时期内不随产量变动而变动的成本费用。包括厂房、设备等固定资产折旧费、部分管理人员的工资、固定资产保险费、贷款利息等。在一定范围内不论工厂的产量是多少，甚至停产，这些费用都是固定不变的。

总可变成本(total variable cost，TVC)是指那些随着产量的变动而变动的成本，比如工厂进行生产所消耗的材料费与动力费、支付生产工人的工资、其他间接费用等。工厂生产产量越高，这些费用的支出就越多，否则就越少。如果工厂暂时停产，这些费用就不会发生。

以上三种成本之间的关系可用公式表示为

$$STC = TFC + TVC$$

(2)短期平均成本与短期边际成本

短期平均成本(short-run average cost，SAC)是指厂商在短期内生产一定量的产品时，平均每单位产品所需要的成本，包括平均固定成本与平均可变成本。

平均固定成本(average fixed cost，AFC)是指平均每单位产品所消耗的固定成本。平均可变成本(average variable cost，AVC)是指平均每单位产品所消耗的可变成本。如果以 Q 代表产量，则有

$$SAC = \frac{STC}{Q} = \frac{TFC}{Q} + \frac{TVC}{Q}$$

即

$$SAC = AFC + AVC$$

短期边际成本(short-run marginal cost，SMC)是指厂商在短期内增加或减少一个单位产量所引起的总成本的变动量。如果以 SMC 代表短期边际成本，以 ΔQ 代表增加的产量，ΔSTC 代表增加的总成本，则有

$$SMC = \frac{\Delta STC}{\Delta Q}$$

由于短期生产中固定成本并不随产量变动而变动，增加或减少一个单位产量引起总成本的变动只是可变成本的变动而已，所以，短期边际成本实际是多生产一个单位产量所引起的可变成本的增量，短期边际成本可表示为

$$SMC = \frac{\Delta TVC}{\Delta Q}$$

表 4-4 显示了一个厂商在总固定成本为 1000 美元时，各种成本项目如何随着产量的变动而变动。

表 4-4　各种成本计算表

产量 Q	总固定成本 TFC	总可变成本 TVC	短期总成本 STC	短期边际成本 SMC	平均固定成本 AFC	平均可变成本 AVC	短期平均成本 SAC
(1)	(2)	(3)	(4)=(2)+(3)	(5)	(6)=(2)/(1)	(7)=(3)/(1)	(8)=(6)+(7)
0	1000	0	1000				
1	1000	300	1300	300	1000	300	1300
2	1000	500	1500	200	500	250	750
3	1000	600	1600	100	333.33	200	533.33
4	1000	650	1650	50	250	162.5	412.5
5	1000	750	1750	100	200	150	350
6	1000	900	1900	150	166.67	150	316.67
7	1000	1100	2100	200	142.86	157.14	300
8	1000	1400	2400	300	125	175	300
9	1000	1800	2800	400	111.11	200	311.11
10	1000	2250	3250	450	100	225	325

资料卡 4-4

波音 747 飞机的短期成本函数

波音 747 是一种可以搭载许多乘客的飞机,根据波音公司 1975 年提供给参议院委员会的数据,开启这样一条航线,在飞行距离为 1200 英里(1 英里＝1609.344 米)、2500 英里,搭载 250 位、300 位和 350 位乘客时每位乘客每英里的成本(以美分计)如表 4-5 所示。

资料分析

表 4-5　波音 747 飞机每位乘客每英里的成本

乘客数	每位乘客每英里的成本	
	飞行 1200 英里	飞行 2500 英里
250 位	4.3	3.4
300 位	3.8	3.0
350 位	3.5	2.7

(1)如果乘客人数在 250 位至 300 位之间,在航程为 1200 英里时一位额外乘客的边际成本是多少?

(2)如果乘客数是 300 位,航程在 1200 至 2500 英里之间,飞行额外一英里的边际成本是多少?

(3)在 1975 年,一趟 2500 英里的航程的成本是 156.60 美元,如果波音 747 在这趟航行中搭载 300 位乘客,它是否能抵销其航行的成本?

资料卡 4-5

已知某厂生产洗衣机的总固定成本和总可变成本,请你计算表 4-6 中第一到第八个年份的短期总成本、平均固定成本、平均可变成本、短期平均成本和短期边际成本。

表 4-6　相关成本计算

Q	TFC	TVC	STC	AFC	AVC	SAC	SMC
0	6	0					
1	6	10	（　）	（　）	（　）	（　）	（　）
2	6	18	（　）	（　）	（　）	（　）	（　）
3	6	24	（　）	（　）	（　）	（　）	（　）
4	6	28	（　）	（　）	（　）	（　）	（　）
5	6	34	（　）	（　）	（　）	（　）	（　）
6	6	42	（　）	（　）	（　）	（　）	（　）
7	6	52	（　）	（　）	（　）	（　）	（　）
8	6	67	（　）	（　）	（　）	（　）	（　）

4.2.2.2　各类短期成本曲线的变动规律及其关系

(1)短期总成本曲线、总固定成本曲线和总可变成本曲线的变动规律

图 4-10 显示了短期总成本、总固定成本和总可变成本之间的关系。横轴 OQ 代表产量,纵轴 OC 代表成本,TFC 代表总固定成本,该曲线是一条与横轴平行的直线,它表明固定成本不随产量变动而变动,是一个固定的数值。

TVC 为总可变成本曲线,它从原点出发,表示产量为 0 时总可变成本为 0;随着产量的增加,TVC 也不断增加,它是一条向右上方倾斜的曲线。TVC 曲线的变动规律为:最初在产量开始增加时,由于固定生产要素与可变成本生产要素的效率还没有得到充

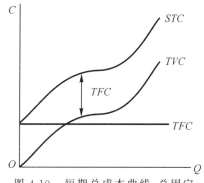

图 4-10　短期总成本曲线、总固定成本曲线和总可变成本曲线

分发挥,因此,可变成本的增加率大于产量的增长率,曲线显得比较陡峭;以后随着产量的增加,固定生产要素与可变生产要素的效率得到充分发挥,可变成本的增加率小于产量的增长率,曲线显得比较平坦;接着,由于边际收益递减规律,可变成本的增长率又大于产量的增长率,曲线又变得比较陡峭。

由于总成本(STC)等于 TFC 加 TVC,而 TFC 是一个固定的数值,因而总成本曲线不从原点出发,表示即使没有产量时,总成本至少也等于总固定成本。STC 曲线可以通过把 TVC 曲线垂直向上平行移动一段相当于 TFC 的距离而得到,其形状与 TVC 曲线相同,说明短期总成本与总可变成本变动规律相同。

（2）短期平均成本曲线、平均固定成本曲线和平均可变成本曲线的变动规律

由于总固定成本不变，随着产量增加，平均分摊到每一单位上的固定成本会逐渐减少，所以平均固定成本（AFC）的变动规律是起初减少的幅度较大，之后减少的幅度越来越小。在图4-11中，AFC曲线开始比较陡峭，说明产量开始增加时，它的下降幅度较大；之后曲线越来越平坦，说明随着产量的增加，它下降的幅度越来越小，当产量趋向于无穷大时，AFC趋向于零。因此AFC是纵轴和横轴的渐近线。

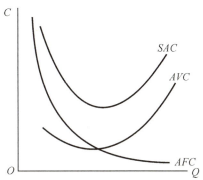

图4-11　短期平均成本曲线、平均固定成本曲线和平均可变成本曲线

平均可变成本（AVC）曲线变动的规律是：开始AVC是随着产量的增加而逐步下降的，但产量增加到一定程度后，AVC就随着产量的增加而上升，产生这种情况的原因是企业的固定生产要素（厂房、设备）具有一个最佳产量。在一定技术生产条件下，在产量没有达到这个最佳点之前，生产单位产品就会耗费较多的可变成本；在增加生产量使它们接近最佳点时，随着产量的增加，可变生产要素得到充分发挥，单位产品所耗费的可变成本就会逐渐下降；到这个最佳点之后，继续增加产量，平均可变成本由于边际收益递减规律而上升。因此，在图4-11中，AVC曲线呈现为先下降后上升的U形曲线。

短期平均成本（SAC）等于AFC加AVC。当产量增加时，平均固定成本（AFC）迅速下降，加上平均可变成本（AVC）也下降，所以短期平均成本（SAC）也迅速下降。之后，随着产量的增加，AFC越来越小，它在平均总成本中的分量越来越小，短期平均成本主要随平均可变成本的变动而变动，即随产量的增加而下降。当产量增加到一定程度后，又随着产量的增加而上升。因此，在图4-11中，SAC曲线也是呈现为先下降后上升的U形曲线。

在同一坐标图上，对应于任一产量，SAC曲线都在AVC曲线之上。这是因为SAC＝AFC＋AVC，AFC不管在哪个产量水平上，都是正数，所以SAC都大于AVC。在AVC达到最低点后，AFC仍继续下降，只要AFC下降幅度大于AVC上升幅度，就能够使SAC继续下降；如果随着产量的增加，AFC下降幅度小于AVC上升幅度，则SAC开始上升。所以SAC曲线和AVC曲线一样，都是一条先下降后上升的曲线。

（3）短期边际成本曲线、短期平均成本曲线和平均可变成本曲线的变动规律

短期边际成本（SMC）的变动取决于产量。它的变动规律是：边际成本随着产量的增加而减少，当产量增加到一定程度后，就随产量的增加而增加，因此，短期边际成本曲线也是一条随着产量的增加而先下降后上升的U形曲线。可以用图4-12来说明短期边

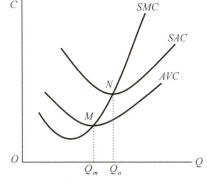

图4-12　短期边际成本曲线、短期平均成本曲线和平均可变成本曲线

际成本、短期平均成本和平均可变成本之间的关系。

第一，短期边际成本曲线与短期平均成本曲线的关系。从图 4-12 可以看出，短期边际成本曲线起初低于短期平均成本曲线，后来高于短期平均成本曲线。短期边际成本（SMC）曲线与短期平均成本（SAC）曲线相交于 SAC 曲线的最低点 N。在 N 点上，$SMC = SAC$；在产量达到 Q_n 之前，SAC 大于 SMC，SAC 一直递减；在产量达到 Q_n 之后，SAC 小于 SMC，SAC 一直递增。

第二，短期边际成本曲线与平均可变成本曲线的关系。短期边际成本（SMC）曲线与平均可变成本（AVC）曲线相交于 AVC 曲线的最低点 M。在 M 点上，$SMC = AVC$；在 M 点之左，即产量达到 Q_m 之前，AVC 大于 SMC，AVC 一直递减；在产是达到 Q_m 之后，AVC 小于 SMC，AVC 一直递增。

综合以上情况，可以把 SMC 曲线和 AVC 曲线、SAC 曲线的关系归纳为如下几点：①当产量从零开始增加时，SMC 曲线处在 AVC 曲线和 SAC 曲线的下方，SMC 小于 AVC、SAC，AVC 曲线和 SAC 曲线处于递减阶段。②当产量继续增加到一定程度后，SMC 曲线处于 AVC 曲线和 SAC 曲线的上方，并且只要 SMC 大于 AVC、SAC，势必使 AVC 曲线和 SAC 曲线处于递增阶段。③SMC 曲线必然和 AVC 曲线、SAC 曲线的最低点相交。

●●● 同步训练

目标：理解短期总成本曲线的变动规律。

知识链接

短期生产函数与短期成本函数的对偶性

短期生产函数与短期成本函数具有对偶性，下面详细来对比两者的对偶性（见表 4-7）。

表 4-7　短期产生函数与短期成本函数的对偶性

短期生产函数	短期成本函数
TP——总产量	AFC——平均固定成本
AP——平均产量	AVC——平均可变成本
MP——边际产量	SMC——短期边际成本
开始 TP 增加的速度越来越快，当 MP 达到最大值后，TP 增加的速度越来越慢	开始 AFC 减少的速度越来越快，当 AFC 达到最小值（AFC＝AVC）后，AFC 减少的速度越来越慢
AP 先递增到最大值（AP＝MP），然后递减	AVC 先递减到最小值（AVC＝SMC），然后递增
MP 先递增，后递减，当 MP 等于 AP 后，以比 AP 更快的速度递减	SMC 先递减，后递增，当 SMC 等于 AVC 后，以比 AVC 更快的速度递增

长期成本需要区分固定成本和可变成本吗？为什么？

📚 知识链接

短期平均成本与短期边际成本的关系

某玩具厂生产了 N 个玩具，玩具的平均可变成本为 20 元；如果再多生产一个玩具，使可变成本多花了 19 元，那么 N+1 个玩具的平均可变成本为(20N+19)/(N+1)，其小于 20 元，也就是说，当边际成本小于平均可变成本时，必然使平均可变成本下降，从而得出当 SMC 小于 AVC 时，AVC 递减的结论。如果在生产了 N 个玩具后再生产一个玩具，使可变成本多花 21 元，那么 N+1 个玩具的平均可变成本为(20N+21)/(N+1)，其大于 20 元，也就是说，当边际成本大于平均可变成本时，必然使平均可变成本上升，从而得出当 SMC 大于 AVC 时，AVC 递增的结论。根据以上分析，当 SMC 小于 AVC 时，AVC 递减，AVC 没有达到最小；而当 SMC 大于 AVC 时，AVC 递增，也没有达到最小；只有当 SMC=AVC 时，AVC 才是最小的。所以 SMC 曲线必然与 AVC 曲线的最低点相交。SMC 曲线和 SAC 曲线的关系也可做类似解释。

（资料来源：张瑞恒.经济学原理[M].重庆：重庆大学出版社，2002：77）

4.2.3 长期成本分析

在长期中，厂商能根据所要达到的产量来调整其全部的生产要素，它不但可以通过改变原材料和生产工人的使用量来调节产量，也可以通过改变厂房、机器设备等来调节产量，因此在长期中就没有固定成本和可变成本之分。在长期成本分析中，要讨论的是长期总成本、长期平均成本和长期边际成本。

4.2.3.1 长期总成本

长期总成本（long-run total cost，LTC）是长期中生产一定量产品所需要的成本总和。长期总成本随产量的变动而变动，没有产量时就没有总成本。厂商在进行生产时总是会根据自己的生产目标来选择恰当的厂房、设备，拥有一定的生产规模，投入大量生产要素。当产量少时，这些生产要素的效率无法得到充分发挥，因此，成本增加率大于产量增长率。当产量增加到一定程度、接近最佳产量时，生产要素逐渐得到充分利用，这时成本增加率小于产量增长率，实现规模经济。最后，由于产量继续增加超过原有厂房和生产装备的能力，出现规模收益递减，成本增加率大于产量增长率。长期总成本的变动规律可用图 4-13 来说明。

在图 4-13 中，*LTC* 曲线为长期总成本曲线。该曲线从原点出发，向右上方倾斜，表示长期总成本随着产量的增加而增加，产量在 0 至 Q_1 之间时，成本增加率大于产量增长率，曲线比较陡峭；产量在 Q_1 至 Q_2 之间时，成本增加率小于产量增长率，曲线比较平坦；在产量达到 Q_2 之后，*LTC* 曲线比较陡峭，说明成本增加率大于产量增长率。

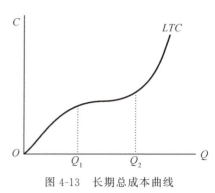

图 4-13　长期总成本曲线

4.2.3.2　长期平均成本

长期平均成本（long-run average cost，LAC）是指厂商在长期生产中每单位产品的成本。

 知识链接

长期平均成本的变动

假设某厂商计划每年生产 20 万台空调，其就会选择相应的厂房设施和生产设备。在产量达到 20 万台时，这些设施和设备得到充分利用。若产量低于 20 万台时，这些设施和设备不能得到充分利用，使得每台空调的成本比较高。很显然，产量越少，每台空调的成本就越高。当产量从 0 逐步增加到 20 万台时，平均成本逐步下降。产量超过 20 万台后，由于产量超过了现有厂房设施和生产设备的能力，进行超负荷生产，会使设备的损坏率提高，场地的拥挤会使生产效率降低，这些都会使每台空调的成本开始上升。因此，在产量超过 20 万台之后，随着产量的提高，平均成本开始逐步上升。

如果厂商计划每年生产 100 万台空调，它就会选择和这个产量相适应的厂房设施和生产设备。在年产量达到 100 万台时，平均成本达到最低；年产量不到 100 万台时，产量越少，平均成本越高；年产量超过 100 万台时，进行超负荷生产，平均成本会上升。但由于年产 100 万台空调的工厂规模比年产 20 万台的工厂规模大，能够实行更有效的分工，采用更有效率的机器设备，使得投入生产的生产要素效率得到提高，因而它达到最佳产量时的平均成本要比年产 20 万台空调的平均成本低。

（资料来源：张瑞恒.经济学原理［M］.重庆：重庆大学出版社，2002：78）

在长期中厂商可以根据短期平均成本来调整长期平均成本，因此可以从短期平均成本曲线来推导出长期平均成本曲线。如图 4-14 所示。

假设某生产者在短期内有三种生产规模可供选择。这三种规模的短期平均成本曲线如图 4-14 中的 SAC_1、SAC_2、SAC_3 所示。

生产者要根据产量的大小来决定生产规模，其目标是使平均成本达到最低。在产量

为 OQ_1 时,要选择 SAC_1 这一规模,因为这时平均成本 OC_3 是最低的。如果选择 SAC_2 这一规模,则平均成本为 OC_4,OC_4 大于 OC_3。当产量为 OQ_3 时,则要选用 SAC_3 这一规模,这时平均成本 OC_1 是最低的,以此类推。

在长期中,生产者要根据它所要达到的产量来调整生产规模,以使平均成本达到最低。如果每个短期中平均成本都达到了最低,那么

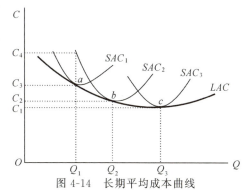

图 4-14　长期平均成本曲线

长期平均成本也就达到了最低。因此,把短期平均成本曲线 SAC_1、SAC_2、SAC_3 的最低点 a、b、c 连接起来就形成了长期平均成本曲线。短期平均成本曲线有无数条,长期平均成本曲线就是一条与这无数条短期平均成本曲线相切的曲线,如图 4-14 中的 LAC。

长期平均成本曲线 LAC 与短期平均成本曲线 SAC 类似,也是一条先下降后上升的 U 形曲线,其变动规律也是随着产量的增加先减少后增加。只是无论产量减少还是增加,LAC 曲线都变动较慢,整条曲线比较平坦。这是因为在长期中,所有的生产要素都可变,也就是生产规模可变。一般地,在生产规模从小到大逐步扩展时,规模报酬是递增的,因此长期平均成本应该递减,当生产规模达到现有技术水平下的最佳产量时,长期平均成本曲线达到最低点。如果进一步扩大生产规模,就会导致生产效率下降,使长期平均成本递增,从而造成内在不经济的现象。随着这种现象的不断扩散,当某一产品或行业的社会规模超过一定限度后,就会产生外在不经济的现象。

📚知识链接

长期平均成本变动例外

有的经济学家指出,并不是所有企业的长期平均成本曲线都是 U 形的,它要受到行业性质、生产要素价格、企业生产技术水平等因素的影响。例如像农业、渔业、采矿业等以自然资源为主要生产要素的行业,由于生产要素是有限的,所以整个行业产量的增加会使生产要素价格上升,从而引起该行业中各企业的长期平均成本增加,长期平均成本呈现为一条向右上方倾斜的曲线。另外,由于现代的优势可以得到充分发挥,它们的长期平均成本曲线可能是一条不断向右下方倾斜的曲线。有些企业规模扩大引起的内在的经济不太明显,它们的长期平均成本曲线起初随着规模的扩大而下降,到一定程度后,进一步扩大规模既不会使它的长期平均成本下降,也不会使其上升,在一定的产量范围内,长期平均成本曲线是一条水平线。

(资料来源:编者整理)

4.2.3.3　长期边际成本

长期边际成本（long-run marginal cost，LMC）是指每单位产量变化所引起的长期总成本的变化量，$LMC = \Delta LTC / \Delta Q$。这相当于长期总成本的导数。长期边际成本曲线并不是由许多短期边际成本曲线的包络线形成的。长期边际成本也是随着产量的增加先减少后增加的，因此长期边际成本曲线也是一条先下降后上升的 U 形曲线。如图 4-15 所示。

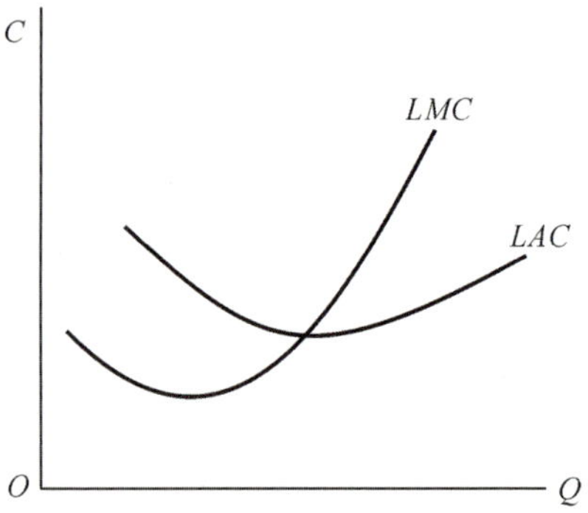

图 4-15　长期边际成本曲线与长期平均成本曲线

4.2.3.4　长期边际成本与长期平均成本的关系

长期边际成本（LMC）和长期平均成本（LAC）的关系（见图 4-15），同短期边际成本（SMC）和短期平均成本（SAC）的关系是一样的，即在长期平均成本递减时，长期边际成本小于长期平均成本；在长期平均成本上升后，长期边际成本大于长期平均成本；当长期边际成本等于长期平均成本时，长期边际成本曲线经过长期平均成本曲线的最低点。

📚 **知识链接**

长期平均成本与长期边际成本的关系

长期平均成本与长期边际成本的关系可以用一个实例来说明。假设某汽车制造厂生产了 Q 辆汽车，平均成本为 20000 元，如果再多生产一辆汽车多花 19999 元，那就可以断定，Q＋1 辆汽车的平均成本一定会低于 20000 元，也就是说，边际成本小于平均成本必然会使平均成本下降。如果多生产一辆汽车多花 20001 元，那就可以断定，这 Q＋1 辆汽车的平均成本必然会高于 20000 元，也就是说，边际成本大于平均成本必然会使平均成本上升。只有当平均成本等于边际成本时，平均成本才最低。

（资料来源：张瑞恒. 经济学原理[M]. 重庆：重庆大学出版社，2002：81）

4.3　收益与利润最大化

厂商进行生产的最终目的是获得更多利润，实现利润最大化。利润是收益减去成本之后的余额。

4.3.1　总收益、平均收益与边际收益

收益（revenue）是指厂商销售产品所得到的收入。收益既包括为生产这些产品而发生的成本支出，又包括扣除成本支出后余下的利润。

总收益(total revenue，TR)是指厂商出售一定量的产品所得到的全部收入,它等于产品的价格乘以产品的销售数量。如果以 P 代表价格,则总收益与总产量之间的关系应该表示为 $TR = TP \cdot P$。在成本不变的情况下,总收益的大小与利润的大小是呈同方向变化的,总收益大则利润大,总收益少则利润少。如果总收益少于成本支出,就会发生亏损;如果总收益等于总成本,则说明企业不亏不盈,刚好保本。

平均收益(average revenue，AR)等于厂商的总收益除以销售数量,它是指厂商销售每一单位产品所得到的收入。

$$AR = \frac{TR}{Q} = AP \cdot P$$

边际收益(marginal revenue，MR)是指厂商每增加销售一单位产品所增加的总收入。

$$MR = \frac{\Delta TR}{\Delta Q} = MP \cdot P$$

边际利润等于边际收益减去边际成本,如果边际收益大于边际成本,说明增加产品的销售能使总利润增加,否则总利润会减少。根据收益与价格的关系,如果假设价格 P 不变,收益就是产量,则有

$$TR = TP$$

$$AR = AP$$

$$MR = MP$$

在这种假设条件下,总收益(TR)、平均收益(AR)、边际收益(MR)的变动规律与曲线形状和本章前面所介绍的总产量(TP)、平均产量(AP)、边际产量(MP)的变动规律相同,曲线形状相似,如图 4-16 所示。在不同的市场条件下,收益曲线的形状并不相同。

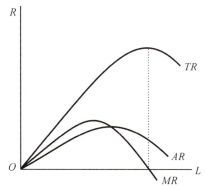

图 4-16　总收益曲线、平均收益曲线与边际收益曲线

4.3.2　利润最大化原则

在经济分析中,利润最大化的原则是边际收益等于边际成本。这是因为:

(1)边际收益大于边际成本,表明厂商每多生产一单位产品所增加的收益大于生产这一单位产品所增加的成本。这时,对该厂商来说,还有潜在的利润没有得到,厂商增加

生产是有利的,也就是说没有达到利润最大化。

(2)边际收益小于边际成本,表明厂商每多生产一单位产品所增加的收益小于生产这一单位产品所增加的成本。这时该厂商就会亏损,更谈不上利润最大化了,因此厂商必然要减少产量。

根据以上分析,无论边际收益大于边际成本还是小于边际成本,厂商都要调整产量,说明这两种情况都没有使厂商实现利润最大化。当 $MR>MC$ 时,利润递增;$MR<MC$ 时,利润递减;只有在 $MR=MC$ 时,厂商才不会调整产量,表明厂商已把该赚的利润都赚到了,即实现了利润最大化。这样,利润最大化原则就是边际收益等于边际成本。厂商在决定其生产量时就要依据这一原则。

对利润最大化原则的理解,可以通过举例来说明。

资料卡 4-6

演唱会的利润最大化

某演出公司策划一场在万人体育馆举办的演唱会。演唱会的成本包括歌星及乐队的出场费、招待费(包括餐饮、住宿、交通等开支)、场地租借费、安保费、工作人员加班费等。虽然同期城里会有韩国电影周等活动,但演出公司根据所请几位歌星的影响力,认为出票数至少会达到 6000 张。当然,场内位置不同,票价也不同,但按平均票价计算,出票数达到 4800 张时所得利润便正好与演唱会的成本持平。因此,演出公司对演唱会盈利是很有把握的。

根据利润最大化原则,边际成本与边际收益相等时,票价收入最理想。如果每增加一个观众的票价收入是公司的边际收益,那么,这时的边际成本是多少呢? 理想的观众人数是多少呢?

(资料来源:编者整理)

资料卡 4-7

利润最大化的例子

假如厂商多销售一件产品能获得 20 元的收入,而多生产这件产品发生的成本支出为 19 元,那么厂商生产并销售这件产品就多得 1 元的利润。只要边际收益大于边际成本,厂商的总利润就能够继续增加,利润就没有达到最大。但如果厂商多销售一件产品能获得 20 元的收入,而为生产这件产品发生的支出为 21 元,则厂商多销售一件产品不仅不能增加利润,还会使利润减少 1 元或者发生亏损,也就是说,增加产量对厂商来说是不划算的,厂商没有实现利润最大化的目标。只有当边际收益等于边际成本时才能达到利润最大化。

(资料来源:张瑞恒.经济学原理[M].重庆:重庆大学出版社,2002:83)

在不同的市场条件下，由于收益变动的规律不同，厂商对最大利润的追求要受到市场条件的限制，因此目标产量也有所不同。

●●●同步训练

同步训练

> 目标：理解利润最大化原则。

▷【本章小结】

■ **框架体系**

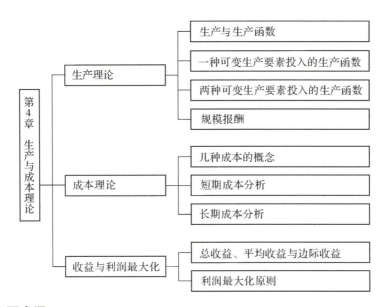

■ **主要术语**

生产要素　生产函数　边际产量　边际报酬递减规律　短期成本分析　长期成本分析　适度规模　平均成本　边际成本　机会成本　隐成本　显成本　边际收益　利润最大化原则

■ **主要理论**

通过学习本章，你已经明白了生产理论主要研究厂商的生产行为，厂商从事生产的主要目的是实现利润最大化，成本是决定厂商能否实现利润最大化的一个重要因素。同时，也清楚了厂商对拥有的资源进行优化配置的方式以及厂商选择能实现经济效益最佳的资源利用方式。以下几个方面作为本章重点，你需要把握好。

□ 分析各种生产要素投入量与产出量之间的关系，以达到用最少的生产要素投入获得最大产出的目的。

□ 研究一种可变要素的合理投入，必须借助总产量、平均产量与边际产量，这三者之间的关系反映了要素组合的状况与产出的效率。

□ 在等成本线与等产量线的切点上，即满足 $\dfrac{MP_L}{P_L} = \dfrac{MP_K}{P_K}$，就实现了两种生产要素的最优组合，这也可以推广到多种生产要素的最优组合。

生产与成本理论
第4章

121

□ 短期成本函数理论有助于在实际生产中进行成本控制及产量决策。

□ 长期成本函数理论有助于厂商在长期生产中根据自己的目标产量进行合理投资，适当的生产规模可使产品的平均成本达到最低，从而获得最大的利润。

□ 根据总收益曲线、平均收益曲线和边际收益曲线的分析，厂商实现利润最大化的原则为 $MR = MC$。

理论自测

【理论自测】

■ 客观题

□ 选择题

1. 为每个关键术语选择一个定义。

_____ 显成本	A. 不随产量变动而变动的成本	
_____ 隐成本	B. 多生产单位产量引起总成本的增加	
_____ 会计利润	C. 长期平均总成本随着总产量的增加而下降的特征	
_____ 经济利润	D. 长期平均收益随着总产量的增加而保持不变的特征	
_____ 生产函数	E. 企业不需要直接支出货币进行投入的成本	
_____ 固定成本	F. 增加单位投入引起产量的增加	
_____ 可变成本	G. 长期平均总成本随着总产量的增加而增加的特征	
_____ 边际成本	H. 随生产量变动而变动的成本	
_____ 边际产量	I. 使平均总成本最小化的产量	
_____ 有效规模	J. 表示物品投入量与生产量关系的函数	
_____ 规模经济	K. 边际产量随着投入增加而不断减少的特征	
_____ 规模不经济	L. 总收益减包括显成本与隐成本在内的总成本	
_____ 规模收益不变	M. 总收益减总显成本	
_____ 边际产量递减	N. 要求企业有货币支出的成本	

2. 采取某个行为的真正成本是（　　　）。

A. 机会成本　　　　　　B. 总成本　　　　　　C. 固定成本

D. 可变成本　　　　　　E. 平均总成本　　　　F. 边际成本

3. 当边际成本低于（　　）时，边际成本下降，当边际成本高于（　　）时，边际成本上升。

A. 机会成本　　　　　　B. 总成本　　　　　　C. 固定成本

D. 可变成本　　　　　　E. 平均总成本　　　　F. 边际成本

4. 不取决于产量的成本是（　　　）。

A. 机会成本　　　　　　B. 总成本　　　　　　C. 固定成本

D. 可变成本　　　　　　E. 平均总成本　　　　F. 边际成本

5. 在冰淇淋行业里，短期中，（　　　）包括奶油、糖的成本，但不包括工厂的成本。利润等于总收益减去（　　　）。

A. 机会成本　　　　　　B. 总成本　　　　　　C. 固定成本

D. 可变成本　　　　　　E. 平均总成本　　　　F. 边际成本

6.生产额外一单位产量的成本是(　　)。

A.机会成本　　　　　　　B.总成本　　　　　　　C.固定成本

D.可变成本　　　　　　　E.平均总成本　　　　　F.边际成本

7.长期平均总成本随着总产量的增加而下降的特征是(　　)。

A.规模经济　　　　　　　B.规模不经济　　　　　C.规模收益不变

8.什么情况能使企业利润最大？(　　)

A.总成本等于总收益　　　　　　　　　B.边际成本等于边际收益

C.固定成本等于可变成本　　　　　　　D.固定成本为0

9.轿车企业年产1000台轿车,其处于什么状态？(　　)

A.规模经济　　　　　　　B.规模不经济　　　　　C.规模收益不变

10.轿车企业年产1000台轿车,单从生产规模角度看,其应该采取什么生产决策？(　　)

A.增加产量　　　　　　　B.降低产量　　　　　　C.保持产量不变

□ 判断题

(　　)1.总收益等于企业产品的产量乘以产品的销售价格。

(　　)2.支付给个人的工资和薪水是隐成本的例子。

(　　)3.如果总收益是100元,显成本是50元,隐成本是30元,那么会计利润等于50元。

(　　)4.如果有隐性生产成本,那么会计利润大于经济利润。

(　　)5.如果一个生产函数曲线变得平坦,说明边际产量增加。

(　　)6.固定成本加可变成本等于总成本。

(　　)7.当边际成本低于平均总成本时,平均总成本必定下降。

(　　)8.平均总成本曲线与边际成本曲线相交于平均总成本曲线的最低点。

(　　)9.一个企业的有效规模是使边际成本最小的产量。

(　　)10.在长期中,随着企业扩大其生产设备,它通常先经历规模不经济,然后规模收益不变,最后达到规模经济。

■　主观题

1.什么是边际收益递减规律？

2.总产量、平均产量和边际产量有何变化规律？它们相互之间存在什么关系？

3.什么是适度规模？

4.解释总成本、平均成本、边际成本等各类成本的概念,并分析各类成本的变化规律和相互关系。

5.什么是总收益、平均收益和边际收益？利润最大化的原则是什么？

应用自测

【应用自测】

1. 请计算完成下表。

产　量	固定成本	可变成本	总成本	平均固定成本	平均可变成本	平均总成本	边际成本
0	16	0					
1	16	18					
2	16	31					
3	16	41					
4	16	49					
5	16	59					
6	16	72					
7	16	90					
8	16	114					
9	16	145					
10	16	184					

2. 根据下表中的信息回答下列问题。

产　量	固定成本/元	可变成本/元
0	10	0
1	10	5
2	10	11
3	10	18
4	10	26

(1) 生产 4 单位的单位平均固定成本是多少?

(2) 生产 3 单位的单位平均总成本是多少?

(3) 生产规模从 3 单位变动到 4 单位的边际成本是多少?

(4) 生产的有效规模是多少?

3. 设厂商生产一定量某种产品所需要的劳动(L)和资本(K)的数量可以采用下述 A、B、C、D 四种组合中的任何一种。

组合方式	L(单位数)	K(单位数)
A	18	2
B	13	3
C	11	4
D	8	6

(1)若每单位劳动价格为6元,每单位资本价格为12元,该厂商为使成本最低宜采用哪种方法生产?

(2)若资本价格不变,每单位劳动价格上升到8元,该厂商宜采用哪种方法生产?

▣▶【案例分析】

■ 案例评论

□ 案例

马尔萨斯观察与边际收益递减规律

马尔萨斯极为关注农业边际收益递减规律的后果。依据他的分析,在土地供给数量不变和人口增加的条件下,每个额外生产者耕作的土地数量不断减少,他们所能提供的额外产出会下降;这样,虽然食物总产出会不断增加,但是新增农民的边际产量会下降,因而社会范围内人均产量也会下降。在马尔萨斯看来,世界人口增加速度会大于食物供给增加速度。因此,除非能够说服人们少要孩子——马尔萨斯并不相信人口可以由此得到控制——否则饥荒将在所难免。

在马尔萨斯生活的时代,工业进步尚未提供成熟的可以替代耕地的农业技术,从而大幅度提高单位耕地面积亩产,克服人多地少的现实中农业和食物生产边际收益递减带来的困难。从实证分析角度看,马尔萨斯的理论建立在边际收益递减规律基础之上,对于观察工业化特定阶段的经济运行矛盾具有一定的价值。换言之,如果没有现代替代耕地的农业技术出现和推广,没有外部输入食物或向外部输出人口的可能性,英国和欧洲一些工业化国家确实会面临"马尔萨斯陷阱"所描述的困难。马尔萨斯观察暗含了农业技术不变与人均占有耕地面积下降这两个假设条件。如果历史和社会经济实际状况满足或接近这两个条件,"马尔萨斯陷阱"作为一个条件预测(projection)是有效的。例如,这一点对于认识我国经济史上某些现象具有分析意义。在我国几千年传统农业历史时期,农业技术不断改进,但没有突破性进步;在没有战乱和大范围饥荒的正常时期,人口长期增长率远远高于耕地面积增加速度。由于越来越多的人口不得不在越来越小的人均耕地上劳作,劳动生产率和人均粮食产量难免下降。这一基本经济面的边际收益递减规律作用,加上其他一些因素(如制度因素导致的分配不平等、外族入侵等)的影响,可能是我国几千年传统农业社会周期振荡的重要原因。

近现代世界经济史告诉我们,过去200多年间,农业科学技术不断取得革命性突破,与马尔萨斯所生活时代的情况相比发生了根本性变化,与他的推论暗含的假设条件完全不同。化肥、机械、电力和其他能源、生物技术等现代技术和要素投入,极大地提高了农业劳动生产率,使农业和食品的增长率显著超过人口增长率。从历史事实看,马尔萨斯理论是对边际收益规律的不恰当运用。如果说马尔萨斯当年的分析还有某种历史认识价值,那么形形色色的现代马尔萨斯预言则是完全错误的。

(资料来源:卢锋.经济学原理(中国版)[M].北京:北京大学出版社,2002:79)

□ 问题

1. 19 世纪早期英国经济学家托马斯·马尔萨斯观察人类历史上第一次工业革命时期的实际情况,提出了著名的"马尔萨斯陷阱"预言,请分析之。

2. 伴随工业化与城市化的人口增长与农业部门因可耕地资源有限产生的边际收益递减现象存在深刻冲突,这种冲突有哪些现实借鉴意义?

□ 考核点

边际收益递减规律

■ **决策设计**

□ 案例 1

羽毛球厂: 最优生产规模是多少?

下表包含了伟业羽毛球制造厂的收益与成本信息,所有的数据都是每小时的数据。完成下表并回答问题。

产量 Q	总收益 TR	总成本 TC	价格为 3 元			价格为 2 元		
			利 润	边际利润 MR	边际成本 MC	利 润	边际利润 MR	边际成本 MC
0		1						
1		2						
2		4						
3		7						
4		11						
5		16						

□ 问题

1. 价格为 3 元时,最优生产规模是多少? 确定的标准是什么?

2. 价格为 2 元时,最优生产规模是多少?

3. 伟业羽毛球制造厂会继续生产吗?

□ 考核点

边际成本;边际利润;最优生产规模

□ 案例 2

玩具厂: 开还是不开?

赵明拥有一个小玩具厂。该厂每年可以生产 1000 件玩具,并以每件 100 元的价格出售。生产 1000 件玩具要耗用 20000 元原料。赵明在工厂与设备上投资 100000 元:50000 元来自他的储蓄,还以 10% 的利率借 50000 元(假设他也能按 10% 的利率贷出他的钱)。他可以在另外一家玩具厂获得每年 40000 元收入的工作。

□ 问题

1. 赵明的玩具厂的年收入是多少？显成本是多少？会计利润是多少？

2. 赵明的玩具厂的隐成本是多少？经济利润是多少？

3. 赵明应该继续开这个玩具厂吗？

□ 考核点

显成本；隐成本；会计利润；经济利润

➡【自我评价】

学习成果	自我评价				
我已经理解了显成本、隐成本、边际成本、经济利润、利润最大化等本章所涉及的经济学术语的含义	□很好	□较好	□一般	□较差	□很差
我已经理解了边际报酬递减规律	□很好	□较好	□一般	□较差	□很差
我已经明白了生产过程需要利用劳动、资本等生产要素，知道了企业获得这些要素时受到什么因素约束	□很好	□较好	□一般	□较差	□很差
我已经初步掌握了企业选择组织形式和规模受什么规律支配	□很好	□较好	□一般	□较差	□很差
我已经了解了同样一种产品可能用不同技术和要素组合来生产，知道了企业如何选择适当的技术	□很好	□较好	□一般	□较差	□很差
我已经了解了盈利受到成本、价格等内外部因素约束，明白了获得产出需要投入，投入会发生成本，知道了成本如何制约企业实现盈利目标	□很好	□较好	□一般	□较差	□很差
我已经理解了追求利润最大化的企业如何决定产出水平	□很好	□较好	□一般	□较差	□很差

市场理论 ▶▶▶

■ 完全竞争市场与厂商均衡
■ 完全垄断市场与厂商均衡
■ 垄断竞争市场与厂商均衡
■ 寡头垄断市场与厂商均衡
■ 产业政策

▶ 教学说明

ⓒ 导入语

一个小农场和一个大汽车制造厂所面临的市场是不同的。在农产品市场上,一个小农场面临着和其他无数小农场的激烈竞争;而一个大汽车制造厂则面临着和它相似的几个汽车制造厂的竞争。每个企业都面临着不同的市场。因此,不同市场上的企业就要决定自己应该如何确定自己的产量与价格,以实现利润最大化。市场理论就是要解决这一问题的。这一理论又被称为"市场定价理论"。经济学家根据市场上竞争与垄断的程度把现实中的市场分为四种类型:完全竞争市场、完全垄断市场、垄断竞争市场和寡头垄断市场。完全竞争市场和完全垄断市场是两个极端,垄断竞争市场和寡头垄断市场是介于这两个极端之间的状态,是竞争和垄断不同程度的结合,又称不完全竞争或不完全垄断市场。如表 5-1 所示。

表 5-1　市场结构分类

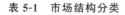

市场结构	实　例	厂商数目	产品差异性	厂商控制价格能力	进入壁垒
完全竞争	小麦及其他农产品生产	极多	没有	没有	没有
完全垄断	自来水、邮政	独家	没有	很大	很大
垄断竞争	餐饮、家具	很多	较小	较小	较小
寡头垄断	汽车、家电	很少	较大	较大	较大

▶ 市场结构

在经济学中,厂商均衡理论是相当复杂的,包括分析整个行业产量与价格决定的集体均衡,以及分析个别厂商产量与价格决定的单个均衡。

◎ 理解各种市场结构的含义；

◎ 理解各种市场结构中需求、平均收益、边际收益的变化规律及其相互关系；

◎ 理解和掌握厂商在不同市场结构中的均衡条件以及实现均衡的过程；

◎ 知道各种市场结构的优缺点；

◎ 了解厂商在生产中的社会问题，理解政府的各种产业政策。

5.1 完全竞争市场与厂商均衡

5.1.1 完全竞争市场的含义与条件

完全竞争（perfect competition）市场又称纯粹竞争市场，是指一种不受外部力量控制和干扰，完全自由化的市场。它需要有以下四个条件，缺少任何一个，都不是完全竞争市场。

第一，市场上有许多生产者与消费者。这些生产者与消费者的规模都很小，其中任何一个的销售量或购买量在整个市场上都只占很小的比例，从而也就无法通过自己的买卖行为影响市场价格。市场价格是由整个市场的供求关系决定的，每个生产者与消费者都只是市场既定价格的接受者，而不是这一价格的决定者。

第二，市场上的产品是同质的，即不存在产品差别。这里所说的产品差别不是指不同产品之间的差别，而是指同种产品在质量、包装或销售条件等方面的差别。产品差别会形成垄断，在不存在垄断的情况下就能实现完全竞争。

第三，资源完全自由流动。也就是说，每个厂商都可以根据自己的意愿自由进入或退出某个行业。

第四，市场信息是畅通的。生产者与消费者都可以迅速获得完整的市场供求信息，不存在供求以外的因素对价格决定和市场竞争产生影响。

在形成完全竞争市场的条件中，前两个条件是最基本的。现实中完全符合这些条件的市场实际上是不存在的。接近于这些条件的市场是农产品市场。因为农产品是由众多农民提供的，消费者也很多。农产品属于无差别产品。在现代市场经济中，资源可以自动流入或流出农业。通过期货市场的交易或政府服务，农产品市场的信息得以畅通。因此，一般将农产品市场作为完全竞争市场。

大盘股的价格竞争与小盘股的价格操纵

大盘股符合完全竞争的基本条件:一是每股相同,二是买者与卖者数量众多,三是买卖双方信息畅通,四是买卖双方均无法影响价格,都是价格接受者,而不是价格制定者或价格影响者。其中,买卖双方是价格的接受者是完全竞争的最重要条件。以大盘股格力电器为例,2017 年 10 月 31 日其收盘价为 42.55 元,总股本为 60.16 亿股,总市值为 2516 亿元,流通股为 59.70 亿股,流通盘为 2497 亿元,当日成交额为 35.86 亿元。如果买者或卖者要影响或操纵股票价格,需要非常大的资金量,资金量至少达到亿元级别。

小盘股则不同,虽然每股相同,买者与卖者可能数量众多,但由于成交额小,买者与卖者可能影响或操纵股价。以小盘股博士眼镜为例,2017 年 8 月 7 日其收盘价为 26.89 元,总股本为 0.86 亿股,总市值为 23.13 亿元,流通股为 0.21 亿股,流通盘为 5.65 亿元,当日成交额为 776 万元。如果买者或卖者要影响或操纵股票价格,只需要几百万元。

综上所述,大盘股的股价更不容易被影响或操纵,而小盘股的股价则容易被影响或操纵。因此,从市场结构的角度看,大盘股更接近完全竞争的状态,即买卖双方都是价格接受者。

(资料来源:编者整理)

同步训练

●●●同步训练

目标:理解完全竞争市场的含义。

5.1.2 完全竞争市场上的价格、需求曲线、平均收益与边际收益

5.1.2.1 价格与需求曲线

对整个行业来说,需求曲线是一条向右下方倾斜的曲线,供给曲线是一条向右上方倾斜的曲线。整个行业产品的价格就由这种需求与供给决定。

但对个别厂商来说情况就不同了。当市场价格确定之后,对个别厂商来说,这一价格是既定的,无论它如何增加产量都不能影响市场价格。换句话来说,在既定的价格之下,市场对个别厂商产品的需求是无限的。因此,市场对个别厂商产品的需求曲线是一条由既定市场价格出发的平行线。可用图 5-1 来说明市场价格的决定与个别厂商的需求曲线。

在图 5-1 中,(a)图说明了整个行业的供求如何决定价格,这时的价格水平为 P_0。(b)图为个别厂商的情况,这时价格为市场的既定价格 P_0,在这种价格下,市场对个别厂商的需求是无限的,因此,需求曲线平等于横轴。

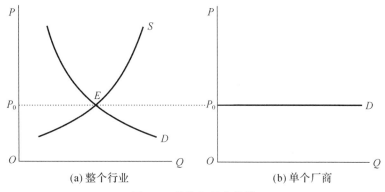

(a) 整个行业   (b) 单个厂商

图 5-1　价格与需求曲线

5.1.2.2　平均收益与边际收益

厂商按既定的市场价格出售产品,每单位产品的售价也就是每单位产品的平均收益。所以,价格等于平均收益。

在完全竞争的条件下,个别厂商销售量的变动,并不能影响市场价格。这就是说,厂商每增加一单位产品的销售,市场价格仍然不变,从而每增加一单位产品销售量的边际收益也不会变,所以,平均收益与边际收益相等。

设总收益(TR)为价格(P)与产量(Q)(即销售量)的乘积,即

$$TR = P \cdot Q$$

平均收益(AR)是总收益与销售量的商,即

$$AR = \frac{TR}{Q} = \frac{P \cdot Q}{Q} = P$$

上式说明,平均收益一定等于价格。

边际收益(MR)是增加一单位销售量所得到的收益。因为对一个厂商来说,无论销售量增加多少,市场价格是不变的,所以

$$MR = \frac{\Delta TR}{\Delta Q} = \frac{\Delta(P \cdot Q)}{\Delta Q} = P$$

因为

$$AR = P, MR = P$$

所以

$$MR = AR$$

必须注意的是,在各种类型的市场上,平均收益与价格都是相等的,因为每单位产品的售价就是其平均收益。但只有在完全竞争市场上,对个别厂商来说,平均收益、边际收益与价格才相等。因为只有在这种情况下,个别厂商销售量的增加才不影响价格。

知识链接

完全竞争市场中价格、平均收益与边际收益的关系

可用表 5-2 来说明在完全竞争市场中,价格、平均收益与边际收益之间的关系。

表 5-2　完全竞争市场中价格、平均收益与边际收益的相等关系

销售量	价　格	总收益	平均收益	边际收益
0	10	0	0	0
1	10	10	10	10
2	10	20	10	10
3	10	30	10	10
4	10	40	10	10
5	10	50	10	10
6	10	60	10	10

正因为价格、平均收益和边际收益都是相等的,所以,平均收益曲线、边际收益曲线与需求曲线都是同一条线,即图 5-1(b)中的 D。这条需求曲线的需求价格弹性系数为无限大,即在市场价格为既定时,对个别厂商产品的需求是无限的。

(资料来源:梁小民.西方经济学教程[M].北京:中国统计出版社,2000:166 - 167)

5.1.3　完全竞争市场上厂商的短期均衡

资料卡 5-2

完全竞争市场上厂商的短期均衡

钢铁行业与宏观经济密切相关,其变动与经济周期波动同步,2008 年金融危机对钢铁行业的短期均衡构成影响。杭钢股份是从事钢铁生产的公司,公司产品包括热轧圆钢、热轧带钢、热轧盘条、热轧型钢、热轧带肋钢筋等产品,广泛应用于机械加工、汽车和摩托车配件、标准件制造、日用五金、工程机械等行业。钢铁行业属于完全竞争行业,光上市公司就包括首钢股份、宝钢股份、凌钢股份、南钢股份、新钢股份、柳钢股份、马钢股份、山东钢铁、太钢不锈、包钢股份、安阳钢铁、沙钢股份、三钢闽光、酒钢宏兴、八一钢铁、永兴特钢、鞍钢股份、河钢股份等多家钢铁公司。2006 年至 2016 年,杭钢股份的平均毛利率只有4.02%。这说明在完全竞争的行业中,企业的利润是非常低的。另外,2008 年金融危机后,杭州钢铁公司的毛利率从 2007 年的 5.98% 下降到 2008 年的 3.52%。这是短期经济波动对钢铁行业造成的短期影响。

(资料来源:编者整理)

在固定要素投入不变的短期内,厂商只能通过调整可变要素的投入量来调整其产量,以求利润最大或损失最小。完全竞争市场上厂商的短期均衡存在三种情况。

第一种:当整个行业的供给小于需求,该行业产品的市场价格上升,价格高于短期平均成本,存在超额利润。如图5-2所示。

在图5-2中,ON为市场价格,对个别厂商来说,需求曲线dd是从N引出的一条与横轴平行的线,这条曲线同时也是平均收益线AR与边际收益线MR。SMC为短期边际成本线,SAC为短期平均成本线。厂商根据$MR=MC$的利润最大化原则调整自己的产量,MR与SMC的交点E决定了产量为OM,价格水平为ON,厂商的总收益为平均收益乘产量,即矩形$OMEN$的面积,总成本为短期平均成本乘产量,即矩形$OMKG$的面积,矩形$OMEN$的面积大于矩形$OMKG$的面积,即总收益大于总成本,厂商所获超额利润为矩形$GKEN$的面积。

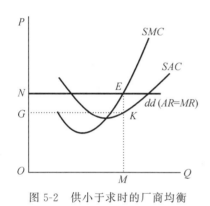

图5-2 供小于求时的厂商均衡

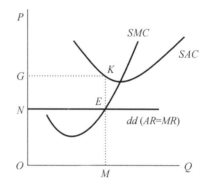

图5-3 供大于求时的厂商均衡

第二种:当整个行业供给大于需求,该行业产品的市场价格下降,价格低于短期平均成本,存在亏损。如图5-3所示。

在图5-3中,ON为市场价格,厂商的需求曲线dd位于短期平均成本线SAC最低点以下。厂商为达到利润最大,由MR与SMC的交点E决定其产量为OM。厂商总收益为平均收益乘产量,即矩形$OMEN$的面积,总成本为短期平均成本乘产量,即矩形$OMKG$的面积。矩形$OMEN$的面积小于矩形$OMKG$的面积,即总收益小于总成本,厂商亏损为矩形$NEKG$的面积。

在亏损经营时,厂商是否生产则取决于平均可变成本线AVC的状况。因为短期内固定投入不变,无论是否生产都要支出,所以只要收益可以弥补可变成本,厂商就要进行生产。如图5-4所示。

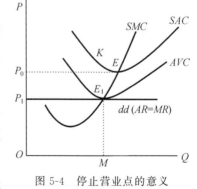

图5-4 停止营业点的意义

在图5-4中,市场价格P_1低于均衡价格P_0,厂商出现亏损。这时厂商是否生产取决于平均可变成本AVC的状况。价格P_1所决定的需求曲线dd与AVC相交于E_1,此时AR等于AVC,即当价格为P_1时,所得到的收益正好可以补偿可变成本,短期内生产仍可继续进行。如果价格低于 P_1，即 AR 小于 AVC，厂商不但收不回固定成本，就连可变成本也有一部分收不回来，就不能生产了。这就是 E_1 作为停止营业点的意义。

第三种：当整个行业供求平衡，产品市场价格等于短期平均成本，存在正常利润。如图 5-5 所示。

在图 5-5 中，ON 为供求平衡时的价格，厂商的需求曲线 dd 与短期平均成本曲线 SAC 相切。厂商为实现利润最大化，由 MR 与 SMC 的交点 E 决定其产量为 OM，此时短期平均成本为 EM，因此总成本和总收益都为矩形 $OMEN$ 的面积，厂商既没有亏损也没有超额利润，不亏不盈。所以 E 点为收支相抵点。

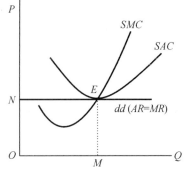

图 5-5　供求相等时的厂商均衡

可见，短期内，厂商实现生产均衡状态的条件是边际收益等于边际成本，即 $MR = MC$。

5.1.4　完全竞争市场上厂商的长期均衡

在完全竞争市场中，短期内厂商来不及调整自己的生产规模，可能出现获得超额利润或亏损的情况。在长期中，由于厂商可以调整生产规模，甚至可以进入或退出某一行业。这样，整个行业的供求就会影响市场价格，从而影响各厂商的均衡，使短期中的超额利润或亏损的均衡不能持续，而达到各厂商不亏不盈的状态。此时，整个行业供求均衡，各厂商也不再调整产量，从而实现了厂商的长期均衡。这种变动可用图 5-6 说明。

在图 5-6 中，LMC 为长期边际成本曲线，LAC 为长期平均成本曲线，dd_1 为整个行业供给小于需求、存在超额利润时的个别厂商需求曲线，dd_2 为整个行业供给大于正常利润时的个别厂商需求曲线。在长期中，如果整个行业供给小于需求，价格高于平均成本，存在超额利润，就会有新的厂商加入这个行业，或者原有厂商扩大自己的生产规模，使得整个行业的生产和供给增加，从而市场均衡价格下降，个别厂商的需求曲线从 dd_1 下移到 dd，厂商的平均收益和边际收益减

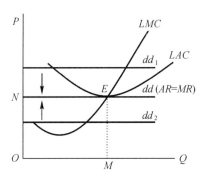

图 5-6　完全竞争市场上厂商的长期均衡

少，最终超额利润消失。如果整个行业供给大于需求，价格低于平均成本，存在亏损，则长期内厂商就会退出其所在行业或减少自己的生产规模，使得整个行业的生产和供给减少，从而市场均衡价格上升，个别厂商需求曲线从 dd_2 上移到 dd，厂商的平均收益和边际收益提高，最终使亏损消失。调整的结果是长期边际成本曲线 LMC 与边际收益曲线 MR（即 dd）相交于 E 点，E 点决定了产量为 OM，总收益等于总成本，都是矩形 $OMEN$ 的面积，厂商既无超额利润又无亏损，也就不再调整生产规模，也无厂商进出该行业，整个市场就实现了长期均衡。

从均衡过程分析可以看出，在完全竞争市场中，实现长期均衡的条件是

$$MR = AR = MC = AC$$

在理解长期均衡时要注意以下两点。

第一,长期均衡的 E 点就是收支相抵点,这时成本与收益相等。厂商所能获得的只能是作为生产要素之一的企业家才能的报酬——正常利润。正常利润作为用于生产要素的支出之一,是成本。所以,收支相抵中就包含了正常利润。在完全竞争市场上,竞争激烈,长期内厂商无法实现超额利润。获得正常利润就是实现了利润最大化。

第二,实现长期均衡时,平均成本与边际成本相等。我们知道,平均成本与边际成本相等,也就是这两条曲线相交时,平均成本一定处于最低点。这就说明,在完全竞争的条件下,可以实现成本最小化,从而也就是经济效率最高。这正是经济学家把完全竞争作为最优状态的理由。

资料卡 5-3

大米行业是完全竞争行业。金健米业公司的主导产品有"金健"牌系列精米、专用面粉、面条、食用油、乳品及"小背篓"鲜湿米粉,公司长期处于完全竞争的市场结构当中。因此,每年的毛利率比较稳定,处于长期市场均衡状态。2006 年至 2016 年,金健米业的毛利率及净利润如表 5-3 所示。

表 5-3　金健米业毛利率与净利润(2006—2016 年)

年　份	毛利率/%	净利润/亿元	年　份	毛利率/%	净利润/亿元
2006 年	13.89	0.08	2012 年	13.49	0.05
2007 年	14.26	0.13	2013 年	12.04	0.11
2008 年	11.08	−1.98	2014 年	12.05	0.12
2009 年	16.08	0.04	2015 年	9.32	−1.73
2010 年	15.89	0.06	2016 年	11.10	0.10
2011 年	10.62	−0.67	平均值	12.71	−0.34

(资料来源:万得金融数据库)

5.1.5　对完全竞争市场的评价

通过前面的分析可以看出,在完全竞争市场条件下,价格可以充分发挥其"看不见的手"的作用,调节经济的运行。具体来讲,第一,通过完全竞争和资源自由流动,使供求相等,从而资源得到了最优配置,生产者的生产不会有不足或过剩,消费者的需求也得到了满足。第二,完全竞争将导致厂商平均成本最低,在长期均衡时,$MR = MC = AC$,这说明平均成本处于最低点,资源配置最有效率。第三,平均成本最低决定了产品价格也是最低的,这对消费者是有利的。第四,可以节省广告支出,在完全竞争市场上,同类产品是同质无差别的,任何厂商都可按市场价格卖出他愿意出售的任何数量的商品。综上来看,完全竞争市场是最理想的。

但是,也有许多经济学家指出,完全竞争市场也有缺点:第一,各厂商的平均成本最低并不一定是社会成本最低。第二,产品无差别,这样,消费者的多种需求无法得到满足。第三,完全竞争市场上生产者的规模都很小,这样,他们就没有能力去实现重大的科学技术突破,从而不利于技术发展。第四,在实际中完全竞争的情况是很少的,而且,一般来说,竞争也必然引起垄断。

对完全竞争市场的分析,为对其他市场的分析提供了一个理论基础。

同步训练

●●● **同步训练**

> 目标:理解完全竞争条件下,厂商利润最大化原则的经济学意义。

5.2 完全垄断市场与厂商均衡

5.2.1 完全垄断市场的含义与条件

完全垄断市场,又称垄断市场,是指整个行业的市场完全处于被一家厂商控制的状态,即一家厂商控制了某种产品的市场。

在理解完全垄断市场时要注意两点:第一,完全垄断市场上只有一家厂商,没有第二家。因为只有一家厂商时才能有完全垄断。因此,完全垄断市场上一家厂商构成了一个行业。个别厂商的均衡也就是全行业的均衡。这一点与其他市场不同。第二,完全垄断也是经济中的一种极端情况。如果说完全竞争是只有竞争而没有垄断因素的一个极端的话,完全垄断则是只有垄断而没有竞争因素的另一个极端。严格来说,在市场经济中除了个别行业外,完全垄断并不多,但在计划经济中,完全垄断则是普遍存在的。

形成完全垄断的条件主要有:

第一,政府借助于政权对某一行业进行完全垄断。许多国家政府对铁路、邮政、供电、供水等公用事业实行完全垄断。

第二,政府特许的私人完全垄断。英国历史上的东印度公司就由于英国政府的特许而垄断了对东方的贸易。此外,政府根据法律赋予某些产品生产的专利权,也会在一定时期内形成完全垄断。

第三,某些产品市场需求很小,只有一家厂商生产即可满足全部需求。这样,某家厂商就很容易实行对这些产品的完全垄断。

第四,某些厂商控制了某些特殊的自然资源或矿藏,从而就能对用这些资源和矿藏生产的产品实行完全垄断。美国铝公司长期保持制铝业的完全垄断地位,就是因为它控制了铝土矿。加拿大国际制镍公司也由于控制了世界镍矿的90%而垄断了制镍行业。

第五,对生产某些产品的特殊技术的控制。美国可口可乐公司就是长期控制了制造可口可乐饮料的配方而垄断了这种产品的供给。

完全垄断形成的条件不同决定了其性质不同。有些垄断由自然条件造成,或是规模经济所要求的(如对公共事业的垄断),属于自然垄断,其存在有合理性。有些垄断是人为造成的,例如技术垄断或政府特许所形成的垄断,这种垄断是不合理的。

资料卡 5-4

一般地,由于缺乏市场竞争,垄断型企业的毛利率与净利润都比较高。根据对资源占有的特点,完全垄断可以分为自然资源垄断、技术垄断、自然垄断与政权特许垄断四类,随后分别举例说明。

黄山旅游公司属于自然资源垄断企业。公司垄断了黄山的酒店业务、索道及缆车业务、园林开发业务、旅游服务业务及部分商品房销售业务。因此,该公司的毛利率非常高,2006 年至 2016 年平均毛利率为 42.31%。该公司的净利润不错,从未发生过亏损。2006 年至 2016 年平均净利润为 2.07 亿元。

恒瑞医药公司属于技术垄断企业。公司是国内最大的抗肿瘤药和手术用药的研究和生产基地,国内最具创新能力的大型制药企业之一,致力于在抗肿瘤药、手术用药、内分泌治疗药、心血管药及抗感染药等领域的创新发展,并逐步形成品牌优势。因此,该公司的毛利率非常高,2006 年至 2016 年平均毛利率为 82.79%。该公司的净利润持续增长,2006 年至 2016 年平均净利润为 10.82 亿元。

宁沪高速属于自然垄断企业。公司主要投资、建设、经营和管理沪宁高速公路江苏段及江苏省内其他的收费路桥,并发展公路沿线的客运及其他辅助服务业。除沪宁高速公路江苏段外,公司还拥有宁沪二级公路江苏段、锡澄高速公路、广靖高速公路、宁连高速公路南京段等位于江苏省内的收费路桥全部或部分权益,是国内公路行业中资产规模最大的上市公司之一。沪宁高速沿线服务区的经营与开发为公司带来了较为稳定的盈利,初步形成了服务区餐饮、加油、汽修、广告、住宿、商品零售等业务发展体系。因此,该公司的毛利率非常高,2006 年至 2016 年平均毛利率为 52.10%。该公司的净利润很高而且稳定,2006 年至 2016 年平均净利润为 22.58 亿元。

片仔癀属于政权特许垄断企业。公司独家生产的国家一级中药保护品种——片仔癀,被誉为"国宝神药""中国特效抗生素"。公司拥有片仔癀、片仔癀胶囊、复方片仔癀软膏等中成药产品几十个。片仔癀系列产品获国家首批原产地标记认证。公司目前位于我国中成药行业 50 强企业行列。因此,该公司的毛利率非常高,2006 年至 2016 年平均毛利率为 43.91%。该公司的净利润不错,从未发生过亏损,2006 年至 2016 年平均净利润为 2.83 亿元。

(资料来源:编者整理)

5.2.2 完全垄断市场上的需求曲线

在完全垄断市场上只有一个厂商,完全垄断行业的需求曲线也就是垄断厂商的需求曲线,厂商可以根据市场供求情况来规定商品的价格。价格高,需求少;价格低,需求多。需求曲线是一条反映需求量与价格呈反方向变动的向右下方倾斜的曲线。

在完全垄断市场上,厂商是价格的制定者,消费者只是既定价格的接受者。厂商按既定价格出售产品,它每卖出一个单位产品给厂商带来的收益就等于产品的单价,即每单位产品的卖价就是厂商的平均收益,从而平均收益等于销售价格,厂商的平均收益曲线与其需求曲线重合。

完全垄断市场上,市场价格会随着厂商产量的增加而下降,边际收益是递减的。我们知道,边际收益是指每增加一个单位产品销售所引起的总收益的增加,而平均收益是指销售每一个单位产品平均所获得的收入,当平均收益随着销售量的增加而下降时,边际收益比平均收益下降得更快,否则,每增加一个单位销售量就不会使平均收益下降。因此,边际收益曲线不会像完全竞争市场中那样与需求曲线(即平均收益曲线)重合,而是一条向右下方倾斜的曲线,而且位置比平均收益曲线要低。

应该注意的是,在各种类型的市场上,平均收益与价格都是相等的,因为每一单位产品的售价就是其平均收益。只有在完全竞争市场上,个别厂商的价格、总收益、平均收益、边际收益才相等,因为只有在这种情况下,个别厂商增加销售量才不会影响价格。

现用表 5-4 来说明某完全垄断厂商价格、总收益、平均收益与边际收益的关系。

表 5-4 某完全垄断厂商的价格、总收益、平均收益与边际收益

销售量 Q	价格 P	总收益 TR	平均收益 AR	边际收益 MR
1	100	100	100	100
2	90	180	90	80
3	80	240	80	60
4	70	280	70	40
5	60	300	60	20
6	50	300	50	0
7	40	280	40	—20

从表 5-4 中可知,价格随销售量的增加而下降,平均收益与价格相等,也是随销售量增加而下降,而边际收益比平均收益下降的速度更快。

图 5-7 中,dd(AR)为需求曲线与平均收益曲线,MR 为边际收益曲线。

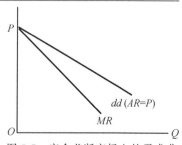

图 5-7 完全垄断市场上的需求曲线、平均收益曲线和边际收益曲线

5.2.3 完全垄断市场上厂商的短期均衡

在完全垄断市场上,垄断厂商可以自行决定产品价格和产量,它可以通过卖少量产品维持高价或用低价扩大自己的供给量,无论哪种选择,厂商的目的都是追求最大利润,即厂商在生产中仍然根据边际收益(MR)等于边际成本(MC)的原则来决定产量。由于在短期内,产量的调整同样要受到固定投入(厂房、设备等)无法调整的限制,所以厂商在短期内难以完全适应市场需求对产量进行调整,就可能出现供小于求、供求平衡和供大于求三种情况。

📖 **知识链接**

完全垄断市场上厂商的产量、价格、总收益、总成本、总利润、边际收益与边际成本的关系

用表5-5来说明完全垄断市场上厂商的产量、价格、总收益、总成本、总利润、边际收益与边际成本的关系。

表 5-5 完全垄断市场上厂商的产量、价格、总收益、总成本、总利润、边际收益与边际成本

产量 Q (1)	价格 P (2)	总收益 TR (3)	总成本 TC (4)	总利润 TP (5)	边际收益 MR (6)	边际成本 MC (7)
0	110	0	120	−120		
1	101	101	154	−53	101	34
2	92	184	183	1	83	29
3	83	249	210	39	65	27
4	74	296	236	60	47	26
5	65	325	265	60	29	29
6	56	336	300	36	11	35
7	47	329	350	−21	−7	50
8	38	304	424	−120	−25	74
9	29	261	540	−279	−43	116

从表5-5中可以看出:第一,当产量为5单位时,边际收益等于边际成本,总利润最大。第二,当产量大于等于7单位时,总利润为负数,即有亏损,这时是否生产仍取决于停止营业点,即总收益是否可以弥补总成本中的可变成本部分。

(资料来源:梁小民.西方经济学教程[M].北京:中国统计出版社,2000:176)

第一种:供给小于需求,价格高于平均成本,存在超额利润,如图5-8(a)所示。垄断厂商根据 $MR=MC$ 的利润最大化原则确定产量,边际收益曲线 MR 与边际成本曲线 MC 的交点 E 决定了产量为 OM,此时,该产量在需求曲线 $dd(AR)$ 上的对应点 G 可以

确定价格为 ON，在平均成本曲线 AC 上的对应点 F 可以确定平均成本为 OK。显然，由于价格（即平均收益）高于平均成本，厂商获得超额利润。在图 5-8(a) 中，总收益为矩形 $OMGN$ 的面积，总成本为矩形 $OMFK$ 的面积，总收益大于总成本，厂商所获超额利润为矩形 $KFGN$ 的面积。

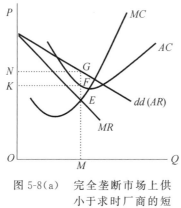

图 5-8(a)　完全垄断市场上供小于求时厂商的短期均衡　　图 5-8(b)　完全垄断市场上供求平衡时厂商的短期均衡

第二种：供给等于需求，价格等于平均成本，存在正常利润，如图 5-8(b) 所示。需求曲线 $dd(AR)$ 与平均成本曲线 AC 相切于 F 点，厂商根据 $MR=MC$ 的原则把产量确定在 OM 水平上，这一产量所对应的价格（平均收益）与平均成本相等，都是 ON，从而厂商的总收益与总成本都是矩形 $OMFN$ 的面积，厂商处于收支相抵点，只能获得正常利润。

第三种：供给大于需求，价格低于平均成本，存在亏损，如图 5-8(c) 所示。厂商为使亏损降到最低限度，仍根据 $MR=MC$ 的原则把产量确定在 OM 水平上，这一产量所对应的价格（平均收益）为 ON，平均成本为 OK，从而总收益为矩形 $OMGN$ 的面积，总成本为矩形 $OMFK$ 的面积，厂商亏损为矩形 $NGFK$ 的面积。在亏损情况下厂商是否生产要取决于平均可变成本 AVC 的状况。如果厂商的需求曲线 $dd(AR)$ 与平均可变成本曲线 AVC 相切，那么，厂商的总收益在弥补了全部可变成本外，还有一部分可补偿部分固定成本，所以短期内

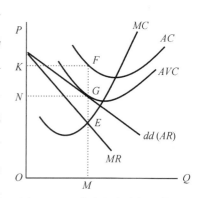

图 5-8(c)　完全垄断市场上供大于求时厂商的短期均衡

维持生产比停止生产亏损要小；如果厂商的需求曲线 $dd(AR)$ 低于其平均可变成本曲线 AVC，则厂商生产不仅不能弥补固定成本，连可变成本也补偿不了，此时停产可以使损失更小一些。由此可见，平均可变成本曲线 AVC 与需求曲线 dd 的切点即为停止营业点。

从上述分析可以知道，短期内完全垄断厂商的均衡条件是

$$MR=MC$$

5.2.4 完全垄断市场上厂商的长期均衡

在完全垄断市场上,垄断厂商在长期中可以调整全部生产要素,改变生产规模,而且由于新厂商难以进入,垄断厂商会获得超额利润,并且这种利润可以长期保持。在长期中,垄断厂商可以通过调节产量与价格来实现利润最大化,如图 5-9 所示。当短

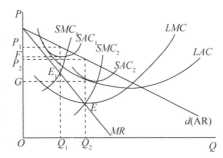

图 5-9 完全垄断市场上厂商的长期均衡

期平均成本曲线为 SAC_1、短期边际成本曲线为 SMC_1 时,SMC_1 与 MR 的交点 E_1 所决定的产量为 OQ_1,价格为 OP_1,短期平均成本为 OF,则垄断厂商所获得的短期总利润为总收益 TR 减去总成本 TC,即 $OQ_1 \cdot (OP_1 - OF)$。由于 MR 不等于 LMC,即边际收益不等于长期边际成本,所以这种均衡只是短期的,而不是长期均衡。在长期中,厂商可以调整其生产规模,根据 $MR = MC$ 的原则决定产量,边际收益曲线 MR 与长期边际成本曲线 LMC 的交点 E 所决定的产量为 Q_2,价格为 OP_2,长期平均成本为 OG,此时,垄断厂商所获得的总利润为总收益 TR 减去总成本 TC,即 $OQ_2 \cdot (OP_2 - OG)$,大于 SAC_1 规模时的总利润,这是垄断厂商在长期内所能获得的最大利润。

从对图 5-9 的分析中可以得知,长期内,垄断厂商在高价少销和低价多销中进行选择,以调整产量实现利润最大化。图中的 E 点是边际收益曲线 MR 与长期边际成本曲线 LMC 的交点,同时也是 MR 与短期边际成本曲线 SMC_2 的交点,即长期中,垄断厂商的均衡条件是

$$MR = LMC = SMC_2$$

5.2.5 对完全垄断市场的评价

许多经济学家认为完全垄断对经济是不利的,有以下两个原因。

第一,生产资源的浪费。这就表现为,与完全竞争相比,平均成本与价格高,而产量低。可用图 5-10 来说明这一点。

图 5-10 综合了完全竞争市场与完全垄断市场的长期均衡状况。通过对两个市场长期均衡的比较可以看出,在完全竞争市场上,产量为 OQ_1,价格为 OP_1,而且当产量为 OQ_1 时,长期平均成本为最低点;在完全垄断市场上,产量为 OQ_2,价格为 OP_2,当产量为 OQ_2 时,长期平均成本并不是最低点。$OQ_1 > OQ_2$,$OP_1 < OP_2$,说明在完全垄断市场上,产量低于完全竞争市场上的产量,而价格高于完全竞

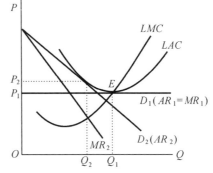

图 5-10 完全垄断市场与完全竞争市场长期均衡的比较

争市场上的价格,而且长期平均成本无法达到最低水平。所以,完全垄断市场上,资源浪费,经济效率低于完全竞争市场中的经济效率。

第二,社会福利的损失。垄断厂商实行价格歧视,消费者所支付的价格高,就是消费者剩余的减少,这种减少则是社会福利的损失。可用图 5-11 来说明这一点。

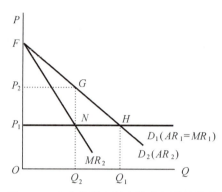

图 5-11　完全垄断市场上社会福利的损失

在图 5-11 中,完全竞争市场上,价格为 OP_1,产量为 OQ_1,这时消费者得到的消费者剩余是 P_1HF 这个三角形的面积。在完全垄断市场上,价格为 OP_2,产量为 OQ_2,消费者剩余是 P_2GF 这个小三角形的面积。在 P_1HF 这个大三角形中, P_1NGP_2 这个矩形所代表的消费者剩余转变为垄断厂商的超额利润,而 NHG 这个三角形所代表的是完全垄断所引起的纯社会福利的损失。这一部分消费者没有得到,垄断厂商也没有得到,是由于资源浪费而形成的纯社会福利的损失。此外,垄断者凭借其垄断地位而获得的超额利润加剧了社会收入分配不平等,也阻碍了技术进步。

但是,还有一些经济学家认为,对完全垄断市场也要做具体分析。首先,某些投资大、周期长、利润率低且与人民生活密切相关的公用事业实行政府完全垄断,并不以追求垄断利润为目的,会增进社会的利益,当然,也难免会由于官僚主义而引起效率低下。其次,在完全垄断市场上,垄断厂商由于能获得垄断利润,他们大多拥有专门的研究机构、研究人员和研究经费,从而更有能力促进技术进步。最后,垄断厂商投资着眼于长期,价格不轻易变动,这能够减轻或延缓经济波动,在一定程度上对经济具有稳定作用。

同步训练

●●● 同步训练

> 目标:理解完全垄断市场上的平均收益大于边际收益。

5.3　垄断竞争市场与厂商均衡

垄断竞争

5.3.1　垄断竞争市场的含义与条件

垄断竞争市场是指一种既有垄断又有竞争,既不是完全竞争又不是完全垄断的市场结构。引起这种垄断竞争的基本条件是产品差别的存在。如前所述,产品差别是指同一种产品在质量、包装、牌号或销售条件等方面的差别。一种产品不仅要满足人们的实际生活或其他需要,而且还要满足人们的心理需要。同一种产品在质量、包装、牌号或销售条件等方面的差别,会满足不同消费者的心理需要。

垄断竞争市场中,虽然产品类似,但由于品牌、成本控制等因素的影响,即使在同一行业,不同企业的毛利率也不尽相同。服装制造业属于垄断竞争市场结构。报喜鸟、七匹狼、红豆股份这三家上市服装生产企业,由于品牌不同,毛利率呈现比较明显的差异,2006 年至 2016 年报喜鸟的平均毛利率为 53.49%,七匹狼的平均毛利率为 40.39%,红豆股份的平均毛利率为 22.87%(见表 5-6)。

表 5-6　报喜鸟、七匹狼、红豆股份毛利率对比(2006—2016 年)

单位:%

年　份	报喜鸟	七匹狼	红豆股份	年　份	报喜鸟	七匹狼	红豆股份
2006 年	38.17	31.65	17.36	2012 年	62.14	45.48	30.64
2007 年	45.92	35.04	21.89	2013 年	63.18	47.01	24.02
2008 年	47.95	33.38	18.35	2014 年	57.86	44.74	21.58
2009 年	50.12	37.47	20.55	2015 年	59.28	42.85	24.23
2010 年	54.19	41.60	22.76	2016 年	50.68	43.93	22.96
2011 年	58.87	41.19	27.18	平均值	53.49	40.39	22.87

(资料来源:万得金融数据库)

知识链接

产品差别与垄断竞争

我们日常用到的自行车,除了满足人们便利交通的需要之外,还可以满足多种心理需要:名牌自行车可以满足显示社会身份的需要,式样别致、颜色鲜艳的自行车可以实现人们对美的追求,等等。消费者的偏好不同,例如在购买自行车上,有人偏好实用,有人偏好式样,也有人崇尚名牌。这样,每一种有差别的产品都可以以自己的产品特色在一部分消费者中形成垄断地位。不同品牌、颜色、类型的自行车都可以满足便利交通的需求,因此可以互相替代。有差别的产品之间的这种替代性就引起了这些产品之间的竞争。

(资料来源:梁小民.西方经济学教程[M].北京:中国统计出版社,2000:183)

产品差别会引起垄断。这就是经济学家所说的"有差别存在就会有垄断"的意思。但是,产品差别是同一种产品的差别,各种有差别的产品之间又存在替代性,即它们可以互相代替,满足某些基本需求。所以说,产品差别既会产生垄断,又会引起竞争,从而形成一种垄断竞争的状态。

有差别的产品往往是由不同的厂商生产的。因此,垄断竞争的另一个条件就是存在较多的厂商。这些厂商努力创造自己产品的特色,以形成垄断,而这些产品之间又存在竞争,这就使这些厂商处于垄断竞争的市场中。

许多产品都是有差别的,因此,垄断竞争是一种普遍现象,而最明显的垄断竞争市场是轻工业品市场。

5.3.2 垄断竞争市场上的需求曲线

垄断竞争市场上,厂商面临着两条需求曲线。一条需求曲线表示,当一个厂商改变自己产品的价格,而该行业中其他与之竞争的厂商并不随它而改变价格时,该厂商产品的价格与销售量的关系。在这种情况下,该厂商的销售量会大幅变动。例如,该厂商在其他厂商价格不变的情况下降价,就把对其他厂商的需求吸引过来。因而这条曲线富有弹性,比较平坦,表示价格小有变动,则需求量变动大。另一条需求曲线表示当一个厂商改变自己产品的价格,该行业中与之竞争的其他厂商也随之改变价格时,该厂商产品的价格与销售量的关系。在这种情况下,该厂商的销售量变化不大。因而这条需求曲线缺乏弹性,比较陡峭。这两条曲线可用图 5-12 说明。

图 5-12 中,D_1 为其他厂商价格不变而一家厂商价格变动时这家厂商的需求曲线,D_2 为其他厂商价格随一家厂商价格变动时这家厂商的需求曲线。设原来的价格水平为 P_0,销售量为 OQ_0。当价格由 OP_0 下降为 OP_1 时,在需求曲线为 D_1 的情况下,某厂商的销售量由 OQ_0 增至 OQ_2,在需求曲线为 D_2 的情况下,某厂商的销售量

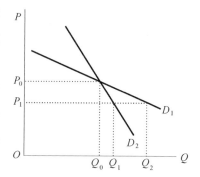

图 5-12　垄断竞争市场上的需求曲线

只能由 OQ_0 增至 OQ_1。价格下降的幅度相同,但销售量增加的幅度显然不同。

5.3.3 垄断竞争市场上厂商的短期均衡

可用图 5-13 来说明短期中垄断竞争市场上一个厂商的均衡情况。图 5-13 中有两条需求曲线 D_1 和 D_2,D_1 是一家厂商价格变动而其他厂商价格不变时这家厂商的需求曲线,D_2 是一家厂商价格变动而其他厂商价格也变动时这家厂商的需求曲线。每一家厂商都认为,由于厂商众多,所以如果它通过降低价格来增加销售量,其他厂商并不会采取相同的方法,即认为自己的需求曲线为 D_1。在每一家厂商都按这种想法行事时,实际上各厂商的需求曲线都是 D_2。

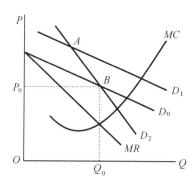

图 5-13　垄断竞争市场上厂商的短期均衡

在短期中,厂商所面临的需求曲线 D_2 是不变的。在垄断竞争条件下,短期内厂商不能调整全部生产要素,新厂商也来不及加入该行业,垄断竞争厂商对自己生产的差别产

品具有垄断性，他仍按 $MR = MC$ 的利润最大化原则进行生产。结果是从价格较高的 A 点开始，不断降低价格，增加销售量，当到 B 点时，边际收益等于边际成本，所决定的产量为 OQ_0，价格为 OP_0。在这一过程中，D_1 实际上移动到了 D_0。这时就实现了短期均衡。可见，除了有两条需求曲线外，垄断竞争市场上厂商的短期均衡与完全垄断市场相同，均衡的条件是

$$MR = MC$$

在短期内，垄断竞争厂商与完全竞争、完全垄断厂商一样，存在三种均衡：供小于求时，价格高于平均成本，厂商获得超额利润；供大于求时，价格低于平均成本，厂商出现亏损，亏损情况下厂商是否继续生产取决于平均可变成本的情况，如果价格在平均成本和平均可变成本之间，则厂商在长期内会继续生产以使亏损最小化，如果价格低于平均可变成本，厂商就会停止生产以免亏损更多；供求相等时，价格等于平均成本，厂商获得正常利润。

资料卡 5-6

珠宝行业也属于垄断竞争行业。国内著名珠宝品牌包括周大福、老庙黄金、老凤祥、中国黄金、周生生、周大生、六福珠宝、金至尊、戴梦得、谢瑞麟、越王珠宝、明牌珠宝等。国际著名珠宝品牌包括法国的卡地亚（Cartier）、梵克雅宝（Van Cleef & Arpels）、蒂爵（Derier）、宝诗龙（Boucheron），美国的蒂芙尼（Tiffany & Co.）、海瑞温斯顿（Harry Winston），意大利的宝格丽（BVLGARI）、德米亚尼（Damiani），日本的御木本（MIKIMOTO），奥地利的施华洛世奇（SWAROVSKI）等。

以老凤祥为例说明垄断竞争行业的企业短期均衡的情况。2008 年金融危机，公众对珠宝的需求下降，导致老凤祥净利润下降（见表 5-7）。

表 5-7　老凤祥毛利率与净利润的变化（2006—2016 年）

年　份	毛利率/%	净利润/亿元	年　份	毛利率/%	净利润/亿元
2006 年	9.12	0.61	2012 年	8.19	6.11
2007 年	8.43	1.03	2013 年	7.97	8.90
2008 年	6.13	0.70	2014 年	8.77	9.40
2009 年	6.76	1.30	2015 年	9.39	11.17
2010 年	9.01	2.92	2016 年	9.59	10.57
2011 年	8.73	5.23	平均值	8.37	5.27

（资料来源：万得金融数据库）

5.3.4 垄断竞争市场上厂商的长期均衡

在垄断竞争市场上，厂商可以调整全部生产要素，原有厂商可以退出该行业，其他厂商也可以进入该行业。当某个厂商在短期内获得超额利润时，原有厂商会扩大生产规模，其他厂商也会加入这一行业，经过长期的激烈竞争，最终使超额利润消失。如果某一行业出现亏损，该行业的厂商就会缩小生产规模，原有厂商中也会有部分退出该行业，最终使亏损消失。总之，通过厂商间的竞争，厂商长期内在保证获得正常利润的情况下实现均衡生产。如图 5-14 所示。

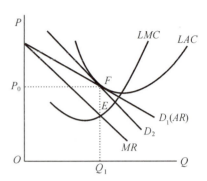

图 5-14　垄断竞争市场上厂商的长期均衡

在图 5-14 中，厂商仍按 $MR=MC$ 的利润最大化原则进行生产，边际收益曲线 MR 与长期边际成本曲线 LMC 的交点 E 决定了产量为 OQ_1，价格为 OP_0。长期平均成本曲线与需求曲线（平均收益线）相切于 F 点，即平均收益与平均成本都为 Q_1F，总收益等于总成本，都是矩形 OQ_1FP_0 的面积，既没有超额利润，也没有亏损，只获得了正常利润，实现了长期均衡。所以，垄断竞争市场上厂商长期均衡条件是

$$MR=LMC, AR=LAC$$

资料卡 5-7

啤酒酿造业属于垄断竞争市场结构。青岛啤酒、燕京啤酒、惠泉啤酒、珠江啤酒四家啤酒生产企业，虽然品牌不同，毛利率却差异不大，2006 年至 2016 年青岛啤酒的平均毛利率为 37.56％，燕京啤酒的平均毛利率为 35.03％，惠泉啤酒的平均毛利率为 27.31％，珠江啤酒的平均毛利率为 36.38％。

（资料来源：万得金融数据库）

5.3.5 对垄断竞争市场的评价

5.3.5.1 垄断竞争市场的优势

虽然垄断竞争市场和完全竞争市场长期均衡条件下的厂商都只能获得正常利润，但垄断竞争市场的长期均衡，成本消耗较多，生产也未达到最佳产量水平，存在资源浪费，而消费者购买商品又要付出较多的代价，这表明垄断竞争不如完全竞争。但从分析中知道垄断竞争市场也有其优势。

（1）垄断竞争有利于技术创新。通过创新生产出有差别的产品，可以使垄断竞争厂商在短期内获得垄断地位和超额利润，从而激励厂商努力进行创新。而长期中的竞争又使创新的动力持久不衰。

（2）垄断竞争可满足消费者的不同需求。完全竞争市场中的产品同质,消费者对产品没有选择余地,这对他们的福利造成损失,尽管消费者在垄断竞争市场上购买商品所支付的价格高于完全竞争市场,但消费者可以得到有差别的产品,从而使不同的需求得到满足。

5.3.5.2 垄断竞争市场的缺陷

对比垄断竞争市场与完全竞争市场厂商的长期均衡,可以知道垄断竞争市场的不足之处。

（1）资源有效利用程度较低,经济效率较低。由前面的分析可知,在长期均衡时,垄断竞争厂商的需求曲线切于长期平均成本曲线左侧,而不是切于最低点,也就是说,垄断竞争条件下成本消耗较高,资源未得到最有效利用。

（2）价格较高,产量较少。垄断竞争条件下,边际收益曲线与边际成本曲线的交点位于平均成本曲线最低点左侧的某一位置,意味着这种均衡条件下决定的价格比完全竞争条件下的均衡价格高,而产量则比完全竞争条件下的均衡产量少。

此外,一些经济学家认为,垄断竞争市场比较切合现实市场状况,并且从总体来看其是利大于弊的。事实上,完全竞争市场是很少见的,而垄断竞争市场是一种普遍存在的市场结构。

●●●同步训练

> 目标：理解产品差别的概念。

同步训练

5.4 寡头垄断市场与厂商均衡

5.4.1 寡头垄断市场的含义

寡头垄断

寡头垄断又称寡头,其原意是为数不多的销售者。寡头垄断市场就是指少数几家厂商垄断了某一行业的市场,控制了这一行业的供给。在这种市场上,几家厂商的产量在该行业的总供给中占了很大的比例,每家厂商的产量都占有相当大的份额,从而每家厂商对整个行业价格与产量的决定都有举足轻重的影响。而这几家厂商之间又存在着不同形式的竞争。

寡头垄断市场不受产品差别的影响,生产无差别产品的寡头称为纯粹寡头（例如钢铁、石油行业的寡头）,生产有差别产品的寡头称为差别寡头（例如汽车、香烟、造船行业的寡头）。寡头垄断市场在经济中占有十分重要的地位。

寡头垄断市场的形成及原因

在美国，钢铁、汽车、炼铝、石油、飞机制造、机械、香烟等重要行业都是寡头垄断市场。这些行业中大都是四五家公司的产量占全行业产量的70%以上。在日本、欧洲等发达国家也存在着同样的现象。

为什么在钢铁、汽车、造船这类重工业行业中寡头垄断是最普遍的呢？我们知道，这些行业有一个基本特点，就是其产品只有在大规模生产时才能获得好的经济效益。因为这些行业都要使用先进的大型设备，要有精细的专业分工，这样，在开始投资时所需的资金十分巨大，只有在产量达到一定规模后平均成本才会下降，生产才是有利的。也就是说，在这种行业中，大规模生产的规模经济效益特别明显。这些行业中每个厂商的产量都十分大，这就决定了只有几家厂商存在，他们的产量就可以满足市场的需求。此外，在开始建厂时所需投资巨大，阻止其他厂商进行竞争。何况已有的几家寡头也要运用各种方法阻止其他厂商的进入。因此，应该说，寡头垄断市场的形成首先是由某些产品的生产与技术要求决定的。此外，这些寡头本身所采取的种种排他性措施，以及政府对这些寡头的扶植与支持，也促进了寡头垄断市场的形成。

5.4.2 寡头垄断市场的特征

寡头垄断市场具有其他市场结构所没有的一个重要特征：几家寡头之间的相互依存性。在完全竞争与垄断竞争市场上，厂商数量都相当多，各厂商之间并没有什么密切的关系。完全垄断市场上只有一家厂商，并不存在与其他厂商关系的问题。在完全竞争和垄断竞争市场上，各厂商都是独立地做出自己的决策，而不用考虑其他厂商的决策或其他厂商对自己的决策的反应。在寡头垄断市场上，厂商数量很少，每家厂商都占有举足轻重的地位。他们各自在价格或产量方面决策的变化都会影响整个市场和其他竞争者的行为。因此，寡头垄断市场上各厂商之间存在着极为密切的关系。每家厂商在做出价格与产量的决策时，不仅要考虑本身的成本与收益情况，还要考虑这一决策对市场的影响，以及其他厂商可能做出的反应。这就是寡头之间的相互依存性。

寡头之间的这种相互依存性对寡头垄断市场的均衡有至关重要的影响。首先，在寡头垄断市场上，很难对产量与价格问题给出像前三种市场那样确切而肯定的答案。这是因为，各个寡头在做出价格和产量决策时，都要考虑竞争对手的反应，而竞争对手的反应可能是多种多样的。在各寡头都保守自己的"商业秘密"的情况下，这种反应很难捉摸。这就使价格与产量问题难以确定。其次，价格和产量一旦确定之后，就有其相对稳定性。这也就是说，各个寡头由于难以捉摸对手的行为，一般不会轻易变动已确定的价格与产量水平。最后,各寡头之间的相互依存性,使他们之间更容易形成某种形式的勾结。但各寡头之间的利益又是矛盾的,这就决定了勾结并不能代替或取消竞争,也有非价格竞争(如通过广告进行竞争等)。

我国的牛奶行业属于寡头垄断的市场结构,包括伊利股份、蒙牛乳业、光明乳业、新希望等主要企业。其中,伊利股份、光明乳业毛利率存在较大差异(见表5-8)。当然了,寡头垄断的企业毛利率一般不会很低。

表 5-8　伊利股份、光明乳业毛利率对比(2006—2016 年)

单位:%

年　份	伊利股份	光明乳业	年　份	伊利股份	光明乳业
2006 年	27.26	31.30	2012 年	29.73	35.12
2007 年	25.46	31.40	2013 年	28.67	34.75
2008 年	26.26	32.36	2014 年	32.54	34.61
2009 年	34.69	37.21	2015 年	35.89	36.11
2010 年	30.27	34.50	2016 年	43.93	22.96
2011 年	29.28	33.45	平均值	31.27	33.07

我国的阿胶行业也属于寡头垄断行业,包括东阿阿胶、福牌阿胶等企业。其中,东阿阿胶毛利率较高,2006 年至 2016 年毛利率平均值为 59.95%;净利润也呈现逐年增长趋势,从 2006 年的 1.54 亿元增长到 2016 年的 18.52 亿元。

另外,属于寡头垄断行业的还有石油行业、高端白酒行业与工程机械行业。其中,石油行业主要包括中国石油、中国石化、中海油等企业;高端白酒行业主要包括贵州茅台、五粮液、洋河股份、泸州老窖等企业;工程机械行业主要包括三一重工、中联重科、徐工机械等企业。

(资料来源:万得金融数据库)

5.4.3　寡头垄断市场上产量的决定

在寡头垄断市场上,寡头厂商产量的决定有两种可能:一种是存在相互之间的勾结,另一种是不存在勾结。

在各寡头相互勾结时,产量由各寡头协商确定。而协商确定的结果对谁有利,则取决于各寡头实力的大小。这种勾结产生的协商可能是对产量的限制,也可能不对具体产量做出限制,而是规定各寡头的市场范围,即对销售市场进行瓜分。这种相互之间的勾结往往是暂时的,当各寡头的实力发生变化后,就要求重新确定产量和市场,从而引起激烈的竞争。在各寡头之间不存在勾结时,彼此互为竞争对手,各寡头根据其他寡头的产量决策来调整自己的产量,以达到利润最大化的目的。这种产量决策首先要考虑竞争对手的反应和对策,这就使厂商的决策存在困难,很难从寡头垄断理论分析中得出一个确定的解释。为了推测其他寡头的产量和价格,就要假设。经济学家曾做了许多不同的假设,建立了很多寡头模型来分析产量问题,并得到了不同的答案。例如古诺解、斯威齐解、张伯伦解等。

📚知识链接

古诺解

法国经济学家古诺在 1838 年出版的《财富理论的数学原理研究》一书中最早提出对"双头垄断"市场上产量决定的古诺解,又称古诺模型。古诺模型的假设条件是:市场上生产完全相同的产品的寡头只有两个——A 和 B;生产成本为零(古诺以天然矿泉水的取得为例);两个寡头面对相同的需求曲线且需求曲线为线性;彼此都根据对方的行动做出反应,并通过调整产量来实现利润最大化。如图 5-15 所示。

图 5-15 中,AB 为两个寡头共同的需求曲线,当不考虑成本时,总产量为 OB,价格为零。开始时,假定 A 寡头是市场上唯一的生产者,为获得最大利润,它供给的产量为 OQ_1,价格为 OP_1,在直角三角形 AOB 中,Q_1 和 C 分别是 OB 和 AB 的中点,四边形 OQ_1CP_1 为直角三角形 AOB 的最大内接四边形,即当 A 寡头在销售量为 OQ_1,即 OB 的二分之一,价格为 OP_1 时,获得最大利润,最大利润即矩形 OQ_1CP_1 的面积。当 B 寡头

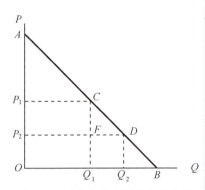

图 5-15 寡头垄断市场的产量均衡

加入该行业时,认为 A 将继续生产 OQ_1 的产量,市场剩余需求量为 OB 的一半,他便按这一半即 Q_1B 确定自己的销售量为 Q_1Q_2,即 OB 的四分之一,获得的最大利润为矩形 Q_1Q_2DF 的面积。此时市场价格已由 OP_1 下降到 OP_2,A 寡头的收益减少至矩形 OQ_1FP_2 的面积。于是,A 寡头又要采取行动,他认为 B 寡头会保持销售量 Q_1Q_2,市场剩余销售量只剩下 OB 的四分之三,为求利润最大化,A 寡头将把产量调整到 OB 的八分之三,这就比他原来的销售量减少了八分之一。A 寡头调整产量后,B 寡头也采取行动,把产量调整到市场剩余需求量的一半,即 OB 的十六分之五,这就比他原来的销售量增加了十六分之一。这样,A、B 两个寡头在对对方行动做出反应的过程中,不断调整各自的产量,即 A 寡头逐渐减少产量,B 寡头逐渐增加产量,直到两个寡头的销售量各占全部产量(OB)的三分之一,此时寡头垄断市场处于均衡状态。

同理,如果这个寡头垄断市场上有 N 个寡头,也可以求出每个寡头的均衡产量为 OB 的 $1/(N+1)$。

应该注意的是,古诺模型是以寡头主要通过变动自己产量来应付对手为假设前提的,现实生活中,应付对手的策略是千变万化的。因此,古诺模型也只是寡头厂商均衡的一个特例,为现实经济提供一种参考。

（资料来源：编者整理）

5.4.4 寡头垄断市场上价格的决定

在寡头垄断市场上,如果一个寡头企图通过降价来争取顾客,就很容易引起竞争对手采取更大幅度降价的报复,反而使自己丧失顾客;如果该寡头继续降价,必定会使各寡头陷入竞相降价的价格战中,造成两败俱伤。因此,他们会放弃竞争,采取勾结或默契的方式,以达到满意的结果。

5.4.4.1 卡特尔

卡特尔是生产者通过明确协议的形式所组成的共同确定产品价格与产量,以获得超额利润的一种合作团体。这属于存在公开勾结的情况。它往往是一种国际性组织,如石油输出国组织。由于卡特尔通过有组织、有计划地瓜分市场,就可以实现卡特尔内部各寡头厂商攫取最大联合利润的目的,因此,卡特尔可像一个完全垄断厂商那样行事。有些国家制定了反托拉斯法,目的在于禁止或限制垄断。但寡头厂商可以采取在鸡尾酒会等非正式场合上达成口头协议,形成一种不大正式的君子协定的方式实现垄断。另外,对一个垄断组织行为的判断标准往往不容易确定,对垄断组织的调查也不容易进行,往往使得垄断者可以钻法律的空子,逃避对他们垄断行为的限制与惩罚。在现实经济中,当情况发生变化时,卡特尔各成员就会要求订立更有利于自己的协议,原来的协议被打破,造成卡特尔解体。

5.4.4.2 价格领袖制

价格领袖制,又称价格领先制,即由某一行业中最大的或最有影响力的一个寡头厂商率先制定价格,其他寡头厂商追随其后制定各自的价格。如果产品是无差别的,各寡头的价格变动幅度可能相同;如果产品是有差别的,各寡头的价格变动幅度可能相同,也可能有差别。这种定价方法是暗中默契的主要方式。作为价格领袖的寡头根据其地位和实力制定价格政策,如果地位稳固,会按照自己的均衡点确定价格,否则,会寻求一个所有寡头都能接受的价格。其他寡头跟随定价的原因在于,若不跟随定价,就会冒失去顾客或引起价格战争的风险,而且其他寡头的地位和实力使其预测能力也较弱,若跟随定价,其能获得合理的利润,可以避免独自定价的风险。根据作为价格领袖厂商的具体情况,价格领袖可以分为以下几种。

(1)支配型价格领袖。率先确定价格的寡头是本行业中生产规模和市场占有量最大、地位稳固、具有支配力量的寡头,因此对价格的决定起着举足轻重的作用。又由于反垄断法的制约,作为价格领袖的寡头不能凭借自己的优势消灭所有其他寡头,它可以根据利润最大化原则确定产品市场价格,其他规模较小的寡头根据这一价格确定自己产品的价格及产量。

(2)效率型价格领袖。率先确定价格的寡头是本行业中成本最低,从而效率最优的寡头。作为价格领袖的寡头可以在保证自己仍然有超额利润的情况下,把产品的市场价格降至其他寡头的平均成本之下,使他们出现亏损,从而迫使其他寡头退出该行业。但这样,作为价格领袖的寡头就成了完全垄断厂商,违反了反垄断法,因而,它会确定一个不低于其他寡头平均成本的市场价格,使其他寡头仍有利可图,继续留在该行业中。

(3)成本加成法。成本加成法是寡头垄断厂商不按 $MR=MC$ 的利润最大化原则确定价格的一种较为常见的形式,即在各寡头以同样方法估算的平均成本基础上加固定的利润。平均成本可以根据长期成本变动的情况而定,所加的利润的百分比则要参照全行业的利润率确定。例如,某产品的平均成本是 50 元,利润率为 8%,则这种产品的价格就可以定为 $50\times(1+8\%)=54$ 元。这种定价方法比较简单,可以使各个寡头制定出相同或相近的价格,虽然不一定能使各个寡头都得到最大利润,但可以避免各寡头之间的价格竞争,使价格相对稳定,从而避免各寡头在竞相降价中遭受损害。从长期看,这种定价方法能接近于实现最大利润,因而寡头厂商也乐于采用这种方法。

资料卡 5-9

寡头垄断市场上企业的价格策略

东阿阿胶价格调整符合寡头垄断的定价策略。我国的阿胶行业属于寡头垄断行业,主要企业有东阿阿胶、福牌阿胶、同仁堂阿胶等,其中,东阿阿胶份额最大。东阿阿胶终端零售价已从 2005 年的每千克 100 多元/涨至 2017 年的每千克近 4000 元。其中,2011 年一次性提价 60%,2012 年累计提价 50%,2013 年再次提价 31%,2014 年 1 月上调出厂价 72%。2015 年 4 月价格上调幅度为 25%。2016 年 11 月,根据公司布局阿胶全产业链的战略目标,结合市场供需情况,经研究决定,自公告之日起,公司重点产品东阿阿胶、复方阿胶浆和桃花姬阿胶糕出厂价分别上调 14%、28%、25%,零售价亦做相应调整。东阿阿胶高频率提价,但竞争者福牌阿胶、同仁堂阿胶均采取按兵不动的战略。以同仁堂阿胶为例,2012 年其将阿胶块价格从每千克 1140 元提升到每千克 1380 元;2014 年将阿胶块价格提高到每千克 1796 元。而福牌阿胶只在 2013 年将阿胶块的价格由每千克 960 元提升至每千克 1040 元。仅从价格方面对比,东阿阿胶的产品价格几乎相当于同业竞争者的两倍。

(资料来源:东阿阿胶十年涨价 16 次:每公斤从 100 元涨至 4000 元[EB/OL].(2015 - 11 - 18)[2018 - 06 - 25]. http://finance. sina. com. cn/chanjing/gsnews/20151118/013023791269.shtml? cre=financepagepc&mod=f&loc=5&r=a&rfunc=19)

5.4.5　对寡头垄断市场的评价

寡头垄断在经济中是十分重要的。一般认为,它具有两个明显的优点:第一,可以实现规模经济,从而降低成本,提高经济效益。第二,有利于促进科学技术进步。各个寡头为了在竞争中取胜,就要提高生产率,创造新产品,这就成为寡头厂商进行技术创新的动力。此外,寡头厂商实力雄厚,可以用巨额资金与人力进行科学研究。例如,美国电话电报公司所办的贝尔实验室,对电子、物理等科学技术的发展做出了许多突破性贡献,而这一实验室是以美国电话电报公司的雄厚经济力量为后盾的。

对寡头垄断的批评就是各寡头之间的勾结往往会抬高价格,损害消费者的利益和社会经济福利。

●●●同步训练

> 目标:理解规模经济的概念。

同步训练

5.5　产业政策

市场经济中厂商为利润最大化而生产。利己的动机、垄断的存在都必然与社会整体利益发生冲突。这样,就需要相应的政策进行引导与管理。这类政策就是产业政策。产业政策范围很广,包括对厂商生产活动的引导、监督,对产业结构的调整,以及对市场结构的干预等。

5.5.1　厂商生产中的社会问题

市场经济是以厂商为中心的经济,各厂商为了自己的利润最大化进行生产,应该享有自己做出生产决策的自由。但生产又是一个社会问题,各厂商的生产决策必然影响整个社会。这样,就应该对厂商的生产进行必要的引导、限制,使之不仅符合厂商利润最大化的利益,而且符合整个社会的利益。

厂商的生产与整个社会的利益有一致性的一面,例如,厂商能使社会资源得到充分而有效的利用,厂商为社会提供了丰富的产品和就业机会,等等。但是,厂商的生产与整个社会的利益也有矛盾。这主要表现在以下两个方面。

第一,私人成本、私人收益与社会成本、社会收益的不一致。各厂商在生产中所消耗的各种成本是私人成本,社会为厂商的生产所付出的代价是社会成本。厂商从生产中得到的利益是私人收益,社会从厂商的生产中得到的利益是社会收益。私人成本与社会成本并不一定完全一致,私人收益与社会收益也不一定完全一致。厂商在生产中总要千方百计地降低生产成本,而这种私人成本的降低,却可能引起社会成本的增加。

知识链接

> **私人成本、私人收益与社会成本、社会收益的矛盾**
>
> 　　化工厂将生产中有毒的废水或废气随意地排入河流或大气中,可以降低处理这些有害物质的成本。20世纪初,英国经济学家 A.庇古就注意到了这一问题。他举例说,火车从农田开过,火车中冒出的浓烟就对环境与农作物造成了危害,消除这种危害则要社会付出代价。

　　厂商从出售产品中可以获得收益,而且要使利润最大化,但这种私人收益不一定等于社会收益。例如,生产香烟、烈性酒等的厂商所得到的私人收益是高的,但社会得到的社会收益很低,甚至是负数。有些产品,例如残疾人用品、低档小商品,厂商生产这些产品获得的私人收益是低的,但社会所得到的社会收益是大的。这种私人成本与社会成本、私人收益与社会收益的不一致性,就要通过产业政策来调节。

　　第二,竞争与垄断的矛盾。在厂商理论中,已经分析了各种市场结构的优缺点。完全竞争的情况实际上是很罕见的,竞争必然产生垄断。垄断是生产发展的必然趋势,它会给社会生产的进一步发展提供有利的条件,但也会破坏市场机制的正常作用,造成资源浪费,侵害消费者的利益,引起收入分配的不平等。这就要求社会协调竞争与垄断的关系,尤其是克服垄断所带来的种种弊病。

　　此外,各厂商生产中的种种关系还需要政策予以调节。

5.5.2　对厂商生产活动的限制

　　厂商所进行的各种生产,至少应该使私人成本与社会成本、私人收益与社会收益相等。为了实现这一点,政府应该采取一些必要的政策措施。

　　第一,法律上的限制。各国政府都制定了各种各样的法令、规则来限制与调节厂商的生产。例如环境保护法,要求厂商治理生产中所产生的污染,要求各种产品达到一定的环境保护标准(诸如限制汽车排出的废气量与噪音量)。

　　第二,税收政策。对生产的私人成本小于社会成本而私人收益大于社会收益的厂商,通过税收进行限制。例如,对香烟等商品征收重税以限制其生产和销售,对造成环境污染的厂商征收附加税,等等。而对那些能给社会带来很大收益而私人收益低的产品的生产者减税或给以补助。

　　第三,限产或价格管制的政策。对那些社会收益小或社会成本大的产品进行限产或在价格上进行限制,减少其私人收益,从而使厂商自动转产或停产。

　　这些政策有利于消除厂商生产对社会的某些不利影响,但也会有副作用。过多的法令或规定会使企业的经营活动受到限制,从而削弱企业的活力。对产品的质量限制会提高成本,削弱产品在国内外的竞争能力。例如,美国对汽车生产规定了严格的排废气量和噪音标准,使汽车的成本提高,减少了对新型汽车的研制费用,因而竞争力不如日本或德国。从社会的角度看,对厂商的生产进行适当的限制是必要的,但限制过多也会适得其反。

📚 知识链接

反垄断政策：举行价格决策听证

对于垄断性行业,国家采取相应的反垄断措施,其中最重要的就是对相关产品与服务价格进行控制。控制的具体措施就是举行价格听证。《中华人民共和国价格法》(以下简称《价格法》)第23条规定:制定关系群众切身利益的公用事业价格、公益性服务价格、自然垄断经营的商品价格等政府指导价、政府定价,应当建立听证会制度,由政府价格主管部门主持,征求消费者、经营者和有关方面的意见,论证其必要性、可行性。

按照《价格法》的规定,我国目前实行价格决策听证的商品和服务主要有三类。第一类是重要的公用事业,这是指为适应生产和生活需要而经营的具有公共用途的事业。第二类是重要的公益性服务,这是指涉及公众利益的服务。第三类是自然垄断经营的行业,自然垄断经营主要是指由于自然条件、技术条件以及规模经济的要求而无法竞争或不适宜竞争而形成的垄断。一般来说,公共交通、邮政、电信、城市自来水、供电、供热、燃气、教育、医疗、公园、供电网等价格与收费都可以列为听证项目。国家发改委组织听证的项目有:居民生活用电价格、铁路旅客运输基准票价率(软席除外)、民航旅客运输公布票价水平、电信基本业务资费中的电话通话费及月租费。列入国家发改委价格听证目录的商品和服务,在制定和调整价格时,由国家发改委主持听证。目前,列入地方听证目录的商品和服务项目一般有与居民生活关系密切的医疗收费、教育收费、自来水和燃气价格等。地方价格听证由省、自治区、直辖市价格主管部门主持。价格听证目录可以根据经济发展和市场变化进行调整。对于中央和地方定价目录中未列入听证目录的关系群众切身利益的商品和服务,政府价格主管部门在制定或调整价格时,如认为确有必要的,也可以按照定价目录规定的权限组织听证。

(资料来源:我国目前实行价格决策听证的项目有哪些[EB/OL].(2003-01-09)[2018-06-25].http://www.cctv.com/special/362/4/32225.html)

5.5.3 反垄断政策

市场经济中一般的情况是既有垄断,又有竞争。在经济发展中,政府曾采取过种种政策促进生产的集中与积聚,也就是鼓励垄断,以便获得大规模生产的好处。这些政策对垄断的形成与经济的发展起过积极作用。但是,垄断的形成也会带来种种弊病,垄断组织凭借其垄断地位剥削中小生产者与消费者的行为,引起了社会的广泛反对。这样,政府就不得不以各种方法来对垄断进行限制。在这些限制方法中,最主要的是反托拉斯法。

反托拉斯法是反对垄断、保护竞争的立法,目的在于禁止或限制垄断。早在17世纪时,英国法院就有反对国王授予某些人垄断权(主要是贸易垄断)的不成文法。近代,美国在1890年通过了第一部联邦反托拉斯法——谢尔曼反托拉斯法,该法把价格歧视、排他性或约束性契约、公司相互持有股票、连锁董事会等列为非法的垄断行为。但这些法律实际上很难行得通,垄断者往往可以钻法律的空子,逃避对他们垄断行为的限制与惩罚。这是因为,不容易确立垄断组织行为的判断标准,不容易对垄断组织进行调查,对垄断组织的行为也缺乏足够的控制力。

另一种反垄断的政策是有效竞争。这种政策主张对不同的产业部门采取不同的反垄断政策。具体来说,对于主要由中小企业组成的轻工业部门与零售商业部门,自由竞争是有利的,应采用禁止性的反垄断政策。对于公用事业和其他某些天然具有垄断性的部门,则实行国家垄断。对于重工业部门,垄断有助于最优规模经济的实现。因此,只适宜实行有限的反垄断政策,即允许垄断的存在,只是对它的行为进行适当的管制。具体的办法是利用国际竞争来限制垄断,或利用工会、消费者协会来与垄断组织对抗,限制垄断行为。现在一般主张用这种有限的反垄断政策。

📖 知识链接

反垄断政策:《国务院关于促进市场公平竞争 维护市场正常秩序的若干意见》

2014年6月4日,国务院印发《国务院关于促进市场公平竞争 维护市场正常秩序的若干意见》。该意见指出,要贯彻落实党中央和国务院各项决策部署,围绕使市场在资源配置中起决定性作用和更好发挥政府作用,着力解决市场体系不完善、政府干预过多和监管不到位问题,实行宽进严管,以管促放,放管并重,激发市场主体活力,平等保护各类市场主体合法权益,维护公平竞争的市场秩序,促进经济社会持续健康发展。该意见明确了简政放权、依法监管、公正透明、权责一致和社会共治等基本原则,强调立足于促进企业自主经营、公平竞争,消费者自由选择、自主消费,商品和要素自由流动、平等交换,建设统一开放、竞争有序、诚信守法、监管有力的现代市场体系,加快形成权责明确、公平公正、透明高效、法治保障的市场监管格局,到2020年建成体制比较成熟、制度更加定型的市场监管体系。

该意见提出了两个方面的主要内容。一是放宽市场准入。凡是市场主体基于自愿的投资经营和民商事行为,只要不属于法律法规禁止进入的领域,不损害第三方利益、社会公共利益和国家安全,政府不得限制进入。改革市场准入制度,大力减少行政审批事项,禁止变相审批,打破地区封锁和行业垄断,完善市场退出机制。二是强化市场行为监管。创新监管方式,强化生产经营者主体责任,强化依据标准监管,严厉惩处垄断行为和不正当竞争行为,强化风险管理,广泛运用科技手段实施监管,保障公平竞争。

（资料来源：国务院.国务院关于促进市场公平竞争　维护市场正常秩序的若干意见[EB/OL].(2014-06-04)[2018-06-25].http：//www.gov.cn/gongbao/content/2014/content_2717358.htm)

资料卡 5-10

反垄断案例： 浙江保险行业违反《中华人民共和国反垄断法》

被处 1.1 亿元罚款

根据群众举报,国家发改委对浙江省保险行业涉嫌达成、实施价格垄断协议的问题进行了调查。查明浙江省保险行业协会组织 23 家省级财产保险公司多次开会协商,约定新车折扣系数,并根据市场份额商定统一的商业车险代理手续费。浙江省保险行业协会上述行为违反了《中华人民共和国反垄断法》(以下简称《反垄断法》)第 16 条"行业协会不得组织本行业的经营者从事本章禁止的垄断行为"的规定,涉案财产保险公司违反了《反垄断法》第 13 条禁止具有竞争关系的经营者达成垄断协议"固定或者变更商品价格"的规定。

浙江省保险行业协会是本案价格垄断行为的主要策划者、组织者,财产保险公司违法责任较轻。因此,国家发改委依法对负主要责任的浙江省保险行业协会处以 50 万元的最高额罚款,对负次要责任的涉案财产保险公司处以上一年度商业车险销售额 1% 的罚款,共计 11019.88 万元。

据调查,美国利宝保险有限公司浙江分公司、日本爱和谊日生同和财产保险浙江分公司、浙商财产保险浙江分公司、紫金财产保险浙江分公司、华农财产保险浙江分公司、国泰财产保险浙江分公司、信达财产保险浙江分公司、英大泰和财产保险浙江分公司和泰山财产保险浙江分公司等 9 家企业未参与达成、实施垄断协议,依法对其停止调查。中国人民财产保险浙江分公司、中国人寿财产保险浙江分公司和中国平安财产保险浙江分公司先后主动报告达成价格垄断协议的有关情况并提供重要证据,依法对其免除或减轻罚款。

（资料来源：国家发改委价格监督检查与反垄断局.浙江保险行业违反《反垄断法》被处 1.1 亿元罚款[EB/OL].(2014-09-02)[2018-06-25].http：//www.ndrc.gov.cn/xwzx/xwfb/201409/t20140902_624476.html)

反不正当竞争案例： 杭州一炒货店宣称"最优秀",

违反新《广告法》面临 20 万元罚单

方林富炒货店招牌上原来印刷的是"杭州最优秀的炒货店",现在用画笔将"最"字改成了"真"字。

说起糖炒栗子,杭州方林富炒货店是很多人的选择。年底炒货需求量大,本该是方老板生意好、心情好的时候,可最近他非常烦恼,因为广告上的一个"最"字,他收到了20万元的罚单。"这得炒多少栗子才能赚回来啊……"虽然不少人对"炒货店被罚20万元"表示同情,不过,《钱江晚报》记者调查发现,执法部门是依法行政。依据就是2015年修订并施行的《中华人民共和国广告法》(以下简称新《广告法》),而且20万元已是处罚下限。

据了解,新《广告法》是于2015年4月24日第十二届全国人民代表大会常务委员会第十四次会议修订,并在2015年9月1日施行的。修改幅度较大,把原来部分比较笼统性的规定进行了细化,可操作性大大增强,并大幅提高处罚额度。新《广告法》一度被认为史上处罚力度空前,其中就包括对"最"之类的极限使用词汇,处罚下限就是20万元。

2016年1月13日,《钱江晚报》记者也采访了杭州市市场监督管理局相关处室负责人,他特别强调,依照新《广告法》,从部门执法的角度来说,北山市场监督管理所对方林富炒货店处以20万元罚款,是依法行政。"我们作为执法部门,执行法条没有任何折扣可言,否则我们就是乱作为、违法作为,法律面前人人平等,理论上来说,不管是炒货店还是大企业,一旦违法,都将依法受到处罚。"

(资料来源:杭州一炒货店宣传用"最优秀"面临20万元大罚单[EB/OL].(2016-01-14)[2018-06-25]. http://www.xinhuanet.com/legal/2016-01/14/c_128626241.htm)

5.5.4 国有化政策

按传统的微观经济理论,生产是由私人厂商进行的。但随着经济的发展,也需要国家直接从事生产活动,或者把某些过去由私人从事的生产活动转归国家。这就是国有化政策。实行国有化的行业或者是与国家利益关系重大的行业,例如军工、重要的工业、尖端科学等;或者是私人不愿经营或无力经营的行业,例如交通、邮电及其他公用事业;或者是一些新兴的、风险大的行业。

国有化的优点在于:第一,有利于促进经济增长。国家直接投资,有利于为经济发展提供良好的基础设施,建立起完善的通信、交通、卫生、教育等设施。这些设施只有国家才有能力兴办,才能实现规模经济,并能从全社会的角度充分地利用资源。第二,有利于经济的稳定。国有企业可以作为政府稳定的调节器,对克服经济的周期性波动、稳定物价和就业都有一定的积极作用。第三,有利于社会财产分配与收入分配的平等化。第四,有利于对抗私人垄断,对垄断起到限制与对抗的作用。但是,国有化也产生了许多问题,主要是:国有企业官僚主义严重,生产效率低下,国有企业的亏损增加了政府财政的负担。

第二次世界大战后,西方国家的企业国有化发展相当快,这对当时经济的恢复与发展起到了一定的作用。但是随着国有化的发展,它的缺点越来越明显,低下的生产效率、严重的亏损都给经济发展带来不利影响。这正是 20 世纪 70 年代末期以后国有企业私营化的原因。

产业政策还有许多。例如,对新兴产业的扶植,对衰落产业的调整,对规模经济产业的扶植,等等。

同步训练

●●●同步训练

目标:理解私人成本和私人收益的概念。

⇨【本章小结】

■ 框架体系

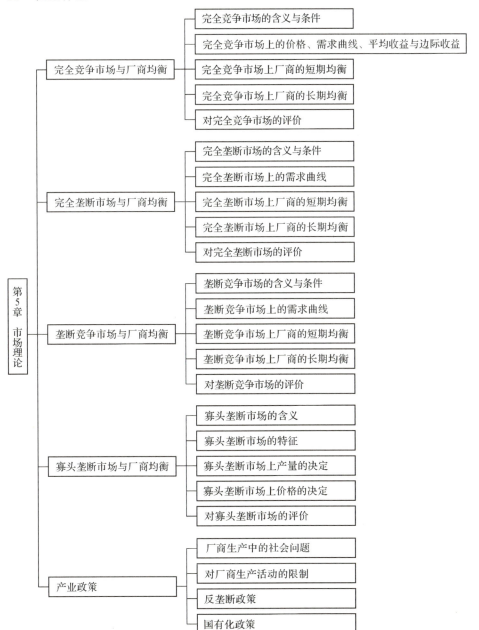

■ 主要术语

完全竞争　完全垄断　垄断竞争　寡头垄断　厂商均衡　产业政策

■ 主要理论

通过学习本章,你已清楚了完全竞争、完全垄断、垄断竞争、寡头垄断四种基本的市场结构与厂商均衡的情况,决定价格和产量的主要是厂商,因此市场理论实际上是研究不同市场条件下的单个厂商如何决定产量和价格。以下几个方面作为本章重点,你应该掌握好。

□ 完全竞争市场上的厂商,是既定价格的接受者,只能调整自己的产量,需求曲线是一条水平线,斜率为零。

□ 在不完全竞争市场上,厂商对价格和产量能够进行一定的控制,并在不同程度上影响市场价格,需求曲线向右下方倾斜,一般来讲,其斜率随垄断程度的增高而增大。

□ 各种类型市场的均衡价格、均衡产量以及厂商能否获得超额利润等,反映了资源配置的优劣,从而进一步说明了经济效率的高低。

□ 各种类型市场的需求曲线斜率不同,在长期均衡时与平均成本曲线的切点位置也不同,厂商获利情况也不同。

□ 针对市场经济中厂商利润最大化的动机与社会整体利益不一致的情况,要对厂商生产活动进行一定的政策限制,在法律上、税收上予以限制和采取限产或价格管制等。

▷【理论自测】

■ 客观题

□ 选择题

1. 为每个关键术语选择一个定义。

理论自测

_____ 垄断	A. 由于一个企业能以低于两个或更多企业的成本向整个市场供给一种物品或劳务而产生的垄断
_____ 自然垄断	B. 介于竞争与垄断之间的市场结构
_____ 不完全竞争	C. 没有相近替代品的产品的唯一卖者
_____ 寡头垄断	D. 统一行动的企业集团
_____ 垄断竞争	E. 只有两个企业的寡头
_____ 双寡头	F. 许多卖者出售相似但不相同产品的市场结构
_____ 卡特尔	G. 只有少数几个提供相似或相同产品的企业的市场结构
_____ 竞争市场	H. 已经付出而且无法收回的成本
_____ 停止营业	I. 在某个时期内,现在市场状况引起的暂时停止生产的短期决策
_____ 退出	J. 许多买者和卖者交易相同的产品,以致每个买者和卖者都是价格接受者的市场
_____ 沉没成本	K. 持久地停止生产并离开市场的决策

2.不完全竞争企业面临的要素供给曲线是（　　　）。

A.边际生产价值曲线　　　　　　B.边际生产收益曲线

C.边际支出曲线　　　　　　　　D.平均支出曲线

3.关于完全垄断和垄断竞争，下列说法错误的是（　　　）。

A.完全垄断厂商依据边际收益等于边际成本最大化其利润，垄断竞争厂商不是这样

B.完全垄断厂商的需求曲线和市场需求曲线是一致的，垄断竞争厂商不是这样

C.完全垄断厂商拥有影响市场的权力，而垄断竞争厂商没有

D.完全垄断厂商在长期中能获取超额利润，而垄断竞争厂商不能

4.完全垄断企业短期均衡时，存在（　　　）。

A.正常利润　　　　　　　　　　B.超额利润

C.严重亏损　　　　　　　　　　D.以上三种情况都有可能

5.在垄断厂商的长期均衡产量上可以有（　　　）。

A. P 大于 LAC 　　　　　　　　B. P 小于 LAC

C. P 等于最小的 LAC 　　　　　D.以上情况都可能存在

□ 判断题

（　　）1.垄断厂商不会在需求曲线弹性系数小于1的地方生产。

（　　）2.无论完全竞争还是不完全竞争，企业短期均衡时生产都安排在合理阶段。

（　　）3.产品差别越大，价格差别也越大。

（　　）4.不完全竞争市场的共同特征是，企业产品的市场价格高于边际成本。

（　　）5.只要市场价格高于边际成本，垄断企业就一定扩大产量。

（　　）6.完全垄断企业在价格歧视中，将在需求价格弹性较大的市场上，以较低的价格销售较大的产量。

■ 主观题

1.什么是完全竞争市场？实现完全竞争的条件是什么？完全竞争市场有何优缺点？

2.在完全竞争市场上，厂商如何实现短期和长期均衡？

3.什么是完全垄断市场？完全垄断市场如何形成？

4.为什么在完全竞争市场上平均收益等于边际收益，而在完全垄断市场上平均收益却大于边际收益？

5.比较完全竞争市场和完全垄断市场上厂商达到均衡时的产量和价格水平，从而说明完全垄断市场的优缺点。

6.寡头垄断市场的各寡头之间存在什么关系？这种关系对厂商产量与价格的决定产生了什么影响？

7.垄断竞争市场形成的条件是什么？厂商实现短期和长期均衡的条件是什么？

应用自测

↪ 【应用自测】

1. 以下每一种产品归入哪一种市场结构中——完全竞争、完全垄断、垄断竞争、寡头垄断？为什么？

(1)汽油零售市场

(2)牛仔裤市场

(3)玉米和大豆类等农产品市场

(4)咖啡店

(5)电器零售市场

(6)中国移动通信服务

(7)《经济学原理》教科书

(8)中国邮政服务

2. 假设一个城市里有许多餐馆，而且每个餐馆的菜单都略有不同，A店是其中一个餐馆。

(1)画出A店长期均衡时的成本曲线(平均总成本和边际成本)、需求曲线和边际收益曲线。

(2)A店在长期中赢利吗？解释之。

(3)如果A店有过剩的生产能力，它会扩大产量吗？为什么？

(4)假设A店进行了广告宣传，获得巨大成功，请画出其成本曲线、需求曲线和边际收益曲线，并分析其短期利润情况。这种情况在长期中能维持下去吗？试解释之。

↪ 【案例分析】

案例分析

■ 案例评论

□ 案例

农村春联市场：完全竞争市场的缩影

临近春节，我有机会对某村农贸市场的春联销售进行了调查，该农贸市场主要供应周围7个村5000余农户的日用品。贴春联是中国民间的一大传统，春节临近，春联市场红红火火，而在农村，此种风味更浓。

在该春联市场中，需求者有5000多农户，供给者为70多家零售商，市场中存在许多买者和卖者；供应商的进货渠道大致相同，且产品的差异性很小，产品具有高度同质性(春联所用纸张、制作工艺相同，区别仅在于春联上书写的内容不同)；供给者进入、退出没有限制；农民购买春联时的习惯是逐个询价，最终决定购买，信息充分；供应商的零售价格水平相近，提价的话，基本上销售量为零，降价会引起利润损失。原来，我国有着丰富文化内涵的春联，其销售市场结构竟高度近似于一个完全竞争市场。

供应商在销售产品的过程中，都不愿意单方面降价。春联是农村春节时的必需品，购买春联的支出在购买年货的支出中只占很小的比例，因此其需求弹性较小。某些供应商为增加销售量、扩大利润而采取低于同行价格的竞争方法,反而会使消费者认为其所经营的产品存在瑕疵(例如上年库存、产品质量存在问题等),反而不愿买。

该农村集贸市场条件简陋,春联席地摆放,大部分供应商都将春联放入透明的塑料袋中以防尘,保证产品质量。而少部分供应商则更愿意损失少部分产品暴露于阳光下、寒风中,以展示产品。因此就产生了产品之间的鲜明对照。暴露在阳光下的春联更鲜艳,更能吸引消费者目光、刺激其购买欲望,在同等价格下,该供应商的销量必定高于同行。由此可见,在价格竞争达到极限时,价格外的营销竞争对企业利润的贡献不可小觑。

在商品种类上,例如"金鸡满架"小条幅,批发为 0.03 元/幅,零售价为 0.3 元/幅;小号春联批发价为 0.36 元/幅,零售价为 0.50 元/幅。因小条幅在春联中最为便宜且为春联中的必需品,统一价格保持五六年不变,因此消费者不对此讨价还价。小条幅春联共 7 类,消费者平均购买量为 3~4 类,总利润可达 1.08 元,并且人工成本较低。而小号春联相对价格较高,在春联支出中占比较大,讨价还价较易发生;由此,价格降低和浪费的时间成本会造成较大利润损失,对小号春联需求量较大的顾客也不过购买 7~8 幅,总利润至多 1.12 元。因此,我们不难明白浙江的小小纽扣风靡全国且使一大批人致富的原因,也提醒我们,在落后地区发展劳动密集、技术水平低、生产成本低的小商品生产不失为一种快速而行之有效的致富方法。

春联市场是一个特殊的市场,仅在年前存在 10 天左右,供应商只有一次批发购进货物的机会。供应商对于该年购入货物的数量主要基于上年销售量和对新进入者的预期分析。如果供应商总体预期正确,则该春联市场总体商品供应量与需求量大致相同,则春联价格相对稳定。一旦供应商总体预期偏差,价格机制就会发挥巨大的作用,供应商将会获取暴利或者亏损。

综上可见,小小的农村春联市场竟是完全竞争市场的缩影与体现,横跨经济与管理两大学科。这也就不难明白经济学家为何总爱将问题简化研究,就像克鲁格曼在《萧条经济学的回归》一书中,总喜欢以简单的保姆公司为例找出解决经济问题的办法,这也许真的有效。

(资料来源:杨晓东.农村春联市场:完全竞争的缩影[N].经济学消息报,2004-06-25)

☐ 问题

完全竞争市场是什么? 如何理解它? 它与完全垄断市场有何区别?

☐ 考核点

完全竞争;产品同质;信息充分

■ **决策设计**

☐ 案例

卫利公司的垄断与竞争

卫利国际防护装饰系统有限公司是一家经营防静电用品的知名公司,在全国同行业中有很大的市场份额。2001 年 8 月,公司发现在几个项目谈判中 A 公司均以略低的价格抢走了订单,此后 A 公司的报价频繁地出现在卫利公司的客户中,卫利公司为此遭受了重大经济损失。公司董事局召开紧急会议商量对策,经调查,公司发现 A 公司的股东是原在卫利公司任职的品质部经理 B,而 A 公司的业务经理竟是卫利公司原业务骨干,A 公司同时在其宣传资料中大量使用了卫利公司的图片,并自称其为全国唯一一家取得信息产业部认证的企业,同时自称其为防静电协会会员。卫利公司忍无可忍遂委托律师将 A 公司和 B 告上了法庭。该案争议焦点是:①被告利用原告原宣传资料中的图片是否侵犯了原告的著作权;②被告 B 的行为是否违反竞业禁止规定,构成不正当竞争;③被告在宣传册中列出的商品名称是否侵犯了原告的专利;④被告的虚假广告行为是否构成了不正当竞争。

□ 问题

垄断竞争市场是什么?它的形成条件是什么?它与完全竞争市场有何区别?

□ 考核点

不正当竞争;垄断竞争

▷【自我评价】

学习成果	自我评价				
我已经理解了各种市场结构的含义	□很好	□较好	□一般	□较差	□很差
我已经理解了各种市场结构中需求、平均收益、边际收益的变化规律及其相互关系	□很好	□较好	□一般	□较差	□很差
我已经理解和掌握了厂商在不同市场结构中的均衡条件以及实现均衡的过程	□很好	□较好	□一般	□较差	□很差
我已经知道了各类市场结构的优缺点	□很好	□较好	□一般	□较差	□很差
我已经了解了厂商在生产中的社会问题,理解了政府的各种产业政策	□很好	□较好	□一般	□较差	□很差

第6章

分配理论 ▶▶▶

■ 生产要素的需求与供给

■ 工资理论

■ 利息理论

■ 地租理论

■ 利润理论

■ 社会收入的分配及政策

▶教学说明

⒢ 导入语

分配理论是要解决为谁生产的问题，即生产出来的产品按什么原则分配给社会成员。萨伊提出了"三位一体"的分配公式：劳动—工资；资本—利息；土地—地租。马歇尔在此基础上增加了"企业家才能—利润"，从而形成了"四位一体"的分配公式。

从"四位一体"的分配公式来看，各种生产要素都是根据自己在生产中做出的贡献获得相应的报酬，而各种生产要素所获得的报酬就是生产要素的价格。所以分配理论就是要解决生产要素价格的决定问题。

生产要素的价格与产品的价格一样，是由供求关系决定的，即生产要素的需求与供给决定了生产要素的价格。因此，分配理论实际上是价格理论在分配问题上的应用。我们的分析也就从生产要素的需求与供给开始。

⒢ 学习目标

◎ 理解决定生产要素价格的需求与供给的特性；

◎ 理解工资的决定；

◎ 理解利息(率)的决定；

◎ 理解地租的性质及相关概念；

◎ 理解正常利润的决定和超额利润的来源；

◎ 理解社会收入分配的原则和衡量社会收入分配平等程度的指标及收入分配政策。

6.1 生产要素的需求与供给

6.1.1 生产要素的需求

6.1.1.1 生产要素需求的特性

生产要素需求是一种派生的需求（derived demand）。厂商对生产要素的需求是人们对某种物品或劳务的需求派生出来的。例如：人们对服装的需求派生出厂商对生产服装所需要的厂房、机器设备、生产工人及管理者、原材料和资金等生产要素的需求。

●●●**同步训练**

> 目标：理解生产要素需求的特性。

生产要素需求也是一种联合的需求或相互依存的需求，即同时对多种生产要素需求。任何生产行为所需要的生产要素不会是一种而是多种，并且各种生产要素之间是互补的。

6.1.1.2 影响生产要素需求的主要因素

第一，市场对产品的需求及产品的价格。这两个因素影响产品的生产与厂商的利润，从而也就影响生产要素需求。一般来说，市场对某种产品的需求越大，该产品的价格越高，则市场对生产这种产品所需要的各种生产要素的需求也就越大。

第二，生产技术状况。如果技术是资本密集型的，则对资本的需求大；如果技术是劳动密集型的，则对劳动的需求大。

第三，生产要素价格。各种生产要素之间存在着一定程度的替代性，各种生产要素价格的变动会引起生产要素的替代，从而影响生产要素的需求。

6.1.1.3 完全竞争市场上的生产要素需求曲线

厂商购买生产要素是为了实现利润最大化，即服从 $MR = MC$。

在完全竞争市场上，$MR = AR = P$，因此，厂商对生产要素的需求就是要实现 $MR = MC = P$。

在完全竞争市场上，对一家厂商而言，价格是不变的。这样，厂商对生产要素的需求就取决于该生产要素的 MR。

生产要素的边际收益取决于该生产要素的边际生产力。根据边际收益递减规律，在其他条件不变的情况下，生产要素的边际生产力是递减的。因此，生产要素的边际收益曲线是一条向右下方倾斜的曲线，这条曲线也就是生产要素需求曲线。如图 6-1 所示。

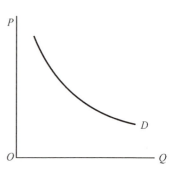

图 6-1　生产要素需求曲线

整个行业的生产要素需求是各个厂商的生产要素需求之和,也呈现为一条向右下方倾斜的曲线。

6.1.1.4 不完全竞争市场上的生产要素需求曲线

在不完全竞争(即垄断竞争、完全垄断、寡头垄断)市场上,对一个厂商来说价格也并不是不变的。因此,边际收益不等于价格。边际收益取决于生产要素的边际生产力与价格水平。这时,生产要素需求仍可实现 $MR = MC$,因此,生产要素需求曲线仍然是一条向右下方倾斜的曲线。

完全竞争市场与不完全竞争市场的区别在于生产要素需求曲线的斜率不同,从而在同一生产要素价格上,生产要素的需求量不同。一般而言,在同一价格水平上完全竞争市场上的生产要素需求量大于不完全竞争市场。

6.1.2 生产要素的供给

不同种类的生产要素供给各有其特点。

第一类:自然资源。在经济分析中假定这类资源的供给是固定的。如图 6-2(a)所示。

第二类:资本品。资本品是利用其他资源生产出来的,也是和其他产品一样的产品。在经济分析中,这一行业的产品往往是另一行业的生产要素。因此,这种生产要素的供给与一般产品的供给一样,与价格同方向变动。如图 6-2(b)所示。

第三类:劳动。这种生产要素的供给有其特殊性,其供给曲线是一条向右弯曲的曲线。如图 6-2(c)所示。

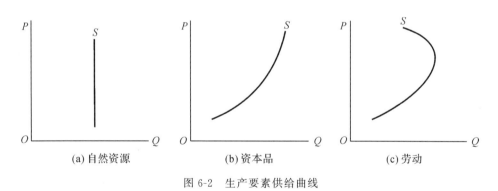

图 6-2　生产要素供给曲线

生产要素的价格是由其供求决定的。生产要素的决定理论就是各种收入理论,即分配理论。

6.2　工资理论

6.2.1　完全竞争市场上工资的决定

工资是劳动力所提供的劳务的报酬,也是劳动这种生产要素的价格。在劳动市场存在完全竞争的情况下,工资完全是由劳动的供求关系决定的。

6.2.1.1 劳动的需求

劳动的需求主要取决于劳动的边际生产力(边际收益、边际产量)。随着劳动量的增加,边际生产力递减。对于一个完全竞争企业来说,边际生产力递减是因为边际产量递减;对于一个垄断者来说(或在垄断竞争、寡头垄断中),雇用更多的劳动和总产量增加时,企业为了卖出增加的产品就必须降价。因此,边际产量和边际收益都递减,从而引起边际生产力递减。由于边际生产力递减规律的作用,劳动的需求曲线仍然是一条向右下方倾斜的曲线,见图6-3、图6-4。

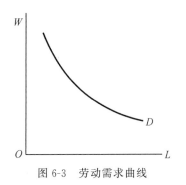

图6-3　劳动需求曲线

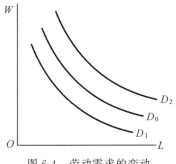

图6-4　劳动需求的变动

劳动需求的变动取决于三个因素:第一,企业产品的产量、价格。产品产量、价格越高,劳动需求越大。第二,其他生产要素的价格。由于生产要素的需求是联合的需求,并且各种生产要素之间存在着一定的替代性,因此其他生产要素价格的变动会引起劳动要素的替代,从而导致需求变动。第三,生产技术。技术的变化会改变边际产量,从而影响劳动需求的变化。例如程控交换机的使用减少了对电话接线员的需求。

6.2.1.2 劳动的供给

人们可以把自己的时间配置于两种广义的活动:劳动的供给和闲暇。劳动的供给主要取决于劳动所得报酬与劳动成本的比较。劳动的成本包括两类:一是实际成本,即维持劳动者及家庭生活必需的生活资料费用,以及培养、教育劳动者的费用。二是心理成本,劳动是以牺牲闲暇的享受为代价的,劳动会给劳动者心理上带来负效用,补偿劳动者这种心理上负效用的费用就是劳动的心理成本。如果劳动所得大于劳动成本,人们就愿意提供劳动。

劳动的供给有自己的特殊规律,劳动的供给曲线是一条向右弯曲的曲线,如图6-5、图6-6所示,这可以用"替代效应"和"收入效应"来解释。一般来说,当工资增加时劳动会增加,但工资增加到一定程度后如果再继续增加,劳动不但不会增加,反而会减少。这是因为,工资收入增加到一定程度后,货币的边际效用递减,不足以抵消劳动的负效用,从而劳动就会减少。

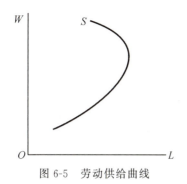

图 6-5 劳动供给曲线

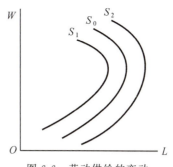

图 6-6 劳动供给的变动

知识链接

替代效应与收入效应

在其他条件不变的情况下,人们的工资率越高,至少在一定范围内,其供给的劳动量越多。原因在于人们的工资率是其闲暇的机会成本。如果人们提前一小时结束工作去看一场电影,额外一小时闲暇的成本就是其放弃的工资率。工资率越高,人们就越不愿意放弃收入并得到额外一小时的闲暇时间。这种工资率高引起人们工作时间更长的趋势被称为替代效应。

在其他条件不变的情况下,收入越多,会使人们增加对大多数物品的需求。闲暇也是物品之一。收入增加引起对闲暇的需求增加,工资率的提高也减少了劳动的供给量,这就是收入效应。

(资料来源:迈克尔·帕金.经济学(第 5 版)[M].梁小民,译.北京:人民邮电出版社,2003:294)

当工资以外的影响劳动供给的因素发生变动时,劳动供给也会变动,表现为供给曲线移动,这些因素包括人口增长率、劳动力的流动性、移民的规模以及家务劳动社会化程度等。

●●●同步训练

目标:理解劳动供给的特性。

同步训练

6.2.1.3 工资的决定

劳动的需求与供给共同决定了完全竞争市场上的工资水平。如图 6-7 所示,需求曲线与供给曲线相交于 E,决定了工资水平为 W_0,这一工资水平等于劳动的边际生产力。这时劳动的需求量与供给量均为 L_0。

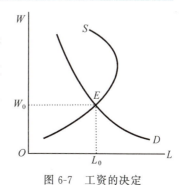

图 6-7 工资的决定

6.2.2 不完全竞争市场上工资的决定

现实中的劳动市场是一种不完全竞争的市场。不完全竞争是指劳动市场上存在着不同程度的垄断。这种垄断有两种：一是劳动需求（厂商对劳动购买）的垄断；二是劳动供给（劳动者组成工会）的垄断。当然，也有双边垄断的情况。在存在劳动需求垄断时，工资一般会低于劳动的边际生产力；在存在工会对劳动供给的垄断时，工资可能会高于劳动的边际生产力。这里主要分析劳动供给存在垄断的情况下工资的决定。

西方国家工会影响工资的方式主要有以下三种。

（1）增加对劳动的需求

在劳动供给不变的条件下，通过增加劳动需求的办法来提高工资，不但会使工资增加，而且可以增加就业。在图 6-8 中，随着劳动需求从 D_0 增加到 D_1，工资就会从 W_0 增加到 W_1，就业量也会从 L_0 增加到 L_1。

工会增加厂商对劳动需求的最主要方法是增加市场对产品的需求。例如，通过议会或其他活动来增加出口，实行保护贸易政策。

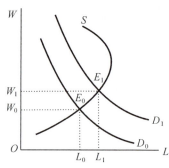

图 6-8 劳动需求增加与工资和就业量的提高

●●● 同步训练

目标：理解工资的决定。

（2）减少劳动的供给

在劳动需求不变的情况下，通过减少劳动的供给同样也可以提高工资，但这种情况会使就业减少。在图 6-9 中，随着劳动供给从 S_0 减少到 S_1，工资水平就会从 W_0 增加到 W_1，但就业量会从 L_1 减少为 L_0。

工会减少劳动供给的方法主要有：限制非工会会员受雇，迫使政府通过强制退休、禁止使用童工、限制移民、减少工作时间的法律，等等。

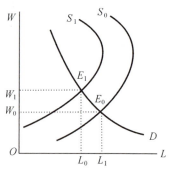

图 6-9 劳动供给减少与工资提高和就业减少

（3）最低工资法

工会迫使政府通过立法规定最低工资，这样劳动的供给大于需求时也可以使工资维持在一定的水平。在图 6-10 中，由于完全由市场劳动供求关系决定的工资水平 W_0 会影响到人们的基本生活，为此，政府通过立法规定了最低工资水平为 W_1，但在这种工资水平下，劳动的需求量为 L_1，劳动的供给量为 L_2，有可能出现失业，其

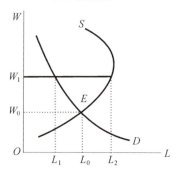

图 6-10 最低工资法情况下的工资与就业

中，L_1L_0 是需求量减少所造成的失业，L_0L_2 是较高的工资使得供给量增多所造成的失业。

工会对工资决定的影响是有一定限度的。从劳动的需求角度来看，其受到三种因素的影响。

第一，产品的需求弹性。劳动的需求是一种派生的需求，取决于对产品的需求。如果产品的需求弹性大，则工资的增加引起产品价格上升，使产品需求量大幅度减少，从而工资无法增加；如果产品需求弹性小，则工资增加较为容易。

第二，劳动在总成本中所占的比例。如果劳动在总成本中所占的比例大，则工资增加引起总成本的增加较多，工资的增加就有限。如果劳动在总成本中所占的比例小，则工资增加对总成本的影响不大，工资增加就较容易。

第三，劳动的可替代性。如果劳动不易被其他生产要素代替，则提高工资容易；如果劳动可以较容易地被其他生产要素代替，则工资提高就有限。

从劳动的供给角度来看，工会对工资的决定也要受到以下三种因素影响。

第一，工会所控制工人的多少。如果工会控制的工人多，工会垄断程度高，则易于增加工资；反之，则不易增加工资。

第二，工人流动性的大小。如果工人流动性大，某一行业或地区可以从其他来源得到工人，则工会难以增加工资；反之，则容易增加工资。

第三，工会基金的多少。如果工会保证罢工期间工人生活的基金多，提高工资就容易些；反之，则不易提高工资。

此外，工会对工资的决定还取决于经济形势、劳资力量对比、政府干预及倾向性等。

●●●●同步训练

目标：理解在西方国家里工会组织对工资决定的作用。

同步训练

6.3 利息理论

6.3.1 利息的概念

利息是资本这种生产要素的价格，是储户（债务人）获得（支付）的高于存款（借款）量（本金）的金额。一般用相对数即利率表示，表明人们放弃今天的 1 元钱（消费）与能够得到的明天的钱（消费）的数量比例。利率的计算公式为

$$利率 = \frac{利息}{本金}$$

资料卡 6-1

利率的故事

张三在年初将 1000 元钱存入银行账户，年利率为 10％，年末他得到 1100 元。这在经济学家看来，张三用 1000 元"今天的钱"，交换了 1100 元的"1 年后的钱"，两种"钱"的相对价格是 1∶1.1,10％即为利率。

（资料来源：编者整理）

利率一般是正的，说明今天的 1 元钱比将来的 1 元钱的价值更高。这一事实被称为资金的时间价值。

知识链接

贴现与现值

贴现（discounting）是把未来的货币量换算成现值。因为

$$未来货币量＝现值＋利息收入$$

$$利息收入＝现值×利率(r)$$

所以

$$未来货币量＝现值＋现值×r$$

或者

$$未来货币量＝现值×(1＋r)$$

$$现值＝\frac{未来货币量}{1＋r}$$

$$未来 n 年的现值＝\frac{未来 n 年的货币量}{(1＋r)^n}$$

这种现值的计算方法称为贴现。

（资料来源：迈克尔·帕金.经济学（第 5 版）[M].梁小民，译.北京：人民邮电出版社,2003：296－298）

利息理论在解释利息时说明了为什么要对资本支付利息，以及为什么资本可以带来利息。

6.3.1.1　为什么要对资本支付利息

可以用时间偏好的概念来解释这一问题。人们具有一种时间偏好，即在未来消费与现期消费中，人们普遍偏好现期消费。也就是说，现在多增加一单位消费所带来的效用大于将来多增加一单位消费所带来的效用。因为，未来是难以预测的，人们认为物品未来的效用总是低于现在的效用。因此，放弃现期消费而把货币作为资本就应该得到利息。

6.3.1.2 为什么资本能够带来利息

可以用迂回生产的概念来解释这一问题。迂回生产就是先生产生产资料（即资本品），然后用这些生产资料去生产消费品。迂回生产提高了生产效率，而且迂回生产的过程越长，生产效率越高。但迂回生产是以资本的存在为前提的，也就是说，资本使迂回生产成为可能，从而提高生产效率。这种由于资本而提高的生产效率就是资本的净生产力。资本具有净生产力是资本能带来利息的根源。

●●● 同步训练

目标：理解利息的含义。

同步训练

6.3.2 利率的决定

利息率取决于资本的需求与供给。

6.3.2.1 资本的需求

资本需求主要是企业的投资需求，因此，可以用投资代表资本的需求。

企业进行投资是为了实现利润的最大化，因而投资就取决于利润率与利息率之间的差额。差额越大，纯利润就越大，企业也就越愿意投资。反之，差额越小，纯利润也越小，企业就越不愿意投资。在利润率既定时，利息率就与投资呈反方向变动，从而资本的需求曲线是一条向右下方倾斜的线。如图 6-11 所示。

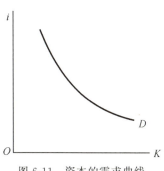

图 6-11　资本的需求曲线

📚知识链接

资本的边际收益与资本需求

企业的金融资本需求来自它的物质资本需求，而且，企业在某一时期的计划借款量由其计划的投资——新资本的购买——决定。这种决策由其利润最大化的企图驱动。在其他条件不变的情况下，随着企业增加其所用的资本量，资本的边际收益产量最终要递减。为了利润最大化，如果资本的边际收益产量大于边际成本，企业就要增加其设备规模并使用更多的资本。

（资料来源：迈克尔·帕金.经济学（第 5 版）[M].梁小民，译.北京：人民邮电出版社，2003：296）

6.3.2.2 资本的供给

资本主要由储蓄供给，因此，可以用储蓄代表资本的供给。

人们进行储蓄、放弃现期消费是为了获得利息,增加预期的未来收入。利率越高,预期的未来收入越大,人们就越愿意储蓄;利率越低,预期的未来收入越小,人们就越要减少储蓄。这样,利率与储蓄呈同方向变动,从而资本的供给曲线是一条向右上方倾斜的曲线。如图 6-12 所示。

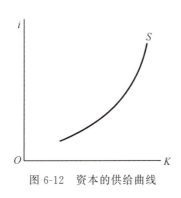

图 6-12 资本的供给曲线

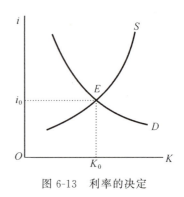

图 6-13 利率的决定

6.3.2.3 资本的需求与供给决定利率

利率是由资本的供求关系所决定的。在图 6-13 中,资本的供给曲线 S 与资本的需求曲线 D 相交于 E 点,资本的供给与需求在 E 点达到均衡,决定了利率水平为 i_0。

应当注意的是,这里由资本的供求决定的利率是"纯利率",它反映了资本的净生产力。但在资本市场上,债权人对债务人所收取的利息中还包括了贷款时的风险收入,如不能偿还的风险或者通货膨胀使货币贬值的风险等。这种包括风险收入在内的实际收取的利息被称为借贷利息。

●●●同步训练

> 目标:理解利率的决定。

同步训练

6.4 地租理论

地租是土地这种生产要素的价格。这里的土地泛指生产中使用的自然资源,包括可再生自然资源和不可再生自然资源两类。地租可以理解为使用这些自然资源的租金。

6.4.1 地租的决定

地租由土地的需求与供给决定。土地的需求取决于土地的边际生产力,土地的边际生产力也是递减的。所以,土地的需求曲线是一条向右下方倾斜的曲线,如图 6-14 所示。但土地的供给是固定的,因为每个地区可以利用的土地总有一定的限度。因此,土地的供给曲线就是一条垂直线,如图 6-15 所示。

地租就是由土地的供求关系所决定的,如图 6-16 所示。

图 6-16 中,D 为土地的需求曲线,S 为土地的供给曲线,两条曲线的交点决定了土地的地租为 R_0。

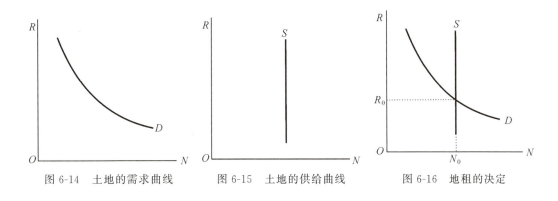

图 6-14 土地的需求曲线　　　　图 6-15 土地的供给曲线　　　　图 6-16 地租的决定

6.4.2 级差地租

土地在肥沃程度和地理位置等方面的差别引起的地租在经济学上被称为级差地租。

$$级差地租＝土地收益－生产成本$$

📖 知识链接

级差地租的形成与决定

表 6-1 可说明级差地租的形成与决定。

表 6-1 级差地租的形成与决定

土 地	产 量	价 格	总产值	生产成本	级差地租
A	200	2	400	200	200
B	180	2	360	200	160
C	150	2	300	200	100
D	100	2	200	200	0
E	80	2	160	200	－40

在表 6-1 中,A、B、C、D、E 是五块肥沃程度不同的土地,在其他生产要素相同,即支出的生产成本相同的情况下,各块土地的产量不同。在市场上农产品的市场价格是相同的,因而各块土地的总产值(即总收益)就不相同。这样,A、B、C 三块土地

由于条件好、产量高,就分别产生了 200 单位、160 单位和 100 单位的地租,这种地租就是级差地租。D 块土地没有级差土租,被称为"边际土地"。E 块土地的地租连边际生产成本都无法弥补,将不会被利用。

随着经济的发展、人口的增加以及农产品价格上升,级差地租也会增加。

（资料来源：梁小民.西方经济学教程[M].北京：中国统计出版社,2000：220）

6.4.3 准地租与经济租

6.4.3.1 准地租

准地租是指固定资产在短期内所得到的收入,因其性质类似地租,而被马歇尔称为准地租或准租金、准租。

在短期内,固定资产的供给是不变的。不论这种固定资产是否取得收入,都不会影响其供给。只要产品销售价格能够弥补平均可变成本,就可以利用这些固定资产进行生产。在这种情况下,产品价格超过其平均可变成本的余额,代表固定资产的收入,这种收入是由于产品价格超过弥补其可变成本的余额而产生的,其性质类似于地租。可用图 6-17 来说明。

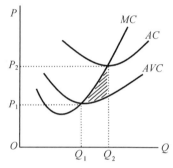

图 6-17　准地租的形成

在图 6-17 中,如果价格为 OP_1,产量为 OQ_1,则收益只能弥补平均可变成本,这时不存在准地租。如果价格上升为 OP_2,产量为 OQ_2,这时,收益除了弥补平均可变成本外尚有剩余,剩余部分（图中的阴影部分）即为准地租。

准地租只在短期内存在。在长期内固定资产也是可变的,固定资产的收入就是折旧费及其利息收入,这样也就不存在准地租了。

6.4.3.2 经济租

如果生产要素所有者所得到的实际收入高于他们所希望得到的收入,则超过的这部分收入就被称为经济租。这种经济租类似于消费者剩余,所以也被称为生产者剩余。可用图 6-18 来说明经济租的形成。

在图 6-18 中,供给曲线表示了每增加一单位供给所要求的价格,市场价格为 OP_1,在此价格以下的各单位生产要素都得到了经济租,经济租的总额就是图中的阴影部分。

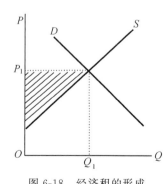

图 6-18　经济租的形成

经济租不仅在短期内存在,在长期中也存在。

经济租的形成与决定

　　劳动市场上有 A、B 两类工人各 100 名。A 类工人素质高,所要求的工资为 800 元;B 类工人素质低,所要求的工资为 600 元。如果某种工作 A、B 两类工人都可以胜任,那么,厂商在雇用工人时,当然先雇用 B 类工人。但在 B 类工人不够时,也不得不雇用 A 类工人。假设某厂商需要工人 200 名,他就必须雇用 A、B 两类工人。在这种情况下,厂商必须按 A 类工人对工资的要求支付 800 元/人的工资。这样,B 类工人所得到的收入超过了他们的要求,B 类工人所得到的高于 600 元的 200 元收入就是经济租。

　　(资料来源:梁小民.西方经济学教程[M].北京:中国统计出版社,2000:222)

●●●●同步训练

　　目标:理解地租、级差地租、准地租、经济租的含义。

同步训练

6.5　利润理论

　　在经济学上,一般把利润分为正常利润与超额利润。

6.5.1　正常利润

　　正常利润是企业家才能的价格,也是企业家才能这种生产要素对应的收入。它被包括在成本之中,其性质与工资相似,其价格也是由企业家才能的供求关系决定的。

　　因为使劳动、资本与土地结合在一起生产出更多产品的决定性因素是企业家才能,企业家才能是生产水平高低的关键,因而市场对企业家才能的需求是很大的。而企业家才能的供给又是很小的,因为不是每一个人都具有企业家的天赋,并接受过良好的教育。培养企业家才能也需要耗费很高的成本。企业家才能的这种供求特点,决定了企业家才能的收入——正常利润——必然是很高的。可以说,正常利润是一种特殊的工资,其特殊性就在于其数额远远高于一般劳动所得到的工资。

6.5.2　超额利润

　　超额利润是指超过正常利润的那部分利润,又被称为纯利润或经济利润。在完全竞争的条件下,在静态社会里,不会有这种利润。只有在动态的社会中和不完全竞争的条件下,这种利润才会产生。动态的社会涉及风险与创新,不完全竞争就是存在垄断。因此，超额利润的来源主要是创新、承担风险和垄断。

6.5.2.1 创 新

创新是指企业家对生产要素实行新的组合。它包括五种情况：引入一种新产品、采用一种新的生产方式、开辟一个新的市场、获得原料的一种新来源和采用一种新的企业组织形式。

这五种形式的创新都可以产生超额利润。引进一种新产品、开辟一个新的市场可以使这种产品的价格高于其成本，从而产生超额利润；采用一种新的生产方式和新的企业组织形式、获得原料的一种新来源都可以提高生产效率，降低成本，当产品按市场价格出售时，由于成本低于同类产品的成本，因此可以获得超额利润。

创新是社会进步的动力，因此，由创新所获得的超额利润是合理的，是社会进步必须付出的代价，也是社会对创新者的奖励。

●●●同步训练

同步训练

目标：理解超额利润的含义。

6.5.2.2 承担风险

风险是从事某项事业时失败的可能性。由于未来具有不确定性，人们对未来的预测有可能发生错误，因而风险是普遍存在的。许多具有风险的生产或事业也是社会所需要的，而且并不是所有的风险都可以用保险的方法加以补偿。这样，从事具有风险的生产就应该以超额利润的形式得到补偿。

社会充满不确定性，风险需要有人承担，因此，因承担风险而产生超额利润也是合理的，可以作为社会保险的一种形式。

6.5.2.3 垄 断

垄断包括卖方垄断和买方垄断。卖方垄断是指对某种产品出售权的垄断，垄断者可以抬高销售价格以损害消费者利益为代价获得超额利润。买方垄断是指对某种产品或生产要素购买权的垄断，垄断者可以压低收购价格，以损害生产者或生产要素供给者的利益为代价获得超额利润。

垄断所引起的超额利润是垄断者对消费者、生产者和生产要素供给者的剥削，是不合理的，这种超额利润也是市场竞争不充分的结果。

6.6　社会收入的分配及政策

从社会的角度来看，社会收入的分配涉及按什么原则来进行分配，这种分配是否合理、平等，政府应该采取怎样的分配政策纠正社会收入分配中存在的问题，等等。

6.6.1 社会收入分配的原则及平等与效率的矛盾

经济学家认为社会收入分配有三个标准:第一个是贡献标准,即按社会成员的贡献分配国民收入,按生产要素的价格进行分配。第二个是需要标准,即按社会成员对生活必需品的需要分配国民收入。第三个是平等标准,即按公平的准则分配国民收入。

从这三个收入分配的标准来看,存在着平等与效率的永恒矛盾。因为,有利于经济效率的分配要按贡献大小来分配,以鼓励每个社会成员充分发挥自己的能力。但由于各成员能力、机遇等方面的差别,又会引起收入分配的不平等。而收入分配的需要标准和平等标准,虽然有利于社会收入分配的平等化,但有损于经济效率,不利于经济效率的提高。

平等与效率哪一个优先,是经济学家们争论不休的问题。社会经济发展的现实表明,在市场经济中,分配的原则是效率优先。由于市场经济本身没有自发实现收入分配平等的机制,所以,只能通过政府的收入分配政策来纠正社会收入分配不平等问题。

●●● 同步训练

> 目标:理解市场经济下社会收入分配的原则。

同步训练

6.6.2 洛伦斯曲线与基尼系数

社会收入分配的平等可以用三种标准来衡量:一是劳动分配率,即劳动收入在国民收入中所占的比重;二是洛伦斯曲线与基尼系数;三是工资的差异率。收入分配平等体现为劳动收入在国民收入中比重大,洛伦斯曲线更接近于收入绝对平等线,基尼系数小,以及工资差异率低。此处我们主要介绍洛伦斯曲线与基尼系数。

6.6.2.1 洛伦斯曲线

洛伦斯曲线是用来衡量社会收入分配(或财产分配)平等程度的曲线。如图 6-19 所示。

在图 6-19 中,横轴 OP 代表人口百分比,纵轴 OI 代表收入百分比。OY 为 45°线,在这条线上的任何一点所表示的人口百分比与收入百分比都相等,即表明收入分配绝对平等,这条线被称为绝对平等线。OPY 表示收入分配绝对不平等,是绝对不平等线。洛伦斯曲线介于这两条线之间,洛伦斯曲线越接近 OY 线,表明收入分配越平等;洛伦斯曲线越接近 OPY 线,表明收入分配越不平等。如果把收入改为财产,洛伦斯曲线反映的就是财产分配的平等程度。

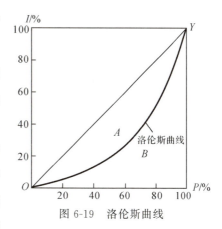

图 6-19 洛伦斯曲线

资料卡 6-2

洛伦斯曲线与收入分配的平等程度

如果把社会上的人口分为五个等级,每个等级的人口都占 20%,按他们的收入在国民收入中所占的份额可以得出表 6-2 中的数据。

表 6-2　社会人口及收入百分比

级　别	占人口百分比/%	合计/%	占收入百分比/%	合计/%
1	20	20	6	6
2	20	40	12	18
3	20	60	17	35
4	20	80	24	59
5	20	100	41	100

根据表 6-2,可以画出图 6-20,图中曲线 OPY 即为洛伦斯曲线。

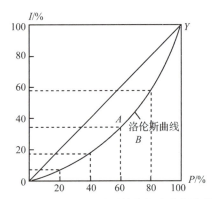

图 6-20　接近于绝对平等线的洛伦斯曲线

从图 6-20 中可见,洛伦斯曲线较接近于绝对平等线,表明社会收入分配较平等。

（资料来源：梁小民.西方经济学教程[M].北京：中国统计出版社,2000：227）

6.6.2.2　基尼系数

根据洛伦斯曲线可以计算出反映收入分配平等程度的指标,这一指标被称为基尼系数。

如果把图 6-19 中洛伦斯曲线与绝对平等线 OY 之间的面积用 A 表示,把洛伦斯曲线与绝对不平等线 OPY 之间的面积用 B 表示,则计算基尼系数的公式为

$$基尼系数 = \frac{A}{A+B}$$

当 $A=0$ 时,基尼系数等于 0,这时收入分配绝对平等。

当 $B=0$ 时,基尼系数等于 1,这时收入分配绝对不平等。

基尼系数总是大于 0 小于 1。基尼系数越小,收入分配越平等;基尼系数越大,收入分配越不平等。按国际通用的标准,基尼系数小于 0.2 表示收入分配绝对平等,基尼系数为

国家统计局公布 2003—2012 年基尼系数

0.2～0.3(含 0.2)表示收入分配比较平等,基尼系数为 0.3～0.4(含 0.3)表示收入分配基本合理,基尼系数为 0.4～0.5(含 0.4)表示收入差距较大,基尼系数为 0.5 及以上表示收入悬殊。

●●●●同步训练

同步训练

> 目标:理解基尼系数的含义与意义。

6.6.3　收入分配政策

在市场经济中是按效率优先原则进行个人收入分配的。但每个人在进入市场之前所拥有的生产要素的量不同,即每个人的能力与资产不同。在市场竞争中,每个人的机遇也不同。因此收入差别很大甚至贫富对立是不可避免的。这种分配状态,不合乎公认的伦理原则,也不利于社会安定。因此,政府就要通过收入分配政策来改变收入分配不公平现象,在一定程度上实现收入分配平等。

6.6.3.1　税收政策

在微观经济学中,税收政策的目的在于通过税收手段缩小收入差距,政策手段主要是个人所得税。

个人所得税是税收政策的一项重要内容,它通过累进所得税制调节社会成员的收入,改变收入分配不平等的状况。所谓累进所得税制,是指根据收入高低确定不同的税率,对高收入者按高税率征税,对低收入者按低税率征税。

📚知识链接

中国个人所得税简介

个人所得税于 1799 年诞生于英国,是以"劫富济贫"为立法初衷和主要功能开征的一个税种。个人所得税在 200 多年间发展迅速,目前已经成为世界各国普遍开征的一个税种。我国的个人所得税于 1981 年开征,征税内容包括工资、薪金所得,经营所得以及其他各类规定的收入和报酬。1981 年版个人所得税适用超额累进税率,同时规定了 800 元/月为个人所得税起征点。当时国民收入普遍未达到 800 元/月起征点,个人所得税主要针对外籍人士。我国的个人所得税制度至此方始建立。

1986 年 9 月,针对我国国内个人收入发生很大变化的情况,国务院规定对本国公民的个人收入统一征收个人收入调节税,纳税的扣除额标准调整为 400 元/月,而外籍人士的 800 元/月纳税扣除标准并没有改变,内外双轨的标准由此产生。

1994 年,内外个人所得税制度又重新统一。

2005 年 8 月,第一轮个人所得税改革落定,最大变化就是个人所得税费用扣除额从 800 元/月调至 1600 元/月,同时对高收入者实行自行申报纳税。

2008 年 3 月,在个人所得税第二轮改革中,个人工资、薪金所得减除费用标准由

1600 元/月提高到 2000 元/月。

2011 年 6 月 30 日,全国人大常委会决定,个人所得税起征点将从现行的 2000 元/月提高到 3500 元/月,并将工薪所得 9 级超额累进税率缩减至 7 级。

(1)工资、薪金所得,使用超额税率,税率为 3%～45%,个人所得税税率(工资、薪金所得适用)如表 6-3 所示。

表 6-3　个人所得税税率(1)

级　数	全月应纳税所得额	税率/%
1	不超过 1500 元的	3
2	超过 1500 元至 4500 元的部分	10
3	超过 4500 元至 9000 元的部分	20
4	超过 9000 元至 35000 元的部分	25
5	超过 35000 元至 55000 元的部分	30
6	超过 55000 元至 80000 元的部分	35
7	超过 80000 元的部分	45

注:本表所称全月应纳税所得额是指依照《中华人民共和国个人所得税法》第 6 条的规定,以每月收入额减除费用 3500 元以及附加减除费用后的余额

(2)个体工商户的生产、经营所得和对企事业单位的承包经营、承租经营所得适用的个人所得税税率如表 6-4 所示。

表 6-4　个人所得税税率(2)

级　数	全年应纳税所得额	税率/%
1	不超过 15000 元的	5
2	超过 15000 元至 30000 元的部分	10
3	超过 30000 元至 60000 元的部分	20
4	超过 60000 元至 100000 元的部分	30
5	超过 100000 元的部分	35

注:本表所称全年应纳税所得额是指依照《中华人民共和国个人所得税法》第六条的规定,以每一纳税年度的收入总额减除成本、费用以及损失后的余额

(3)稿酬所得,适用比例税率,税率为 20%,并按应纳税额减征 30%。

(4)劳务报酬所得,适用比例税率,税率为 20%。对劳务报酬所得一次收入畸高的,可以实行加成征收,具体办法由国务院规定。

(5)特许权使用费所得,利息、股息、红利所得,财产租赁所得,财产转让所得,偶然所得和其他所得,适用比例税率,税率为 20%。

(资料来源:编者整理)

累进所得税有利于改善社会成员之间收入分配不平等的状况,有助于实现收入的平等化。但这种累进所得税不利于有能力的人充分发挥自己的才干,这对社会来说也是一种损失。

除了个人所得税之外,还有遗产税和赠与税,即对财产转移征收税费;财产税,即对不动产(如土地、房产等)征收税费;消费税,即对某些商品和劳务的消费征收税费。遗产税、赠与税以及财产税的征收,是为了改善财产分配不平等的状况。消费税,尤其是对奢侈性商品和劳务消费征收较高的税,也是通过税收实现收入分配的平等。

6.6.3.2 社会福利政策

如果说税收政策是通过对高收入者征收重税来实现收入分配平等的话,那么,社会福利政策则是通过给低收入者补助来实现收入分配平等。因此,在经济学中把社会福利政策作为实现收入分配平等化的一项重要内容。

社会福利政策主要有以下一些内容。

(1)各种形式的社会保障与社会保险。包括失业救济金制度,即对失业工人按一定标准发放能使其维持生活的补助金;老年人年金制度,即对退休人员按一定标准发放年金;残疾人保险制度,即对失去工作能力的人按一定标准发放补助金;对有未成年子女的家庭发放补助金;对收入低于一定标准(即贫困线)的家庭与个人发放补助金。这些补助金主要是货币形式,也有发放食品券等实物形式。其资金来源,或者是个人、企业缴纳的保险金,或者是政府的税收。

(2)向贫困者提供就业与培训机会。收入不平等的根源在于贡献的大小,而贡献的大小与个人机遇和能力相关。政府可以通过改善低收入者的就业能力与条件实现收入分配的平等。在这方面,首先是实现机会均等,尤其是保证所有人的平等就业机会,并按同工同酬的原则支付劳动报酬。其次是使低收入者具有就业的能力,包括对其进行职业培训,实行文化教育计划(如"扫盲"),建立供青年交流工作经验的"青年之家",实行半工半读计划,使经济困难者有条件读书,等等。这些都有助于提高低收入者的文化技术水平,使他们能从事收入高的工作。

(3)医疗保险与医疗援助。医疗保险包括住院费用保险、医疗费用保险以及出院后部分护理费用的保险。这种保险主要由保险金支付。医疗援助则是政府资助医疗卫生事业,使每个人都能得到良好的医疗服务。

(4)对教育事业的资助。包括兴办公立学校、设立奖学金和大学生贷款、帮助学校改善教学条件、资助学校的科研等。从社会福利的角度来看,对教育事业的资助有助于提高公众的文化水平与素质,这也有利于收入分配的平等化。

(5)各种保护劳动者的立法。包括最低工资法和最高工时法,以及环境保护法、食品和医药卫生法等。这些都可以增加劳动者的收入,改善他们的工作与生活条件,从而也有利于降低收入分配不平等的程度。

(6)改善住房条件。包括以低房租向低收入者出租国家兴建的住宅;对私人出租的房屋实行房租限制;资助无房者建房,如提供低利息的长期贷款,或低价出售国家建造的住宅(经济适用房);实行住房补贴;等等。这种政策可以改善低收入者的住房条件,也有利于实现收入分配的平等化。

当然,各种收入平等化的政策对于缩小贫富差距、改善低收入者的地位和生活条件,提高他们的实际收入水平确实起到了相当大的作用,对于社会的安定和经济发展也是有利的。但是,这些政策可能带来两个严重后果:一是降低了社会生产效率,增加个人所得税和各种各样的社会保障可能使人们生产的积极性下降,社会生产效率下降;二是增加了政府的负担。

同步训练

●●●**同步训练**

> 目标:理解社会福利政策的主要内容。

⯈ **【本章小结】**

■ 框架体系

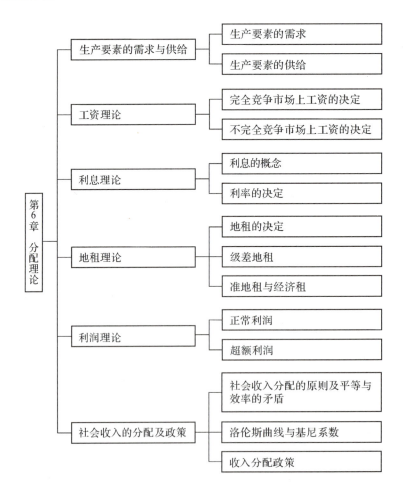

■ **主要术语**

生产要素的需求与供给　工资的决定　利率的决定　地租的决定　级差地租

准地租　经济租　正常利润　超额利润　洛伦斯曲线　基尼系数　收入分配政策

■ **主要理论**

通过学习本章,你应该理解和掌握分配理论中的基本原理和基本知识。

□ 生产要素是指厂商为从事产品生产和提供劳务而投入的各种经济资源,通常被称为生产资源。一般把生产要素划分为四类,即劳动、土地、资本和企业家才能。

□ 生产要素需求具有派生性、联合性和相互依存性。生产要素需求曲线由于受边际生产力递减规律的影响,是一条向右下方倾斜的曲线。

□ 不同种类的生产要素的供给有着不同的特点。在经济分析中,假定自然资源的供给是固定的;资本品往往是另一行业的生产要素,因此,这种生产要素的供给与一般产品的供给一样,与价格同方向变动;劳动这种生产要素的供给有其特殊性,其供给曲线是一条向右弯曲的线。

□ 生产要素的均衡价格是由其需求与供给所决定的。

□ 工资是劳动这种生产要素的价格,即劳动者提供劳动所获得的报酬。在存在劳动供求垄断的情况下,工资由劳资双方协商决定。工会影响工资决定的方式有三种,即增加劳动需求、减少劳动供给和最低工资法,但还要受到其他多种因素的制约。

□ 利息是资本这种生产要素的价格,即资本所有者提供资本所获得的报酬。利率的高低取决于市场对资本的需求与供给。

□ 地租是土地这种生产要素的价格,即土地所有者提供土地所获得的报酬。级差地租是由土地的肥沃程度和地理位置等引起的。准地租是指固定资产在短期内所得到的收入。经济租是指由于需求的增长,生产要素的供给者获得的超过他所要求得到的收入。

□ 利润可以分为正常利润和超额利润。正常利润是企业家才能的价格,也就是企业家才能这种生产要素所取得的报酬。正常利润同其他生产要素的报酬一样,构成厂商的生产成本。超额利润是指超过正常利润的那部分利润,不包括在成本之中。超额利润的来源主要有创新、承担风险和垄断。

□ 社会收入分配的标准有三个,即贡献标准、需要标准和平等标准。贡献标准有利于经济效率的提高但不利于社会收入分配的平等,而需要标准和平等标准有利于社会收入分配的平等但不利于经济效率的提高,效率与平等存在着永恒的矛盾。在市场经济中,应执行效率优先的分配标准。

□ 洛伦斯曲线和基尼系数是衡量社会收入分配状况的重要工具和指标。

□ 为了纠正社会收入分配中的问题,政府需要采取一定的政策措施,包括针对高收入者的税收政策和针对低收入者的社会福利政策。税收政策主要是征收个人所得税和公司所得税,以及遗产税、赠与税、财产税和消费税等。社会福利政策主要包括各种形式的社会保障与社会保险、向贫困者提供就业与培训机会、医疗保险与医疗援助、对教育事业的资助、各种保护劳动者的立法、改善住房条件等。

【理论自测】

■ 客观题

□ 选择题

1. 为每个关键术语选择一个定义。

_____	生产要素	A. 在未来消费与现期消费中,人们普遍偏好现期消费
_____	派生需求	B. 用于生产物品和劳务的设备、建筑物等
_____	时间偏好	C. 先生产生产资料(即资本品),然后用这些生产资料生产消费品
_____	迂回生产	D. 由企业供给另一种物品所派生出的对另一种生产要素的需求
_____	资本	E. 工资率高引起人们工作时间更长的趋势
_____	替代效应	F. 用于生产物品和劳务的土地、资本、劳动及企业家才能等
_____	收入效应	G. 储户(债务人)获得(支付)的高于存款(借款)量(本金)的金额
_____	利息	H. 收入增加引起对闲暇的需求增加,工资率的提高也减少了劳动的供给量
_____	贴现	I. 土地在肥沃程度和地理位置等方面的差别引起的地租
_____	级差地租	J. 生产要素所有者所得到的实际收入高于他们所希望得到的收入
_____	准地租	K. 企业家才能这种生产要素所得到的收入
_____	经济租	L. 把未来的货币量换算成现值
_____	正常利润	M. 固定资产在短期内所得到的收入
_____	基尼系数	N. 用来衡量社会收入分配(或财产分配)平等程度的曲线
_____	洛伦斯曲线	O. 根据洛伦斯曲线计算出的反映收入分配平等程度的指标

2. 在完全竞争市场上,厂商对劳动的需求主要取决于( )。

A. 劳动的价格　　　B. 劳动的边际生产力　　　C. 劳动在生产中的重要性

3. 随着工资水平的提高,( )。

A. 劳动的供给量会一直增加

B. 劳动的供给量先增加,但工资提高到一定水平后,劳动的供给量不仅不会增加反而会减少

C. 劳动的供给量增加到一定水平就不会增加也不会减少

4. 用先进的机器设备代替劳动,这一措施会导致( )。

A. 劳动的供给曲线向右移动

B. 劳动的需求曲线向左移动

C. 劳动的需求曲线向右移动

5. 在以下三种方式中,工会为了提高工资,应采用的方式是( )。

A. 要求政府增加进口产品

B. 要求政府鼓励移民入境

C. 要求政府限制女工和童工的使用

6. 使地租不断上升的原因是( )。

A. 土地的供给与需求共同增加

B. 土地的供给不断减少,而土地的需求不变

C. 土地的需求日益增加,而供给不变

7. 经济学家认为,超额利润中不合理的收入是( )。

A. 由于创新所获得的超额利润

B. 由于承担风险所获得的利润

C. 由于垄断所获得的利润

8. 根据基尼系数的大小,下列三个国家中哪个国家的收入分配最平等?( )

A. 基尼系数为 0.1 的甲国

B. 基尼系数为 0.15 的乙国

C. 基尼系数为 0.2 的丙国

☐ 判断题

( )1. 生产要素需求是一种派生的需求和联合的需求。

( )2. 现代经济的特征之一是迂回生产的过程加长,从而生产效率提高。

( )3. 利息率与储蓄呈同方向变动,与投资呈反方向变动。

( )4. 正常利润是对风险所付的报酬。

( )5. 超额利润是对企业家才能这种特殊生产要素所付的报酬。

( )6. 实际的基尼系数总是大于 0 而小于 1。

■ 主观题

1. 生产要素的需求有何性质?影响生产要素需求的因素主要有哪些?

2. 劳动的供给有何特点?为什么?

3. 工会作为劳动供给的垄断组织是如何影响工资决定的?其受哪些因素制约?

4. 在经济学中,如何解释利息收入的合理性?

5. 地租是如何决定的?

6. 市场经济条件下,为什么要遵循效率优先的收入分配原则?

7. 实现社会收入分配平等化的过程中,政府应采取哪些政策?试分析其利弊。

应用自测

【应用自测】

1.假设某地区有大面积林地将被开垦为农业种植用地。

（1）请作图说明这个事件对该地区农用地市场的影响,并分析该地区的土地边际产量和土地的租赁价格会发生什么变动。

（2）作图说明这个事件对该地区农业工人市场的影响,并分析该地区的农业工人的边际产量和工资会发生什么变动。

2. 有人认为"完善的福利制度会影响经济效率",甚至有人认为"福利领取者就是懒惰的败家子,他会主动地放弃工作"……

（1）你对这样的观点有什么看法？请说明理由。

（2）在完善社会福利制度时,应如何保持经济的效率,以避免劳动者生产积极性的下降？

【案例分析】

■ **案例评论**

□ 案例

明星收入的决定

明星这种生产要素的高价格和高收入是由其供求关系决定的。在这种要素供给极为短缺时,决定明星收入的主要因素是公众和企业的支付愿望与支付能力。一种生产要素的价格(或这种要素所有者的收入)是否合理取决于它的决定机制。如果这种高收入由政府人为决定,无论多少都不合理(如政府出钱增加北京大学、清华大学教授的工资就不合理);如果这种高收入是市场决定的,无论多少都合理。这是我们判断一种收入是否合理的标准。

明星的高收入公正吗？公正是平等的竞争过程的参与权。如果每一个想成为明星的人都可以从事演艺业,并参与和其他做明星梦的人的竞争,结果只有极少数人成了高收入明星,明星的高收入就没什么不公正的。如果社会用种种手段限制人们进入演艺业,做明星梦的人之间没有平等竞争权,明星的高收入才会不公正。市场经济中明星是通过竞争产生的,他们成功了,获得了高收入,这就实现了公正。

明星的高收入有利于提高效率吗？作为一种激励制度,明星的高收入的确刺激了演艺业的效率。演艺业的效率就是充分利用资源,为社会提供更多更好的演出。高收入引起高效率的原因在于：第一,使更多的人渴望成为明星,其中必有少数成功者,明星的增加会使演艺业繁荣；第二,明星受高收入的激励,到处去表演,这就会给公众带来更多享受,给企业带来更多收入；第三,在竞争中,不断产生高水平的明星,明星的演艺水平不断提高。这些都繁荣了演艺业,这就是效率的提高。

明星的高收入对社会也是有利的。他们不仅给人们带来更多更高水平的艺术享受,而且还会拉动经济增长。一场精彩的体育赛事或电影会给多少人带来就业机会？又会拉动相关部门的效益增长多少？演艺业的活动被称为娱乐经济,它的产值已成为 GDP 的重要一部分。没有明星,有娱乐经济的繁荣吗？明星们得到了高收入,也为社会做出了贡献,有什么不合理的？

说真的,当我看到一夜走红的明星收入高于十年寒窗苦读的教授许多倍时,也难免有不平衡的"酸葡萄"之感。但从经济学的理性角度来看,明星的高收入是由市场决定的。市场决定的高收入就是合理的。

（资料来源：梁小民.我说[M].北京：社会科学文献出版社,2003）

□ 问题

你认为案例中关于明星收入决定的观点正确吗？为什么？

□ 考核点

劳动;工资的决定;收入分配的公平

■ 决策设计

□ 案例

"精准扶贫"提出整四年，创造了怎样的"中国奇迹"？

2013 年 11 月 3 日,习近平在湖南十八洞村与村干部和村民代表拉家常、话发展。正是在这次交流中,习近平首次提出了"精准扶贫"。

精准扶贫的第一步是精准识别出贫困对象。过去的"大水漫灌"让有限的扶贫资源无的放矢,给贫困户建档立卡,使摸清"贫困家底"首次实现到村、到户、到人(见图 6-21)。

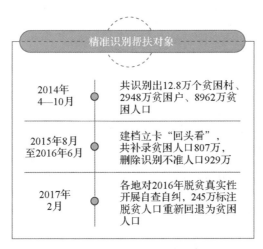

图 6-21　精准识别扶贫对象

扶贫对象也在时刻变化,有些脱贫又返贫,有些以前不是贫困人口现在是。对贫困人口的识别不含水分,也需要动态管理,弄清楚了谁是贫困户,才能知道下一步要采取什么措施。不同的贫困户所处的境遇和条件不同,"一刀切"的扶贫政策不能满足需要,这就需要多角度、多领域探讨扶贫模式,中央扶贫开发工作会议提出了精准脱贫的具体路径——实施"五个一批"工程(见图 6-22)。

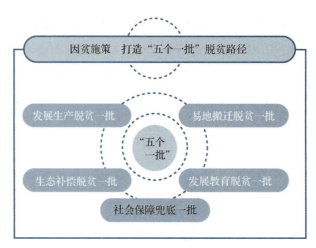

图 6-22　"五个一批"脱贫路径

电商扶贫、光伏扶贫、旅游扶贫、"挪穷窝""换穷业""拔穷根"、健康扶贫……各方合力帮扶(见图 6-23、图 6-24)。各地结合致贫原因施策,确保帮扶措施精准到户,资金精准用好,钱管好。有投入才会有产出。党的十八大以来,中央和省级财政专项扶贫资金就有 4662 亿元,扶贫小额信贷达 3650 亿元,易地帮扶搬迁资金达 2914 亿元,这么大力度的投入,让扶贫工作有了底气。

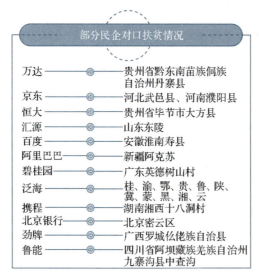

图 6-23　部分民企对口扶贫情况

图 6-24　央企"百县万村"扶贫行动

精准扶贫带来"中国奇迹",由"大水漫灌"到"精确滴灌"。2013—2016 年,我国农村贫困人口减少 5564 万人,农村贫困发生率年均下降 1.4 个百分点,与之前的扶贫相比,不仅减贫规模加大,而且每年减贫幅度都在 1000 万人以上。中国减贫成绩被称为"奇迹"毫不夸张。再努力三年,中华民族将历史性摆脱绝对贫困,迈入全面小康新时代。

(资料来源:"精准扶贫"提出整四年,创造了怎样的"中国奇迹"[EB/OL].(2017 - 11 - 04)[2018 - 06 - 25]. http://news.cctv.com/2017/11/04/ARTIeWGccZiHxkuzpJkrB6A8171104.shtml)

□问题

如何正确看待我国的贫困问题？分析其成因。你认为有哪些好的解决问题的方案？

□ 考核点

收入分配；基尼系数；收入分配政策

⬡⇨【自我评价】

学习成果	自我评价				
我已经理解了决定生产要素价格的需求与供给的特性	□很好	□较好	□一般	□较差	□很差
我已经理解了工资的决定	□很好	□较好	□一般	□较差	□很差
我已经理解了利息（率）的决定	□很好	□较好	□一般	□较差	□很差
我已经理解了地租的性质及相关概念	□很好	□较好	□一般	□较差	□很差
我已经理解了正常利润的决定和超额利润的来源	□很好	□较好	□一般	□较差	□很差
我已经理解了社会收入分配的原则和衡量社会收入分配平等程度的指标及收入分配政策	□很好	□较好	□一般	□较差	□很差

国民收入决定理论 ▶▶▶

■ 国民收入核算理论
■ 简单国民收入决定模型
■ *IS-LM* 模型
■ 总需求—总供给模型

教学说明

◎ 导入语

1929 年爆发的经济大危机,使传统的经济学遇到了挑战。英国经济学家凯恩斯从一则关于蜜蜂的古老寓言中得到启发,悟出了需求的重要性,建立了以需求为中心的国民收入决定理论,从而引发了"凯恩斯革命"。这场革命的结果就是建立了现代宏观经济学。

宏观经济学把国民经济总体活动作为研究对象,而衡量一个国家经济活动的基本指标是国内生产总值,因此,分析社会经济运行中的支出—收入流量的相互关系,阐明国内生产总值及其有关的总量概念、核算方法与技术,就是宏观经济分析的基础。

宏观经济学研究国民经济中的总量关系,其核心是国民收入的决定、均衡的国民收入如何实现等问题。因为只有在研究国民收入决定、均衡国民收入实现的基础上,才能研究如何运用政府政策措施干预和调节经济,使资源得到充分利用,从而实现社会经济发展中的充分就业、物价稳定、经济增长等目标。

◎ 学习目标

◎ 理解和掌握国内生产总值等国民经济总量的含义及相互关系;

◎ 理解两部门经济、三部门经济和四部门经济中的收入流量循环模型;

◎ 了解国民收入核算的理论、方法和技术;

◎ 理解简单国民收入决定的理论以及消费、投资、政府收支等变动对国民收入和利率决定的影响;

◎ 理解扩大国民收入决定理论(*IS-LM* 模型),掌握自发总需求变动、货币供给变动等对国民收入和利率决定的影响;

◎ 理解和掌握乘数理论；

◎ 理解总需求—总供给模型，掌握短期总供给变动、总需求变动对国民收入和价格水平决定的影响。

7.1　国民收入核算理论

7.1.1　国内生产总值的概念

国内生产总值（gross domestic product，GDP）是在既定时期内（一般为一年），在一个国家或地区内生产的所有最终物品和劳务的市场价值。

GDP 的定义

7.1.1.1　对 GDP 的理解

GDP 要把许多种不同的物品和劳务加总为一个经济活动价值衡量指标，为了衡量经济活动的价值，它使用了市场价格，即要按这些物品的现期价格来计算 GDP。这样就引出两个问题：其一，不经过市场销售的最终物品（如自给性物品、自我服务等）没有价格，也就无法被计入 GDP；其二，价格是变动的，所以 GDP 不仅要受最终物品和劳务的数量的影响，还要受价格水平的影响。

要全面衡量 GDP，它包括在经济中生产并在市场上合法销售的所有东西。既包括有形的物品，也包括无形的劳务——旅游、服务、卫生、教育等行业提供的劳务，按其所获得的报酬计入国民生产总值中。

GDP 只包括最终物品的价值。在计算时不应包括中间产品的产值，以避免重复计算，如表 7-1 所示。

表 7-1　最终物品价值的核算

不同生产阶段的物品	物品价值	中间物品成本	增　值
棉　花	8		8
棉　纱	11	8	3
棉　布	20	11	9
服　装	30	20	10
合　计	69	39	30（GDP）

●●●同步训练

同步训练

目标：理解 GDP 的含义。

GDP 包括现期生产的物品与劳务,但不包括涉及过去生产的东西的交易。例如,汽车公司生产并销售一辆新汽车时,这辆汽车的价值被包括在 GDP 中;当一个人把一辆二手车卖给另一个人时,二手车的价值不被包括在 GDP 中。

GDP 衡量的生产价值局限于一个国家的地理范围之内。当一个中国公民在美国办一家工厂时,他的工厂所创造的价值不是中国 GDP 的一部分,而是美国 GDP 的一部分;而一个美国公民在中国办一家工厂时,他的工厂所创造的价值是中国 GDP 的一部分,而不是美国 GDP 的一部分。因此,如果物品是在国内生产的,无论生产者的国籍如何,其所创造的价值都被包括在该国的 GDP 中。

GDP 衡量某一既定时期内发生的生产的价值,这个时期通常是一年或一个季度。

 知识链接

1960—2017 年
世界各国 GDP
变化

GDP：遗漏了什么？

GDP 是衡量社会经济福利的最好指标,因为高 GDP 有助于我们过上好的生活,但是 GDP 不是万能的。

第一,GDP 不能反映环境破坏。比如,采伐树木、生产汽油都会反映 GDP 的增长,但二者都会破坏环境,使经济福利减少。显然,GDP 能反映经济增长,但不能反映资源耗减和环境破坏。

第二,GDP 不能准确反映国家财富。比如,2015 年建造了一座桥梁,2016 年由于工程质量问题这座桥梁被拆除,2017 年又重新建造了一座同样的桥梁。2015 年建造的桥梁增加了 2015 年的 GDP,2017 年建造的桥梁又增加了 2017 年的 GDP。GDP 增加了两次,然而 2015 年年底的国民财富中只包括当年建造的那座桥梁,同时,2017 年建造桥梁时又消耗了一次自然资源。所以,与 2015 年年底的国民财富相比,2017 年年底的国民财富不仅没有增加,反而会减少。如果我们盖了许多厂房、住房,修了许多道路、桥梁、码头,而不注重其质量,没有多久就不得不拆除它们,虽然 GDP 表现得一派繁荣,但是国民财富不会迅速增加,反而可能会减少。所以,国民财富不仅与 GDP 的数量有关,还与 GDP 的质量有关。

第三,GDP 不能反映非市场经济活动。比如厨师在餐馆做出美味佳肴出售时,这顿饭的价值被计入 GDP 中。但如果厨师为家庭聚会做同样的美味佳肴时,没有发生支付行为,其所创造的价值并不被计入 GDP。因此,就这一点来说,由于家庭劳务市场化程度不同,发展中国家的 GDP 与发达国家的 GDP 并不完全可比。

第四,GDP 并不能反映收入分配。假设一个 100 人组成的社会的 GDP 总量是 500 万元,一种情况是每人的年收入都是 5 万元,另一种情况是 10 个人的年收入是 50 万元,而其他 90 个人一无所有。这两种情况人均 GDP 都是 5 万元,但并不能认为两种情况下人们有相同的经济福利。

第五，GDP不能反映闲暇。比如，社会中每个人都在周末工作，生产更多的产品和提供更多的劳务，GDP肯定增加了，但并不能说明人们的经济福利改善了。

绿色GDP

人类的经济活动包括两方面的活动。一方面在为社会创造着财富，即所谓的"正面效应"，但另一方面又在以种种形式和手段对社会生产力的发展起着阻碍作用，即所谓的"负面效应"。这种负面效应集中表现在两个方面，其一是无休止地向生态环境索取资源，使生态资源在绝对量上逐年减少；其二是人类通过各种生产活动向生态环境排泄废弃物或破坏资源，使生态环境质量日益恶化。现行的国民经济核算制度只反映了经济活动的正面效应，而没有反映负面效应的影响，因此是不完整的，是有局限性的，是不符合可持续发展战略的。为了改革现行的国民经济核算体系，对环境资源进行核算，从现行GDP中扣除环境资源成本和对环境资源的保护服务费用，其计算结果可称为"绿色GDP"。绿色GDP这个指标，实质上代表了国民经济增长的净正效应。绿色GDP占GDP的比重越高，表明国民经济增长的正面效应越强，负面效应越弱，反之亦然。

（资料来源：编者整理）

7.1.1.2　GDP的组成部分

GDP（用Y表示）由四个部分组成：消费（C）、投资（I）、政府购买（G）和净出口（NX）。其计算公式为

$$Y=C+I+G+NX$$

消费（consumption）是家庭用于物品和劳务的支出。"物品"包括家庭用于汽车与家电等耐用品以及食品和衣服等非耐用品的支出。"劳务"包括理发和医疗这类无形的东西。家庭用于教育的支出也被包括在劳务消费中（有人认为教育更适合于投资）。

投资（investment）是用于购买资本物品的支出，这些资本物品将用于未来生产更多产品和服务。投资是资本设备、存货和建筑物购买的总和。按习惯，新住房的购买是划入投资而不划入消费的一种家庭支出。

政府购买（government purchase）是各级政府用于物品与劳务的支出，包括政府职员的薪水和用于公务的支出。

净出口（net export）等于外国人购买国内生产的物品（出口）的支出减国内购买的外国生产的物品（进口）的支出。

GDP的
核算方法

7.1.2　国内生产总值的核算方法

在不同的国民经济核算体系中有不同的计算国内生产总值的方法，主要有支出法、收入法和部门法。

7.1.2.1　支出法

支出法又称产品流动法、产品支出法或最终产品法。这种方法从产品的使用出发，用一年内消费支出、投资、政府购买和净出口的数据来衡量GDP。

资料卡 7-1

表 7-2　支出法衡量的我国 GDP

单位：亿元（当年价格）

年　份	国内生产总值	最终消费支出	资本形成总额	货物和服务净出口
1978	3634	2233	1413	－11
1980	4575	2967	1623	－15
1990	19067	12001	6555	510
2000	100577	63668	34526	2383
2010	410708	198998	196653	15057
2015	696594	359516	313070	24007

（资料来源：中华人民共和国国家统计局.中国统计年鉴 2016［M］.北京：中国统计出版社,2016）

7.1.2.2　收入法

收入法是用厂商为其生产要素所支付的报酬总和,即用劳动的工资、资本的利息、土地的地租以及企业家的利润来衡量 GDP。

1978—2016 年中国不同省份人均 GDP 变化

资料卡 7-2

表 7-3　收入法衡量的我国 2015 年 GDP(部分地区)

单位：亿元（当年价格）

地　区	地区生产总值	劳动者报酬	生产税净额	固定资产折旧	营业盈余
北　京	23014.59	12697.30	3298.69	2678.24	4340.36
上　海	25123.45	11085.40	4919.88	2715.36	6402.81
江　苏	70116.38	31163.93	9146.17	8918.59	20887.69
浙　江	42886.49	20573.26	6238.29	5427.75	10647.19
广　东	72812.55	35775.58	10204.88	9644.88	17187.21
河　南	37002.16	18735.19	4138.55	4398.35	9730.07
湖　北	29550.19	14417.12	4359.19	3538.26	7235.61
湖　南	28902.21	14709.62	4456.93	3020.68	6714.98
陕　西	18021.86	7725.36	3501.37	2905.33	3889.80
甘　肃	6790.32	3473.12	985.64	1049.38	1282.17
青　海	2417.05	1125.20	298.63	590.26	402.96
宁　夏	2911.77	1604.29	350.26	480.88	476.34
新　疆	9324.80	5499.12	1250.87	1565.01	1009.80

（资料来源：中华人民共和国国家统计局.中国统计年鉴 2016［M］.北京：中国统计出版社,2016）

7.1.2.3　部门法

部门法是指按提供物质产品与劳务的各个部门的产值来计算国内生产总值。这种计算方法反映了国内生产总值的来源,所以又称生产法。

在用这种方法计算国内生产总值时,各物质生产部门要把所使用的中间产品的产值扣除,仅计算本部门的增值。商业、服务业也按增值法计算。卫生、教育、行政等无法计算增值的部门则按该部门职工的工资收入来计算,以工资代表他们所提供的劳务的价值。

资料卡 7-3

表 7-4　部门法衡量的我国 GDP(2013—2015 年)

单位:亿元(当年价格)

行　业	2015 年	2014 年	2013 年
总　计	689052.1	643974.2	595244.5
第一产业			
农林牧渔业	62918.7	60165.7	56973.6
第二产业			
工　业	236506.3	233856.4	222337.6
建筑业	46626.7	44880.5	40896.8
第三产业			
交通运输、仓储和邮政业	30487.8	28500.9	26042.7
批发和零售业	66186.7	62423.5	56284.1
住宿和餐饮业	12153.7	11158.5	10228.3
金融业	57872.6	46665.2	41191.0
房地产业	41701.0	38000.8	35987.6
其　他	134605.5	118322.7	105302.8

(资料来源:中华人民共和国国家统计局.中国统计年鉴 2016[M].北京:中国统计出版社,2016)

7.1.3　实际 GDP 与名义 GDP

GDP 是最终市场价值的总和。因此,同样的最终物品量按不同的价格会计算出不同的 GDP。按当年价格计算的 GDP,称为名义 GDP。按不变价格(统计时确定的某一年,即基年价格)计算的某一年的 GDP,称为实际 GDP。名义 GDP 与实际 GDP 之比,称为GDP 平减指数,其计算公式为

$$GDP\ 平减指数 = \frac{某年名义\ GDP}{某年实际\ GDP} \times 100\%$$

GDP 平减指数是用来监测平均物价水平的一个指标,能反映通货膨胀的程度。

🎬 实际 GDP
与名义 GDP

同步训练

●●● **同步训练**

目标：理解名义 GDP 和实际 GDP 的含义。

知识链接

国民收入核算中的其他五个重要指标

国民生产总值（gross national product，GNP），是一个国家或地区以当年价格（或不变价格）计算的在一定时期（一般为一年）内所生产的最终物品和劳务的市场价值的总和。它与 GDP 的区别在于它包括本国公民在国外赚到的收入，而不包括外国人在本国赚到的收入。

国民生产净值（net national product，NNP），是一个国家以当年价格（或不变价格）计算的在一年内新增加的产值，即等于在 GNP 中扣除折旧以后的产值。

国民收入（national income，NI），是一个国家以当年价格（或不变价格）计算的一年内生产要素所有者提供生产要素所得的全部收入。NI 实际上就是劳动、土地和资本的纳税前收益的总额。

个人收入（personal income，PI），是一个国家以当年价格（或不变价格）计算的在一年内个人所得到的全部收入，包括由政府提供的转移支付和企业提供的转移支付，但不包括个人之间的转移支付。

个人可支配收入（disposable personal income，DPI/PDI），是一个国家以当年价格（或不变价格）计算的在一年内可以由个人支配的全部收入，也就是在扣除了个人所得税后的由个人支配的收入。其一般由两个部分组成：一是个人支出（personal expenditure），二是个人储蓄（personal save）。

五个指标的关系是：

GNP−资本折旧＝NNP；

NNP−（间接税−津贴）＝NI 或 NI＝工资＋利息＋利润＋地租；

NI−公司利润−社会保险税＋股息＋政府转移支付和利息支出＋红利收入＝PI；

PI−个人所得税＝PDI；

PDI＝个人消费＋个人储蓄。

（资料来源：金立其.经济学原理[M].北京：中国商业出版社，1999：172）

7.1.4 国民收入流量循环模型

经济中的支出与收入存在着平衡关系。总支出代表了社会对最终产品的总需求,而总收入和总产量代表了社会对最终产品的总供给。因此,从国民收入的核算中可以得出这样一种恒等关系:

总支出＝总收入

总需求＝总供给

7.1.4.1 两部门经济中的收入流量循环模型

两部门经济指由厂商和居民户这两种经济单位所组成的经济,也是一种最简单的经济。

在这种经济中,居民户向厂商提供各种生产要素,得到相应的收入,并用这些收入购买各种产品与劳务;厂商购买居民户提供的各种生产要素进行生产,并向居民户提供各种产品与劳务。如图 7-1 所示。

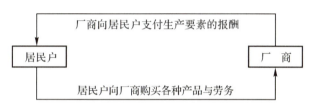

图 7-1　两部门经济中的收入流量循环模型(1)

如果居民户把一部分收入用于购买厂商生产的各种产品与劳务,把另一部分收入储蓄起来,厂商在居民户的消费支出之外又获得了其他来源的投资,那么,收入流量循环模型如图 7-2 所示。

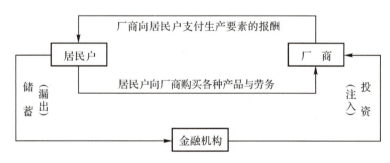

图 7-2　两部门经济中的收入流量循环模型(2)

两部门经济中总需求与总供给的关系是:总需求(aggregate demand,AD)包括居民户的消费(consumption)需求与厂商的投资(investment)需求。消费需求与投资需求可以用消费支出与投资支出来表示。所以,

总需求＝消费需求＋投资需求＝消费支出＋投资支出＝消费＋投资

$$AD = C + I$$

总供给(aggregate supply,AS)是全部产品与全部劳务的总和,产品与劳务是由各种生产要素生产出来的,所以,总供给是各种生产要素供给的总和,即劳动、资本、土地和企业家才能的总和。生产要素供给的总和可以用各种生产要素得到的相应的收入的总和

来表示,即用工资、利息、地租和利润的总和来表示。工资、利息、地租和利润是居民户得到的收入,这些收入分为消费与储蓄两部分。所以

$$总供给=各种生产要素的供给$$
$$=各种生产要素得到的报酬总和$$
$$=工资+利息+地租+利润$$
$$=消费+储蓄$$
$$AS=C+S$$

总需求与总供给的恒等就是

$$AD=AS$$

或者

$$C+I=C+S$$
$$I=S$$

$I=S$ 是宏观经济学的理论基础。当 $S<I$ 时,说明总需求大于总供给或供给不足,这时容易导致超前消费,物价上涨,出现通货膨胀;当 $S>I$ 时,说明总需求小于总供给或供给过剩,这时容易导致物价下降,产品滞销,企业开工不足和设备闲置,出现失业。所以,一国在一定时期内的总需求等于总供给,即 $S=I$,才不会出现通货膨胀和失业。

在国民收入均衡中,储蓄可以被看作经济中一部分货币的暂时离开,对国民收入具有收缩作用,是漏出因素。投资对经济增长具有刺激作用,能使国民收入扩张,是注入因素。如果注入小于漏出,国民收入收缩;如果注入大于漏出,国民收入扩张;如果注入等于漏出,国民收入实现均衡。

同步训练

●●●● 同步训练

目标:理解两部门经济中的经济变量及其相互关系。

7.1.4.2　三部门经济中的收入流量循环模型

三部门经济是指由厂商、居民户与政府这三种经济单位所组成的经济。在这种经济中,政府的经济职能是通过税收与政府支出来实现的,即政府通过税收与支出和居民户及厂商发生联系(见图 7-3)。

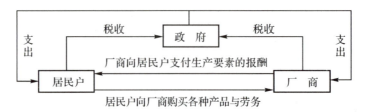

图 7-3　三部门经济中的收入流量循环模型

在三部门经济中,总需求不仅包括居民户的消费需求与厂商的投资需求,还包括政

府需求(也叫政府购买,government purchase)。政府的需求可以用政府支出来表示。所以

$$总需求=消费需求+投资需求+政府需求$$
$$=消费支出+投资支出+政府支出$$
$$=消费+投资+政府支出$$
$$AD=C+I+G$$

三部门经济的总供给中,除了居民户供给的各种生产要素之外,还有政府的供给。政府供给是指政府为整个社会生产提供的国防、立法、基础设施等"公共物品"。政府由于提供了这些"公共物品"而得到相应的收入——税收(tax)。所以可以用税收来代替政府的供给。因此

$$总供给=各种生产要素的供给+政府供给$$
$$=各种生产要素的报酬+政府的报酬$$
$$=工资+利润+利息+地租+税收$$
$$=消费+储蓄+税收$$
$$AS=C+S+T$$

三部门经济中总需求与总供给的恒等就是

$$AD=AS$$

或者

$$C+I+G=C+S+T$$
$$I+G=S+T$$

经过移项后,可以得到

$$I-S=T-G$$

$I-S$ 是投资储蓄差,$T-G$ 是政府收支差。三部门经济实现均衡,投资储蓄差等于政府收支差。当两者不相等时,可以通过调节政府收支差与投资储蓄差来使之相等。

如果 $C+I+G>C+S+T$,说明总需求大于总供给,经济中容易出现过度需求,引起通货膨胀;如果 $C+I+G<C+S+T$,说明总需求小于总供给,经济中容易出现需求不足,引起失业。

在三部门经济中,税收是收缩力量,政府支出是扩张力量。如果 $C+I+G>C+S+T$,说明国民收入要扩张;如果 $C+I+G<C+S+T$,说明国民收入要收缩;如果 $C+I+G=C+S+T$,说明国民收入均衡得以实现。

Q 即问即答

●●●即问即答

1. 在三部门经济中,总需求与总供给由哪些部分组成?试举例说明总需求大于或小于总供给给经济带来的影响。

2. 在三部门经济中,与均衡的国民收入反方向变化的是(　　)。

A. 税收　　　B. 转移支付　　　C. 政府购买　　　D. 投资

国民收入决定理论

第7章

7.1.4.3　四部门经济中的收入流量循环模型

四部门经济是指由厂商、居民户、政府和国外这四种经济单位所组成的经济。在这种经济中,国外的作用是:作为国外生产要素的供给者,向国内各部门提供产品与劳务,对国内来说,这就是进口;作为国内产品与劳务的需求者,向国内进行购买,对国内来说,这就是出口(见图7-4)。

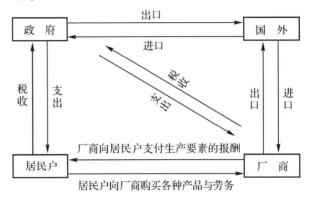

图 7-4　四部门经济中的收入流量循环模型

在四部门经济中,总需求不仅包括居民户的消费需求、厂商的投资需求与政府的需求,还包括国外的需求。国外的需求对国内来说就是出口(export,用 X 表示),所以可以用出口代表国外的需求。因此

$$总需求＝消费需求＋投资需求＋政府需求＋国外需求$$
$$＝消费支出＋投资支出＋政府支出＋国外支出$$
$$＝消费＋投资＋政府支出＋出口$$
$$AD＝C＋I＋G＋X$$

四部门经济的总供给中,除了居民户供给的各种生产要素和政府的供给外,还有国外的供给。国外的供给对国内来说就是进口(import,用 M 表示),所以可以用进口来代表国外的供给。因此

$$总供给＝各种生产要素的供给＋政府供给＋国外供给$$
$$＝各种生产要素的报酬＋政府的报酬＋国外提供产品与劳务的报酬$$
$$＝工资＋利润＋利息＋地租＋税收＋进口$$
$$＝消费＋储蓄＋税收＋进口$$
$$AS＝C＋S＋T＋M$$

四部门经济中总需求与总供给的恒等就是

$$AD＝AS$$

或者

$$C＋I＋G＋X＝C＋S＋T＋M$$

如果 $C＋I＋G＋X＞C＋S＋T＋M$,说明总需求大于总供给,这时经济中出现过度需求,但原因比较复杂,除了容易引起通货膨胀外,还有可能因出口过大而造成国内经济

不均衡。如果 $C+I+G+X<C+S+T+M$，说明总需求小于总供给，这时经济中出现需求不足，原因也比较复杂，除了容易引起失业外，还有可能因进口过大对国内经济产生冲击。

在四部门经济中，进口是收缩力量，政府支出是扩张力量，如果 $C+I+G+X>C+S+T+M$，说明国民收入要扩张；如果 $C+I+G+X<C+S+T+M$，说明国民收入要收缩；如果 $C+I+G+X=C+S+T+M$，说明均衡的国民收入得以实现。

●●●同步训练

同步训练

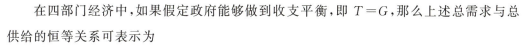

目标：理解四部门经济中的经济变量及其相互关系。

在四部门经济中，如果假定政府能够做到收支平衡，即 $T=G$，那么上述总需求与总供给的恒等关系可表示为

$$I+X=S+M$$

移项后得

$$I-S=M-X$$

$I-S$ 为投资储蓄差，$M-X$ 为进出口差。四部门经济实现均衡，投资储蓄差等于进出口差。当两者不相等时，可以通过调节投资储蓄差与进出口差来使之相等。

📚知识链接

两缺口模型

$I-S=M-X$ 就是著名的"两缺口模型"，它是由发展经济学家钱纳里和斯特罗特于 1966 年在《国外援助和经济发展》一书中提出来的。这个模型说明，在发展中国家的经济发展过程中，如果国内存在着投资储蓄差（$I-S$），即投资不足，对外存在进出口差（$M-X$），即外汇不足，这时发展中国家可以引进外资。引进外资，弥补了国内资金的不足，使生产扩大、出口增加，从而也弥补了外汇不足。"两缺口模型"曾经是所有发展中国家利用外资的基本理论依据。

（资料来源：章昌裕.西方经济学原理[M].北京：中国对外经济贸易出版社，2002：244）

7.2 简单国民收入决定模型

7.2.1 总需求分析的假设

总需求等于总供给时的国民收入称为均衡国民收入。由此可见，国民收入的水平是

由总需求与总供给共同决定的。

总需求分析的三个重要假设是：

第一，潜在的国民收入水平，即充分就业时的国民收入水平是不变的。

第二，各种资源没有得到充分利用，因此，总供给可以随总需求的增加而增加，也就是不考虑总供给对国民收入决定的影响。

第三，价格水平是既定的。

简单国民收入决定模型还有两点假设：

第一，利息率水平是既定的。这就是说，不考虑利息率变动对国民收入水平的影响。

第二，投资水平是既定的。

7.2.2　总需求与均衡国民收入的决定

当不考虑总供给这一因素时，均衡国民收入水平就是由总需求决定的。

在图 7-5 中，横轴代表国民收入，纵轴代表总需求，45°线表示总需求等于总供给。AD_0 代表总需求水平，是一条与横轴平行的线，表示这里不考虑总需求变动的情况。

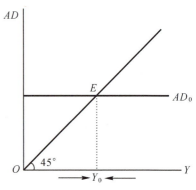

图 7-5　简单国民收入决定模型

AD_0 与 45°线相交于 E，决定了均衡国民收入水平为 Y_0。在 Y_0 之左，总需求大于总供给，国民收入向 Y_0 增加；在 Y_0 之右，总需求小于总供给，国民收入向 Y_0 减少。只有在 Y_0 时，总需求与总供给处于均衡状态，国民收入既不增加也不减少，即为均衡的国民收入。

7.2.3　消费与均衡国民收入的决定

在简单国民收入决定理论中，假定总需求中的其他部分不变，仅考虑消费的变动对总需求的影响。

7.2.3.1　消费函数与储蓄函数

（1）消费函数

消费函数（consumption function）表示的是消费与收入之间的依存关系。在其他条件不变的情况下，消费与收入同方向变动，即收入增加，消费增加；收入减少，消费减少。消费函数的计算公式为

$$C = f(Y) = a + bY$$

式中，C 代表消费，Y 代表收入，a 与 b 为常数。

消费与收入之间的关系可以用平均消费倾向和边际消费倾向来说明。

平均消费倾向（average propensity to consume，APC）是指消费在收入中所占的比例。

$$APC = \frac{C}{Y}$$

边际消费倾向(marginal propensity to consume，MPC)是指增加的消费在增加的收入中所占的比例。

$$MPC = \frac{\Delta C}{\Delta Y}$$

（2）储蓄函数

储蓄函数(saving function)表示的是储蓄与收入之间的依存关系。在其他条件不变的情况下，储蓄与收入同方向变动，即收入增加，储蓄增加；收入减少，储蓄减少。储蓄函数的计算公式为

$$S = f(Y) = d + eY$$

式中，S 代表储蓄，Y 代表收入，d 与 e 为常数。

储蓄与收入之间的关系可以用平均储蓄倾向和边际储蓄倾向来说明。

平均储蓄倾向(average propensity to save，APS)是指储蓄在收入中所占的比例。

$$APS = \frac{S}{Y}$$

边际储蓄倾向(marginal propensity to save，MPS)是指增加的储蓄在增加的收入中所占的比例。

$$MPS = \frac{\Delta S}{\Delta Y}$$

全部收入分为消费与储蓄，所以

$$APC + APS = 1$$

同样，全部增加的收入分为增加的消费与增加的储蓄，所以

$$MPC + MPS = 1$$

资料卡 7-4

消费函数与储蓄函数

设 $C = 30 + 0.75Y$，则消费、储蓄与收入的关系如表 7-5 所示。

表 7-5　消费函数与储蓄函数

收入 (Y) (1)	消费 (C) (2)	储蓄 (S) (3)	平均消费倾向 (APC) (4)	平均储蓄倾向 (APS) (5)	边际消费倾向 (MPC) (6)	边际储蓄倾向 (MPS) (7)
0	30	−30				
20	45	−25	2.25	−1.25	0.75	0.25
40	60	−20	1.5	−0.5	0.75	0.25
60	75	−15	1.25	−0.25	0.75	0.25
80	90	−10	1.125	−0.125	0.75	0.25
100	105	−5	1.05	−0.05	0.75	0.25
120	120	0	1	0	0.75	0.25

续 表

收入 (Y) (1)	消费 (C) (2)	储蓄 (S) (3)	平均消费倾向 (APC) (4)	平均储蓄倾向 (APS) (5)	边际消费倾向 (MPC) (6)	边际储蓄倾向 (MPS) (7)
140	135	5	0.964	0.036	0.75	0.25
160	150	10	0.938	0.062	0.75	0.25
180	165	15	0.917	0.083	0.75	0.25
200	180	20	0.9	0.1	0.75	0.25

（资料来源：张元鹏.西方经济学[M].北京：首都经济贸易大学出版社,2003：239)

7.2.3.2　消费、总需求与均衡国民收入

全部消费实际上分为两部分：一部分是不取决于收入的自发消费,另一部分是随着收入的变动而变动的引致消费。自发消费(autonomous consumption)是由人的基本需求所决定的最必需的消费(自发的含义就是指它是由人的生存需要所决定的),如维持生存的衣、食、住等。无论收入多少,这部分消费都是不可少的。在经济分析中,假设这部分消费不取决于收入,是一个固定的量。引致消费(induced consumption)是由收入所引起的消费,这部分消费的大小取决于收入与边际消费倾向。

以 $\overline{C}$ 代表自发消费,c 代表边际消费倾向,则可以把消费函数写为

$$C = \overline{C} + c \cdot Y$$

在两部门经济中,总需求包括消费与投资,假定投资(I)不变,则可以把总需求写为

$$AD = C + I$$
$$= \overline{C} + c \cdot Y + I$$

总需求中不变的自发消费与投资称为自发总需求($\overline{A}$),它不随收入的变动而变动,可以把上式写为

$$AD = \overline{A} + c \cdot Y$$

这样就可以把总需求决定国民收入的图画为图 7-6。

总需求曲线 AD_0 的截距为 $\overline{A}$,即自发总需求。斜率为边际消费倾向 c。AD_0 向右上方倾斜说明总需求中由于包括引致消费而随国民收入的增加而增加。AD_0 与 45°线相交于 E,仍决定了均衡国民收入为 Y_0。

均衡国民收入均衡的条件是总供给(国民收入)与总需求相等,即

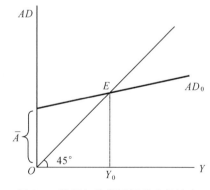

图 7-6　消费与均衡国民收入的决定

$$Y_0 = AD$$

因为

$$AD = \overline{A} + c \cdot Y_0$$

所以

$$Y_0 = \overline{A} + c \cdot Y_0$$

移项得

$$Y_0 - c \cdot Y_0 = \overline{A}$$

$$Y_0 = \frac{1}{1-C} \cdot \overline{A}$$

●●● 同步训练

目标：理解简单国民收入决定理论。

7.2.3.3　总需求与国民收入水平的变动

均衡国民收入水平由总需求决定，因此，总需求的变动必然引起均衡国民收入水平的变动，即总需求增加，均衡国民收入增加；总需求减少，均衡国民收入减少。

从图7-7中可以看出，总需求的变动表现为总需求曲线的平行移动。这说明总需求的变动是由自发总需求的变动所引起的。设自发总需求的变动量为 $\Delta\overline{A}$，则这三条总需求曲线为

$$AD_0 = \overline{A} + c \cdot Y$$

$$AD_1 = \overline{A} + \Delta\overline{A} + c \cdot Y$$

$$AD_2 = \overline{A} - \Delta\overline{A} + c \cdot Y$$

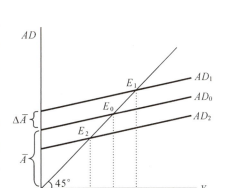

图 7-7　总需求变动与均衡国民收入的决定

📖 知识链接

节约的悖论

根据上述总需求与国民收入变动的关系，还可以进一步研究储蓄与国民收入的变动关系。在既定的收入中，消费与储蓄是呈反方向变动的，即消费增加，储蓄减少；消费减少，储蓄增加。消费是总需求的一个重要组成部分，储蓄增加会使消费减少，总需求减少，从而国民收入减少；反之，储蓄减少会使消费增加，总需求增加，从而国民收入增加。因此，储蓄的变动会引起国民收入随之反方向变动。

根据消费与储蓄对国民收入的不同影响，凯恩斯得出这样一个与传统的道德观相矛盾的推论：按传统的道德观，增加储蓄是好的，减少储蓄是恶的。但按上述储蓄变动引起国民收入反方向变动的理论，增加储蓄会减少国民收入，使经济衰退，是恶

207

的;而减少储蓄会增加国民收入,使经济繁荣,是好的。这种矛盾被称为"节约的悖论"。当然,节约悖论的发生是有前提的,即要看所处的经济周期阶段。

(资料来源:保罗·A.萨缪尔森,威廉·D.诺德豪斯.经济学(第12版)[M].高鸿业,等译.北京:中国发展出版社,1992:281)

7.2.4 政府的经济活动与均衡国民收入的决定

在三部门经济中,总需求除了消费、投资外,还包括政府支出。一般来说,政府通过对产品和劳务的购买或征税等活动,调整总需求的水平,从而影响国民收入水平。

7.2.4.1 政府支出与均衡国民收入

如果设政府支出 $I=I_0$,$G=G_0$,因为 $Y=C+I+G$,$C=\bar{C}+c \cdot Y$,所以

$$Y=\bar{C}+c \cdot Y+I_0+G_0$$

$$Y=\frac{1}{1-c} \cdot (\bar{C}+I_0+G_0)$$

这表示政府从事产品与劳务购买时的支出与自发性消费和自发性投资类似,这种支出通过支出与重新支出的反复进行而加倍创造收入。如图 7-8 所示。在图 7-8 中,国民收入由 Y_1 增加到 Y_2,是因为总需求中增加了政府支出 G。

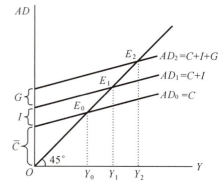

图 7-8 政府支出与国民收入的决定

7.2.4.2 政府课税与均衡国民收入

如果政府课征的是一种总额税,那么个人可支配收入必定因课征总额税而减少。个人可支配收入由个人消费与个人储蓄构成。因此,消费和储蓄两者都随政府的课税而减少(至于消费和储蓄各自减少多少,则由边际消费倾向和边际储蓄倾向决定),从而影响均衡国民收入的决定。

假设政府课税额为 T,$I=I_0$,$G=G_0$,因为 $Y=C+I+G$,所以

$$C=\bar{C}+c(Y-T)$$

$$Y=\bar{C}+c(Y-T)+I_0+G_0$$

$$Y=\frac{1}{1-c}(\bar{C}+I_0+G_0-cT)$$

可见,课税的结果,是使收入的均衡水平下降。

同步训练

●●●● 同步训练

目标:理解简单国民收入决定理论。

7.2.5 乘数理论

自发总需求的增加会引起国民收入的增加,但是,一定量自发总需求的增加会使国民收入增加多少,即总需求增加与国民收入增加之间的量的关系如何呢?乘数理论可以回答这个问题。

乘数(multiplier)是指自发总需求的增加所引起的国民收入增加的倍数,或者说是国民收入增加量与引起这种增加的自发总需求增加量之间的比率。

根据均衡国民收入决定的公式,增加的总需求与增加的国民收入相等,即

$$\Delta Y = \Delta AD = \Delta \overline{A} + c \cdot \Delta Y$$

$$\Delta Y - c \cdot \Delta Y = \Delta \overline{A}$$

$$\Delta Y = \frac{1}{1-c} \cdot \Delta \overline{A}$$

增加的国民收入(ΔY)与引起国民收入增加的自发总需求量($\Delta \overline{A}$)之比$\frac{1}{1-c}$就是乘数。如果以 a 代表乘数,则有

$$a = \frac{1}{1-c}$$

乘数公式表明,乘数的大小取决于边际消费倾向。边际消费倾向越大,乘数越大;边际消费倾向越小,乘数越小。

从乘数公式还可以看出,因为边际消费倾向是小于 1 的,所以乘数一定是大于 1 的。这反映了国民经济各部门之间存在着密切的联系。某一部门自发总需求的增加,不仅会使本部门收入增加,而且会在其他部门引起连锁反应,从而使这些部门的需求与收入也增加,最终使国民收入的增加量数倍于最初自发总需求的增加量。

当然,乘数的作用是双重的,即当自发总需求增加时,所引起的国民收入的增加量大于最初自发总需求的增加量;当自发总需求减少时,所引起的国民收入的减少量也大于最初自发总需求的减少量。所以,经济学家形象地把乘数称为一把"双刃剑"。

同时,乘数发生作用是需要一定条件的。这些条件包括:第一,投资乘数在假定消费函数或储蓄函数既定不变的条件下才能顺利地发挥作用。如遇到通货膨胀、战争以及政府政策的不正确引导等情况,消费行为就会偏离正常轨道。第二,社会上各种资源没有得到充分利用时,总需求的增加才会使各种资源得到利用,产生乘数作用。如果社会上各种资源已经得到充分利用,或者某些关键部门(如能源、原料或交通等)存在着制约其他资源利用的"瓶颈"状态,乘数就无法发挥作用。

同步训练

国民收入决定理论

第7章

●●● 同步训练

目标:理解乘数理论。

7.3 *IS*-*LM* 模型

在简单国民收入决定模型中,只研究了利息与投资不变的情况下,总需求对均衡国民收入的决定。但实际上,利息率和投资都是变动的,而且,其对总需求和国民收入影响较大。在 *IS-LM* 模型中,就是要分析在利息率与投资变动的情况下,总需求对国民收入的决定,以及利息率与国民收入之间的关系。

IS-LM 模型是说明物品市场与货币市场同时达到均衡时国民收入与利息率决定的模型。在这里,*I* 是指投资,*S* 是指储蓄,*L* 是指货币的需求,*M* 是指货币的供给。

7.3.1 *IS* 曲线

IS 曲线是描述物品市场达到均衡,即 *I* = *S* 时,国民收入与利息率之间呈反方向变动的曲线。如图 7-9 所示。

在图 7-9 中,横轴 *OY* 代表国民收入,纵轴 *OI* 代表利息率。*IS* 曲线上的任何一点都是 *I* = *S*,即物品市场达到均衡。*IS* 曲线向右下方倾斜,表明在物品市场实现均衡时,利息率与国民收入呈反方向变动,即利息率高则国民收入低,利息率低则国民收入高。

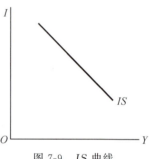

图 7-9　*IS* 曲线

为什么在物品市场上利息率与国民收入呈反方向变动呢? 这是因为利息率与投资呈反方向变动。投资的目的是实现利润的最大化。投资者一般用贷款来投资,而贷款必须支付利息,而利润最大化实际是偿还利息后纯利润的最大化,这样,投资就要取决于利润率与利息率。如果利润率既定,则投资就要取决于利息率。利息率越低,纯利润就越大,从而投资就越多;反之,利息率越高,纯利润就越小,从而投资就越少。所以,利息率与投资呈反方向变动。

●●● **同步训练**

目标:理解 *IS* 曲线的含义。

投资是总需求的一个重要组成部分,投资增加,总需求增加;投资减少,总需求减少。而总需求又与国民收入同方向变动。因此,利息率与国民收入呈反方向变动。

也可以用总需求公式来说明:投资也可以分为两部分,一部分是不随利息率变动的自发投资($\bar{I}$),如技术进步引起的投资;另一部分则是取决于利息率($b \cdot i$)的投资,与利息率呈反方向变动。所以

$$AD = C + I$$

$$=\bar{C}+c \cdot Y+\bar{I}-b \cdot i$$
$$=(\bar{C}+\bar{I})+c \cdot Y-b \cdot i$$

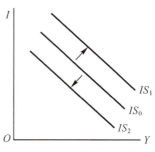

式中$(\bar{C}+\bar{I})$为自发总需求,假定$c \cdot Y$不变,则总需求AD与i呈反方向变动,总需求与均衡国民收入同方向变动。所以,利率与国民收入呈反方向变动。

自发总需求的变动(如自发消费、自发投资)会使IS曲线平行移动。如图7-10所示。

图7-10　IS曲线的移动

在图7-10中,当自发总需求增加时,IS曲线向右上方移动,即从IS_0移动到IS_1;当自发总需求减少时,IS曲线向左下方移动,即从IS_0移动到IS_2。

7.3.2　LM曲线

LM曲线是描述货币市场达到均衡,即$L=M$时,国民收入与利息率之间呈同方向变动的曲线。如图7-11所示。

在图7-11中,LM曲线上的任何一点都是$L=M$,即货币市场实现了均衡。LM曲线向右上方倾斜,表明在货币市场实现均衡时,利息率与国民收入呈同方向变动,即利息率高则国民收入高,利息率低则国民收入低。

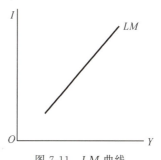

图7-11　LM曲线

在货币市场上,利息率与国民收入呈同方向变动可以用凯恩斯主义的货币理论来解释。根据这一理论,货币需求(L)由L_1与L_2组成,L_1代表货币交易需求,取决于国民收入,与国民收入呈同方向变动,记为$L_1=L_1(Y)$;L_2代表货币投机需求,取决于利息率,与利息率呈反方向变动,记为$L_2=L_2(i)$。货币供给(M)是指实际货币供给量,由中央银行的名义货币供给量与价格水平决定。货币市场的均衡条件是

$$M=L=L_1(Y)+L_2(i)$$

从上式中可以看出,当货币供给既定时,如果货币的交易需求(L_1)与预防需求增加,为了保持货币市场均衡,则货币的投机需求(L_2)必然减少。L_1的增加是国民收入增加的结果,而L_2的减少则是利息率上升的结果。因此,在货币市场实现均衡时,国民收入与利息率必然呈同方向变动。

同步训练

●●●同步训练

目标:理解LM曲线的含义。

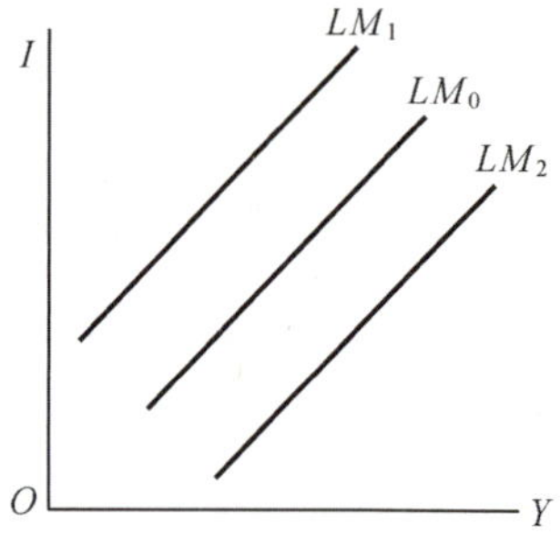

货币供给量的变动会使 LM 曲线平行移动。

在图 7-12 中,当货币供给量增加时,LM 曲线向右下方移动,即从 LM_0 移动到 LM_2;当货币供给量减少时,LM 曲线向左上方移动,即从 LM_0 移动到 LM_1。

图 7-12 LM 曲线的移动

7.3.3 IS-LM 模型的应用

7.3.3.1 国民收入与利率的决定

把 IS 曲线与 LM 曲线放在同一个图上,就可以得出两个市场同时实现均衡时,国民收入与利息率的决定的 IS-LM 模型。如图 7-13 所示。

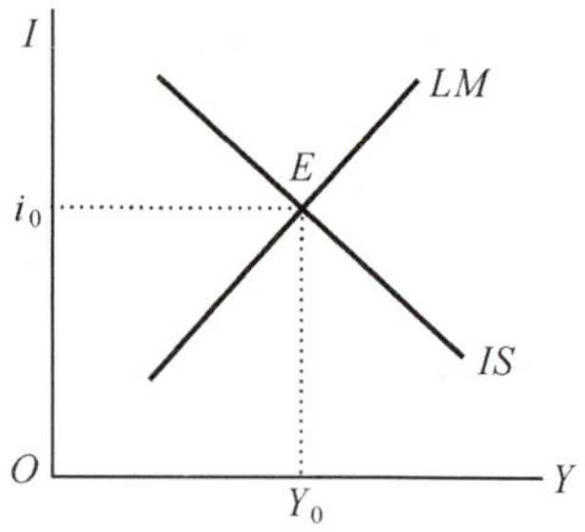

在图 7-13 中,IS 曲线上的任意一点都表示物品市场的均衡,即 $I=S$;LM 曲线上的任意一点都表示货币市场的均衡,即 $L=M$。IS 与 LM 相交于 E 点,在 E 点上两种市场同时均衡,这时决定了利息率水平为 i_0,均衡的国民收入水平为 Y_0。而且也只有在利息率为 i_0、国民收入水平为 Y_0 时,两种市场才能同时达到均衡。

图 7-13 IS-LM 模型

7.3.3.2 自发总需求变动对国民收入和利率的影响

自发总需求变动会引起 IS 曲线的移动,从而影响国民收入与利率的变动。即在 LM 不变的情况下,自发总需求增加,IS 曲线向右上方平行移动,从而国民收入增加,利率上升;反之,自发总需求减少,IS 曲线向左下方移动,从而国民收入减少,利率下降。如图 7-14 所示。

在图 7-14 中,IS_0 与 LM 相交于 E_0,决定了利息率为 i_0,国民收入为 Y_0。当自发总需求增加时,IS 曲线从 IS_0 移动到 IS_1,这就引起国民收入从 Y_0 增加到 Y_1,利息率从 i_0

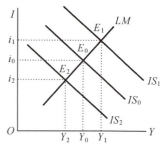

图 7-14 自发总需求变动对国民收入和利率的影响

上升到 i_1。反之,当自发总需求减少时,IS 曲线从 IS_0 移动到 IS_2,这就引起国民收入从 Y_0 减少到 Y_2,利息率从 i_0 下降为 i_2。

在三部门经济中,政府支出由政府的政策决定,在经济分析中其也作为一种自发性支出,也是自发总需求的一个组成部分。所以,在这里如果把财政支出的变动作为自发总需求的变动,分析的就是财政政策对国民收入和利率的影响。

资料卡 7-5

2015 年: 积极的财政政策更加积极

近年来,受全球经济持续低迷以及国内经济结构调整战略实施的影响,我国经济增长呈现出明显放缓的态势,步入了中高速增长的"新常态"。在实际经济增长率由 2010

年的 10.3% 下降到 2014 年的 7.4%,特别是 2015 年面临较大的经济下行压力、经济运行变得更加复杂的情况下,要保持国内生产总值增长 7% 左右,积极的财政政策如何更有效地发挥作用,成为社会各界关注的焦点之一。在此背景下,政府工作报告明确提出,"积极的财政政策要加力增效",实现"既扩大市场需求,又增加有效供给,努力做到结构调优而不失速"的目标。

财政赤字率是衡量积极的财政政策扩张力度的一个重要指标。自 2010 年以来,我国一直在采取适度扩张的财政政策——赤字率在 2012 年为 1.5%,2013 年和 2014 年均保持在 2.1%,2015 年赤字率将进一步提高到 2.3%。当然,现实赤字率由于包含了经济波动的影响,并不能非常准确地反映出财政政策的扩张力度,而结构性赤字率——剔除了经济周期影响的赤字率是更为科学的反映财政政策态势的指标。根据测算,自 2010 年以来,我国结构性赤字率也一直保持着不断增加的趋势:结构性赤字率由 2010 年的 1.27% 持续提高到 2014 年的 2.03%,预计 2015 年将达到 2.24%。由此可见,积极财政政策的扩张力度相对较大,而且体现出渐进增强的特点。2015 年积极财政政策的扩张性不仅体现在赤字率特别是结构性赤字率的提高上,而且还体现在支出强度的进一步加大上。根据 2015 年财政预算报告和财政部新闻发言人公布的预算信息,在 2015 年的支出安排中,还额外安排了符合《中华人民共和国预算法》(2014 年修改,以下简称新《预算法》)规定的、不计入赤字的两项支出:一是中央财政动用以前年度结转资金 1124 亿元,以扩大支出规模;二是增加安排地方政府专项债券 1000 亿元并纳入地方政府性基金预算管理,主要用于有一定收益的公益性项目建设支出。

此外,在我国地方政府承担较多支出责任且又是经济增长重要推手的情况下,加大地方支出力度或减轻地方支出压力,无疑是增强积极财政政策支出强度、稳定经济增长的有效途径之一。2015 年,伴随着新《预算法》的实施和预算方法的变化,地方政府可以腾出更多的债务资金用于其他急需支出、重点民生支出事项。比如,地方一般债务也可实行余额管理,从而使地方政府可用债务资金增加 1714 亿元;又如,"财政部已下达地方存量债务 1 万亿元置换债券额度,允许地方把一部分到期的高成本债务转换成地方政府债券",而政府债券利率一般较低,可使地方政府一年减少利息支出 400 亿至 500 亿元,这些节省出来的资金可用于加大其他支出。

2015 年的积极财政政策围绕"打造大众创业、万众创新和增加公共产品、公共服务'双引擎'"发力。为了"打造大众创业、万众创新引擎",继续实行结构性减税和普遍性降费,进一步减轻企业特别是小微企业负担。为了增加公共产品和服务供给,在压缩一般性支出、严格控制"三公"经费预算的同时,2015 年安排中央基建投资 4776 亿元,不仅比上年增加 200 亿元,而且投资结构进一步调整优化,主要用于国家重大工程、跨地区和跨流域的投资项目以及外部性强的重点项目;同时,进一步加大了政府对教育、卫生、社会保障、保障性安居工程等方面的投入。

虽然 2015 年赤字率将提高到 2.3%,但从财政赤字的国际经验、国债负担率以及积极财政政策的作用手段、实施效果来看,我国的财政风险是可控的。尽管如此,我们也必须清醒地认识到,我国经济步入"新常态",考虑到当前和未来一段较长时期内我国的主要战略任务是促进经济转型升级、实现创新型增长方式的转变,因此,财政政策应保持适度的扩张性,绝不能忽视财政政策的可持续性。首先,我国政府债务特别是地方政府债务规模增长过快,财政安全存在较大的潜在风险,这决定了财政政策的扩张空间较为有限。其次,我国道路交通等基础设施业已实现了跨越式发展,大规模基础设施投资的边际收益开始递减,因此,以大规模基础设施建设为主要载体的扩张性财政政策的有效性将会大打折扣。虽然今后一段时期政府在基础设施、公用事业等领域尚需保持一定规模的投资,但"政府不唱'独角戏',积极推广政府和社会资本合作模式",否则,积极的财政政策虽"加力"了,但无法"增效",财政风险也会加重。

(资料来源:郭庆旺.2015:积极的财政政策更加积极[J].决策探索(下半月),2015(3))

●●● **同步训练**

> 目标:理解 *IS-LM* 国民收入决定模型。

同步训练

7.3.3.3 货币量变动对国民收入和利率的影响

货币量变动会引起 *LM* 曲线的移动,从而使国民收入与利率变动。即在 *IS* 曲线不变的情况下,货币量增加,*LM* 曲线向右下方平行移动,从而国民收入增加,利率下降;反之,货币量减少,*LM* 曲线向左上方移动,从而国民收入减少,利率上升。如图 7-15 所示。

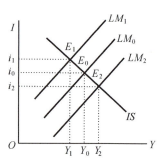

图 7-15 货币量变动对国民收入和利率的影响

如果货币量变动是由央行的货币政策的变动引起的,这里分析的就是货币政策对国民收入和利率的影响。当然,我们也可以同时分析自发总需求变动与货币量变动对国民收入与利率的影响,从而说明财政政策与货币政策的共同作用与配合。

总之,*IS-LM* 模型分析了储蓄、投资、货币需求与货币供给如何影响国民收入与利率。这一模型不仅精炼地概括了总需求分析,而且可以用来分析财政政策和货币政策。因此,这一模型被称为宏观经济学的核心。

资料卡 7-6

中国 2017 年货币政策

当前,我国经济基本面仍然要求货币政策保持稳健。一季度我国 GDP 同比增长6.9%,增速超出市场预期。与此同时,投资增速加快、出口由负转正等,显示出我国经济下行压力有所缓解,经济运行总体平稳。但目前仍有不少企业,尤其是中小企业经营较为困难,如果货币政策大幅收紧,会导致企业融资成本快速上升,加剧其盈利困难的局面。

当前我国经济回暖基础尚不稳固、金融市场情绪较为敏感,央行会更加谨慎地使用信号意义较强的货币政策工具,如提准、加息等,选择在稳健的总基调下,灵活运用各期限货币政策工具调节流动性。正如央行有关负责人所说,在经济结构调整过程中,货币政策总体应保持审慎稳健,协调好稳增长、调结构、抑泡沫、防风险等多目标之间的关系,既适度扩大总需求,防止经济短期过快下行,又不能过度放水,防止因货币供给过多产生加杠杆和资产泡沫风险。

(资料来源:才道.中国货币政策定当自有主张[N].经济日报,2017-07-03(10))

●●● **同步训练**

同步训练

目标:理解 *IS-LM* 国民收入决定模型。

7.4 总需求—总供给模型

供给侧改革

在总需求分析中,我们假设总供给可以随总需求的增加而增加,以及价格水平不变,因此没有分析总供给对国民收入决定的影响以及价格水平的决定。但在现实中,总供给是有限的,价格水平也是变动的。在总需求—总供给模型中,我们就要把总需求分析与总供给分析结合起来,说明总需求与总供给如何决定国民收入与价格水平。

7.4.1 总需求曲线

总需求曲线是表明物品市场与货币市场同时达到均衡时总需求与价格水平之间关系的曲线。如图 7-16 所示。

在图 7-16 中,*OP* 代表价格水平,*OY* 代表国民收入,总需求曲线 *AD* 是一条向右下方倾斜的曲线。这说明总需求与价格水平呈反方向变动,即价格水平上升,总需求减少;价格水平下降,总需求增加。

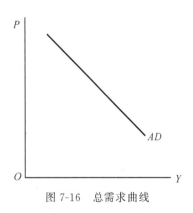
图 7-16 总需求曲线

我们可以用 *IS-LM* 模型来解释总需求与价格水平反方向变动的原因。在 *IS-LM* 模型中,货币供给量指实际货币供给量,取决于名义货币供给量与价格水平。当名义货币供给量不变时,实际货币供给量与价格水平呈反方向变动,即价格水平上升,实际货币供给量减少;价格水平下降,实际货币供给量增加。在货币需求不变的情况下,实际货币供给量的减少使利息率上升,利息率上升又使投资减少,总需求减少;反之,实际货币供给量的增加使利息率下

国民收入决定理论

第7章

降,利息率下降又使投资增加,总需求增加。这样,总需求与价格水平就呈反方向变动。

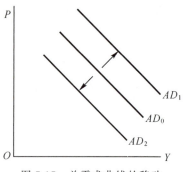

图 7-17 总需求曲线的移动

自发总需求的变动会引起总需求曲线的移动。当自发总需求增加时,总需求曲线向右上方移动,表明在价格水平既定时,自发总需求由于其他原因而增加了。当自发总需求减少时,总需求曲线向左下方移动,表明在价格水平既定时,自发总需求由于其他原因而减少了。如图7-17所示。

在图 7-17 中,自发总需求增加,总需求曲线由 AD_0 移动到了 AD_1;自发总需求减少,总需求曲线由 AD_0 移动到了 AD_2。

●●● 同步训练

目标:理解总需求曲线。

同步训练

7.4.2 总供给曲线

总供给曲线是表明物品市场与货币市场同时达到均衡时总供给与价格水平之间关系的曲线。它反映了在每一既定价格水平时,所有厂商愿意提供的产品与劳务的总和。总供给取决于资源利用的情况。在不同的资源利用情况下,总供给曲线,即总供给与价格水平之间的关系是不同的,如图 7-18 所示,总供给曲线有三种情况。

第一种情况:总供给曲线是一条与横轴平行的线。这表明在价格水平不变的情况下,总供给可以增加。这是因为资源还没有得到充分利用,所以,可以在不提高价格的情况下,总供给增加。这种情况由凯恩斯提出,称为"凯恩斯主义总供给曲线"(a—b)。

第二种情况:总供给曲线是一条向右上方倾斜的线,表明总供给与价格水平同方向变动。这是因为在资源接近充分利用的情况下,产量增加使生产要素的价格上升,从而成本增加,价格水平上升。这种情况在短期中存在,所以称为"短期总供给曲线"(b—c)。

第三种情况:总供给曲线是一条垂线,这表明无论价格水平如何上升,总供给都不会增加。这是因为资源已经得到了充分利用,即经济中实现了充分就业,总供给已无法增加。在长期中总会实现充分就业,因此,这一曲线称为"长期总供给曲线"(c 以上)。

在资源条件既定,即潜在的国民收入既定的条件下,凯恩斯主义总供给曲线与长期总供给曲线是不变的,但短期总供给曲线是可以变动的。如图 7-19 所示。

在图 7-19 中,总供给曲线向右下方移动,即从 AS_0 移动到 AS_2,表示在价格不变的情况下,其他原因(如组织变革、技术进步等)引起总供给增加。总供给曲线向左上方移动,即从 AS_0 移动到 AS_1,表示在价格不变的情况下,其他原因(如资源减少、管理不力等)引起总供给减少。

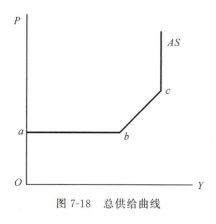

图 7-18　总供给曲线

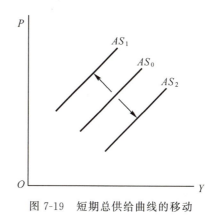

图 7-19　短期总供给曲线的移动

●●●同步训练

目标：理解总供给曲线。

7.4.3　总需求—总供给模型的应用

这一模型是把总需求曲线与总供给曲线结合在一起来说明国民收入与价格水平的决定。如图 7-20 所示。

在图 7-20 中,总需求曲线 AD 与总供给曲线 AS 相交于 E,这时就决定了均衡国民收入水平为 Y_0,均衡的价格水平为 P_0。

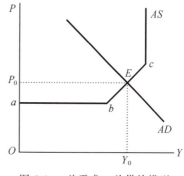

图 7-20　总需求—总供给模型

7.4.4　总需求变动对国民收入与价格水平的影响

分析总需求变动对国民收入与价格水平的影响时,必须考虑总供给曲线的不同情况。

7.4.4.1　凯恩斯主义总供给曲线情况下

在这种总供给曲线情况下,总需求增加会使国民收入增加,而价格水平不变;总需求减少会使国民收入减少,而价格水平也不变。即总需求的变动不会引起价格水平的变动,只会引起国民收入的同方向变动。如图 7-21 所示。

在图 7-21 中,AS 为凯恩斯主义总供给曲线,AS 与 AD_0 相交于 E_0,决定了国民收入水平为 Y_0,价格水平为 P_0。总需求增加,总需求曲线由 AD_0 移动到 AD_1,这时 AD_1 与 AS 相交于 E_1,决定了国民收入水平为 Y_1,价格水平仍为 P_0,这就表明总需求

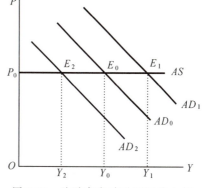

图 7-21　总需求变动对国民收入与价格水平的影响(1)

增加使国民收入由 Y_0 增加到 Y_1，而价格水平未变。相反，总需求减少，总需求曲线由 AD_0 移动到 AD_2，这时 AD_2 与 AS 相交于 E_2，决定了国民收入水平为 Y_2，价格水平仍为 P_0，这就表明总需求减少使国民收入由 Y_0 减少到 Y_2，而价格水平仍然未变。

7.4.4.2　短期总供给曲线情况下

在这种总供给曲线情况下，总需求的增加会使国民收入增加，价格水平上升；总需求的减少会使国民收入减少，价格水平下降。即总需求的变动引起国民收入与价格水平的同方向变动。如图 7-22 所示。

在图 7-22 中，AS 为短期总供给曲线，AS 与 AD_0 相交于 E_0，决定了国民收入水平为 Y_0，价格水平为 P_0。总需求增加，总需求曲线由 AD_0 移动到 AD_1，这时 AD_1 与 AS 相交于 E_1，决定了国民收入水平为 Y_1，价格水平为 P_1，这就表明总需求增加使国民收入由 Y_0 增加到 Y_1，使价格水平由 P_0 上升到 P_1。总需求

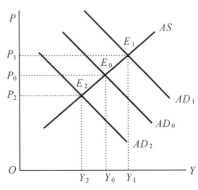

图 7-22　总需求变动对国民收入与价格水平的影响(2)

减少，总需求曲线由 AD_0 移动到 AD_2，这时 AD_2 与 AS 相交于 E_2，决定了国民收入水平为 Y_2，价格水平为 P_2，这就表明总需求减少使国民收入由 Y_0 减少到 Y_2，使价格水平由 P_0 下降为 P_2。

7.4.4.3　长期总供给曲线情况下

在这种总供给曲线情况下，由于资源已经得到充分利用，所以总需求增加只会使价格水平上升，而国民收入不会变动；同样，总需求减少也只会使价格水平下降，而国民收入不会变动。即总需求的变动只会引起价格水平的同方向变动，而不会引起国民收入的变动。如图 7-23 所示。

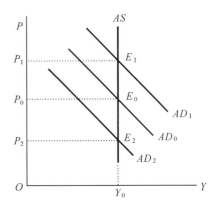

图 7-23　总需求变动对国民收入与价格水平的影响(3)

在图 7-23 中，AS 为长期总供给曲线，AS 与 AD_0 相交于 E_0，决定了充分就业时的国民收入水平为 Y_0，价格水平为 P_0。总需求增加，总需求曲线由 AD_0 移动到 AD_1，这时 AD_1 与 AS 相交于 E_1，所决定的国民收入水平仍为 Y_0，价格水平为 P_1，这表明总需求增加使价格水平由 P_0 上升为 P_1，而国民收入仍为 Y_0。总需求减少，总需求曲线由 AD_0 移动到 AD_2，这时 AD_2 与 AS 相交于 E_2，所决定的国民收入还是 Y_0，价格水平为 P_2，这表明总需求减少使价格水平由 P_0 下降为 P_2，而国民收入不变，仍为 Y_0。

资料卡 7-7

中国经济增长未来主要靠拉动内需

中国内需潜力巨大，除了"新四化"——工业化、城镇化、农业现代化、信息化，还有"互联网＋"、中国制造 2025、制造业 4.0。这些新的变化交叉融合会带来巨大潜力，对投

资和消费都有巨大的拉动作用。未来,中国经济的增长主要靠拉动内需。

具体来讲,也可以从两个层面看,一是投资,尽管现在固定资产投资增速在回落,但中国投资的潜力仍然比较大。过去多年来,在各级政府大力推动下,我国基础设施建设取得了巨大的成就,2015 年一季度增长 23.1%,比 2014 年同期增长了 0.6 个百分点。但我们的人均基础设施水平和发达国家相比仍然有巨大差距。中西部地区差距更大。现在一些环境保护的设施、与民生改善相关的设施仍然不足,如地下管网建设、环保,基础设施的投资空间依然很大。

二是从需求层面来看,潜力更大。中国 2000 年达到总体小康,解决了温饱问题。2000 年以来中国的消费结构升级在加快,由原来的吃穿为主的生存性消费向住、行、教育、旅游这些发展性和享受性消费过渡。过去几年,汽车行业发展很快,大家有目共睹。即使这样,汽车行业仍然还有比较大的增长空间。现在美国的汽车拥有量为每百户超过200 辆,欧洲一些发达国家的汽车拥有量为每百户超过 150 辆,而中国每百户的汽车拥有量不到 35 辆。从这个角度来讲,汽车行业还有较大的发展空间。

这个问题解决以后,还有旅游、教育、养老、卫生、医疗、文化,这些方面消费结构的升级刚刚开始,空间刚刚打开。最近在网上看到一个数据,中国 2014 年出境游达 1 亿多人次。假如有一些国内景点,一些基础设施更加完善,则可以激发出更多的消费潜力。中国的人口老龄化在加速,健康养老业的需求是巨大的。

总的来说,在中国,消费升级正在加快,消费所打开的需求的潜在空间是无限的。所以,中国不缺少增长点,不缺少消费热点,关键是怎么样把这些消费潜力激发出来,这就要继续提高居民收入、继续改善消费环境、继续缓解或者解决居民消费的后顾之忧。多种政策、多种途径共同作用,中国的消费潜力会得到进一步的挖掘和激发。这也是我们为什么对中国经济增长有信心、有底气。

(资料来源:盛来运:中国经济增长未来主要靠拉动内需[EB/OL].(2015 - 04 - 15)[2018 - 06 - 25]. http://www.xinhuanet.com/fortune/2015 - 04/15/c_127692898.htm)

●●●**同步训练**

> 目标:理解总需求—总供给模型。

同步训练

7.4.5　短期总供给变动对国民收入与价格水平的影响

短期总供给是会变动的,这种变动同样会影响国民收入与价格水平。在总需求不变时,总供给增加,即产量增加,会使国民收入增加,价格水平下降;而总供给减少,即产量减少,会使国民收入减少,价格水平上升。如图 7-24 所示。

在图 7-24 中，AS_0 与 AD 相交于 E_0，决定了国民收入水平为 Y_0，价格水平为 P_0。当总供给增加时，总供给曲线由 AS_0 移动到 AS_2，AS_2 与 AD 相交于 E_2，决定了国民收入水平为 Y_2，价格水平为 P_2，这表明由于总供给的增加，国民收入由 Y_0 增加到了 Y_2，而价格水平由 P_0 下降到了 P_2。当总供给减少时，总供给曲线由 AS_0 移动到 AS_1，AS_1 与 AD 相交于 E_1，决定了国民收入水平为 Y_1，价格水平为 P_1，这表明由于总供给的减少，国民收入水平由 Y_0 减少到了 Y_1，而价格水平却由 P_0 上升为 P_1。

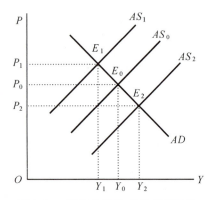

图 7-24　短期总供给变动对国民收入与价格水平的影响

同步训练

●●● 同步训练

目标：理解总需求—总供给模型。

➡️ 【本章小结】

■ 框架体系

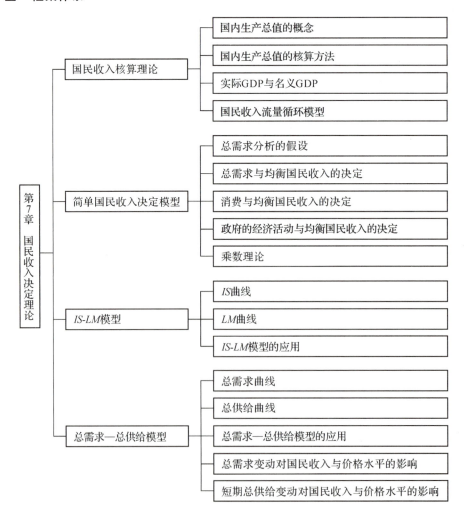

第7章 国民收入决定理论	国民收入核算理论	国内生产总值的概念
		国内生产总值的核算方法
		实际GDP与名义GDP
		国民收入流量循环模型
	简单国民收入决定模型	总需求分析的假设
		总需求与均衡国民收入的决定
		消费与均衡国民收入的决定
		政府的经济活动与均衡国民收入的决定
		乘数理论
	IS-LM模型	IS曲线
		LM曲线
		IS-LM模型的应用
	总需求—总供给模型	总需求曲线
		总供给曲线
		总需求—总供给模型的应用
		总需求变动对国民收入与价格水平的影响
		短期总供给变动对国民收入与价格水平的影响

■ 主要术语

国内生产总值　国民生产总值　国民收入　个人收入　个人可支配收入　消费函数
储蓄函数　边际消费倾向　乘数　IS 曲线　LM 曲线　总需求　总供给

■ 主要理论

宏观经济学的中心理论是国民收入决定理论。本章主要介绍了国民收入的基本概念、组成、核算方法和技术,讨论了简单国民收入决定模型、IS-LM 模型和总需求—总供给模型。以下几个方面作为本章重点,你应该掌握好。

□ GDP 是在某一既定时期一个国家或地区内生产的所有最终物品和劳务的市场价值。在国民收入核算体系中所讲的国民收入实际上包括五个总量,即国民生产总值、国民生产净值、国民收入、个人收入、个人可支配收入。

□ 国民收入存在基本的恒等关系,在两部门经济中,$C+S=C+I$ 或 $S=I$;在三部门经济中,$C+S+T=C+I+G$;在四部门经济中,$C+I+G+X=C+S+T+M$。

□ 在简单国民收入决定模型中,决定国民收入的总需求包括消费需求、投资需求、政府需求等。其中,消费需求包括自发消费和引致消费,投资需求取决于利润率与利息率的差额。总需求与国民收入同方向变动。消费需求的变动主要取决于个人可支配收入、平均消费倾向和边际消费倾向。平均消费倾向是指消费在收入中所占的比重;边际消费倾向是指增加的消费在增加的收入中所占的比重。消费、投资和其他任何支出的变化,都具有扩大经济活动的效果。这种扩大效果称为乘数,即自发总需求的增加所引起的国民收入增加的倍数。

□ 在 IS-LM 模型中,IS 曲线表明在物品市场实现均衡时,利率与国民收入反方向变化;LM 曲线表明在货币市场均衡时,利率与国民收入同方向变化。可以用 IS-LM 模型来解释政府的财政政策和货币政策的作用机理。

□ 在总需求—总供给模型中,总供给曲线分为三种情况,即凯恩斯主义总供给曲线、短期总供给曲线和长期总供给曲线。总需求的变动在不同的总供给曲线情况下,对国民收入和价格水平有不同的影响,在凯恩斯总供给曲线情况下,总需求变动只会引起国民收入的同方向变动而不会引起价格水平的变动;在短期总供给曲线情况下,总需求与国民收入和价格水平同方向变动;在长期总供给曲线情况下,总需求的变动只会引起价格水平的同方向变动而不会引起国民收入的变动。

⇨【理论自测】

■ 客观题

□ 选择题

1. 为每个关键术语选择一个定义。

理论自测

| | 国内生产总值(GDP) | A. 一个国家以当年价格(或不变价格)计算的在一年内用于生产的各种生产要素所得到的全部收入。实际上就是劳动、土地和资本的纳税前收益的总额 |

_____ 国民收入　B. 指增加的储蓄在增加的收入中所占的比例

_____ 名义 GDP   C. 名义 GDP 与实际 GDP 之比

_____ 实际 GDP   D. 需求的增加引起收入的增加,进一步引起需求的增加

_____ GDP 平减指数   E. 财政支出的增加导致民间投资的减少,引起国民收入的减少

_____ 乘数效应   F. 单位收入的增加引起的消费的增加

_____ 挤出效应   G. 在既定时期内(一般为一年),在一个国家或地区内生产的所有最终物品和劳务的市场价值

_____ 边际消费倾向   H. 按当年价格计算的 GDP

_____ 边际储蓄倾向   I. 按不变价格(统计时确定的某一年,即基年的价格)计算的某一年的 GDP

_____ 引致消费   J. 不取决于收入的消费

_____ 自发消费   K. 随着收入的变动而变动的消费

2. 在实际核算中,国内生产总值有哪些计算方法分别从不同的方面反映国内生产总值及其构成?(　　)

A. 生产法　　　　　B. 收入法　　　　　C. 支出法　　　　　D. 部门法

3. 支出法计算国内生产总值是从最终使用的角度反映一个国家(或地区)一定时期内生产活动最终成果的一种方法,支出法计算的国内生产总值包括哪些部分?(　　)

A. 最终消费　　　　　　　　　　B. 资本形成总额

C. 货物和服务净出口　　　　　　D. 政府购买

4. 引致消费取决于(　　)。

A. 自发消费　　　　　　　　　　B. 边际消费倾向

C. 收入　　　　　　　　　　　　D. 收入与边际消费倾向

5. 在以下四种情况中,乘数最大的是(　　)。

A. 边际消费倾向为 0.6　　　　　B. 边际消费倾向为 0.4

C. 边际消费倾向为 0.7　　　　　D. 边际消费倾向为 0.5

6. 自发总需求增加 100 万元,使国民收入增加了 1000 万元,那么此时的边际消费倾向为(　　)。

A. 100%　　　　B. 10%　　　　C. 90%　　　　D. 50%

7. IS 曲线向左下方移动的条件是(　　)。

A. 自发总需求增加　　　　　　　B. 自发总需求减少

C. 价格水平下降　　　　　　　　D. 价格水平上升

8. 在 LM 曲线不变的情况下,自发总需求的增加会引起(　　)。

A. 国民收入增加,利率上升　　　　B. 国民收入增加,利率下降

C. 国民收入下降,利率上升　　　　D. 国民收入下降,利率下降

9. 在短期总供给曲线情况下,总需求减少引起( )。

A. 价格水平下降,国民收入增加   B. 价格水平下降,国民收入减少

C. 价格水平上升,国民收入增加   D. 价格水平上升,国民收入减少

□ 判断题

( )1. 利率提高增加货币的需求量,因为它增加了货币的收益率。

( )2. 物价水平上升使得货币需求曲线向右移动。

( )3. 货币供给增加使得货币供给曲线向右移动,利率上升,投资减少,并使得总需求曲线向左移动。

( )4. 如果边际消费倾向为 0.8,那么乘数值为 8。

( )5. 假设投资者对未来预计悲观,那么政府应减少支出,增加税收。

■ 主观题

1. GDP 指标衡量经济福利时有哪些好处? 有哪些不足?

2. 改革开放初期,我们国家要大力引进外资来发展经济,而现在鼓励有实力的企业到国外投资,为什么?

3. 改革开放初期,国家鼓励储蓄,现在经济发展了,国家鼓励消费。从国民收入决定理论的角度来说明其中的道理。

▷【应用自测】

1. 假设下表记录的是整个经济的总产量和物价,2016 年为基年。

年　份	汽水的价格/元	汽水的数量/瓶	牛仔裤的价格/元	牛仔裤的数量/件
2016	2	3000	100	100
2017	2	3200	110	100

根据上述资料回答下列问题:

(1)2016 年、2017 年的名义 GDP 是多少?

(2)2016 年、2017 年的实际 GDP 是多少?

(3)2016 年、2017 年的 GDP 平减指数的值是多少?

(4)从 2016 年到 2017 年,物价上升了百分之多少?

(5)从 2016 年到 2017 年,名义 GDP 的增加主要是由于实际产量的增加还是物价上升?

2. 假设国民收入为 12 万亿元,政府购买为 3.5 万亿元,民间投资为 5 万亿元,出口为 2 万亿元,进口为 1 万亿元,请回答以下问题:

(1)按照支出法,国民收入的计算公式是什么?

(2)净出口是多少?

(3)民间消费是多少?

(4)假设财政赤字为 0.5 万亿元,政府税收是多少?

↦ 【案例分析】

■ 案例评论

□ 案例 1

人口老龄化与经济增长

资料一：改革开放近 40 年来,中国经济一直保持着高于世界水平的"超高速度"增长,特别是从 1982 年到 2012 年的 30 年时间里,中国的 GDP 从 5373.4 亿元增长到了 540367.4 亿元,增长了近 100 倍,平均年增长率在 10% 以上,这不能不说是一个"经济奇迹"。从 2014 年开始,中国的 GDP 总值超过了 10 万亿美元,成为继美国之后"10 万亿美元俱乐部"的成员,同时 GDP 总量稳居世界第二。

资料二：2015 年我国 60 岁及以上人口达到 2.22 亿人,占总人口的 16.15%。预计到 2020 年,我国老年人口将达到 2.48 亿人,老龄化水平将达到 17.17%,其中,80 岁及以上人口将达到 3067 万人;2025 年,60 岁及以上人口将达到 3 亿人,我国将成为超老年型国家。为了缓解我国老龄化加速的问题,我国在 2015 年 10 月开始实施"全面二孩"政策。

□ 问题

1. 经济增长是增加还是减少对货币的需求?

2. 人口老龄化是增加还是减少货币的供给?

3. 货币的供给与需求的变动使得利率增加还是降低?

4. 案例中提到的情况对国民收入有什么影响? 为什么?

□ 考核点

GDP;货币供求;国民收入决定理论

□ 案例 2

经济增长的亚洲模式

资料一："亚洲四小龙"(中国香港、新加坡、中国台湾、韩国)在 20 世纪储蓄率高,经济增长速度也快,例如,在 1995 年,韩国的储蓄率为 36%,中国台湾地区的储蓄率为 27%,中国香港地区的储蓄率为 32%,新加坡的储蓄率高达 50.8%。在 20 世纪 80 年代,亚洲的泰国、马来西亚、印尼等曾经出现了经济高速经济增长,它们的储蓄率也相当高,例如,在 1992 年,泰国的储蓄率为 36.2%,马来西亚的储蓄率为 37.2%。

资料二："亚洲四小龙"深受儒家文化的影响。儒家文化的一个重要特点就是崇尚节俭、储蓄。有人认为亚洲国家的高储蓄率跟这一文化影响有关,换言之,儒家文化在某种程度上成就了 20 世纪 80 年代"亚洲四小龙"的崛起。

□ 问题

1. 写出支出法下 GDP 的表达式。

2. 有人认为,"亚洲四小龙"及东南亚一些国家的经济快速增长与它们的高储蓄率密切相关。你认为这种观点对吗?为什么?

3. 请问"亚洲四小龙"的崛起与儒家文化有关吗?为什么?

4. 如果一味崇尚节俭,不鼓励消费,可能会出现什么问题?

☐ 考核点

GDP;货币供求;国民收入决定理论

☐ 案例 3

对扩张性经济政策提出警告

凯恩斯提出扩大政府开支(雇人挖沟,再雇人填沟)和增加货币供应的政策来对付需求不足,是违背经济学的原则,即资源优化配置的,所以他提出这套理论时不能被当时的经济学家们所接受。然而凯恩斯理论在一个特定的条件下是对的,即社会的市场机制能正常运作,经济波动导致需求不足时,他的办法是有效的。

可是我国的问题不是经济波动,而是储蓄转变成投资的渠道因为社会信用不良而不畅通。如果不逐步改善信用,而是扩大政府开支,增加货币供应,虽能见一时之效,终究不能持久,而且相反,可能会进一步破坏社会信用,使今后的治理更为困难。因为从宏观上看,任何一笔投资如果不能产生经济效益而形成了亏损(即使是公路建设,也有投入产出的比较),最终这笔损失必须由社会中某些人群承担,而不是由做出错误决策的人承担。这个过程正是破坏信用的过程,当今治理宏观问题的对策应该是全力建设金融市场,疏通资金流通渠道,在加强监管的同时发展民间金融机构,全力改善社会信用。

雇人挖沟,再雇人填沟,是资金的浪费,会造成一笔无人负责的负债,也就是一个金融窟窿。但如果市场机制健全,只要经济周转起来,以后政府的税收增加,窟窿就可以被填上。可是就我国的情况而言,市场机制存在严重的问题,光用浪费资金的办法去刺激需求,不从改善市场机制方面做艰苦细致的工作,只会使我们更接近于金融危机。人为扩大需求是最容易做的事,它也肯定有刺激经济的作用,但破坏信用的负面影响却无法被直接观察到。

2001 年一至三季度投资结构的特点是:投资增加几乎全靠缺乏效率的国有单位,而且这些投资中贷款部分增长缓慢,债券融资却大幅上升,同比增加了 137%。投资局面仍是"政府投资孤军奋战"(刘立峰语),说明仍旧在拿政府信用做抵押。经济扩张政策执行已有一年半了,至今需求增长未见起色。认真分析我国宏观经济的症结究竟出在哪里,是其时矣。

(资料来源:茅于轼.对扩张性经济政策提出警告[EB/OL].(2004 - 06 - 11)[2018 - 06 - 25]. http://finance.sina.com.cn/g/20040611/1641809824.shtml)

□ 问题

1. 假定政府投资建设一条公路，投资 100 亿元，但后来发现由于规划错误，不能全部收回投资，造成亏损 50 亿元。

(1)假定政府通过增加税收来补偿该损失，会对社会总需求产生什么影响？

(2)假定还有一家商业银行进行了贷款，由于亏损贷款不能全部收回，这会对银行的行为产生什么影响？对整个经济产生什么影响？

2. 结合这篇文章，说明在市场机制不够完善、中介组织也很不发达的情况下，政府运用宏观经济政策刺激国民收入增长会有哪些问题。

□ 考核点

经济政策；国民收入增长

■ **决策设计**

□ 案例

2016 年国民经济和社会发展统计公报

初步核算，2016 年全年国内生产总值达 744127 亿元，比 2015 年增长 6.7％。其中，第一产业增加值为 63671 亿元，增长 3.3％；第二产业增加值为 296236 亿元，增长 6.1％；第三产业增加值为 384221 亿元，增长 7.8％。第一产业增加值占国内生产总值的比重为 8.6％，第二产业增加值比重为 39.8％，第三产业增加值比重为 51.6％，比 2015 年提高 1.4 个百分点。全年人均国内生产总值为 53980 元，比 2015 年增长 6.1％。全年国民总收入为 742352 亿元，比 2015 年增长 6.9％。

全年居民消费价格比 2015 年上涨 2.0％，工业生产者出厂价格下降 1.4％，工业生产者购进价格下降 2.0％，固定资产投资价格下降 0.6％，农产品生产者价格上涨 3.4％（见表 7-6）。

表 7-6　2016 年居民消费价格比 2015 年涨跌幅度

单位：％

指　标	全　国	城　市	农　村
居民消费价格	2.0	2.1	1.9
其中：食品烟酒	3.8	3.7	4.0
衣　着	1.4	1.5	1.3
居　住	1.6	1.9	0.6
生活用品及服务	0.5	0.5	0.2
交通和通信	−1.3	−1.4	−1.1
教育文化和娱乐	1.6	1.5	1.9
医疗保健	3.8	4.4	2.5
其他用品和服务	2.8	2.9	2.2

2016 年年末全国就业人员为 77603 万人,其中,城镇就业人员有 41428 万人。全年城镇新增就业 1314 万人,年末城镇登记失业率为 4.02%。全国农民工总量为 28171 万人,比上年增长 1.5%。其中,外出农民工有 16934 万人,增长 0.3%;本地农民工有 11237 万人,增长 3.4%。

□问题

1. 国民经济和社会发展统计公报的第一部分,是用哪个统计方法来表述 GDP 数值的?

2. 物价水平上升是否意味着所有物品价格同时上升?

3. 物价不断上升,对老百姓而言,有什么对策可以使自己的财富不贬值?

4. 2016 年本地农民工人数的增长远高于外出农民工人数的增长,如何解释这一现象?

□ 考核点

稀缺性;物价指数;失业率

▷【自我评价】

学习成果	自我评价
我已经理解和掌握了国内生产总值等国民经济总量的含义及相互关系	□很好　□较好　□一般　□较差　□很差
我已经理解了两部门经济、三部门经济和四部门经济中的收入流量循环模型	□很好　□较好　□一般　□较差　□很差
我已经初步掌握了国民收入核算的理论、方法和技术	□很好　□较好　□一般　□较差　□很差
我已经理解了简单国民收入决定的理论以及消费、投资、政府收支等变动对国民收入和利率决定的影响	□很好　□较好　□一般　□较差　□很差
我已经理解了扩大国民收入决定理论(IS-LM 模型),掌握了自发总需求变动、货币供给变动等对国民收入和利率决定的影响	□很好　□较好　□一般　□较差　□很差
我已经理解和掌握了乘数理论	□很好　□较好　□一般　□较差　□很差
我已经理解了总需求—总供给模型,掌握了总供给变动、总需求变动对国民收入和价格水平决定的影响	□很好　□较好　□一般　□较差　□很差

失业与通货膨胀理论 ▶▶▶

|||||||||||||||||||||||||||||||||||||||||||||||||||||||||||||||||||||||||||||||||||

■ 失业理论

■ 通货膨胀理论

■ 失业与通货膨胀的关系

|||||||||||||||||||||||||||||||||||||||||||||||||||||||||||||||||||||||||||||||||||

教学说明

ⓖ 导入语

当你从学校毕业踏入社会,寻找属于适合自己的工作时,是否意味着你加入了失业的队伍?你是否感觉到了失业带给你的压力?你的工资从每月 1000 元涨到每月 2000 元,是否意味着你的实际收入涨了一倍?其实,有时工资上涨了,生活却变得窘迫了,因为物价在飞速上涨。

失业与通货膨胀是目前世界各国经济中普遍存在的主要问题,无论是发达国家还是发展中国家,都不同程度地存在着失业与通货膨胀两大社会问题。人们不禁要问,在今天的社会中我们是否还能够享受充分就业和物价稳定的幸福呢?失业与通货膨胀问题是宏观经济学研究的主要问题之一。

ⓖ 学习目标

◎ 理解失业与通货膨胀的含义;

◎ 掌握衡量失业与通货膨胀程度的方法;

◎ 明确引起失业与通货膨胀的原因;

◎ 理解失业与通货膨胀对经济的多重影响;

◎ 掌握更好地提高就业能力的方法。

8.1 失业理论

8.1.1 失业与充分就业

8.1.1.1 失　业

什么是失业？失业是否等同于没有工作？有些人没有工作是由于年老或年幼，有些人则是由于不愿意参加工作。**经济学上的失业是指有劳动能力的人找不到工作的状态。**所以，失业者首先是在一定的年龄范围内；其次是自身愿意工作，并在努力寻找工作。

一个国家或地区的失业程度如何，不是看失业总人数的多少，而是看失业率的大小。失业率是指失业人数与劳动力总数的比率，用百分数表示，其计算公式为

$$失业率 = \frac{失业人数}{劳动力总数} \times 100\%$$

$$劳动力总数 = 失业人数 + 就业人数$$

资料卡 8-1

美国的失业情况

在美国，失业率由劳工部进行统计并每月公布。统计的数据是用人口随机抽样的方式得出的，每月的抽样数为 6 万个家庭左右。要进行调查时，把人口分为就业者、失业者以及非劳动力者（包括全日制学生、退休者、家务劳动者）三类。失业者包括以下三种人。

第一，没有工作，但在调查前 4 周内一直在努力找工作的人。

第二，被暂时解雇、等待被重新招回原工作岗位的人。

第三，在 30 天内等待开始新工作的人。

此外，在部分时间工作的人是就业者，而不是失业者。

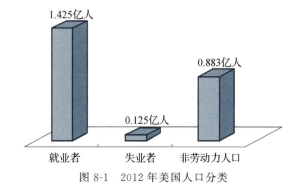

图 8-1　2012 年美国人口分类

从图 8-1 可以看出，美国在 2012 年的就业者是 1.425 亿人，失业者是 0.125 亿人，劳动力总数是 1.55 亿人（1.55＝1.425＋0.125），失业率为 8.1%$\left(8.1\% = \frac{0.125}{1.55} \times 100\%\right)$。

表 8-1　2012 年美国不同人口群体的失业情况

人口群体	成年人（20 岁及以上）				青少年（16～19 岁）			
	白人男性	白人女性	黑人男性	黑人女性	白人男性	白人女性	黑人男性	黑人女性
失业率/%	6.2	6.4	12.7	11.3	24.5	18.4	41.3	35.6

从表 8-1 中可以看出美国不同人口群体的失业情况：成年白人女性的失业率略高于男性；黑人的失业率高于白人；青少年的失业率高于成年人。

（资料来源：曼昆.经济学基础（第 7 版）[M].梁小民，梁砾，译.北京：北京大学出版社，2016：116 - 117）

资料卡 8-2

人社部：2016 年高校毕业生 765 万人，就业压力大

人力资源和社会保障部部长尹蔚民在就业和社会保障有关情况发布会上表示，2016 年我国就业形势比较复杂、非常艰巨。尹蔚民表示，有三个方面将对 2016 年的就业形势产生重要的影响：第一个方面，化解过剩产能会造成一部分职工下岗；第二个方面，经济下行压力比较大，有一部分企业生产经营困难，会造成企业用工不足；第三个方面，以高校毕业生为主的青年就业群体的数量还在持续增加，这将对就业产生很大的压力。2016 年的高校毕业生是 765 万人，比 2015 年又增加了 16 万人，而且中职毕业生和初高中毕业以后不再继续升学的学生大约也有 765 万人。青年的就业群体加在一起大约有 1500 万人，这个压力也是非常大的。

（资料来源：人社部：2016 年高校毕业生 765 万人 就业压力大[EB/OL].（2016 - 03 - 01）[2018 - 06 - 25].http：//career.eol.cn/news/201603/t20160301_1370245.shtml）

同步训练

●●●●**同步训练**

目标：掌握失业率的计算方法。

8.1.1.2　失业的类型

由于失业的原因不同，失业可以分为三大类：自然失业、周期性失业和隐蔽性失业。

（1）自然失业

自然失业是指经济中某些难以避免的原因所引起的失业，在任何动态的市场经济中，这种失业都是必然存在的。自然失业又可以根据其具体原因的不同分为以下五种类型。

①摩擦性失业。这是人们在不同的地区、职业或生命周期的不同阶段不停地变动工作所引起的失业。也就是说,在动态的经济中,总有一部分人或自愿或被迫地离开原来的地区或职业,从离开旧工作到找到新工作之间总有一段时间间隔,这一时期中的人就处于失业状态。例如,一个人自动离开原来的工作,想换一个新的工作,在新旧工作转换之间就会有一段失业期;一个大学生从毕业到寻找到第一份工作之间也存在一段时间的失业。

②结构性失业。这是指劳动力供应种类与社会对劳动力需求的种类不相吻合所导致的失业。这时,劳动力的供求在总量上也许是平衡的,但在结构上不平衡,出现了"有人没事做,有事没人做"的局面。例如,在信息时代,对技术人员的需求增加,而对普通工人的需求减少。另外,某些歧视,如种族歧视、性别歧视,也会造成结构性失业。

③季节性失业。这是某些部门、某些行业的间歇性生产特征造成的失业。如就农业而言,在春耕和秋收季节,就业人数会增加;而在农闲季节,就业人数就会减少。旅游业往往也有旅游旺季和淡季之分,也存在季节性失业。

④技术性失业。这是指技术进步所引起的失业。在经济增长过程中,技术进步的必然趋势是生产中越来越广泛地采用资本密集型技术,越来越先进的设备代替了工人的劳动。这样,对劳动力需求的相对减少就会使失业增加。此外,在经济增长过程中,资本品相对价格的下降和劳动力相对价格的上升,加剧了机器取代工人的趋势,从而也加剧了这种失业。

⑤古典失业。这是指工资刚性所引起的失业。按照古典经济学家的假设,如果工资具有完全的伸缩性,则工资的调整能使人人都有工作。但由于人类本性不愿使工资下降,且工会的存在与最低工资法又限制了工资的下降,这就形成工资只能升不能降的工资刚性。这种工资刚性的存在,使部分工人无法受雇而失业。这种失业是由古典经济学家提出的,所以被称为古典失业。

资料卡 8-3

自然失业

有关资料表明:美国制造业中最少有10%的工作岗位被取消。此外,在普通的一个月中有3%以上的工人失去了自己的工作,有时这是因为他们认识到,工作与他们的爱好和技能并不匹配。许多年轻的工人,为了寻找工资更高的工作而放弃了现有的工作。这在运行良好且动态的市场经济中,劳动力市场的这种变动是正常的,但结果是产生了自然失业。

(资料来源:曼昆.经济学基础(第二版)[M].梁小民,译.北京:生活·读书·新知三联书店,2003)

同步训练

目标：明确几种不同的自然失业。

（2）周期性失业

周期性失业是随着经济周期的波动而出现的。在经济的复苏和繁荣阶段，各厂商扩大生产，对劳动力的需求增加，就业人员增加；而在经济的衰退期，由于需求的减少，各厂商对劳动力的需求也减少，这样就会形成失业大军。根据凯恩斯的分析，就业水平取决于国民收入水平，而国民收入水平又取决于总需求。在经济周期的萧条阶段，总需求不足所引起的短期失业就是周期性失业。

（3）隐蔽性失业

隐蔽性失业是指有些人表面上有工作，但实际上对生产并没有贡献，或者说，这些人的边际生产力为零，也就是我们常说的"三个人的活五个人干"。这种失业导致的后果是劳动效率下降，给经济带来巨大损失。在发展中国家，这种失业特别严重。

8.1.1.3 充分就业

充分就业并不是指人人都有工作，在任何一个经济中存在一定的失业是难免的，在实现了充分就业时仍然存在的失业就是自然失业。消除了周期性失业的就业状态就是充分就业，实现了充分就业的失业率被称为自然失业率或长期均衡失业率。

充分就业与自然失业并存并不矛盾。这是因为，经济中造成失业的原因有些是难以克服的，劳动市场并不是十分完善的。这种失业的存在不仅是必然的，而且也是必要的。因为这种失业者能作为劳动后备军随时满足经济发展对劳动的需求，并作为一种对就业者的就业竞争压力，促使就业者提高劳动生产率。

自然失业率的高低取决于劳动市场的完善程度、经济发展状况等各种因素。

8.1.2 失业的原因分析

8.1.2.1 自愿失业

经济学用工资的非灵活性（工资刚性）来解释自愿失业的原因。我们通过考察一个典型劳动市场来做基础分析。如图 8-2 所示，一群工人的劳动供给曲线为 L_S，厂商对劳动的需求曲线为 L_D。当工资率很高时，供给曲线在就业量 L_f 处变得完全无弹性（垂直线）；当工资率很低时，劳动的供给量将下降。

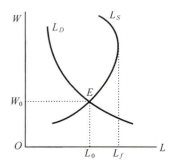

图 8-2　工资刚性与自愿失业

在图 8-2 中，劳动的供给曲线与需求曲线相交于点 E，其均衡工资率为 W_0。在竞争市场均衡条件下，厂商能雇用希望按此工资水平工作的所有工人，工人数量为 L_0。但此时仍有 $L_f - L_0$ 数量的工人失业,造成这种失业的原因在于这些工人只愿意在更高的工资率下而不是在现行工资率 W_0 下工作。所以,他们的失业是自愿失业。

自愿失业的存在是对失业的一种误解。一种经济即使存在一定数量的失业也能达到高效率运行。自愿失业的工人在现行工资率下宁愿上学或从事其他活动,但他们有可能被包括在政府统计的失业者中。

8.1.2.2 非自愿失业(周期性失业)

对于非自愿失业的原因,凯恩斯从微观和宏观两个层面进行了分析解释。

在微观层面上,凯恩斯论证了现实中的工资不能顺利地被调整,以出清劳动市场。如果工资率不能移动以出清劳动市场,那么在工作寻找者与职位空缺之间可能出现失调,导致非自愿失业。如图 8-3 所示。

在图 8-3 中,假设在某一经济干扰后,劳动力的价格为 W_1 而不是按照均衡或市场出清的工资率 W_0,结果在过高的工资率下,有更多的合格工人希望工作。愿意在 W_1 下工作的工人数量是供给曲线上 G 点对应的数量,即 $L_S = L_2$,但是厂商只愿意雇用需求曲线上 F 点对应的工人数量,即 $L_D = L_1$。因此,能找到工作的工人数量为 L_1,而 $L_2 - L_1$ 数量的工人非自愿失业,表示他们是按现行工资率 W_1 愿意工作而找不到工作的合格工人。

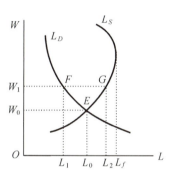

图 8-3 劳动市场出清与非自愿失业

在宏观层面上,凯恩斯用紧缩性缺口解释了非自愿失业的原因。紧缩性缺口是指当实际总需求小于充分就业总需求时,实际总需求与充分就业总需求之间的差额。如图8-4所示。

在图 8-4 中,横轴代表国民收入,纵轴代表总需求。当国民收入为 Y_f 时,经济中实现了充分就业,Y_f 为充分就业的国民收入。实现这一国民收入所要求的总需求水平为 AD_f,即充分就业的总需求。但实际的总需求为 AD_0,这一总需求水平决定的国民收入水平为 Y_0。$Y_0 < Y_f$,这就必然引起失业。$Y_0 < Y_f$ 是由 $AD_0 < AD_f$ 造成的。因此,实际需求 AD_0 与充分需求 AD_f 之间的差额(图中的 $E_f K$)就是造成这种非自愿失业的根源。

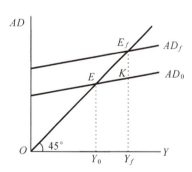

图 8-4 紧缩性缺口与非自愿失业

这种失业是由总需求不足引起的,故而也称需求不足的失业或周期性失业。

凯恩斯分析的非自愿失业主要是这种周期性失业。在两部门经济中,总需求分为消费需求与投资需求。凯恩斯认为,决定消费需求的因素是国民收入水平与边际消费倾向 MPC,决定投资需求的是预期的利润率与利息率水平。在国民收入既定的情况下,消费需求取决于 MPC。他以 MPC 递减规律说明了消费需求不足的原因。这就是说,在收入增加的同时,消费也在增加,但消费增加幅度低于收入增加幅度,这就造成了消费不足。

233

投资是为了获得最大纯利润,而这一利润取决于投资预期的利润率(即资本边际效率)与为了投资而贷款所支付的利息率。如果预期的利润率大于利息率,则纯利润大,投资就多;反之,如果预期的利润率小于利息率,则纯利润小,投资少。凯恩斯用资本边际效率递减规律说明了预期的利润率是下降的,又说明了由于货币需求(即心理上的流动偏好)的存在,利息率的下降有一定的限度,这样预期利润率与利息率越来越接近,但投资需求仍是不足的。消费需求的不足与投资需求的不足造成了总需求的不足,从而引起了非自愿失业,即周期性失业。

8.1.3 失业对经济的影响

一定程度的失业对经济的发展有促进作用。首先,失业的存在可以提高工作效率。因为如果大家都有工作,那么,劳动者必然失去工作的压力和对工作的积极性,所以一定失业率的存在,可以提高劳动者的工作积极性,从而提高工作效率。其次,失业可以优化整个社会对劳动力资源的配置。随着生产技术与需求的变动,各部门与地区的劳动需求在不断变动,劳动力为适应这种需求的变动而改变工作就是劳动力配置不断优化的过程,而这个过程恰恰是以摩擦性失业为代价的。

不过,失业的存在对经济的不利影响更为突出。

第一,失业的存在导致社会产量的减少。这种损失的大小取决于失业率的高低。美国经济学家阿瑟·奥肯在 20 世纪 60 年代提出了用以说明失业率与国民生产总值增长率之间关系的规律。这条规律被称为"奥肯定理",可用公式表示为

$$U_t - U_{t-1} = -a(Y_t - Y_{t-1})$$

式中,U_t 为 t 期的失业率,U_{t-1} 为 $(t-1)$ 期的失业率,$U_t - U_{t-1}$ 为失业率的变动率;Y_t 为 t 期的实际国民生产总值增长率,Y_{t-1} 为 $(t-1)$ 期的实际国民生产总值增长率,$Y_t - Y_{t-1}$ 为实际国民生产总值增长率的变动。失业率与实际国民生产总值增长率反方向运动,即失业率提高,实际国民生产总值增长率降低;反之,失业率降低,实际国民生产总值增长率升高。所以,a 为正值,表示失业率与实际国民生产总值增长率变动之间的系数。该系数为 3 左右,即失业率每变动 1%,实际国民生产总值变动 3%。或者说,失业率每增加 1%,实际国民生产总值减少 3%;反之,失业率每减少 1%,实际国民生产总值增加 3%。也有的经济学家认为,该系数为 2 左右。

第二,失业会导致人力资本的损失。人力资本是人受到教育和获得技能的价值,人力资本来源于人从所受到的教育和在工作中所获得的经验。失业一方面使原有的人力资本得不到运用,另一方面使人力资本得不到增值。

第三,失业会给社会带来不利的影响。失业使个人收入减少,同时使失业者的精力、信心遭受严重的打击,引发许多社会与政治问题。因此,失业不利于社会的稳定,容易造成社会动荡不安,导致犯罪率上升,等等。

目标：明确失业对经济的多重影响。

8.2 通货膨胀理论

8.2.1 通货膨胀的含义与衡量

8.2.1.1 通货膨胀的含义

通货膨胀（inflation）是指平均物价水平普遍而持续地上涨和货币持续贬值的过程。对于这一概念的理解，要注意物价的上涨是指市场上大部分商品的价格持续地上涨，某一种商品价格的上涨或一时的价格上涨并不意味着发生了通货膨胀。

📚知识链接

对通货膨胀的解释

按照对通货膨胀解释的不同，经济学派大致可分为"物价派"与"货币派"。

"物价派"主要是凯恩斯主义经济学家。他们也存在某些分歧，但都主张用一般物价水平或总价格水平的上涨来定义通货膨胀。"货币派"则强调物价上涨不同于通货膨胀。通货膨胀的真正含义是货币数量的过度增长，这种增长会导致物价的上涨，但物价上涨本身并不是通货膨胀。因为物价上涨可能是由货币量过度增长引起的，也可能是由供给短缺等因素引起的。前一种情况下的物价上涨可以作为通货膨胀的表现形式，但后一种情况下的物价上涨则与通货膨胀无关。这种观点强调了通货膨胀是一种货币现象，认为通货膨胀的含义是通货即货币的过度膨胀或增长。自由主义经济学家往往采用了这种定义。"货币派"经济学家也有把通货膨胀与物价上涨联系在一起的，但他们强调这种联系的存在是因为引起物价普遍、持续上升的原因只能是货币量的过度增长。例如，美国的货币主义领袖米尔顿·弗里德曼就把通货膨胀定义为物价的普遍上涨，但强调引起这种情况的只能是货币量的过度增长，所以，通货膨胀无论在何时何地总是货币现象。正因为如此，尽管弗里德曼关于物价普遍上涨为通货膨胀的定义被广泛引用，但一般仍把弗里德曼归入通货膨胀定义的"货币派"。

这两派对通货膨胀的解释有分歧，其实质分歧在于对物价上涨原因的解释。一般而言，他们都没有否认物价上涨是通货膨胀的基本形式。所以，我们采用通货膨胀为物价水平上涨的定义。

（资料来源：梁小民.宏观经济学[M].北京：中国社会科学出版社，1996：86）

●●●**同步训练**

目标：明确通货膨胀的含义。

8.2.1.2 通货膨胀的衡量

通货膨胀一般用平均物价水平即物价指数来衡量。**物价指数是指用基期的平均物价水平的百分比来衡量某一时期的平均物价水平。**通货膨胀的大小用物价指数来表示，称为通货膨胀率。其计算公式为

$$t\text{ 年的通货膨胀率} = \frac{t\text{ 年的物价指数} - (t-1)\text{ 年的物价指数}}{(t-1)\text{ 年的物价指数}} \times 100\%$$

例如：若 t 年的物价指数为 110，$(t-1)$ 年的物价指数为 105，则 t 年的通货膨胀率为

$$\frac{110-105}{105} \times 100\% = 4.8\%$$

资料卡 8-4

表 8-2　1993—2016 年我国的通货膨胀率

年　份	通胀率/%	年　份	通胀率/%
1993	14.7	2005	1.8
1994	24.1	2006	1.5
1995	17.1	2007	4.8
1996	8.3	2008	5.9
1997	2.8	2009	−0.7
1998	−0.8	2010	3.3
1999	−1.4	2011	5.4
2000	0.4	2012	2.6
2001	0.7	2013	3.2
2002	−0.8	2014	1.5
2003	1.2	2015	1.4
2004	3.9	2016	1.6

（资料来源：艾凯数据研究中心）

物价指数分为消费物价指数、生产物价指数与国内生产总值折算指数。其中最常用的是消费物价指数（consumer price index，CPI）。CPI 是反映市场物价水平最基本的指标，CPI 反映的是典型化的城市消费者所购买的一组固定物品（如食品、住房、服装等）的价格平均上涨情况，如美国选定城市居民日常消费的 400 种物品和劳务测算 CPI。对于CPI 的计算，要对每种商品加权，计算公式为

$$CPI_t = \frac{P_t \text{食物}}{P_0 \text{食物}} \times 100 \times (\text{食物的份额})$$

$$+ \frac{P_t \text{住房}}{P_0 \text{住房}} \times 100 \times (\text{住房的份额})$$

$$+ \frac{P_t \text{服装}}{P_0 \text{服装}} \times 100 \times (\text{服装的份额})$$

$$+ \text{加权的其他商品价格的变化}$$

式中,P 表示商品的价格,t 代表计算的年份,0 代表基年,份额是指各种商品的开支在年度总消费支出中所占的比重。

生产物价指数又称批发价格指数,是指通过计算生产者在生产过程所有阶段中所获得的产品的价格水平变动而得的指数。

国内生产总值折算指数反映的是所有计入 GDP 的最终产品和劳务的价格水平的变化,这种指数因为包括了所有的商品和劳务的价格,因此能比 CPI 更全面地反映总体物价水平。

8.2.2 通货膨胀的类型

根据通货膨胀率的大小,即通货膨胀的严重程度,可以把通货膨胀分为三类:温和的通货膨胀、奔腾的通货膨胀和超速的通货膨胀。

8.2.2.1 温和的通货膨胀

温和的通货膨胀是指通货膨胀率低且价格水平稳定上升。一般认为通货膨胀率在 2％至 3％为温和的通货膨胀。有的经济学家把通货膨胀率在 5％以下的通货膨胀称为爬行的通货膨胀,这种通货膨胀下物价较为稳定,货币不会有明显的贬值,对经济不会造成明显的影响。有的经济学家认为这种通货膨胀可以刺激经济增长。

8.2.2.2 奔腾的通货膨胀

奔腾的通货膨胀是指通货膨胀率为 10％～100％。这种通货膨胀会对经济造成不利的影响。货币的快速贬值,一方面使得契约交易变得十分困难,影响了市场的正常运行;另一方面,使得货币的实际利息率下降,这样,人们会避免持有任何多余的货币,而是多购商品,金融市场受到扰乱。

8.2.2.3 超速的通货膨胀

超速的通货膨胀是指通货膨胀率以 100％甚至于更快的速度发展。这种通货膨胀对经济的影响是致命的。在这种情况下,货币失去了交易的功能,金融体系崩溃,经济生活混乱。在南北战争时期的美国,第二次世界大战后的匈牙利、中国都发生过这种通货膨胀。美国经济学家萨缪尔森在他著名的《经济学》一书中,对于美国南北战争时期南部联邦的超速通货膨胀有这样的描述:在过去,我们把钱放在口袋里到商店去买商品,用篮子装回商品。现在,我们是用篮子装钱,然后用口袋装回商品。人们只有货币,其他东西都是缺乏的。整个市场价格混乱,生产趋于崩溃。现在,每个人都储藏"东西",尽可能用掉

"坏的"货币。"坏的"货币把"好的"金属货币赶出了流通领域。结果是,部分地回到了物物交换的不方便的状况。

20 世纪 20 年代德国的过度通货膨胀

第一次世界大战以后,胜利的同盟国要求德国偿还巨额的"赔款"。但赔款额之巨大,使得偿还基本是毫无可能的,何况战争期间德国工业遭到了严重的破坏。约翰·梅纳德·凯恩斯,当时英国政府的经济顾问,警告赔款数额过大。德国政府开始简单地印钞票,为履行部分财政义务筹集资金。

从 1922 年 1 月到 1923 年 11 月,德国平均价格水平以近 200 亿为因子增长。货币的价值狂跌不已,人们一拿到货币,能多快就多快地拼命花掉。凯恩斯常说一个故事,德国人会一下子买两瓶啤酒,尽管其中一瓶会慢慢变温。因为他们担心若不这样做,当他们要买第二瓶时,价格已升高了。

货币每年在以 100% 的速度膨胀时,它每年的价值就会减少一半。如果你今天存 100 美元,5 年后,它的购买力仅相当于目前的约 3 美元。当然,你可以把名义利率调整到与极高的通货膨胀率一样,但是当高通货膨胀率出其不意地波动时,这种调整的后果可能会是灾难性的。

过度的通货膨胀时期,财富发生了大幅度的重新分配。若某人够聪明或够幸运,持有了像外汇、土地之类的资产时,他的实际财富不会因过度通货膨胀而减少。那些不能有效利用这类"防通货膨胀"资产的人,只得眼睁睁地看着自己的财富减少。

(资料来源:斯蒂格利茨.《经济学》小品和案例[M].王尔山,等译.北京:中国人民大学出版社,1998:171)

8.2.3 通货膨胀的原因分析

8.2.3.1 需求拉上型通货膨胀

这是从总需求的角度来分析通货膨胀的原因,认为通货膨胀的原因在于总需求过度增长、总供给不足,即"太多的货币追逐较少的货物",或者是"因为物品与劳务的需求超过按现行的价格可得到的供给,所以一般物价水平便上涨"。总之,需求拉上型通货膨胀就是总需求大于总供给所引起的通货膨胀。对于总需求过大的原因又有两种解释:一是凯恩斯主义的解释,强调实际因素对总需求的影响;二是货币主义的解释,强调货币因素对总需求的影响。与此相对应,也就有两种需求拉上型通货膨胀理论。

(1)凯恩斯主义的解释

当经济中实现了充分就业时,表明资源已经得到了充分利用。这时,如果总需求仍然增加,过度总需求的存在就会引起通货膨胀,可以用膨胀性缺口这一概念来说明这种通货膨胀产生的原因。

膨胀性缺口是指实际总需求大于充分就业总需求时,实际总需求与充分就业总需求之间的差额。如图 8-5 所示。

在图 8-5 中,AD_f 为充分就业总需求,这时决定的国民收入 Y_f 为充分就业的国民收入;实际总需求为 AD。尽管总需求是 AD,但因为国民收入已经达到了充分就业的水平,无法再增加,所以,实际总需求 AD 与充分就业总需求 AD_f 之间的差额 KE_f 就形成了膨胀性缺口。

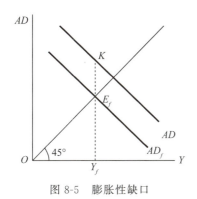

图 8-5　膨胀性缺口

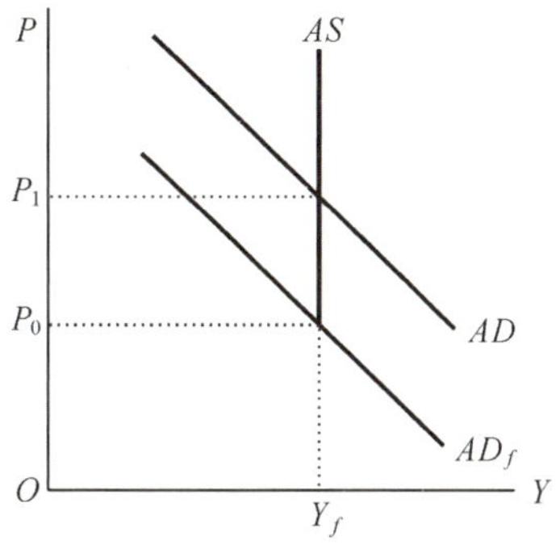

图 8-6　膨胀性缺口与通货膨胀

用图 8-6 来说明膨胀性缺口与需求拉上型通货膨胀之间的关系。

当总需求为 AD_f 时,国民收入达到了充分就业水平 Y_f,价格水平为 P_0。当总需求增加到 AD 时,国民收入已无法增加,价格水平上升到了 P_1,这样总需求过度就引起了通货膨胀。

凯恩斯强调通货膨胀与失业不会并存,通货膨胀是在充分就业实现后产生的。但实际上,在经济中未实现充分就业时,也可能产生通货膨胀。因为在产量增加的同时总需求增加,也会引起通货膨胀。如图 8-7 所示。

当总需求为 AD_0 时,国民收入水平为 Y_0,价格水平为 P_0,这时国民收入并没有达到充分就业的水平 Y_f。当总需求增加到 AD_1 时,国民收入增加到了 Y_1,这时国民收入仍没有达到充分就业的水平 Y_f,但伴随着国民收入

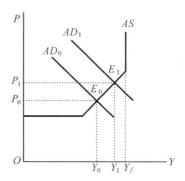

图 8-7　未充分就业时的通货膨胀

的增加,价格水平上升到了 P_1,于是,由于总需求的增加而发生了通货膨胀。这是因为当总需求增加后,总供给的增加并不能迅速满足总需求的这种增加,产生短缺,物价上涨。但由于经济中没有充分就业,价格的上升刺激了总供给,国民收入也增加了。

(2)货币主义的解释

实际因素即使对总需求有影响也是不重要的,由此所引起的通货膨胀也不可能是持久的。引起总需求过度的根本原因是货币的过量发行。

这一理论可以用下列一组方程式表示:

$$M_d = KPY \tag{1}$$

$$M_d = M_s \tag{2}$$

$$\dot{P} = f\left[JB\left(\left(\right]\frac{Y}{Y_f}[JB)\right)\right] + \dot{P}^* \quad (f'>0, f''>0) \tag{3}$$

$$\Delta\dot{P}^* = \theta(\dot{P} - \dot{P}^*) \quad (0<\theta<1) \tag{4}$$

（1）式表明名义货币需求量（M_d）是货币流通速度的倒数（K）与物价水平（P）和实际国民收入（Y）的乘积，其中 K 是既定的。

（2）式表明货币市场均衡的条件是货币需求量（M_d）与货币供给量（M_s）相等。

（3）式表明通货膨胀率（$\dot{P}$）取决于总需求函数 $f(Y/Y_f)$ 和预期的通货膨胀率（$\dot{P}^*$）。

（4）式表明预期通货膨胀率的修正（$\Delta\dot{P}^*$）取决于实际通货膨胀率与预期通货膨胀率的差额。

在以上 4 个方程式中，假定 M_s、Y、Y_f 为已知，那么就可以求出 M_d、P、$\dot{P}$ 和 $\Delta\dot{P}^*$。货币主义者把总需求作为货币供给量（M_s）和货币流通速度（V，即 $1/K$）的乘积，再把通货膨胀率作为总需求的函数，在货币流通速度稳定的情况下，货币供给量的增加会引起总需求增加，总需求的增加会引起通货膨胀。所以，有的经济学家认为，通货膨胀是发生在货币供给增加的速度超过了产量供给增加的速度的情况下的，而且每单位产品所配给的货币量增加得越快，通货膨胀的增加速度就越快。

资料卡 8-6

美国 20 世纪 60 年代的需求拉上型通货膨胀

1960 年，通货膨胀是温和的一年，通货膨胀率为 2%，但 1966 年通货膨胀率缓慢地上升到了 3%。然后在 1967 年，政府用于越南战争的购买大量增加、用于社会计划的支出增加和货币供给增长率提高共同使总需求较迅速地上升。结果，总需求曲线向右移动速度加快，物价水平迅速上升。实际 GDP 高于潜在 GDP，失业率下降到低于自然失业率。

在失业率低于自然失业率时，货币工资率开始较迅速地上升，短期总供给曲线向左移动。美联储的反应就是进一步提高货币供给增长率，需求拉上型通货膨胀的螺旋式上升开始了。1970 年，通货膨胀率上升到了 6%。在以后的 3 年中，总需求继续较迅速地增加，通货膨胀率保持在每年 6% 左右。

（资料来源：迈克尔·帕金.经济学（第 5 版）[M].梁小民，译.北京：人民邮电出版社，2003：663）

●●● **同步训练**

目标：掌握通货膨胀的类型。

8.2.3.2 成本推动型通货膨胀

这是从总供给的角度来分析通货膨胀的原因。供给就是生产,根据生产函数,生产取决于成本。因此,从总供给的角度看,通货膨胀的原因在于成本的增加。成本增加意味着只有在高于从前的价格水平时,才能达到与以前一样的产量水平,即总供给曲线向左上方移动使国民收入减少,价格水平上升,这种价格上升就是成本推动型通货膨胀。如图8-8所示。

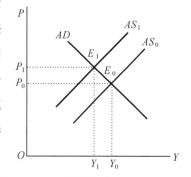

图 8-8   成本推动型通货膨胀

在图8-8中,原来的总供给曲线 AS_0 与总需求曲线 AD 决定了国民收入水平为 Y_0,价格水平为 P_0。成本增加,总供给曲线向左上方移动到 AS_1,这时总需求曲线没有变,决定了国民收入水平为 Y_1,价格水平为 P_1,价格由 P_0 上升到 P_1 是成本的增加引起的。这就是成本推动型通货膨胀。

成本推动型通货膨胀最早出现在20世纪30—40年代。首先推动成本上升的是工资,由于工资是刚性的,因此它在推动成本上升的过程中作用最明显;其次是一些原材料、初级产品、进口材料的价格上升。因此,成本推动型通货膨胀又可以根据其原因不同分为三种。

(1)工资成本推动型通货膨胀

许多经济学家都认为,工资是成本的主要部分。工资的提高会使生产成本增加,从而使价格水平上升。在劳动市场上存在着工会的卖方垄断的情况下,工会利用其垄断地位要求提高工资,雇主迫于压力提高了工资之后,就把提高的工资加入成本,提高产品的价格,从而引起了通货膨胀。

工资的增加往往是从个别部门开始的,但由于各部门之间工资的攀比行为,个别部门工资的增加往往会导致整个社会工资水平的上升,从而引起普遍的通货膨胀。而且,这种通货膨胀一旦开始,还会形成"工资—物价螺旋式上升",即工资上升引起物价上升,物价上升又引起工资上升。这样,工资与物价不断互相推动,形成严重的通货膨胀。

(2)利润推动型通货膨胀

利润推动型通货膨胀主要是一些在市场上具有垄断地位的厂商为了增加利润而提高价格所引起的通货膨胀。在不完全竞争的市场上,具有垄断地位的厂商控制了产品的销售价格,从而可以通过提高价格增加利润。尤其是在工资增加时,垄断厂商以工资的增加为借口,大幅度地提高物价,使物价的上升幅度大于工资的上升幅度,其差额就是利润的增加。这种利润的增加使物价上升,形成通货膨胀。

经济学家认为,工资成本推动型通货膨胀和利润推动型通货膨胀实际上都是操纵价格的上升,其根源在于经济中的垄断,即工会的垄断形成了工资成本推动型通货膨胀,厂商的垄断形成了利润推动型通货膨胀。

（3）进口成本推动型通货膨胀

这是指在开放经济中，进口的原材料价格上升所引起的通货膨胀。在这种情况下，一国的通货膨胀通过国际贸易渠道影响到其他国家。例如，20世纪70年代，中东石油战争的爆发导致西方市场经济国家石油价格急剧上涨，这样，进口以石油为原料的产品的价格上升，引起物价的普遍上涨，出现了通货膨胀。

8.2.3.3　供求混合推动型通货膨胀

这是把总需求与总供给结合起来分析通货膨胀的原因。经济学家认为，通货膨胀的根源不是单一的总需求或总供给，而是这两者的共同作用。

如果通货膨胀是由需求拉动开始的，即过度需求的存在引起物价上升，这种物价上升会使工资增加，那么供给成本的增加又引起成本推动型通货膨胀。如果通货膨胀是由成本推动开始的，即成本增加引起物价上升，这时如果没有总需求的相应增加，工资上升最终会减少生产，增加失业，从而使成本推动引起的通货膨胀停止。只有在成本推动的同时，又有总需求的增加，这种通货膨胀才能持续下去。如图8-9所示。

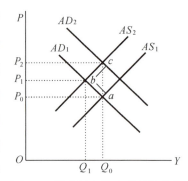

图8-9　供求混合推动型通货膨胀

在图8-9中，总供给曲线由AS_1移动到AS_2，会使物价水平由P_0上升为P_1，这是由成本推动引起的通货膨胀。但如果仅仅是成本推动，由于价格上升为P_1，产量会由Q_0下降为Q_1，最终由于经济衰退而结束通货膨胀。也就是说，这种通货膨胀不会持续下去。只有成本推动之后，总需求由AD_1移动到AD_2，才能使产量水平恢复到Q_0，而价格水平上升为P_2。这一过程中，物价上升的过程是a—b—c。

资料卡 8-7

美国20世纪70年代供给推动型通货膨胀

这种通货膨胀开始于1974年石油输出国组织把石油价格调高4倍。较高的石油价格减少了总供给，这又引起物价水平更快地上升和实际GDP的减少。这时美联储面临一种两难处境。应该通过增加货币量还是通过限制货币供给来抑制总需求呢？在1975年、1976年和1977年，美联储多次允许货币供给迅速增长，通货膨胀迅速扩展。在1979年和1980年，OPEC又提高石油价格。这时，美联储决定不再通过增加货币供给对石油价格上升做出反应。结果是经济衰退，但最终使通货膨胀率下降。

（资料来源：迈克尔·帕金.经济学（第5版）[M].梁小民，译.北京：人民邮电出版社，2003：665）

8.2.3.4　结构性通货膨胀理论

这种理论从各生产部门之间劳动生产率的差异、劳动市场的结构特征和各生产部门之间收入水平的赶超速度等角度分析了经济结构特点所引起的通货膨胀的过程。

希克斯对扩展部门与非扩展部门进行了结构分析。他认为经济中有扩展部门与非扩展部门。扩展部门正在扩大,需要更多的资源与工人,而非扩展部门已在收缩,资源与工人过剩。如果资源与工人能迅速地由非扩展部门流动到扩展部门,那么这种结构性通货膨胀就不会发生。但在现实中,由于种种限制,非扩展部门的资源与工人不能迅速地流动到扩展部门。这样扩展部门由于资源与人力短缺,资源价格上升,工资上升。而非扩展部门尽管资源与人力过剩,但资源价格并不会下降,而且工资不仅不会下降,还会由于攀比行为而上升。这样就会由于扩展部门的总需求过度和这两个部门的成本增加,尤其是工资成本增加而发生通货膨胀。

此外,各经济部门的劳动生产率不同,而各部门的工资由于攀比行为而向高水平工资看齐,也会使整个社会的工资增长率超过劳动生产率而引起通货膨胀。这也是结构性通货膨胀。

托宾分析了劳动市场结构特征所引起的通货膨胀。他认为,劳动市场的特点是失业与空位并存,即一方面有人没工作,另一方面有工作无人做。这种情况是由劳动力市场技术结构、地区结构、性别结构等特征造成的劳动力不能迅速流动引起的。在这种情况下,由于工资能升不能降的刚性,有失业存在,工资不能下降而空位存在,工资上升。这样工资水平的提高就会导致通货膨胀。

瑞典经济学家还分析了在小国开放经济中,开放部门与非开放部门的结构特征如何使国际上的通货膨胀传递到国内。

8.2.3.5 预期与惯性通货膨胀理论

这两种通货膨胀理论的重点不是分析通货膨胀的产生原因,而是分析为什么通货膨胀一旦形成以后就会持续下去。

(1)预期通货膨胀理论

预期通货膨胀理论认为,无论是什么原因引起的通货膨胀,即使最初引起通货膨胀的原因消除了,它也会由于人们的预期而持续甚至加剧。

预期对人们的经济行为有重要的影响,而预期往往又是根据过去的经验形成的。在产生了通货膨胀的情况下,人们要根据过去的通货膨胀率来预测未来的通货膨胀率,并把这种预期作为指导未来经济行为的依据。例如:上一年的通货膨胀率是10%,人们据此预测下一年的通货膨胀率也不会低于10%。这样他们就要以此作为进行下一年工资谈判的基础,即要求下一年的货币工资增长率最低为10%。下一年的货币工资增长率为10%,就使得下一年的通货膨胀率最低也会由于货币工资的增加而保持10%的水平。于是,由于预期的关系,即使引起上一年通货膨胀率为10%的原因消失了,下一年的通货膨胀率仍会是10%。

(2)惯性通货膨胀理论

惯性通货膨胀理论也是要解释通货膨胀持续的原因,但它所强调的不是预期,而是通货膨胀本身的惯性。

根据这种理论,无论是什么原因引起的通货膨胀,即使最初的原因消失了,通货膨胀也会由于本身的惯性而持续下去。这是因为,工人与企业所关心的是相对工资与相对价格水平。他们在决定自己的工资时,要参照其他人的工资与价格水平。如果其他人的工资与价格由于通货膨胀上升了 10%,那么,他们在决定自己的工资与价格时,也要以这 10%的通货膨胀率为基础。通货膨胀就会由于这种惯性持续下去,因为谁也不会先降低自己的工资与价格水平。只有在经济严重衰退时,才会由于工资与物价的被迫下降而使通货膨胀中止。

预期通货膨胀理论与惯性通货膨胀理论很相近,前者由货币主义者提出,强调现在对未来的影响;后者由凯恩斯主义者提出,强调过去对现在的影响。这两种理论从不同角度解释了通货膨胀持续的原因。

8.2.4 通货膨胀对经济的影响

8.2.4.1 通货膨胀下收入的再分配

如果通货膨胀率相当稳定,人们可以完全预测,那么通货膨胀对经济的影响很小。因为在这种可预测的通货膨胀下,各种名义变量(名义工资、名义利息率等)都可以根据通货膨胀率进行调整,从而使实际变量(实际工资、实际利息率等)不变。这时通货膨胀的唯一影响是人们将减少他们所持的现金量。

在通货膨胀完全不能预测的情况下,通货膨胀将影响收入分配及经济活动。因为这时无法准确地根据通货膨胀率来调整各种名义变量以及相应的经济行为。可从以下三个方面分析这一问题。

第一,在债务人与债权人之间,通货膨胀将有利于债务人而不利于债权人。这是因为,债务契约根据签约时的通货膨胀率来确定名义利息率。当发生了未预测到的通货膨胀之后,债务契约无法更改,从而就使实际利息率下降,债务人受益,而债权人受损。这会对贷款特别是长期贷款产生不利影响,使债权人不愿意发放贷款。贷款减少会使投资减少。这种不可预测的通货膨胀对住房建设贷款这类长期贷款最不利,从而也就会减少住房投资这类长期投资。

第二,在雇主与工人之间,通货膨胀将有利于雇主而不利于工人。这是因为,在不可预测的通货膨胀之下,工资不能迅速地根据通货膨胀率来调整,从而在名义工资不变或略有增长的情况下使实际工资下降。实际工资的下降将使利润增加,而利润的增加是有利于刺激投资的。这正是一些经济学家主张以通货膨胀来刺激经济发展的理由。

第三,在政府与公众之间,通货膨胀将有利于政府而不利于公众。这是因为,在不可预测的通货膨胀之下,名义工资尽管不一定能保持原有的实际工资水平,但总会有所增长。随着名义工资的提高,达到税收起征点的人增加了,还有许多人的收入进入了更高的税率等级,这样,政府的税收增加,而公众纳税数额增加,实际收入减少。政府从这种通货膨胀中所得到的税收称为"通货膨胀税"。这实际上是政府对公众收入的掠夺。这种通货膨胀税的存在,不利于储蓄的增加,也影响了私人与企业投资的积极性。

同步训练

●●● 同步训练

目标:掌握通货膨胀对社会收入分配的影响。

8.2.4.2 通货膨胀对经济的多重影响

由以上分析可以得出,通货膨胀引起货币价值的变动,导致货币无法准确地作为价值的尺度,价格信号被扭曲,任何人都有可能由此而受损失,这样就增加了经济中的不确定性与风险,不利于经济活动。那么,通货膨胀对经济发展究竟有利还是不利呢?经济学家对此没有一致的看法,其观点大体上可以分为三种:有利论、不利论和中性论。

(1)有利论

有利论者认为通货膨胀,尤其是温和的通货膨胀有利于经济发展,在他们看来,通货膨胀是经济发展必不可缺的润滑剂。理由是:第一,通货膨胀造成的有利于雇主而不利于工人的影响可以增加利润,从而刺激投资;第二,通货膨胀所引起的"通货膨胀税"可以增加政府税收,从而增加政府支出,刺激经济发展;第三,通货膨胀会加剧收入分配的不平等,而高收入者的储蓄倾向又大于低收入者,所以,通货膨胀可以通过加剧收入不平等而增加储蓄。他们强调,对于资金缺乏的发展中国家来说,利用通货膨胀来发展经济尤为重要。

(2)不利论

不利论者认为通货膨胀是不利于经济发展的。理由是:第一,在市场经济中,通货膨胀使价格信号扭曲,价格无法正常反映社会供求状态,从而使价格调节经济的作用无法正常发挥;第二,通货膨胀破坏了正常的经济秩序,使投资风险增大、社会动荡,从而导致经济混乱、效率低下;第三,通货膨胀所引起的紧缩性政策会抑制经济发展;第四,在固定汇率下通货膨胀所引起的货币贬值不利于对外经济交往。他们强调,也许通货膨胀在某个时期可以促进经济发展,但最终结果却是不利于经济发展的。采用通货膨胀的方法刺激经济无疑是"饮鸩止渴"。

(3)中性论

中性论者认为通货膨胀与经济增长并没有什么必然的联系。他们认为,货币在经济中是中性的,从长期来看,货币量变动引起的通货膨胀,既不会有利于经济的发展,也不会不利于经济的发展。决定经济发展的是实际因素(如劳动、资本、自然资源等),而不是价格水平。因此,没有必要把经济增长与通货膨胀联系在一起。

以上三种观点各有自己的理论与实际依据,很难说哪种观点绝对正确。应该说,在不同国家的不同历史时期,通货膨胀有不同的作用,只有把通货膨胀与经济增长放在具体的历史条件下进行分析才有意义。但从两次世界大战后的情况来看,通货膨胀弊大于利,借助通货膨胀来发展经济决非上策。

通货膨胀引起的税收扭曲

几乎所有税收都扭曲了激励,引起人们改变自己的行为,并使经济资源的配置无效率。但是,在存在通货膨胀时,许多税收对激励的扭曲变得更严重。原因是当法律制定者在制定税法时往往没有考虑到通货膨胀。那些研究税规的经济学家得出的结论是,通货膨胀倾向于增加储蓄所得的收入的税收负担。

通货膨胀抑制储蓄的一个例子是税收对资本收益——以高于购买价格出售一种资产所得到的利润的处理。假设 1980 年你用你的一些储蓄以每股 10 美元购买了微软公司的股票,并在 2000 年以每股 50 美元的价格卖出了股票。根据税法,当你在计算你的应纳税收入时必须把你赚到的 40 美元资本收益包括在你的收入中。但是,假设从 1980 年到 2000 年物价总水平翻了一番。在这种情况下,1980 年你投资的 10 美元相当于(按购买力计算)2000 年的 20 美元。当你以 50 美元卖出你的股票时,你的实际收益仅仅为 30 美元。但是,税规并不考虑通货膨胀,并对 40 美元的收益征税。因此,通货膨胀扩大了资本收益规模,而且在无形中增加了这种收入的税收负担。

(资料来源:曼昆.经济学基础(第二版)[M].梁小民,译.北京:生活·读书·新知三联书店,2003:496)

8.3 失业与通货膨胀的关系

有人形容失业与通货膨胀是一对经济魔鬼,这两者是经济中的两个主要问题。那么,它们之间存在什么样的关系呢?不同的经济学家对此做了不同的解释。

8.3.1 凯恩斯的观点: 失业与通货膨胀不会并存

凯恩斯认为,在未实现充分就业,即存在劳动力闲置的情况下,总需求的增加只会使国民收入增加,而不会引起价格水平上升。也就是说,在未实现充分就业的情况下,不会发生通货膨胀。在充分就业实现,即资源得到充分利用之后,总需求的增加无法使国民收入增加,而增加的需求会因为有限的供给发生竞争,结果引起价格上升。也就是说,在发生了通货膨胀时,一定已经实现了充分就业。这种通货膨胀是由总需求过度引起的,即需求拉上型通货膨胀。凯恩斯关于失业与通货膨胀之间关系的论述,可用图 8-10 来说明。

在图 8-10 中,当总需求增加,即总需求曲线从 AD_0 移动到 AD_1 时,由于还没有实现充分就业,总需求变动只引起国民收入的增加,而不会引起价格的变化,所以国民收入从

Y_0 增加到 Y_f，而价格水平仍然是 P_0，没有发生变化。当总需求继续增加，即总需求曲线从 AD_1 移动到 AD_2 时，由于已经实现了充分就业，所以国民收入是充分就业时的国民收入 Y_f，价格水平由 P_0 上升到了 P_1，这时如果总需求继续增加，而国民收入不再增加，则会由于过度需求引发通货膨胀。

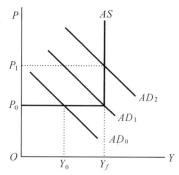

图 8-10　失业与通货膨胀不会并存

由此看来，通货膨胀和失业是不会并存的。同样，要同时消灭失业与通货膨胀也是不可能实现的。因此，各国的经济政策都是把失业与通货膨胀控制在适度的范围内。在一些发达的市场经济国家，往往把 5% 以内的自然失业率看作实现了充分就业的宏观政策目标；而把 3% 以下的通货膨胀率看作是实现了物价稳定。在这个失业率与通货膨胀率下，可以认为既实现了充分就业，又实现了物价稳定。

凯恩斯对失业与通货膨胀关系的这种论述，适用于 20 世纪 30 年代大萧条时的情况，但并不符合战后各国的实际情况。这样，其他经济学家就试图做出新的解释。

8.3.2　菲利浦斯曲线

8.3.2.1　失业与通货膨胀的替代关系

菲利浦斯曲线是用来表明失业与通货膨胀之间替代关系的曲线，由新西兰经济学家菲利浦斯提出。菲利浦斯根据英国 1861—1957 年失业率与货币工资变动率的统计数据，提出了一条用以表示失业率和货币工资变动率之间替代关系的曲线。这条曲线表明，当失业率较低时，货币工资增长率较高；反之，当失业率较高时，货币工资增长率较低，甚至是负数。因为工资的上涨，往往意味着物价水平的上升，所以，用通货膨胀率代替货币工资增长率成为表示菲利浦斯曲线的一种较为常见的方式。因此，这条曲线就可以表示失业率与通货膨胀率之间的替代关系，即失业率高，则通货膨胀率低；反之，失业率低，则通货膨胀率高。这就是说，失业率高表明经济处于萧条阶段，这时工资与物价水平都较低，从而通货膨胀率也就低；反之，失业率低表明经济处于繁荣阶段，这时，工资与物价水平都较高，从而通货膨胀率也就高。失业率与通货膨胀率之间存在反方向变动关系，是因为通货膨胀使实际工资下降，从而能刺激生产，增加劳动的需求，减少失业。

菲利浦斯曲线可以用图 8-11 加以说明。

在图 8-11 中，横轴代表失业率，纵轴代表通货膨胀率，向右下方倾斜的 PC 即为菲利浦斯曲线。这条曲线表明，当失业率 (d) 高时，通货膨胀率 (b) 低；当失业率 (c) 低时，通货膨胀率 (a) 高。两者之间存在着替代关系。

菲利浦斯曲线提出了以下几个重要的观点。

第一，通货膨胀是由工资成本推动的，这就是成本推

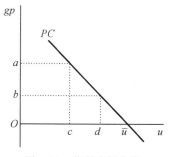

图 8-11　菲利浦斯曲线

动型通货膨胀理论。正是根据这一理论,经济学家把货币工资增长率与通货膨胀率联系起来。

第二,承认了通货膨胀与失业的替代关系。这就否认了凯恩斯关于失业与通货膨胀不会并存的观点。

第三,当失业率为自然率 $\bar{u}$ 时,通货膨胀率为零。因此,也可以把自然失业率定义为通货膨胀率为零时的失业率。

第四,为政策选择提供了理论依据。这就是说,可以运用扩张性宏观经济政策,以较高的通货膨胀率换取较低的失业率;也可以运用紧缩性宏观经济政策,以较高的失业率换取较低的通货膨胀率。这也是菲利浦斯曲线的政策含义。

菲利浦斯曲线所反映的失业与通货膨胀之间的替代关系基本符合 20 世纪 50—60 年代西方国家的实际情况。70 年代末期,由于滞胀的出现,失业与通货膨胀之间又不存在这种关系了,于是对失业与通货膨胀之间的关系又有了新的解释。

8.3.2.2　短期菲利浦斯曲线与长期菲利浦斯曲线

(1)货币主义者的观点

货币主义者在解释菲利浦斯曲线时引入了预期的因素。他们所用的预期概念是适应性预期,即人们根据过去的经验来形成并调整对未来的预期。他们根据适应性预期,把菲利浦斯曲线分为短期菲利浦斯曲线与长期菲利浦斯曲线。

在短期中,人们来不及调整通货膨胀预期,预期的通货膨胀率可能低于以后实际发生的通货膨胀率,人们实际得到的工资可能少于先前预期的实际工资,从而使实际利润增加,刺激投资,增加就业,失业率下降。在此前提下,通货膨胀率与失业率之间存在替代关系。短期菲利浦斯曲线正是表明在预期的通货膨胀率低于实际发生的通货膨胀率的短期中,失业率与通货膨胀率之间存在替代关系的曲线。所以,向右下方倾斜的菲利浦斯曲线在短期内是可以成立的。这也说明,在短期中引起通货膨胀率上升的扩张性财政政策与货币政策是可以起到减少失业的作用的。这就是宏观经济政策的短期有效性。

在长期中,人们将根据实际发生的情况不断地调整自己的预期。人们预期的通货膨胀率与实际发生的通货膨胀率迟早会一致。这时人们要求增加名义工资,使实际工资不变,从而通货膨胀就不会起到减少失业的作用。这时菲利浦斯曲线是一条垂线。表明失业率与通货膨胀率之间不存在替代关系。而且,在长期中,经济总能实现充分就业,失业率是自然失业率。因此,垂直的菲利浦斯曲线表明,无论通货膨胀率如何变动,失业率总是固定在自然失业率水平上。以引起通货膨胀为代价的扩张性财政政策与货币政策并不能减少失业。这就是宏观经济政策的长期无效性。

短期菲利浦斯曲线与长期菲利浦斯曲线如图 8-12 所示。

在图 8-12 中,横轴代表失业率,$\bar{u}$ 表示自然失业率,纵轴代表通货膨胀率,SPC 为短期菲利浦斯曲线,LPC 为长期菲利浦斯曲线。短期菲利浦斯曲线向右下方倾斜,表明失业率与通货膨胀率之间存在替代关系。长期菲利浦斯曲线是一条从自然失业率 $\bar{u}$ 出发的垂线,说明在长期中失业率是自然失业率,失业率与通货膨胀率之间不存在替代关系。

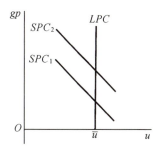

图 8-12　短期菲利浦斯曲线与长期菲利浦斯曲线

（2）理性预期的菲利浦斯曲线

理性预期学派所采用的预期概念不是适应性预期,而是理性预期。理性预期是合乎理性的预期,其特征是预期值与以后发生的实际值一致。在这种预期假设下,短期中也不可能有预期的通货膨胀率低于以后实际发生的通货膨胀率的情况,即无论在短期还是在长期中,预期的通货膨胀率与实际发生的通货膨胀率总是一致的,从而也就无法以通货膨胀为代价来降低失业率。所以,在短期和长期中,菲利浦斯曲线都是一条从自然失业率出发的垂线,即失业率与通货膨胀率之间不存在替代关系。由此得出的推论就是：无论在短期还是在长期中,宏观经济政策都是无效的。

●●● 同步训练

目标：理解菲利浦斯曲线的含义。

▷【本章小结】

■　框架体系

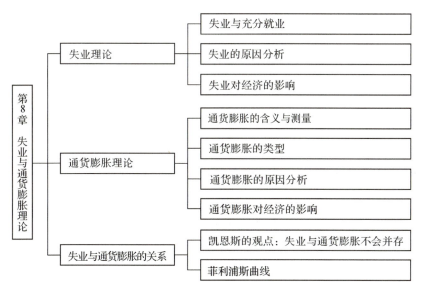

■　主要术语

失业　失业率　自然失业　周期性失业　充分就业　奥肯定理　通货膨胀
物价指数　菲利浦斯曲线

■ 主要理论

通货膨胀与失业是一国政府当局要解决的主要问题,许多政策的实施都是为了解决这两个问题。失业与通货膨胀理论的发展,是对西方国家经济现实的反映。通过学习本章,你已经知道了通货膨胀与失业的概念、类型、产生的原因等。以下几个方面作为本章重点,你应该掌握好。

□ 失业的含义及失业率的衡量。失业是指有劳动能力的人找不到工作的状态,用失业率来衡量。

□ 造成失业的原因。既有经济中难以克服的原因,也有需求不足的原因。前者造成的失业称为自然失业,后者造成的失业称为周期性失业。

□ 失业对经济的影响。一定程度的失业可以提高人们的工作积极性,但失业给人们带来的负面影响是很大的,所以政府当局总是希望保持一个较低的失业率。

□ 通货膨胀的含义及通货膨胀的衡量。通货膨胀是指平均物价水平普遍上涨,通货膨胀是用物价指数来衡量的。

□ 通货膨胀的类型及通货膨胀对经济生活的影响。根据不同的划分标准通货膨胀有不同的类型。经济学家一般认为温和的通货膨胀不会对经济造成负面影响,有时甚至有促进作用,但奔腾的通货膨胀和超速的通货膨胀对经济的影响往往是致命的。

□ 通货膨胀与失业的关系。凯恩斯认为,通货膨胀与失业是不会并存的。同样,要同时消灭失业与通货膨胀也是不可能实现的。因此,各国的经济政策都把失业与通货膨胀控制在适度的范围内。菲利浦斯曲线表明失业与通货膨胀的替代关系。货币主义者(菲尔普斯和弗里德曼)在 20 世纪 60 年代中期对菲利浦斯曲线提出了挑战,他们认为,从长期来看,并不存在失业与通货膨胀的替代关系。而理性预期学派认为,菲利浦斯曲线所表示的失业与通货膨胀之间的关系不仅在长期中不存在,而且在短期中也不存在。

⇨【理论自测】

■ 客观题

□ 选择题

1. 为每个关键术语选择一个定义。

理论自测

_____	自然失业率	A. 失业者人数在劳动力人数中的占比
_____	周期性失业	B. 劳动力供应种类与社会对劳动力需求的种类不相吻合所导致的失业
_____	失业率	C. 人们在不同的地区、职业或生命周期的不同阶段不停地变动工作所引起的失业
_____	结构性失业	D. 失业率与自然失业率的背离
_____	摩擦性失业	E. 失业率围绕其波动的正常失业率
_____	通货膨胀	F. 用基期的平均物价水平的百分比来衡量某一时期的平均物价水平

_____ 通货紧缩　　　　G. 通货膨胀率低且价格水平稳定上升

_____ 物价指数　　　　H. 整个物价水平上升

_____ 温和的通货膨胀　　I. 实际总需求大于充分就业总需求时,两者之间的差额

_____ 膨胀性缺口　　　　J. 用来表明失业与通货膨胀之间替代关系的曲线

_____ 菲利浦斯曲线　　　K. 整个物价水平下降

2. 周期性失业是(　　　　)。

A. 某行业生产的季节性变动所引起的失业

B. 总需求不足所引起的短期失业

C. 由于劳动力市场结构的特点,劳动力的流动不能适应劳动力需求变动所引起的失业

D. 以上说法都不对

3. 隐蔽性失业者是指(　　　　)。

A. 表面上有工作,实际上对生产没有做出贡献的人

B. 实际失业而未去有关部门登记注册的人

C. 被企业解雇而找不到工作的人

D. 以上说法都不对

4. 奥肯定理说明了失业率每增加1%,实际国民收入减少2.5%,在一个国家中这种比例关系(　　　　)。

A. 始终不变,一直如此

B. 在不同的时期并不完全相同

C. 只适用于经济实现了充分就业时的状况

D. 失业与国民收入不存在关系

5. 设原先的物价指数为100,6个月后的物价指数为102,则通胀率为(　　　　)。

A. 2%　　　　　　B. 4%　　　　　　C. 5%　　　　　　D. 12%

6. 可以称为爬行的(或温和的)通胀的情况是指(　　　　)。

A. 通胀率在10%以上,并且有加剧趋势

B. 通胀率以每年5%的速度增长

C. 在数年之内,通胀率一直保持在2%~3%的水平

D. 通货膨胀率在100%以上

7. 需求拉上型通胀是指(　　　　)。

A. 货币供给发生变化,物价上涨　　　B. 总需求、物价和就业同比增长

C. 总需求超过在充分就业时的产出水平　D. 工资上涨引起的通胀

8. 预期的通胀率上升会引发(　　　　)。

A. 总需求增加,也使一般物价水平上升　B. 总需求增加

C. 总需求减少,也使一般物价水平上升　D. 总需求减少

9. 结构性通胀的主要原因有(　　　　)。

A. 需求结构的变化加上不易改变的工资和价格

B. 生产成本的增加

C. 使价格上升的过度需求

D. 大型企业的垄断

10. 菲利浦斯曲线描述的基本问题是(　　　)。

A. 物价水平上涨时,失业率一般会提高

B. 劳动力需求的结构性变化一般是有利于降低通胀率的

C. 自动化程度的提高有可能会提高非周期性失业的水平

D. 达到充分就业的总需求水平可能带来通胀

□ 判断题

(　　　)1. 无论什么人,只要没有找到工作就属于失业者。

(　　　)2. 衡量一个国家经济中失业情况的最基本指标是失业率。

(　　　)3. 充分就业与任何失业的存在都是矛盾的,因此,经济中只要有一个失业者存在,就不能说实现了充分就业。

(　　　)4. 只要存在失业工人,就不可能有工作空位。

(　　　)5. 通货膨胀是指物价水平普遍而持续的上升。

(　　　)6. 周期性失业就是总需求不足所引起的失业。

(　　　)7. 在任何经济中,只要存在着通胀的压力,就会表现为物价水平的上升。

(　　　)8. 凯恩斯认为,总需求过度的根本原因是货币的过量发行。

(　　　)9. 在总需求不变的情况下,总供给曲线向左上方移动所引起的通胀称为供给推动型通胀。

(　　　)10. 经济学家认为,利润推动型通货膨胀根源在于经济中的垄断。

■ 主观题

1. 分析需求拉上型通货膨胀产生的原因。

2. 分析通货膨胀对经济的影响。

3. 分析失业对经济的影响。

4. 凯恩斯认为失业与通货膨胀存在着什么关系?

5. 什么是菲利浦斯曲线?其对宏观经济政策选择的意义何在?

↪【应用自测】

应用自测

1. 用以下就业信息回答问题。

单位:百万人

	2017 年	2018 年
总人口	233.6	226.5
成年人	168.2	169.5
失业者	7.4	8.1
就业者	105.2	104.2

(1)2017年和2018年的劳动力人数是多少？

(2)2017年和2018年的就业率是多少？

(3)2017年和2018年的失业率是多少？

(4)从2017年到2018年,成年人增加了,而劳动力减少了。解释为什么会出现这种情况。

(5)如果该国的自然失业率是6.6%,2017年和2018年的周期性失业人数是多少？该国在这两年中都经历了经济衰退吗？

2. 尽管名义利率主要是补偿通货膨胀,但所得税把储蓄赚到的名义利息作为收入:

(1)为了说明这对储蓄的激励是什么,将下表补充完善。

	低通货膨胀率国家	高通货膨胀率国家
实际利率	5%	5%
通货膨胀率	3%	11%
名义利率		
25%的税收引起利率下降的比率		
税后名义利率		
税后实际利率		

(2)哪个国家对储蓄的激励力度更大？为什么？

(3)政府为了消除通胀问题,可以做些什么？

3. 用菲利浦斯曲线回答以下问题。假设经济最初处于长期均衡。

(1)如果中央银行提高货币供给率,短期中失业率和通货膨胀率会发生什么变动？

(2)如果中央银行提高货币供给率,长期中失业率和通货膨胀率会发生什么变动？

(3)发行货币可以使失业率低于自然失业率吗？解释之。

(4)中央银行多次企图用扩张性货币政策使失业率低于自然失业率的最终结果是什么？

【案例分析】

■ 案例评论

□ 案例

案例分析

钱太多,也发愁!

20世纪80年代,被称为非洲"菜篮子"和"米袋子"的津巴布韦是非洲最富裕的国家之一。到了2008年8月,继2008年1月津巴布韦中央银行发行最大面值为1000万津元的纸币后,又发行了当今世界上面额最大的100万亿津元纸币。在津巴布韦,人们对货币的使用早已不是论张,而是论"堆"或用秤来"称量",这被称为津巴布韦化。津巴布韦是世界上"百万富翁"最多的国家,然而它却又是最贫困的国家之一。如果在津巴布韦乘坐出租车,即使全用5万津元面额的纸币付费,数钞票付给司机所要花费的时间也差不多与路途全程所用的时间相当。每一个到津巴布韦旅行的游客,都会摇身一变成为"百万富翁"。

从2000年起,总统穆加贝开始推行土地改革,这一改革的目的是让黑人获得更加公平的

失业与通货膨胀理论
第8章

土地分配。在津巴布韦宣布独立20年后的2000年,占总人口1‰的白人农场主仍然控制着70%最肥沃的土地,在白人农场主和黑人之间爆发了严重的暴力冲突,引发了以美英为首的西方国家的经济制裁,导致外国资本大量撤出,使得该国政治、经济和社会生活日趋混乱。

津巴布韦的通货膨胀在今天看来似乎是不可思议和无法想象的。通货膨胀与政府的货币供给量有密不可分的关系,物价持续上涨的过程,成为津币价值持续贬值的过程。具体而言,津巴布韦通货膨胀的原因之一是粮食等生活必需品的减产、供应不足,其导致了最初的通货膨胀,而粮食减产主要是因为土地改革导致土地被废弃。其二,津巴布韦政府出现了巨额财政赤字,津巴布韦的财政支出用于土地改革以及对白人农场主的压制及相关政府支出。津巴布韦商品供应能力下降,而社会上流通的货币与原来一样多,必然导致物价上涨。物价上涨导致政府系统开支增大,在政府收入不变的情况下,为了不使财政出现赤字,政府发行更多的货币,然而新增的货币又导致了新一轮的物价上涨。此次的物价上涨导致许多工人发出要求涨工资的呼声,工厂给工人上涨的工资从销售产品价格的上涨中获取,又使得物价普遍上涨。物价上涨又导致人们用更多的货币去购买商品,因为小额货币不能满足人们的需求,因此政府又发行大额货币,如此恶性循环,最终导致的是津巴布韦居高不下的通货膨胀率和持续的物价上涨。

高涨的物价给津巴布韦带来的无疑是一箩筐的困扰。在津巴布韦,最紧俏的日用商品是点钞机,津巴布韦国营报纸上每天充斥着日本和新加坡生产的高质量点钞机的广告,而每台点钞机的价格在3.45亿至12亿津元之间。津巴布韦低收入家庭平均最低生活消费已经飞升到4100万津元/月。然而在这个国家,目前有超过60%的劳动力失业,其他部分劳动力每月则只能挣到400万津元。这样高昂的物价和低廉的劳动力价格导致了津巴布韦民众生活不堪重负,却也使他们深陷尴尬的情境之中。去餐馆吃饭,一盘菜居然要1.2亿津元。当用完餐准备结账时,一沓沓的钞票堆在餐桌中央,给用餐者的感觉像是坐在拉斯维加斯的赌桌旁一样。每次用完餐,还得再等半小时结账。

这样的恶性通胀不仅严重影响了民众的生活,还影响津巴布韦正常的经济发展。据统计,2002年,津巴布韦国内生产总值增长率为-11.9%,2007年则为-4.4%。而2001年津巴布韦人均国内生产总值为258美元,2007年则仅为130美元。同时,受居高不下的通货膨胀率的影响,国民的生活水平迅速下降。2006年,津巴布韦的失业率在60%以上,而2007年这一比率则是在80%以上。畸高的失业率,使国民的收入水平迅速下降,即使依然在工作的一部分劳动力,其收入水平也比较低。在津巴布韦,人们手头上不敢持有过多货币,生怕货币贬值,货币在津巴布韦似乎成了烫手山芋,人们一有货币,就想方设法把它变成商品。然而,津巴布韦国内资源短缺问题严重,食用盐、味精、鸡蛋、牛奶、面粉等都常常断货。在这种情况下,人民的生活水平低是可想而知的事情。由此导致津巴布韦国民的平均寿命迅速缩短,据统计,津巴布韦国民的预期寿命仅仅为39岁,为了躲避这场灾难,津巴布韦无数国民搬至邻国南非。

(资料来源:编者整理)

该案例提到的是哪种类型的通货膨胀？该类型的通货膨胀对经济的影响表现在哪些方面？

□ 考核点

通货膨胀的分类;通货膨胀对经济的影响

■ **决策设计**

□ 案例

2016 年我国失业情况分析

中国 2016 年年末城镇登记失业率为 4.02%,就业总量压力仍然较大。中国人力资源和社会保障部新闻发言人卢爱红表示,2016 年第四季度末全国城镇登记失业率为 4.02%,低于 4.5% 的年度调控目标。总体判断 2016 年的就业形势总体稳定的基本面没有变,但是稳中有忧,2016 年就业总量压力依然较大。

卢爱红在人社部新闻发布会上称,2016 年,全国城镇新增就业 1314 万人,城镇失业人员再就业 554 万人,就业困难人员实现就业 169 万人,超额完成全年目标任务。

从总量上看,2012 年以来,中国劳动年龄人口呈现总量持续下降的趋势,但是由于受教育等因素的影响,劳动者进入劳动力市场存在滞后期,所以目前城镇新增劳动力仍然处于高位,农业转移劳动力仍然保持一定的规模,2016 年就业总量的压力依然比较大。

从结构上看,就业结构性矛盾更加突出,这也是这些年来非常明显的趋势和特点,体现为招工难和就业难的情况并存,有一些企业很难招到技能人才、高层次人才,也有些劳动者很难实现稳定就业。

同时,还有一个新的特点,即区域、行业、企业就业情况的分化趋势也在凸显,结构性和摩擦性失业增多,特别是这两年过剩产能加速出清,职工安置的任务非常繁重,2016 年的就业形势仍然很严峻。

卢爱红指出,2017 年会继续完善落实稳定和扩大就业的政策。通过产业、财税、金融、贸易等一揽子政策协同配合,推动经济增长带动就业,扶持新就业形态发展,不断拓展就业新空间。

据其介绍,2016 年社会保险覆盖范围持续扩大,截至 2016 年年底,基本养老保险、基本医疗保险、失业保险、工伤保险、生育保险参保人数分别达到 8.9 亿人、7.5 亿人、1.8 亿人、2.2 亿人、1.8 亿人;五项保险基金总收入为 5.3 万亿元,同比增长 14.7%,总支出为 4.7 万亿元,同比增长 19.3%。

他表示,下一步国家会继续完善社会保障制度,出台实施完善基本养老保险制度的总体方案,出台实施企业年金办法,深入推进机关事业单位养老保险制度改革。

(资料来源:中国 2016 年年末城镇登记失业率 4.02%,就业总量压力仍大[EB/OL]. (2017 - 01 - 23)[2018 - 06 - 25].http://stock.hexun.com/2017 - 01 - 23/187912825. html? from=rss)

□ 问题

1. 结合案例,分析目前我国劳动者失业的原因主要有哪些。

2. 分析解决失业问题的途径有哪些。

□ 考核点

失业的含义;失业的衡量标准;失业的原因分析

【自我评价】

学习成果	自我评价				
我已经理解了失业、失业率、通货膨胀、物价指数等本章所涉及的经济学术语的含义	□很好	□较好	□一般	□较差	□很差
我已经掌握了衡量失业与通货膨胀程度的方法	□很好	□较好	□一般	□较差	□很差
我已经掌握了失业与通货膨胀的类型以及引起失业与通货膨胀的原因	□很好	□较好	□一般	□较差	□很差
我已经理解了失业与通货膨胀对经济的多重影响	□很好	□较好	□一般	□较差	□很差
我已经知道了失业与通货膨胀之间的关系	□很好	□较好	□一般	□较差	□很差
我已经掌握了更好地提高就业能力的方法	□很好	□较好	□一般	□较差	□很差

第9章
CHAPTER 9

经济周期与经济增长理论 ▶▶▶

■ 经济周期理论

■ 经济增长理论

教学说明

导入语

综观人类几千年来的发展历史,我们可以看到全球经济总的趋势是向前发展的,但是在前进的过程中,不时地会有起伏,而且还很有规律。总体来看,经济是波浪式前进、螺旋式上升的。上下起伏,就是经济周期性运动;上升趋势,就是经济的增长运动。

本章将介绍不同经济时期的不同表现,在此基础上从不同角度分析经济出现周期性波动的原因,并通过一系列例子对此进行印证。另外,本章还将介绍经济增长的表现形式,通过引入对不同时期、不同地区经济增长现象的分析来探讨经济增长的内在动力,并通过哈罗德—多马模型进一步阐述经济增长的本质。

学习目标

◎ 了解经济周期变动的现象;

◎ 理解哪些原因会导致经济出现周期性波动;

◎ 了解经济增长理论的发展;

◎ 理解哈罗德—多马模型利用储蓄率与资本产出率来分析经济增长与投资、技术水平等因素的关系。

9.1 经济周期理论

周期运动是一种普遍的物质现象。太阳与月亮每天在交替升起与落下,大海年复一年地演绎着潮涨与潮落,哈雷彗星也会每隔约 76 年到地球附近露一次面。与自然界的现象相类似,经济也会出现这种循环往复的变动,一个社会的经济经常会有规律地在繁荣与萧条之间来回游走。

资料卡 9-1

什么事情使上升总是走向下降

对美国人来说,20世纪20年代是前所未有的繁荣年代。经历了第一次世界大战(1914—1918年)的恐惧之后,经济机器又恢复运转,生产汽车和飞机、电话和吸尘器这类技术上新奇的产品,在广阔的地方建设住房与公寓。然而,1929年10月,在几乎没有什么先兆的情况下发生了毁灭性的股市崩溃。一夜之间在华尔街交易的股票的价值下降了30%。在以后的4年中,产生了在历史上创纪录的最严重的经济收缩。到1933年,实际GDP减少了30%,失业人数增加到占劳动力总人数的25%,就业减少了20%。

按大萧条的标准,近来的衰退是不严重的,但衰退并没有消失。1920年以来,经济经历了15次衰退,而从1945年第二次世界大战结束以来,我们的经济经历了10次衰退。在从1973年11月到1975年3月的16个月中,实际GDP下降了5%。在1980年和1981—1982年的连续衰退中,实际GDP又下降了。最近,1990—1991年有8个月实际GDP都在下降。在这些衰退之间,实际GDP扩张,人均收入创造新纪录。自从1990—1991年的衰退以来,实际GDP一直在增长。到1998年年底,实际GDP比1990—1991年衰退时高出25%左右。是什么引起了经济中一系列反复的衰退与扩张呢?上升之后总是应该走向下降吗?

(资料来源:迈克尔·帕金.经济学(第5版)[M].梁小民,译.北京:人民邮电出版社,2003:313)

9.1.1 经济周期的含义

一般来讲,**经济周期是指市场经济生产和再生产过程中周期性出现的经济扩张与经济紧缩交替更迭、循环往复的一种现象。**在经济分析中,将每一个经济周期划分为四个阶段,即经济扩张(繁荣)阶段、衰退阶段、紧缩(萧条)阶段和复苏阶段。如图9-1所示。

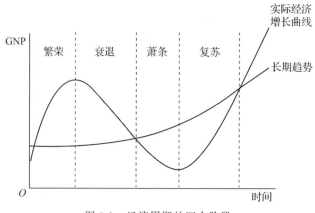

图 9-1 经济周期的四个阶段

历史资料表明,一个国家的经济并不是稳定增长的,而是围绕其长期趋势周期性地上下波动。在经济扩张阶段,生产、就业增加,投资高涨,市场兴旺,货币信贷扩张,物价上涨,利润增加。但是,经济扩张经历一定时期到达顶峰以后,危机爆发,进入衰退、紧缩阶段,生产下降,失业增加,货币流通量减少或其增长率下降,利息率下跌,市场萧条,物价下跌,利润减少。萧条阶段经历一定时期后转入复苏和经济高涨阶段。经济危机通常历时很短,但表现却很突出,人心惶惶,有如大难临头,很多企业在这期间非常脆弱,极易因为一个突发事件而破产。

●●● 同步训练

> 目标:理解经济周期的含义。

同步训练

9.1.2 经济周期的类型

一般地,按持续的时间长短,经济周期可分为三种:短周期、中周期和长周期。

短周期也称短波,平均长度约为 40 个月。英国统计学家基钦于 1923 年根据英美两国的资料首次提出了这种周期,故短周期又称基钦周期。

中周期又称中波,平均长度为 7～10 年。法国经济学家朱格拉于 1862 年首次系统分析了这种周期,故中周期又称朱格拉周期。现转引苏联经济学家瓦尔加收集的世界经济危机周期的资料,如表 9-1 所示。

表 9-1　朱格拉周期

世界经济危机	英国经济危机	美国经济危机	德国经济危机	法国经济危机
	1825 年			
	1836 年	1837 年		
	1847 年	1848 年	1847 年	1847 年
1857 年	1857 年	1957 年	1857 年	1857 年
1866 年	1866 年	1865 年	1866 年	1867 年
1873 年	1873 年	1873 年	1873 年	1873 年
1882 年	1882 年	1882 年	1883 年	1882 年
1890 年	1890 年	1893 年	1890 年	1894 年
1900 年	1900 年	1903 年	1900 年	1900 年
1907 年	1907 年	1907 年	1907 年	1907 年
1920 年	1920 年	1920 年		
1929 年	1929 年	1929 年	1929 年	1930 年
1937 年	1937 年	1937 年		1937 年

长周期又称长波,平均长度为 50 年左右,它往往包含 6 个中周期。它是苏联经济学家康德拉耶夫于 1926 年提出的,故又称康德拉耶夫周期。

9.1.3　经济周期产生的原因

经济周期

从以往的经济波动中可以看到,投资会随着经济的波动而波动。当新资本投资速度放慢时,衰退开始;当新资本投资速度加快时,衰退转为扩张。投资和资本随经济周期性波动就像地球围绕太阳公转一样。在扩张中,投资迅速进行,资本存量迅速增加。由于在生产中用更多的资本来改进装备,企业的劳动生产率得以提高。与此同时,收益的递减规律也开始发生作用,增加的资本单位带来的生产率提高最终会下降。资本收益率的下降会引起企业利润的下降,从而引起投资的减少。当投资大量减少时,衰退就开始了。而在严重的经济衰退时,资本存量实际会减少。当每小时的劳动资本量很低时,企业开始寻找有利的投资机会并最终加快投资速度。随着投资速度的加快,衰退慢慢地就会转变为扩张。

2019 年,中国经济周期正迈向拐点?

实际上,导致经济出现周期性波动的原因很多,许多经济学家从不同的角度提出了自己的看法,比较典型的有以下几种。

9.1.3.1　消费不足理论

这种理论早期的代表人物是马尔萨斯和西斯蒙第,近代的代表人物有英国经济学家 J. 霍布森。

该理论认为,经济中出现萧条是因为社会对消费品的需求赶不上消费品的增长,而这种消费不足的根源主要又在于国民收入分配的不平均所造成的富人储蓄过度。因此,解决的办法是使整个社会的收入分配均等一些,这样,储蓄就不会过多,消费也就不会出现不足。这种理论属于内生经济周期理论。

9.1.3.2　投资过度理论

这种理论强调了经济周期的根源在于资本品的生产过度,而不是消费不足所引起的消费品的供过于求。投资的增加首先会引起对投资需求的增加,从而形成经济繁荣。资本品生产过剩而消费品行业却没有得到相应的发展,这种生产结构的失衡必然导致大量生产能力的闲置,引起经济萧条而使经济发生波动。

投资过度论可以分为货币投资过度论与非货币投资过度论。前者以 F. 哈耶克和 L. 米塞斯为代表,他们认为货币因素是造成投资过多的主要原因。后者以 G. 卡塞尔和威克塞尔等为代表,他们用新发明、新发现、新市场开辟等因素来说明生产结构的失调及由此产生的经济波动。这种理论属于外生经济周期理论。

9.1.3.3　纯货币理论

霍特里用货币信用体系的不稳定来说明经济波动的原因。他认为,经济周期是银行体系交替的扩张和紧缩信用造成的。当银行体系降低利率、信用扩张、贷款增加时,生产扩张,供给增加,收入和需求进一步上升,物价上涨,经济活动水平上升,经济从而进入繁荣阶段。

经济的繁荣容易带来通货膨胀,银行体系被迫紧缩银根,停止信用扩张,从而贷款减少,订货下降,供给大于需求,经济进入萧条阶段。在萧条阶段,资金又会逐渐向银行集中,为了提高利润,银行会采取措施扩张信用,促进经济的复苏。这种理论属于内生经济周期理论。

9.1.3.4 政策循环理论

这种理论将造成经济波动的原因归结为对通货膨胀和失业采取的政策的不适时或不适量。它认为,通过货币政策和财政政策工具,政府可以对一国的总需求水平进行调节,但在执行过程中会存在经济政策的时滞以及对经济预测的误差,从而使得政府为保持经济稳定而采取的各种政策往往达不到预期的目标。

9.1.3.5 心理因素理论

庇古和凯恩斯认为,投资者的心理预期是造成经济波动的主要原因。当某种原因刺激了投资活动,引起经济高涨时,投资者往往会对实际的经济状况产生过于乐观的预期,从而导致过多的投资,经济出现持续扩张。而当这种盲目的投资受到资源、技术等条件的制约而收缩时,投资者对经济的预期又很容易走向另一个极端,于是投资大幅度减少,引起经济的衰退。心理上的波动导致投资行为的波动,从而引致经济活动的波动。

9.1.3.6 创新理论

美籍奥地利经济学家熊彼特认为,具有冒险精神的企业家,为了追求高额利润,必定不断地进行创新,创新的高回报又会导致众多厂商效仿,投资大大增加,形成创新的浪潮,从而使经济进入繁荣阶段。当经过一段时间,这些新的产品和技术被大多数厂商掌握,变为司空见惯的产品后,激烈的市场价格竞争会使得原有的超额利润消失,于是厂商的投资开始减少,经济进入衰退阶段。直到下一次影响较大的创新出现,经济才会进入新一轮的高潮。

资料卡 9-2

中国经济周期波动分析

经济周期存在于任何社会经济阶段,改革开放前我国经济周期呈现为古典循环周期型;改革开放后,随着市场经济体制的逐渐确立,经济周期动摇运转特性与计划经济体制下相比,有着明显的区别,我国经济周期进入了一个崭新的阶段。

关于中国经济周期的阶段划分存在分歧,普通来说,从 GDP 年增长率出发,依据传统的"谷—谷"划分法能够将我国改革开放后的经济周期划分为六个:1977—1981 年、1982—1986 年、1987—1990 年、1991—2001 年、2002—2009 年、2010 年至今。

第一个周期(1977—1981 年)。"文革"后,我国经济得以缓慢恢复发展,GDP 增长率从 1977 年的 7.6％增长到 1978 年的 11.7％。1978 年改革开放初,党的十一届三中全会提出"调整、变革、整理、进步"新的调整措施,我国经济进入一个小小的调整阶段,之后 GDP 呈现下滑态势,到 1981 年 GDP 走入低谷,谷值为 5.2％。这是改革开放后的第一个经济周期。

第二个周期(1982—1986 年)。经过 1981 年的低谷之后,我国 GDP 疾速地恢复了较快的增长,1982年GDP增长率达到9.1％,1983年达到10.9％,到1984年GDP增长率达到改革开放以来的最大值,为15.2％。由于1985年我国投资范围特别是预算外投资不时收缩,使原资料、能源、交通等处于趋紧状态,1986年国家紧缩投资范围,实行了"双紧"的宏观调控政策,经济增长速度有所回落,1986年经济抵达谷底,谷值为8.8％。

第三个周期(1987—1990年)。1987年为上个周期的恢复期,1988年居民生产行为发生变化,社会生产品批发总额急剧增加,增长率高达27.8％,而此时居民的存款储蓄余额的增长率仅为23.7％,居民生产行为的突变使物价涨幅快速上升。总的来说,当时我国面临经济过热和物价涨幅急剧上升的问题,1988年9月国家再次决定进行调整,实行了"双紧"的调控政策,1989年GDP增长率降为4.1％,1990年再降为3.8％,比1987年的高峰11.6％下降了7.8个百分点。

第四个周期(1991—2001年)。1990年国家采取经过扩展投资来刺激经济上升的措施,一年后我国经济增长在投资的带动下走出了低谷;1991年经济增速快速上升,至1992年GDP增长率到达14.2％的顶峰,经济增长开始回落。从1993年开始,我国GDP增长率连续几年回落,从1992年的14.2％下降到1999年的7.6％,2000年有所上升,为8.4％,2001年又降至8.0％,比前一年下降了0.4个百分点。从1993年到2001年,中国经济增速经历了长期的回落阶段,这是我国改革开放以来经济周期波动中不曾有过的现象。

第五个周期(2002—2009年)。2002年我国经济进入新一轮增长时期,GDP增长率开始缓缓上升,2003年以来,GDP增长率达到10％,2007年经济增速进入峰顶,峰值为11.9％。2008年受全球金融危机的影响,经济增速下滑到9.0％,2009年经济增长进入调整期,我国GDP增长8.7％,比国家期望的8.0％高出0.7个百分点。

第六个时期(2010年至今)。我国GDP增长率持续下降,从高速增长变为中高速增长,这将成为中国经济发展的一种新常态。

(资料来源:邱雪萍,张瑞鹏,邱媛.中国经济周期波动分析[J].合作经济与科技,2011(13))

以上提到的经济周期产生的原因实际上都和投资有关,投资数量的增减成为经济上下波动的直接诱因。

●●● 同步训练

同步训练

> 目标:理解经济周期性波动的原因。

9.1.4 乘数—加速数模型

通过乘数理论,我们知道投资的变动会导致国民收入的同向变动。实际上,国民收入的变动同样也会引起投资的变动,只不过这种作用并不是同向的,投资与国民收入的相互影响可以说明经济的周期性波动现象。

9.1.4.1 加速原理

在说明加速原理之前,先介绍几个相关的概念。

自发投资与引致投资:自发投资是人口、技术、资源、政府政策等外生因素的变动所引起的投资;引致投资是指国民收入或消费的变动所引起的投资。加速原理研究的是引致投资。

资本—产量比率:指增加一单位产量所需要的资本量。

$$资本—产量比率 = \frac{资本量}{产量}$$

加速数:指增加一单位产量所需增加的资本量,即所需投资额的大小。

$$加速数 = \frac{资本增量}{产量增量} = \frac{投资}{收入增量}$$

在技术不变的前提下,资本—产量比率与加速数的数值是相同的。

净投资与重置投资:净投资是指新增加的投资,它取决于收入的变动情况;重置投资即企业的折旧,它是指企业用以补偿所消耗的资本设备的投资,它取决于原有资本的数量、使用年限及其构成。总投资等于净投资加上重置投资,因为一个企业投资最小时为本期不购买任何设备,所以总投资最小等于零。

先来看一个例子。

加速原理

假设有一个工厂,其加速数与资本—产量比率都是 10,每年重置投资为 500 万元,则可以把该厂六年中的产量、资本量、净投资与总投资之间的关系列成一个表(见表 9-2),并可根据该表说明加速原理的含义。

表 9-2 加速原理例表

单位:万元

阶 段	时 期	年产量	资本量	净投资	重置投资	总投资
第一阶段	第一年	1000	10000	0	500	500
	第二年	1000	10000	0	500	500
第二阶段	第三年	1500	15000	5000	500	5500
	第四年	2000	20000	5000	500	5500
第三阶段	第五年	2000	20000	0	500	500
第四阶段	第六年	1950	19500	−500	500	0

从表 9-2 中可以看出:

在第一阶段,企业的生产维持原有产量不变,每年有 500 万元的重置投资,净投资为 0,总投资保持 500 万元的水平不变。

在第二阶段，企业的产量和资本量逐年增加，而各年总投资增加的量不同。第三年，企业的产量与资本量均比第二年增加了 50％，而总投资由 500 万元变动到 5500 万元，增加了 10 倍。第四年，企业的产量与资本量均比第三年增加了 33.3％，而总投资保持在 5500 万元的水平没有变动。

在第三阶段，企业的生产维持第四年的规模，这时仅有 500 万元的重置投资，净投资为 0，总投资由 5500 万元变动到 500 万元，减少了 91％。

在第四阶段，企业的生产规模缩小，产量由 2000 万元变动到 1950 万元，减少了 2.5％，总投资降为 0。

（资料来源：编者整理）

从这个例子，可以归纳出加速原理的基本观点：

（1）投资不是产量或收入量的绝对量的函数，而是产量变动率的函数。也就是说，投资的变动取决于产量的变动率，而不是产量变动的绝对量。

（2）投资变动率大于产量或收入的变动率。在开始时，产量的微小增长会引起投资率较大的变化。

（3）产量只有持续地按一定比例增长，投资增长率才不至于下降。如果产量的增长率放慢了，投资增长率就会变为 0 或下降。这样，即使产量的绝对量并没有下降，而只是放慢了增长的速度，也会导致投资的停滞或减少，经济出现衰退，从而引起经济危机。

9.1.4.2　乘数与加速原理的结合

从前面的分析可以看出，一国的投资与国民收入是相互作用的。把两者结合起来，就能说明收入、消费和投资之间的关系，并能解释经济周期的相关问题。

假设：边际消费倾向为 b，$b = \Delta C / \Delta Y$；加速数为 a，$a = I / \Delta Y$；自发投资为 I_0，I_0 是不变的；现期消费为 C_t，现期消费由现期收入与边际消费倾向决定，所以 $C_t = b \cdot Y_{t-1}$；引致投资为 I_i，由消费与加速数决定，所以 $I_i = a(C_t - C_{t-1})$；现期投资为 I_t，$I_t = I_0 + I_i = I_0 + a(C_t - C_{t-1})$；现期收入为 Y_t，$Y_t = C_t + I_t = b \cdot Y_{t-1} + I_0 + a(C_t - C_{t-1})$。

在乘数与加速原理相结合的模型中，基本公式是

$$C_t = b \cdot Y_{t-1}$$
$$I_t = I_0 + a(C_t - C_{t-1})$$
$$Y_t = C_t + I_t$$

从这个模型中可以看出，本期消费由上期的国民收入与边际消费倾向决定；本期的投资由本期消费的增长额与加速数决定。国民收入通过影响消费从而间接地影响投资，而本期的消费与投资之和就是本期的国民收入，这就充分地体现了国民收入、消费与投资的相互影响。

接下来，我们看一个例子。

2019 年中国货币乘数再次超 6，并有可能持续走高

乘数与加速原理的结合

设：$b=0.5$，$a=1$，$I_0=1000$ 万元（见表 9-3）。

表 9-3　乘数与加速原理的结合例表

单位：万元

年	C_t	I_0	I_i	I_t	Y_t	经济变动趋势
1		1000		1000	1000	
2	500	1000	500	1500	2000	复苏
3	1000	1000	500	1500	2500	繁荣
4	1250	1000	250	1250	2500	繁荣
5	1250	1000	0	1000	2250	衰退
6	1125	1000	−125	875	2000	衰退
7	1000	1000	−125	875	1875	萧条
8	937.5	1000	−62.5	937.5	1875	萧条
9	937.5	1000	0	1000	1937.5	复苏
10	968.75	1000	31.25	1031.25	2000	复苏
11	1000	1000	31.25	1031.25	2031.25	繁荣
12	1015.625	1000	15.625	1015.625	2031.25	繁荣
13	1015.625	1000	0	1000	2015.625	衰退

（资料来源：编者整理）

　　从这个例子可以看出，在国民经济中，投资、收入与消费相互影响、相互调节。在自发投资为一个不变值的时候，仅仅靠经济本身的力量自行调节，就会形成经济周期。因为当经济进入复苏阶段后，投资需求会增加，通过乘数的作用，国民收入出现倍数的增长，而增加了的国民收入又通过加速数引起投资的加速增加，两者作用使一国经济迅速繁荣。但要使一国的投资不断增加，就必须保持国民收入的持续高速增长。可是，国民收入的增长在实际生活中不仅受到投资乘数的影响，还受到自然资源、投资者投资意愿的变动、投资环境等因素的影响，它不可能一直高速增长下去，它的增长速度会放慢，而这种放慢了的经济增长速度会导致加速数的反向作用表现出来，从而使投资急剧减少，经济就由繁荣走向衰退。

　　当经济衰退以后，经济发展各环节中的闲置资源慢慢开始出现，总投资的下降速度也会由快转慢，加速数的作用受到制约，投资乘数的作用却越来越大，重置投资的乘数作用使收入逐渐回升，经济由萧条开始进入复苏阶段。一国的经济于是就在上下波动的经济周期中波浪式地向前发展。

资料卡 9-5

表 9-4　2006—2015 年全国独立核算工业企业主要效益指标

年　份	固定资产总额/亿元	GDP 增长率/%	零售物价增长率/%
2006	109998.20	12.70	1.00
2007	137323.94	14.20	3.80
2008	172828.40	9.70	5.90
2009	224598.77	9.40	−1.20
2010	251683.77	10.60	3.10
2011	311485.13	9.50	4.90
2012	374694.74	7.90	2.00
2013	446294.09	7.80	1.40
2014	512020.65	7.30	1.00
2015	561999.83	6.90	0.10

（资料来源：中华人民共和国国家统计局.中国统计年鉴 2016［M］.北京：中国统计出版社,2016）

9.2　经济增长理论

在 1960 年到 1998 年,美国的人均实际 GDP 增长了两倍多,中国的香港、台湾地区以及韩国的 GDP 则在这期间翻了三番——增加了 7 倍。为什么这些国家和地区的经济增长如此迅速？到底是什么创造了经济奇迹？

我国的经济增长状况

资料卡 9-6

浙江经济增长稳中有好　全年增长约 7.5%

《2017 浙江经济黄皮书》显示,2016 年,浙江经济总体呈现"稳中有好"的态势,浙江全年经济增长率在 7.5% 左右,超过全国总体发展水平(前三季度经济增长率为 6.7%)。同时,浙江的投资比全国高 2.9%,消费比全国高 0.5%,出口比全国高 4.3%。三大产业总体运行平稳,工业增长 6.6%,服务业增长 9.2%,七大万亿级产业之首的信息经济产业增长 15.2%。另外,城镇居民收入、农民收入分别增长 5.9%、6.6%。但是,浙江经济遇到的问题也是明显的,GDP 仍在缓慢下行通道之中。如何凝聚和振奋人心,如何防范风险,仍是大问题。

（资料来源：夏佳.浙江经济增长稳中有好　全年增长约 7.5%——智能制造、新能源或成明年最大投资机会［N］.青年时报,2016 - 12 - 22(A14)）

9.2.1 经济增长的含义

经济增长一般是指一国生产的商品和劳务总量的增加,用来衡量它的经济指标通常是国民收入量或国民收入量的增加值。这里的国民收入量应该是剔除价格变动影响后的指标。

对于一国的经济,各国政府关注的往往是其长期增长趋势,因为长期增长引起的是人均收入的增加。在 20 世纪,欧美发达国家经济发展迅速,"亚洲四小龙"以及日本也呈后来居上之势,而非洲和中南美洲等国经济发展偏慢,中国内地则在改革开放以后发展势头良好。我们可以从这些国家、地区的人均实际 GDP 的比较中看出这种情况。

在 1898 年到 1998 年的 100 年间,美国的人均实际 GDP 的平均增长率为 2%。在 20 世纪 60 年代至 90 年代,加拿大和日本的 GDP 增速比美国快;西欧国家在 1975 年之前 GDP 增速快于美国,但在 80 年代以后慢了下来。1960 年,"亚洲四小龙"的人均实际 GDP 水平介于美国的 1/10 到 1/4 之间,1998 年,中国香港和新加坡人均实际 GDP 已经赶上了美国,韩国和中国台湾则紧随其后。中国内地也正在赶上,1960 年中国内地的人均实际 GDP 只是美国的1/20,但 1998 年已经上升为美国的 1/8。

实际 GDP 的增长取决于三个因素:劳动量、资本量和技术状况。那么,是什么因素引起劳动和资本增长与技术进步? 这是了解经济增长的关键。劳动生产率是指每小时劳动产生的实际 GDP,可以用实际 GDP 除以总劳动小时数来计算。劳动增长主要取决于人口增长,资本增长率和技术进步速度决定了劳动生产率增长率。

在这里,我们还需要注意"经济增长"与"经济发展"的区别。一般来说,经济增长注重的是"量",它只计算一国或一地区在一定时期包括产品和劳务在内的产出的增长。经济发展则是一个比较复杂的"质"的概念,经济发展不仅包括经济增长的速度、增长的平衡程度和结果,而且还包括国民的平均生活质量,经济结构、社会结构等的总体进步。经济增长是经济发展的基础,经济发展是经济增长的结果。

●●●**同步训练**

> **目标:理解经济增长的含义。**

同步训练

9.2.2 经济增长的原因

美国经济学家迈克尔·帕金认为,经济增长最基本的前提是适当的激励制度,市场、产权和货币交换这三种制度对创造激励是至关重要的。

市场使买者和卖者可以得到信息并相互进行交易,而且,市场价格又向买者和卖者传递引起增加或减少需求量与供给量的信号。市场使人们可以进行专业分工和贸易以及储蓄和投资。产权则是决定资源、物品与劳务占有、使用及处置的社会安排。明确地建立并实施产权制度,可以给人们一个贫穷的政府将不能没收其收入或储蓄的保证。另外,货币交换方便了各种交易,包括私人财产有序地从一个人转移至另一个人。产权和货币交换为人们专业化和贸易、储蓄和投资以及新技术的发现创造了激励。

9.2.2.1 储蓄和新资本投资

储蓄和新资本投资增加了每个工人的资本量,并提高了每小时劳动的实际 GDP——劳动生产率。在产业革命时期,当每个工人的资本量增加时,劳动生产率就上升得最急剧。用手工工具可以创造出精美的产品,但用机器生产线这类大量使用人均资本的生产方法,生产效率会高很多。可以看到,纺织厂、钢铁厂、建筑工地、化工厂、汽车厂、银行、保险公司以及航运业中资本的积累极大地提高了经济的生产率。

9.2.2.2 人力资本投资

人力资本,即人本身积累的技能和知识,是经济增长最基本的源泉。文字的发明,数学、物理、化学与生物等学科的发展使人的工作效率得到了极大的提高。科学的进步使人类的潜能得到了比较充分的发挥。

第二次世界大战期间,美国造船厂生产了一些按标准化设计的 2500 吨位的货船,这些船被称为"自由之舰"。在 1941 年,建造一艘船需要 120 万个人工小时。到 1942 年,需要 60 万个人工小时,而到 1943 年,只需要 50 万个人工小时。那些年所用的资本并没有发生多少变化,但积累了大量人力资本。数千名工人和管理者从经验中学习,且积累了人力资本,这使生产率在两年中提高了一倍多。

9.2.2.3 发现新技术

今天人们的生产率比 100 年前提高了许多倍。不过,需要注意的是,生产率的提高并不是因为每人拥有了更多的蒸汽机和更大马力的车,而是因为我们拥有了生产率更高的发动机和运输设备。技术变革产生于正式的研究与开发计划以及非正规的实验和失误,包括发现了从我们的资源中得到更多东西的新方法,它对提高生产率做出了巨大的贡献。

为了获得技术变革的好处,必须增加资本。它既体现在语言、写作和数学等人力资本上,也体现在物质资本上。比如,为了得到内燃机的好处,数百万辆马拉的车和马必定被汽车所替代;为了得到计算机文字处理的好处,数百万部打字机必定被个人电脑和打印机所取代。

资料卡 9-7

中国 GDP 增速 2018 年有可能回升到 6.9%

"经过了连续四五年的增速下滑,中国经济终于迎来一个难得的企稳回升的重要机遇期。中国经济有可能在 2017 年年底基本完成筑底,总体的预测是 2017 年 GDP 的增长速度是 6.7%,2018 年 GDP 的增长速度有可能回升到 6.9%,而 7% 比较接近中国在这一阶段的潜在增速。"6 月 21 日晚,李稻葵教授在清华大学"中国与世界经济论坛"上发布

2017—2018年中国宏观经济分析与预测报告时提出了该观点。

他表示，做出上述预测是基于以下判断。

首先，困扰中国经济相当长时间的高杠杆问题正在开始得到解决。中国企业的杠杆率相对于企业的盈利水平有所下降，企业的债务保障系数在不断回升，整个经济的宏观杠杆率已经基本企稳。而困扰中国经济几十年的广义货币增速超过名义GDP增速的趋势也已经开始逆转：2017年上半年，广义货币（M2）增速多年来第一次低于名义GDP的增速。

第二，中国经济的企业利润以及与此密切相关的民营经济投资增速都在回升。企业利润回升的一个重要原因是过去几年坚持退出、淘汰落后产能的政策开始发力。随着落后产能的淘汰，整个生产链条的供给需求开始有所改善，供过于求的大格局开始得到缓解，利润上升带来了民营经济投资增速的加快。

第三，经济结构向好的趋势仍然持续。自2007年以来，清华大学中国与世界经济研究中心（CCWE）率先指出中国的宏观经济结构正在改善，即消费、劳动收入、居民可支配收入占GDP的比重都在不断上升。2017年上半年基本延续了这一态势，经计算，消费占GDP的比重已经接近47%。这三大利好因素推动着中国经济不断前进。

第四，导致过去中国经济放缓的地方及经济官员不作为的乱象开始得到纠正。党的十九大前后一批新的想干事、能干事的领导干部开始走向工作岗位，风清气正的政治格局正在形成，这对于带动新一轮经济增长毫无疑问是重大利好。

第五，困扰中国经济多年的房地产业正在逐步进行调整。一、二线城市房地产的基本问题，包括供不应求以及价格因素推动的投机需求不断高涨的格局等，经过改革措施的实行有望打破，而一些三、四线城市出现了城镇化不断推进所带来的房地产结构性的发展。

与此同时，李稻葵也承认，这一重要机遇期能否抓住，仍然取决于在若干方面的改革调整以及应对国际重大风险的措施能否到位。

同时也必须特别关注来自国际的因素。国际风险主要来自美国，特朗普上台后，中国政府采取了非常有效的措施与之沟通，化解了来自美国的各种贸易保护主义压力。但也必须看到特朗普是一个独特的美国总统，其执政基础不稳，很可能在国内政治一片混乱的情况下在国际上乱出牌，打破现有的国际政治军事格局，从而给中国经济带来直接的冲击。这种风险必须时时牢记在心，在经济发展方面必须有所应对。这种风险一旦出现，毫无疑问中国必须沉着应对，经济方面也应做好相应准备。

（资料来源：李稻葵：中国GDP增速2018年有可能回升到6.9%［EB/OL］.(2017-06-22)［2018-06-25］. http://finance.ifeng.com/a/20170622/15476540_0.shtml）

9.2.3 经济增长因素分析

经济增长受多种因素影响,能否准确估计各种因素对经济增长的贡献,对一国能否实现经济稳定增长是极为关键的。

9.2.3.1 丹尼森早期的分析结论

美国经济学家丹尼森把影响经济增长的因素分为两大类,他认为,对长期增长发生作用并能影响增长率变化的因素为:生产要素投入量,包括劳动、资本和土地的投入,其中,土地可被看成是不变的,主要是劳动和资本的投入;要素生产率,是指产量与投入量之比,即单位投入量的产量,主要取决于资源配置状况、规模经济和知识进展等。据此,丹尼森把影响经济增长的因素归纳为六个,即劳动、资本存量的规模、资源配置状况、规模经济、知识进展、其他影响单位投入量的因素。

资料卡 9-8

表 9-5　1929—1982 年美国国民收入增长因素分析表

增长因素	年增长率/%	占比/%
全要素投入	1.90	65.07
劳　动	1.34	45.89
资　本	0.56	19.18
要素生产率	1.02	39.38
知识进展	0.66	22.60
资源配置	0.23	7.88
规模经济	0.26	8.90
其　他	−0.13	−4.45
国民收入	2.92	100.00

表 9-5 是丹尼森对美国在 1929—1982 年的经济增长因素所做的实证分析的结果。从该表中可以看出:

(1)美国国民收入的年均增长率为 2.92%,其中,全要素投入使经济增长 1.90%,对经济增长的贡献率为 65.07%;要素生产率使经济增长 1.02%,对经济增长的贡献率为 39.38%。

(2)在全要素投入中,劳动使经济增长 1.34%,对经济增长的贡献率为 45.89%;资本使经济增长 0.56%,对经济增长的贡献率为 19.18%。

(3)在要素生产率中,知识进展使经济增长 0.66%,对经济增长的贡献率为 22.60%;资源配置使经济增长 0.23%,对经济增长的贡献率为 7.88%;规模经济使经济增长 0.26%,对经济增长的贡献率为 8.90%。其他因素对经济增长有负面影响,一般包括农业气候因素、劳资争议和需求强度变化等。

(资料来源:鲁迪格·多恩布什,斯坦利·费希尔,理查德·斯塔兹.宏观经济学[M].王志伟,译校.北京:中国人民大学出版社,2010:226)

9.2.3.2　经济增长因素作用的国际比较

通过对美国、西欧与日本等发达国家经济增长因素的比较研究,丹尼森等经济学家得出以下结论。

(1)对美国和西欧经济增长因素的分析

从美国和西欧的对比来看,1950—1962 年,西欧的年均经济增长率为 4.8%,其中 1.7 个百分点由全要素投入提供,占总经济增长的 40%,3.1 个百分点由要素生产率提供,占总经济增长的 60%。而美国恰恰相反,在 3.3% 的经济年均增长率中,只有 1.4 个百分点由要素生产率提供,占总经济增长的 40%,另外 1.9 个百分点由全要素投入提供,占总经济增长的 60%。之所以如此,丹尼森认为是由于 20 世纪 50 年代西欧经济开始恢复时生产率较低,以后生产率增长的幅度较大。

西欧的劳动规模大于美国,但增长速度却较慢,同时美国劳动力质量较高,也弥补了劳动力绝对量上的劣势;美国资本投入对经济增长的贡献大于西欧;各国的知识进展方面存在着差距。总的来说,美国在知识的运用和推广方面优于西欧,规模经济在经济增长中的作用则是西欧大于美国。

(2)对日本经济增长因素的分析

根据丹尼森的分析,1953—1971 年,日本国民收入年均增长率是 8.77%,其中 2.1 个百分点由资本投入提供,1.97 个百分点由知识进展提供,1.94 个百分点由规模经济提供,1.85 个百分点由劳动投入提供,0.95 个百分点由资源配置提供,其他因素对国民收入增长的贡献率为 −0.04%。总的说来,要素生产率对经济增长的贡献大于要素投入,但知识进展对日本经济增长的贡献远大于美国和西欧。

通过对经济增长因素的国际比较,丹尼森认为各国经济增长率不同主要是由于经济运行的环境,如要素比例、资源配置、技术水平、规模经济等方面情况的差异。

资料卡 9-9

习近平:　中国有信心、有能力保持经济中高速增长

改革开放 30 多年过去,弹指一挥间。今天,随着中国经济体量的增大以及同世界的合作不断加深,中国经济走向受到外界关注。很多人都关心,中国经济能否实现持续稳定增长?比如我们在座的各位国际组织的负责人。中国能否把改革开放推进下去?中国能否避免陷入"中等收入陷阱"?

行胜于言。中国用实际行动对这些问题做出了回答。2016 年年初,中国出台了《国民经济和社会发展第十三个五年规划纲要》,围绕全面建成小康社会奋斗目标,针对发展不平衡、不协调、不可持续等突出问题,强调要牢固树立和坚决贯彻创新、协调、绿色、开放、共享的发展理念。这是我们第十三个五年规划的精髓。

今天的中国,已经站在新的历史起点上。这个新起点,就是中国全面深化改革、增加

经济社会发展新动力的新起点,就是中国适应经济发展新常态、转变经济发展方式的新起点,就是中国同世界深度互动、向世界深度开放的新起点。我们有信心、有能力保持经济中高速增长,继续在实现自身发展的同时为世界带来更多发展机遇。

（资料来源：习近平.中国发展新起点 全球增长新蓝图[EB/OL].(2016 - 09 - 04)[2018 - 06 - 25]. http://www.qstheory.cn/zhuanqu/zywz/2016 - 09/04/c_1119507116.htm）

同步训练

同步训练

●●●● **同步训练**

目标：理解经济增长的原因。

●●●● **同步训练**

目标：了解中国当前经济现状。

9.2.4　经济增长理论的发展

自亚当·斯密以来,西方的经济学家就把经济增长作为经济研究的中心问题之一。不过,早期的经济学派对经济增长大多持乐观的态度,真正把经济的长期增长作为研究重点的并不多。只有熊彼特提出创新是推动经济增长的力量,不断地进行技术创新才能使经济持续增长。但是 20 世纪 30 年代爆发的世界经济大危机又迫使经济学家们重新重视经济增长问题,现代的经济增长理论在第二次世界大战以后迅速地发展起来,分为三个阶段。

（1）第一阶段

20 世纪 50—60 年代,经济学家们普遍接受经济高速增长的模式,因为高速增长不仅是一国实现充分就业的保证,也是保持其国际地位的先决条件。于是,建立在凯恩斯主义经济理论基础上的增长理论,把研究的中心放在生产能力的长期增长上,着重研究影响经济增长的各因素之间的相互关系及它们在经济增长中的作用,探寻经济长期稳定增长的途径和相应的政策。经济学家们或是从理论模型上,或是从经验分析上,对经济增长的源泉做了实证分析,为制定经济增长的各项政策提供依据。

（2）第二阶段

20 世纪 60 年代末到 70 年代,针对经济快速增长带来的一系列问题,一些经济学家、社会学家和科学家提出了经济增长的极限问题,他们提出由于人口膨胀、资源耗竭、粮食短缺、生态失衡等,长期的经济增长必定带来世界经济的崩溃,因而提出了"零经济增长"的观点。不过,最终大多数经济学家还是认为,经济增长中的问题只能用经济增长加以解决,否定经济增长是不可取的,对经济增长所带来的问题,各国政府确实应给予足够的重视。

新古典增长理论在 20 世纪 60 年代到 80 年代中期一直在经济增长理论中占据主导地位,对各国政府制定经济增长政策提供了理论依据。但随着经济形势的不断变化,它在以下两个方面表现出一定的局限性。

第一,在新古典增长理论分析中,假定规模报酬不变。这个假定是不准确也不符合实际的。因为,投入增加一倍,产出不一定增加一倍。在一些技术水平比较先进的国家,会出现规模报酬递增,即投入增加一倍,产出会增加一倍多;而在一些技术水平不高的国家,则可能出现规模报酬递减,即投入增加一倍,产出的增加不到一倍。

第二,在新古典增长理论分析中,假定技术进步为外生变量。把技术进步作为经济增长的外生变量,必然会得出这样的结论:技术进步具有很大的偶然性,技术的使用不需要付出成本。这与将技术进步作为经济增长主要动力的观点是矛盾的。

以上的局限性表明,新古典增长理论已经不适合技术进步快速发展的现代经济。

(3)第三阶段

1986 年,罗默提出了新经济增长理论,这实际上是技术内生化经济增长理论。他认为,作为经济增长内生变量的技术进步主要表现在两个方面:一是劳动者的熟练程度;二是新设备、新原料、新设计、新工艺等物质产品的技术先进性。前者可用人力资本表示,后者可用技术水平表示。

在新经济增长模型中,罗默提出经济增长应包括四个要素:资本、劳动、人力资本和技术水平。资本是指原有技术水平的设备和原材料等投资。劳动是非熟练劳动。人力资本是指熟练劳动,是通过对人的投资形成的,它可以通过教育、卫生保健和移民入境来实现。教育对人力资本形成的作用体现在提高劳动者素质、形成高素质的人才,卫生保健对人力资本的作用体现在提高劳动者的身体素质。这两项人力资本的形成都需要大量的投资,而作为人力资本形成途径的移民入境,则不需要较多的投资。另外,这里提到的技术水平是指采用新设备、新原料和实行新设计、新工艺等带来的创新成果,这也需要大量的投资。

资料卡 9-10

外媒: 中国奇迹进入第二阶段

中国官方于 2017 年 4 月 17 日公布,2017 年一季度中国国内生产总值(GDP)约为 18.06 万亿元,同比增长 6.9%,创近六个季度以来新高。这一增速高于中国官方设定的 6.5% 左右的全年经济增长目标。"增长表现超出预期",外媒纷纷这样强调。美国《福布斯》日前刊文称,"中国奇迹没有结束,而是进入了第二阶段"。

法新社报道称,中国政府周一公布的数据显示,中国经济 2017 年第一季度经济增长 6.9%,超出预期,这是世界第二大经济体企稳的最新迹象。2016 年,中国经济增长 6.7%。"近年来中国首次以强劲的 GDP 开局",澳新银行一名经济学家说,"归功于强劲的投资和房产市场,经济表现良好。"17 日的数据也标志着 2014 年第四季度以来中国经济再次出现连续性季度改善。中国国家统计局说,中国经济延续了稳中向好的发展态势,"主要指标好于预期,实现了良好开局"。

"随着零售和投资上升,中国经济加速",美国彭博社以此为题称,中国经济连续两个季度增长加速。2017 年一季度中国 GDP 增长 6.9%,超出彭博社调查所预期的 6.8% 的中位数。

英国《金融时报》称,中国经济以 18 个月来最强劲的季度表现拉开 2017 年的序幕。越到季度后期,增长越为强劲,表明 2017 年第二季度有望保持增长态势。

虽然增长放缓,挑战越来越多,但中国的进步有目共睹。《纽约时报》17 日称,过去十一个季度的官方数据显示,中国经济增速在 6.7% 到 7.2% 之间。从国际标准看,这是令人吃惊的长期稳定增长。

(资料来源:外媒热议中国一季度 GDP 增长:中国奇迹进入第二阶段[EB/OL].(2017 - 04 - 19)[2018 - 06 - 25]. http://www.cqn.com.cn/cj/content/2017 - 04/19/content_4195455.htm)

9.2.5　哈罗德—多马模型

哈罗德在 1939 年发表的《论动态理论》一文中,试图把凯恩斯采用短期静态均衡分析方法提出的国民收入决定理论或就业理论长期化和动态化,1948 年出版的《动态经济学导论》一书,进一步将其理论系统化,提出了一个关于经济增长的模式。20 世纪 40 年代中期,美国经济学家多马进行了类似的研究,提出了与哈罗德增长模型基本一致的模型,因而一般把他们提出的增长模型合称为哈罗德—多马模型。

9.2.5.1　哈罗德—多马模型的假设前提

该模型的分析是在以下基本假设的基础上进行的。

(1)全社会生产的产品只有一种。这种产品既可以用于个人消费,也可以作为投资所需的生产资料,继续投入生产。

(2)只有两种生产要素,即劳动投入和资本投入;这两种生产要素不能相互替代,两种要素之间只有一种可行的配合比例。

(3)规模收益不变。即不管生产规模大小,单位产品所需成本都不变,如果劳动和资本同时增加一倍,产出也相应增加一倍。

(4)技术不变,即不存在技术进步。

(5)由于规模收益不变,技术不变,并且劳动和资本两种要素的配合比例不变,因此在任何时候,生产单位产品所需要的劳动力数量和资本数量不变。

(6)边际储蓄倾向不变。边际储蓄倾向等于平均储蓄倾向或储蓄占国民收入的比率,因为平均储蓄倾向或储蓄占国民收入的比率是不变的,所以边际储蓄倾向不变。

9.2.5.2 哈罗德—多马模型的基本公式

（1）哈罗德模型的基本公式

我们先来看哈罗德模型的基本公式。哈罗德从凯恩斯的储蓄—投资分析出发,将有关的经济因素抽象为以下三个变量。

储蓄率(s),即储蓄量占国民收入的比重。以 S 表示储蓄量,Y 表示国民收入,则

$$s = \frac{S}{Y}$$

资本系数或资本产出率(k),即资本与国民收入之比,以 K 表示资本存量,则

$$k = \frac{K}{Y}$$

根据假定,资本系数是不变的,因此

$$\frac{K}{Y} = \frac{\Delta K}{\Delta Y}$$

这里 ΔK 表示资本增量,也就是净投资 I。这样,资本系数等于加速数。所以又有

$$k = \frac{K}{Y} = \frac{I}{\Delta Y}$$

有保证的增长率 g_w,即在 s 与 k 既定条件下,能够使投资等于储蓄($I = S$)的经济增长率。

由上述三个变量的定义,可得出三个变量之间的关系为

$$g_w = \frac{\Delta Y}{Y} = \frac{\Delta Y}{Y} \cdot \frac{I}{I} = \frac{I}{Y} \cdot \frac{\Delta Y}{I}$$

由于要保证经济实现均衡,必须使投资等于储蓄,即 $I = S$,因此

$$\frac{I}{Y} = \frac{S}{Y} = s$$

又由于

$$\frac{\Delta Y}{I} = \frac{1}{k}$$

故

$$g_w = \frac{s}{k} \quad \text{或} \quad g_w \times k = s$$

这就是哈罗德模型的基本公式。

（2）多马模型的基本公式

接下来,我们来看多马模型。多马在建立他的经济增长模型时,引入了投资效率(σ)或资本生产率概念,并使 $\sigma = \Delta Y / I$,即投资效率就是单位投资所能增加的产出。据此,投资 I 所能引起的生产能力或供给增量为

$$\Delta Y = \sigma \times I$$

另外,按照乘数原理,投资所能引起的需求增量为

$$\Delta Y = \Delta I \cdot \frac{1}{s}$$

其中, ΔI 为投资增量, s 为储蓄率(按照前面的假定,储蓄率等于边际储蓄倾向)。

为使经济在增长过程中保持均衡,必须使供给增量与需求增量相等,即

$$\sigma \times I = \Delta I \cdot \frac{1}{s}$$

移项得

$$\frac{\Delta I}{I} = \sigma \cdot s$$

这就是多马模型的基本公式。

由于投资效率 σ 实际上就是哈罗德模型中资本系数 k 的倒数,即 $\sigma = 1/k$。因此

$$\frac{\Delta I}{I} = \sigma \cdot s = \frac{s}{k} = g_w$$

即多马模型中的投资增长率 $\Delta I/I$ 等于哈罗德模型中有保证的增长率 g_w。可见,两个模型可以互相推导,含义是相同的。

9.2.5.3 有保证的增长率和实际增长率

在资本系数、储蓄率保持不变的假定条件下,按照哈罗德—多马模型,要实现经济稳定均衡增长,即在经济增长过程中保证总供给等于总需求,或按照凯恩斯的储蓄—投资分析,保证投资等于储蓄,就必须使实际增长率等于有保证的增长率。只要使实际增长率等于有保证的增长率,就能够实现经济稳定均衡的增长。哈罗德—多马经济增长模型的经济含义就在于此。

例如,假设储蓄率 $s = 20\%$,资本系数 $k = 4$,并且在增长过程中,储蓄率和资本系数保持不变。则有保证的增长率 $g_w = s/k = 5\%$。

如果实际增长率 $g = g_w = 5\%$,则储蓄就能够全部转化为投资。投资一方面作用于需求,使总需求等于总供给;另一方面作用于供给,使生产能力增加,下期国民收入增加,从而使国民收入进一步增长。在储蓄率和资本系数不变的条件下,只要保证实际增长率等于有保证的增长率,在随后的各个时期中,即可保证每年的储蓄量全部转化为投资,每年的总需求等于总供给,从而保证经济稳定均衡地增长。并且在这一增长过程中,资本存量的增长率、投资的增长率也将保持在 5%。

但是,在现实经济生活中,常常不能保证实际增长率等于有保证的增长率。实际增长率是由实际发生的投资率即投资占国民收入的比重与实际的资本系数决定的。而实际的投资量不一定等于储蓄量,投资率不一定等于储蓄率。如以 g 表示实际的国民收入增长率,以 i 代表实际投资率,以 k_t 表示实际的资本系数,则 $g = i/k_t$。

在资本系数不变,即 $k_t = k$ 的条件下,当实际投资率大于储蓄率,即 $i > s$ 时,实际增长率 g 大于有保证的经济增长率。例如,假设 $s = 20\%$, $i = 24\%$, $k = k_t = 4$,则

$$g = 24\%/4 = 6\%$$

$$g_w=20\%/4=5\%$$

实际增长率 $g>$ 有保证的增长率 g_w 。

从相反的角度说,实际增长率大于有保证的经济增长率,意味着实际投资大于储蓄,总需求大于总供给,而且已经过度的投资会在加速数的作用下,累积性地进一步过度增长,实际增长率将更加偏离有保证的增长率。实际增长率小于有保证的增长率,意味着投资小于储蓄,总需求小于总供给,而且使投资的累积性缩减,从而导致经济萎缩。

由于实际增长率与有保证的增长率、投资率与储蓄率是由不同的因素决定的,所以,实际增长率很难等于有保证的增长率,投资率很难等于储蓄率,持续均匀的经济增长途径就像"刀锋"一样狭窄,即均衡的经济增长过程是很难保持的。

9.2.5.4 自然增长率

在论述资本的供给和经济增长关系的基础上,哈罗德还从劳动力因素出发,提出"自然增长率"的概念,论述了人口(劳动力)增长和劳动生产率的提高与经济增长的关系。他认为,自然增长率(g_n)是由人口(劳动力)增长率和劳动生产率的提高所决定的。

例如:一国劳动力的增长率为 5% ,劳动生产率的提高率为 6% ,则自然增长率为
$$g_n=1.05\times1.06-1=0.113=11.3\%$$

在劳动力已经实现充分就业,生产能力已经实现充分利用,并且假定资本与劳动的配合比例固定不变的条件下,自然增长率是人口(劳动力)增长率与劳动生产率的提高所允许达到的最大生产率,实际增长率不可能超过自然增长率,即 $g<g_n$ 。同时,自然增长率也是保持长期的充分就业所需要的增长率。要保持长期的充分就业均衡增长,长期增长率既要等于有保证的增长率,又要等于自然增长率,即 $g=g_w=g_n$ 。而能否实现这一长期充分就业均衡增长的条件,关键在于自然增长率与有保证的增长率之间的关系。

如果自然增长率小于有保证的增长率,即 $g_n<g_w$,则意味着储蓄的增长超过劳动力增长和劳动生产率提高所允许的限度,从而经济增长受到劳动力供给的限制,储蓄不能全部转化为投资,实际增长率将低于有保证的增长率,即 $g<g_w$ 。而储蓄过度,投资低于储蓄,又会导致累积性的投资收缩,使经济趋于衰退。

如果自然增长率大于有保证的增长率,即 $g_n>g_w$,则意味着储蓄的增长不足以充分利用劳动力增长和劳动生产率提高所提供的增长潜力,从而会存在许多能够带来较高利润而尚未被利用的投资机会,这会刺激投资的增长,使投资超过储蓄,实际增长率高于有保证的增长率,即 $g>g_w$ 。这会导致投资的累积性扩张,使经济趋于繁荣。

只有当自然增长率等于有保证的增长率,即 $g_n=g_w$ 时,才能保证投资恰好等于储蓄,使实际增长率等于有保证的增长率,即 $g=g_w$,从而实现 $g=g_w=g_n$ 这一长期充分就业均衡增长的条件。

当然,由于 g_n 、g_w 是由不同因素决定的,因而要实现长期充分就业均衡增长是困难的。在现实中常常会出现经济波动,出现失业和通货膨胀。

同步训练

●●●**同步训练**

目标：理解哈罗德—多马模型。

▷**【本章小结】**

■ **框架体系**

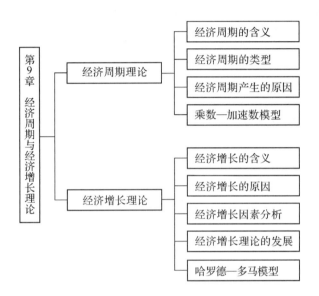

■ **主要术语**

经济周期　经济增长　乘数—加速数模型　哈罗德—多马模型

■ **主要理论**

通过学习本章，你已经知道了经济周期与经济增长理论的基本内容，应该可以利用这些理论来解释和预测各国经济的发展状况。同时，你也知道了虽然在历史上出现过相似的经济周期与经济增长现象，但在不同阶段其产生的原因往往会有所不同。以下几个方面作为本章重点，你应该掌握好。

□ 经济周期由扩张、衰退、紧缩和复苏四个阶段组成，可以分为短周期、中周期与长周期。

□ 多种经济周期理论对经济周期产生的原因进行了解释，乘数与加速数的相互作用可解释经济的周期性波动。

□ 经济增长一般是指一国生产的商品和劳务总量的增加，用来衡量它的经济指标通常是国民收入量或国民收入量的增加值。

□ 经济增长的原因包括储蓄、投资的变动与新技术的发现。

□ 哈罗德—多马模型利用储蓄率与资本产出比率来分析经济增长与投资、技术水平等因素的关系。

【理论自测】

■ 客观题

□ 选择题

1. 为每个关键术语选择一个定义。

_____ 经济周期　　A. 不严重的收入减少和失业增加的时期

_____ 衰退　　　　B. 极严重的收入减少和失业增加的时期

_____ 萧条　　　　C. 经济中周期性出现的经济扩张与紧缩交替更迭、循环往复的一种现象

_____ 经济增长　　D. 由人口（劳动力）增长率和劳动生产率所决定的增长率

_____ 自然增长率　E. 一国生产的商品和劳务总量的增加,衡量指标通常是国民收入量或国民收入量的增加值

2. 经济周期的两个主要阶段是( )。

A. 繁荣与萧条　　　　B. 萧条与复苏　　　　C. 繁荣与衰退

3. 经济周期中繁荣阶段的基本特征是( )。

A. 国民收入与经济活动高于正常水平

B. 国民收入与经济活动等于正常水平

C. 国民收入与经济活动低于正常水平

4. 经济增长的最基本特征是( )。

A. 国民生产总值的增加　　B. 技术进步　　　　C. 制度与意识的相应调整

5. 根据哈罗德模型,当资本—产量比率为4,储蓄率为20%时,经济增长率为( )。

A. 5%　　　　　　　　B. 80%　　　　　　　　C. 20%

□ 判断题

( )1. 经济周期的中心是国民收入的波动。

( )2. 在经济周期的四个阶段中,经济活动高于正常水平的是繁荣和衰退,经济活动低于正常水平的是萧条和复苏。

( )3. 经济增长的充分条件是技术进步。

( )4. 哈罗德—多马模型中,实际增长率、有保证的增长率和自然增长率总是一致的。

■ 主观题

1. 经济周期是不是不可改变的? 为什么?

2. 根据乘数与加速原理结合作用的模型,我们看到经济会自发地出现周期性波动,政府是否可以采取某些措施来缓和经济的波动,从而使一国经济在平稳的环境下可持续发展?

3. 只要一国的投资维持稳定的增长,就能使一国的经济增长速度保持稳定,这种说法对吗?

279

4. 当一国的自然增长率、实际增长率与有保证的增长率三者之间是什么关系时,该国经济能够保持稳定的增长?

5. 一国的经济能否维持直线式增长?为什么?

应用自测

▷【应用自测】

1. 以下事件对哪项有初始影响:总需求、短期总供给、长期总供给或者短期与长期总供给?会对经济产生什么影响?

(1)政府修复年久的道路和桥梁。

(2)OPEC 提高石油价格。

(3)政府增加失业津贴,提高了自然失业率。

(4)国民感到自己的工作更有保障,变得更乐观。

(5)发生了把电脑技术运用到钢铁业中的技术进步。

(6)政府提高了最低工资标准。

(7)由于物价预期下降,应届大学毕业生的工资要求下降了。

(8)中央银行减少了货币供给。

(9)干旱摧毁了中西部的大部分农作物。

2. 请根据下表资料回答以下问题。

国　别	现期实际人均 GDP/元	现期 GDP 增长率/%
甲　国	15468	1.98
乙　国	13690	2.03
丙　国	6343	3.12
丁　国	1098	0.61

(1)哪个国家最富有?你是怎么知道的?

(2)哪个国家经济增长最快?你是怎么知道的?

(3)哪个国家的资本投资增加带来的利益最大?为什么?

(4)哪个国家有潜在最快的经济增长速度?列出一些没有使潜在可能变为现实的原因。

(5)如果下一年甲国的实际人均 GDP 是 15918 元,它的 GDP 年均增长率是多少?

案例分析

▷【案例分析】

■ 案例评论

□ 案例

如何看待我国经济增长中面临的挑战和机遇

在经过 30 多年的改革开放和高速经济增长后,随着经济发展水平和发展阶段的变化,我国近些年的年均经济增长率开始放缓,由原先的 10% 左右降低到现在的 6.7% 左右。有些人担心即使是这样的经济增长率也难以继续保持。这种担心并不是完全没有根据的,因为我们的经济增长速度确实仍在放缓,现实经济活动中也存在着很多问题。党的十八大强调,2020年的国内生产总值和城乡居民人均收入要比2010年再翻一番。从已经实现的经济增长看,在"十三五"期间,我们只要把年均经济增长率保持在6.5%以上,就能实现这两个"翻一番"的目标。但是如果经济增长率继续下行,甚至不能保持当前的水平,就可能影响我们实现长期增长目标和全面建成小康社会目标。因此,实现和保持适度的经济增长并在此基础上实现经济、社会、环境的全面的可持续发展,确实是我们面临的严峻挑战。但在另一方面也应该看到,在进入"新常态"也就是经济由原来的高速增长转为中高速增长之后,中国仍然保持着持续增长的条件。因此,当前实际上是挑战和机遇并存。

挑战在于中国在经过了近40年的高速经济增长后,一些经济增长上的比较优势尤其是在一些生产要素价格上的比较优势正在失去:一些劳动密集型企业已经不再具有劳动成本上的比较优势,因此加工出口产业的发展就有可能受到一定的影响;一些资源密集型产业的发展已经超出了环境和社会所能够承载的限度,从而必须加大在环境治理方面的投入,以实现经济、社会和环境的可持续协调发展,这必然要加大企业在环境方面的成本和投入,如果企业不能适应新时代的要求,就有可能被历史淘汰;地区经济之间发展失衡也在影响着经济发展,发达地区的经济增速已经放缓,但欠发达地区的经济发展还没有被充分带动起来,这就影响了整体的经济发展。

机遇来自国内和国外两个方面。在国内方面,我国仍处于迅速的工业化和现代化进程中,我们全面建成小康社会的长期目标现在实际上已经转化为中期和近期目标,而实现这个目标的过程将会为我国的经济增长创造新的动力。首先应该看到,在建成小康社会的攻坚战中,党和国家实施的一系列大政方针(如反腐和扶贫等),从直接影响上看是政治和社会行为,但其实其对我国的经济增长和发展将产生重大和深远的影响。反对腐败实际上就是要杜绝经济活动中的寻租行为,由市场而不是权力来配置资源,从而提高市场活动的效率;而扶贫则在强调社会公平的同时,创造出新的消费和投资需求,如果说在改革开放初期,我们需要通过"一部分人、一部分地区先富起来"创造供给和需求来拉动我国经济,那么到了现在,全体人民的共同富裕则已经开始成为我国新的经济增长点。在国际方面,虽然目前发达国家的经济普遍遭遇了困境,但与此同时,广大发展中国家、地区的崛起和发展却是新的历史潮流,我们和这些经济体之间有着更强的经济互补性,因此在与发达国家竞争时反而有更多的机会。我国提出的"一带一路"倡议,实际上就是通过与世界各国尤其是发展中国家和新兴工业化国家的交往,在新的经济全球化浪潮中和这些国家实现共同发展。

(资料来源:如何看待我国在经济增长中面临的挑战和机遇[EB/OL].(2016-10-20)[2018-06-25].http://money.163.com/16/1020/09/C3QGNC9G002580S6.html)

□ 问题

1. 根据自己的理解说出中国经济增速放缓的原因。

2. 什么是我国经济发展的"新常态",我们又应该如何来看待这个"新常态"呢?

3. 我国提出的"一带一路"倡议中的"一带""一路"分别是什么？从宏观上看，我国为何要提出"一带一路"倡议？

□ 考核点

经济周期；经济增长；经济增长方式

■ **决策设计**

□ 案例

"十三五"时期我国经济转型三大导向

随着我国宏观经济进入中高速增长的新阶段，我国经济正在发生着一场全面而深刻的结构性变革。"十三五"时期，由工业主导型经济转向服务业主导型经济，由要素主导型经济转向创新主导型经济，由投资主导型经济转向消费主导型经济，将成为我国经济换挡转型期的基本内涵和主要特征。

1. 由工业主导型经济转向服务业主导型经济

服务业的发展是现代市场经济的一个显著特征，其发展状况是衡量经济社会发展繁荣程度和现代化水平的重要指标。服务业已成为我国三次产业中增长最快的产业，对国民经济的带动和支撑作用明显增强。但与世界上发达国家相比较，我国服务业比重仍然过低，工业比重过高，服务业还有巨大的发展空间。实践表明，城镇化前期经济发展的主要动力是工业，次要动力是服务业；城镇化后期经济发展的主要动力是服务业，次要动力是工业。"十三五"时期，在大力推进新型城镇化发展的大背景下，要加快推动由工业主导型经济转向服务业主导型经济，推动创新发展、集群发展、融合发展，促进服务经济体系更加完善、更加高端、更加开放，进一步提高承载能力、服务能力、包容能力，基本建立起现代服务业主导的现代经济体系。

2. 由要素主导型经济转向创新主导型经济

新古典增长理论的索洛经济增长模型认为，劳动力、资本（包括资金、土地和其他自然资源）的要素投入以及技术进步是经济增长的三大源泉，当经济达到均衡状态时，人均产出增长速度只取决于技术进步。"十三五"时期，劳动力、资金和环境成本将继续处于上升通道，要素驱动型的经济增长模式已难以为继，将经济增长的驱动力从要素投入转向技术进步势在必行。"十三五"是实施创新驱动发展战略、建设创新型国家的重大历史时期，要顺应以智能、绿色和可持续为特征的新产业变革趋势，着力打造中国经济升级版的新引擎。

3. 由投资主导型经济转向消费主导型经济

世界银行近日发布的研究报告称，中国将超越美国成为世界第一大经济体。虽然我们并不承认这一观点，但从消费主导型经济的角度看，我国社会需求结构正在发生深刻变化，城乡居民消费需求不断升级，消费市场潜力巨大，正处于释放的历史拐点。"十三五"时期，确立消费主导型经济的地位，是保持经济中高速发展的重大战略。转向消费主导型经济是一场深刻的经济转型，要抓住第三次消费升级的机遇，坚持需求管理和供给管理并重,创造新的环境、发掘新的动力、构建新的结构和完善新的制度,着力构建新的内生稳定增长机制。

（资料来源：首席观察员."十三五"中国经济转型三大导向[J].管理观察,2014(30)）

□ 问题

1.经济转型对于促进经济发展有什么意义？

2.请结合当下我国经济状况,结合经济转型升级,谈一谈你对我国未来经济的展望。

□ 考核点

经济增长;经济增长方式;经济发展

↪【自我评价】

学习成果	自我评价				
我已经理解了经济周期、经济增长、哈罗德—多马模型等本章所涉及的经济学术语的含义	□很好	□较好	□一般	□较差	□很差
我已经了解了经济周期变动的现象,理解了经济周期性波动的原因	□很好	□较好	□一般	□较差	□很差
我已经了解了经济增长理论的发展	□很好	□较好	□一般	□较差	□很差
我已经理解了哈罗德—多马模型利用储蓄率与资本产出率来分析经济增长与投资、技术水平等因素的关系	□很好	□较好	□一般	□较差	□很差

第10章
CHAPTER

宏观经济政策 ▶▶▶

- ■ 宏观经济政策概述
- ■ 财政政策
- ■ 货币政策
- ■ 供给管理政策
- ■ 宏观经济政策的运用与作用

教学说明

ⓒ 导入语

20世纪30年代的世界经济大危机迫使各国政府走上了国家干预经济的道路。应运而生的宏观经济学,就是要为国家干预经济提供理论依据和政策指导的,而宏观经济政策又是随着国家经济情况和理论依据的变化而变化的。第二次世界大战以后这种干预更加全面而系统,主要经济政策是以凯恩斯主义为基础的宏观财政政策和宏观货币政策。进入20世纪70年代以后,西方国家"滞胀"局面的出现又迫使它们对国家干预经济的政策进行反思,自由放任思潮复兴,要求减少国家干预、加强市场机制的主张又受到重视。因此,经济政策的多样化和自由化成为宏观经济政策发展的主要倾向。但20世纪90年代后,国家干预又得到了加强。综观西方国家宏观经济政策的发展,可以发现,尽管在不同时期,国家干预的程度与方式有所不同,但国家干预的总趋势并没有改变。

本章将介绍宏观经济政策的目标与工具以及财政政策、货币政策、供给管理政策与宏观经济政策的运用。

ⓒ 学习目标

◎ 了解宏观经济政策的形成与发展;

◎ 理清宏观经济政策的目标;

◎ 理解并掌握财政政策、货币政策、供给管理政策的内容;

◎ 理解并掌握不同情况下宏观经济政策的运用;

◎ 能够进行简单的宏观经济分析。

10.1 宏观经济政策概述

宏观经济政策是国家或政府为了达到充分就业、价格水平稳定、经济快速增长、国际收支平衡等宏观经济目标以及为增进经济福利而制定的解决经济问题的指导原则和措施。宏观经济政策包括财政政策、货币政策、收入政策等,主要的执行层为各级财政部门和中央银行。

10.1.1 宏观经济政策的形成与发展

宏观经济政策的形成与发展阶段,是与凯恩斯主义和宏观经济学的形成与发展阶段相一致的。它大体上可分三个阶段。

第一阶段是 20 世纪 30 年代到第二次世界大战之前的试验阶段,凯恩斯的《就业、利息和货币通论》是其理论基础,罗斯福的"新政"是其成功的试验。

第二阶段是第二次世界大战后到 20 世纪 60 年代末,处于鼎盛期的凯恩斯主义是其理论基础,美国的《就业政策白皮书》和《就业法》都把实现充分就业、促进经济繁荣作为政府的基本职责,标志着国家将全面、系统地对经济实行干预,财政政策与货币政策是其主要政策工具。

第三阶段是 20 世纪 70 年代以来,经济上的"滞胀"局面引起自由放任思潮的复兴,市场的调节作用得到加强,国家干预相应减少,经济政策呈自由化与多样化的发展趋势。

当今,宏观经济政策的一项重要任务是如何把市场机制与国家干预更好地结合起来。

10.1.2 宏观经济政策的目标

从社会安定与进步、经济稳定与发展的大目标着眼,经济学家将宏观经济政策的目标定为充分就业、物价稳定、经济增长、国际收支平衡四个方面。

10.1.2.1 充分就业

充分就业指包含劳动在内的一切生产要素都能以愿意接受的价格参与生产活动的状态。如果"非自愿失业"已消除,失业仅限于摩擦性失业、结构性失业和自愿失业,就是实现了充分就业。一般认为充分就业不是百分之百就业,充分就业并不排除像摩擦性失业这样的失业情况存在。大多数经济学家认为存在 4%～6% 的失业率是正常的,此时社会处于充分就业状态。

充分就业是社会经济生活中的最大问题,列在第一位是有道理的。充分就业不是人人都有工作,而是允许存在也必须有一定的失业率。因为一定的失业率是市场机制正常运行的客观需要。厂商调整生产规模,必须有个劳动力的"蓄水池"。但这个失业率不能高,要在社会允许的范围内,要能为社会所接受,这就很难恰当地处理,因而充分就业是经济政策的首要目标。

10.1.2.2 物价稳定

物价稳定目标是世界上绝大多数国家政府宏观经济调节的一个目标,也是中央银行执行货币政策的首要目标。所谓物价稳定,是指一般物价水平在短期内不发生显著的或急剧的波动,但并不排除某种商品价格相对于其他商品价格的变动,世界各国普遍以通货膨胀率作为衡量物价稳定与否的一个指标。

物价稳定是要维持一个较低而稳定的通货膨胀率。一般来说,通货膨胀率与经济增长率有一定的正相关关系,但过高的通货膨胀率对社会经济生活的危害是极严重的,必须将其控制在社会所能接受的范围内,年度之间也不应有大起大落的现象。只有这样,才有利于社会安定,对经济也不会产生不利影响。

10.1.2.3 经济增长

经济增长通常是指在一个较长的时间跨度上,一个国家人均产出(或人均收入)水平的持续增加。在较早的文献中经济增长是指一个国家或地区在一定时期内的总产出与前期相比实现的增长。总产出通常用国内生产总值来衡量。对一国经济增长速度的度量,通常用经济增长率来表示。

经济增长是社会进步和人民生活水平不断提高的保证。经济增长率的高低体现了一个国家或地区在一定时期内经济总量的增长速度,也是衡量一个国家或地区总体经济实力增长速度的标志。但是增长率过高,超出社会各方面的承受能力,将会打乱社会正常秩序,扭曲经济结构,破坏经济平衡,导致严重的通货膨胀。所以保持适度的经济增长,既能满足社会发展的需要,又能为生产要素供给和科学技术的进步提供必要的保障。

10.1.2.4 国际收支平衡

国际收支平衡这个目标,要求国际收支既无赤字又无盈余,因为无论赤字还是盈余,都会给国内的经济发展带来不利的影响。

不难看出,上述四个目标之间是有矛盾的,很难同时实现。要实现充分就业,就要运用扩张性的财政货币政策,致使财政赤字和货币供给增加,引起通货膨胀而使物价失去稳定性。实现充分就业,国民收入必须增加,在边际进口倾向既定的情况下,进口将随之增加,引起国际收支状况恶化。充分就业与经济增长虽有一致的一面,但也有矛盾。因为经济增长中的技术进步能够引起资本对劳动的替代,相对缩小劳动的需求,致使部分文化技术水平低的工人失业。经济增长与物价稳定也有矛盾。只要经济增长,通货膨胀将难以避免。通货膨胀还会影响出口,增加进口,破坏国际收支平衡。

宏观经济政策目标之间的重重矛盾,要求政策制定者对四个目标进行认真选择和协调。这种选择和协调不仅受目前和长远的经济形势的制约,还受政治、社会多种因素的影响,不同学术流派更有不同的理解。政策制定者要么确定重点政策目标,要么对这些政策目标进行协调。例如,凯恩斯主义经济学家比较注重充分就业与经济增长,而货币主义经济学家则较注重物价稳定。此外,不同时期国家对政策目标也有不同的偏重。例如,美国在 20 世纪 50 年代偏重于充分就业与物价稳定,在 60 年代偏重于充分就业与经济增长,70 年代后则强调物价稳定和四个目标兼顾。

●●● 同步训练

目标:理解宏观经济政策目标的含义。

同步训练

10.1.3 宏观经济政策工具

政策工具是用来达到政策目标的手段。宏观经济政策有四个目标,政策工具也多种多样。要实现不同的政策目标,可以选用不同的政策工具。多种政策工具,也可共同服务于一个政策目标。最常用的宏观经济政策工具主要有需求管理、供给管理和对外经济政策。

10.1.3.1 需求管理

需求管理是通过调节总需求来达到一定政策目标的宏观经济政策工具。这也是凯恩斯主义所重视的政策工具。需求管理通过调节总需求实现充分就业。在总需求小于总供给时,经济中会由于需求不足产生失业,这时要运用扩张性政策工具来刺激总需求;在总需求大于总供给时,经济中会由于需求过度而出现通货膨胀,这时就要运用紧缩性政策工具来抑制总需求。需求管理的主要政策是财政政策和货币政策。

10.1.3.2 供给管理

20 世纪 70 年代初,石油价格大幅度上升对经济的严重影响使经济学家认识到了总供给的重要性。总需求—总供给模型中分析了总供给对国民收入和价格水平的影响,这样,宏观经济政策工具中就不能只有需求管理,还要有供给管理。供给管理通过对总供给的调节达到一定的政策目标。在长期内影响供给的主要因素是生产能力,即潜在产出;在短期内影响供给的主要因素是生产成本,特别是生产成本中的工资成本。因此,供给管理包括控制工资与物价的收入政策、改善劳动力市场的人力政策以及促进技术改进或效率提高的经济增长政策。

10.1.3.3 对外经济政策

在现实的开放经济中,各国经济间存在着密切的联系并相互影响。因此,一国经济政策目标的实现,不仅有赖于国内经济政策,而且有赖于对外经济政策,如对外贸易政策、汇率政策等,以平衡国际收支,协调国际经济关系。

10.2 财政政策

财政政策是国家干预和调节经济的主要政策之一。**财政政策是利用政府支出和政府税收,直接影响某些经济总量从而消除通货紧缩缺口或通货膨胀缺口,以达到需求管理目标的政策。**

10.2.1 财政政策的内容与运用

10.2.1.1 财政政策的内容

财政政策主要包括政府财政支出和财政收入。

（1）财政支出

按支出方式的不同，政府的财政支出可分为政府购买支出和转移支付。

政府购买支出主要包括两个方面：第一，政府举办公共工程的支出，如政府对社会需要而私人经济主体无力举办或不愿举办的公共设施和公共建筑，如桥梁、高速公路、机场、港口、公园、学校、水利的投资；第二，政府管理各种社会事业的支出，包括政府出于对国家安全、政府行政、科学研究、教育、文化、环境保护、卫生等管理的需要而购买商品和劳务的支出以及向公务人员支付的薪金等。

转移支付主要是指政府不以取得商品和劳务为目的的支付，如政府的社会保障与社会救济支出、政府公债的利息支出以及对农业的补贴等。政府转移支付构成个人可支配收入的一部分。由于政府转移支付是政府收入的一项扣除，所以，通常将税收与政府转移支付之差称为净税收。

（2）财政收入

财政收入主要由各项税收构成。按纳税方式的不同，税收可分为直接税和间接税。直接税是指由纳税人直接负担的税收，如所得税（包括个人所得税和公司所得税）、社会保险税、遗产税和赠与税等。间接税是指对商品和服务征收的、可以由纳税人将税收负担转嫁出去的税，如货物税、销售税、消费税、进口税等。

根据收入中被扣除的税收比例，税收可分为累进税、比例税和累退税。累进税是指按照征税对象数额的大小分不同等级征税，征税对象数额越大，税率越高。直接税通常具有累进的性质。比例税是指对同一征税对象，不论其数额多少，都按同一比例征税。间接税一般实行比例税率。收入水平不同的人，购买同样商品的税金是相等的，但间接税的税负对负税人的收入水平来说具有累退性质，即收入越多的人，税收占收入的比例越小；收入越少的人，税收占收入的比例越大。总之，税收被称为累进的、比例的还是累退的，取决于对高收入者的征税额占其收入的比例是大于、等于还是小于对低收入者的征税额占其收入的比例。

10.2.1.2 财政政策的运用

根据凯恩斯经济学原理，在运用宏观财政政策调节经济、进行需求管理时，政府应根据不同情况来调整政府支出和税收，采取扩张性的或紧缩性的政策措施。

具体来说，在经济萧条时期，总需求小于总供给，经济中存在失业，政府就要运用扩张性的财政政策，即通过增加政府支出、减少税收来刺激总需求，以实现充分就业。因为政府公共工程支出与购买的增加有利于刺激私人投资，转移支付的增加可以增加个人消费，这样就会刺激总需求。减少个人所得税（主要是降低税率）可以使个人有更多的可支配收入,从而增加消费,减少公司所得税可以使公司收入增加,从而投资增加,这样也会刺激总需求。

在经济繁荣时期,总需求大于总供给,存在过度需求,会引起通货膨胀,政府则要通过紧缩性的财政政策,即减少政府支出、增加税收来抑制总需求,以实现物价稳定。因为政府公共工程支出与购买的减少有利于抑制投资,转移支付的减少可以减少个人消费,这样就抑制了总需求。增加个人所得税(主要是提高税率)可以减少个人可支配收入,从而减少消费,增加公司所得税可以使公司收入减少,从而投资减少,这样也会抑制总需求。

经济学家将这种政策称为“逆经济风向行事”。即在经济高涨时期抑制总需求,使经济不致过度高涨而引起通货膨胀;在经济萧条时期刺激总需求,使经济不至于严重萧条而引起失业。20世纪50年代,美国等西方国家就采取了这种“逆经济风向行事”的财政政策,其目的在于实现既无失业又无通货膨胀的经济稳定。60年代以后,为了实现充分就业与经济增长,财政政策则以扩张性的财政政策为基调,强调通过增加政府支出与减税来刺激经济。70年代之后,财政政策的运用又开始强调微观化,即对不同的部门与地区实行不同的征税方法,制定不同的税率,个别地调整征税范围,以及调整政府对不同部门与地区的拨款和支出政策,以实现经济的平衡发展。80年代,里根政府继续实行减税政策,但开始走向供给学派,强调对生产领域减税,以增加供给。即便是在滞胀的情况下,减税也一直是美国政府奉行的主要政策。

资料卡 10-1

积极的财政政策

我国从1998年开始,改变适度从紧的财政政策,实行积极的财政政策。从本质上考察,我国积极的财政政策属于扩张性财政政策,但不是一般的扩张性财政政策,而是在特定的环境下特殊的扩张性财政政策。所说的特定环境是指我国1996年国民经济实现“软着陆”之后,1998年,社会供求态势发生了根本性变化——有效需求不足。并且,是在1996年到1998年7月六次降低利率效果不明显的条件下,采取以财政政策为主的扩大内需的宏观经济政策。

我国实行的积极财政政策具有下列特点:第一,中央政府为调节经济总量和结构,采取的是特定范围的扩张性财政政策,是以国家财政投资为主体的经济拉动,地方财政应确保收支平衡,不得层层扩张。第二,主要扩张手段为发行国债、扩大财政赤字、增加基础设施投资以刺激经济增长,不同于发达国家的增加财政支出和减少税收的双重手段的扩张性财政政策。第三,扩张性财政政策具有明显的生产性特征,增加基础设施投资,直接促进经济增长,不同于发达国家增加公共物品支出,间接促进经济增长。

我国实行积极的财政政策是有条件的,综合考察有以下四个条件。

第一,社会总供求失衡,有效需求不足,经济增长较慢。这是实行积极财政政策的必要条件。因为只有在有效需求不足、消费又难以启动经济时,才需要实行扩张的财政政策。

第二,财政收入基础好和财政赤字不过大。这是实行积极财政政策的客观基础和前提条件。因为国家财政收入没有一定基础、财政赤字已很大时,没有资金可投,无法实行积极的财政政策。

第三,国债规模合理。这也是实行积极财政政策的基本条件。因为增发国债是有客观限制的,如国债规模已过大,就无法靠发行国债实行积极的财政政策。

第四,增加投资的物质资源约束。实行积极的财政政策必须耗费一定的物力、人力资源,如果没有这些条件,积极的财政政策不会发挥作用。

总之,具备上述条件可以实行积极的财政政策,上述条件变化了,就要改变或淡化积极财政政策。因此我国积极的财政政策应该是一项中期政策,从1998年开始,到"十五"计划的中后期逐步淡出为止。

(资料来源:侯荣华.西方经济学[M].北京:中国广播大学出版社,2001)

资料卡 10-2

2016 年我国的财政政策

近年来,经济下行压力加大,我国推进供给侧结构性改革,在宏观政策方面,一直强调积极的财政政策要加力增效。提高赤字率、减税降费、盘活存量资金、调整优化支出结构等一系列措施形成了积极财政政策的"组合拳"。

下一步,积极的财政政策如何进一步加力增效备受关注。2016年中央政治局会议提出的"有效实施积极的财政政策"如何落实,应主要着眼于以下三个方面。

一是继续实施减税降费和扩张支出的政策,并进一步找好着力点。减税降费要更有效地切实减轻企业负担,扩张支出则应注重选好资金投向。在财政支出中,提高资金使用效益十分重要,要结合经济运行新特点,考虑产业和区域分化的情况,优化财政支出结构,特别是要为脱贫攻坚等重大民生工作提供财力保障,资金分配时要加大对贫困地区、贫困人口的倾斜支持力度,使这些地区享受到基本公共服务,增强经济发展的动力。

二是资金使用方式要进一步优化,注重充分带动社会资本。财政资金要发挥"四两拨千斤"的作用,包括通过推广 PPP(政府和社会资本合作)模式,吸引民间资本参与基础设施建设和提供公共服务。此外,还要完善财税政策,强化资金引导,全力支持创业创新,激发经济活力。

三是要着力控制财政风险。必须在风险可控的前提下进行增支和减税,否则不利于财政运行和民生保障的可持续性。数据显示,2016年前三季度政府债务付息支出3649亿元,增长41.1%。白景明认为,当前处于政府债务还本付息的高峰期,应该平衡好稳增长、惠民生与财政安全的关系,防范财政风险积聚。财政部有关负责人也于近日表示,将进一步完善地方政府债务管理制度,坚决制止地方政府违法违规融资担保行为,堵住各种不规范渠道,切实防范化解财政金融风险。

（资料来源:曹金华.积极财政政策将更加突出实效[N].经济日报,2016－11－10(06)）

●●●**同步训练**

同步训练

> 目标:理解财政政策的内容与运用。

10.2.2 财政政策中的内在稳定器

内在稳定器或自动稳定器是指财政政策本身具有某些内在的自动调节经济、使经济稳定的功能。当经济出现波动时,内在稳定器就会自动发生作用,减轻经济萧条或通货膨胀的程度。具有内在稳定器作用的财政政策主要包括个人所得税、公司所得税以及各种转移支付。

个人所得税和公司所得税的征收都有固定的起征点和固定的税率。因此,当经济繁荣时,国民收入水平上升,个人收入和公司利润都会增加,他们所缴纳的税额就会自动增加,从而抑制了消费和投资的增加,有助于减轻总需求过度引起的通货膨胀的程度。而在经济萧条时期,国民收入减少,个人收入和公司利润都会减少,他们所缴纳的税额也就自动减少,从而抑制了消费和投资的减少,有助于减轻经济萧条的程度。

失业救济金和各种福利支出这类转移支付,有固定的发放标准。在经济萧条时期,随着失业人数和需要其他补助的人数增多,这类转移支付就会自动增加,有助于减轻经济萧条的程度。在经济繁荣时期,失业人数和需要其他补助的人数减少,这类转移支付就自动减少,有助于减轻需求过度引起的通货膨胀的程度。

经济学家认为,财政政策的内在稳定器在轻微的经济萧条和通货膨胀中往往能起良好的稳定作用,有助于稳定经济,但这种内在稳定器的作用十分有限。在经济萧条时期,内在稳定器只能缓和经济衰退的程度,而不能扭转经济衰退的趋势。在经济繁荣时期,内在稳定器只能缓和物价上涨的程度,而不能扭转物价上涨的趋势。此外,内在稳定器具有一定的非灵活性,例如,税收易减不易增、福利费用支出易增不易减等。因此,要消除通货膨胀或通货紧缩的缺口,保证经济的稳定,还需要政府有意识地运用财政政策来调节。

10.2.3 赤字财政政策

凯恩斯主义认为,财政政策应该为维持经济稳定、实现充分就业服务。因此,在经济萧条时期,为了解决有效需求不足、克服萧条,政府应放弃财政收支平衡的旧信条,增加支出,减少税收,实行赤字财政政策。

宏观经济政策

第10章

291

资料卡 10-3

特朗普公布"美国史上最狠"减税政策

2017 年 4 月 26 日,美国总统特朗普团队终于公布了大众期待已久的新税改政策草案。大幅度的商业税和个人所得税降低也与特朗普在竞选时的"减税"口号基本相符,这也被很多人称为"美国史上最狠"的减税计划。

特朗普此次出台的税改政策内容主要包括:将个人所得税的最高税率由 39.6% 降为 35%,将税率划分等级从此前的 7 级(10%、15%、25%、28%、33%、35% 和 39.6%)简化为 3 级,分别是 10%、25% 和 35%。在减免税款方面,特朗普计划只保留按揭利息和慈善捐款两方面,取消支付给地方和州政府税收等方式。

另外,目前美国实行的是 35% 的企业所得税,而特朗普此次大笔一挥,直接将其拉至 15%。据英国广播公司(BBC)分析,若美国今后推行 15% 的企业所得税税率,这将比英国(20%)和中国香港(16.5%)低,也低于目前中国内地 25% 的企业所得税税率。

针对联系越发紧密的海外市场和活跃的海外资产,特朗普将会实施一次性低税政策。目前美国的跨国公司在海外获得了约 26000 亿美元的盈利,但这些从没有被带回美国。此项草案还将推行属地纳税系统,即美国公司只需为他们在美国境内的盈利缴税。此前,美国公司无论在世界什么地方盈利,都需要缴税。

虽然目前特朗普的税改政策还并没有正式确定,更多细节将会进一步披露,但已经有不少人揣测这一系列新政将会产生的影响。

特朗普此番非常笃定地大手笔减税,并且极力扶持本土公司的竞争力,但 BBC 指出这项税改政策实际上无法创造出新的利润。

与此同时,美国有线电视新闻网(CNN)评论特朗普只提出减税,却没有关注到如何支付这些税收。减少税收带来的政府财政又将如何填补,将会是特朗普下一步亟须解决的问题。美国财政部部长史蒂文·姆努钦(Steven Mnuchin)在周三早上接受采访时表示,特朗普下一步颁布的税改政策将会"带来史上最大的减税,成为美国史上规模最大的税改政策"。

(资料来源:特朗普公布"美国史上最狠"减税政策,企业税直接"打半折"[EB/OL]. (2017 − 04 − 27)[2018 − 06 − 25]. http://news.ifeng.com/a/20170427/51009883_0. shtml)

实行赤字财政政策、扩大政府支出可通过发行公债的办法来进行。凯恩斯认为这种办法不仅是增加国民收入、解决失业问题所必需的,而且也是可能的。这是因为:①公债的债务人是国家,债权人是私人经济主体,国家与私人经济主体的根本利益是一致的,国家欠私人经济主体的债务,实际上是自己欠自己的债;②政府的政权是稳定的,债务偿还是有保证的,因而不会引起信用危机;③债务是用于发展经济的,这就使政府有能力偿还债务,弥补赤字,这就是宏观财政政策运用中的"公债哲学"。

国　债

　　我国的传统观念是不主张举债的,公众和政府都是这样。中华人民共和国成立以后,为了克服当时的财政困难,抑制通货膨胀,稳定市场物价,中央人民政府在 1950 年发行了人民胜利折实公债。1954—1958 年,每年大约发行 6 亿元国家经济建设公债。这些公债对克服中华人民共和国成立初的财政困难,稳定国民经济,促使"一五"计划顺利实施都起到了重要作用。20 世纪 50 年代末期以后,因种种原因,我国在 24 年内没有发行国债。到 1968 年,我国还清了全部内外债,1969 年 5 月 11 日,《人民日报》宣布我国成为世界上第一个"既无内债,又无外债"的国家。改革开放后,为了加快经济发展,改善人民生活,弥补 1979 年以来的财政赤字状况,1981 年,我国决定发行公债 40 亿元,实际完成48.66 亿元。此后,我国年年发行公债,1986 年以前每年发行公债的规模基本保持在40 亿～60 亿元之间,6 年累计发行 299.72 亿元。1987—1990 年,公债发行规模上升,平均每年发行公债 182 亿元;此后 4 年,平均每年发行公债 478 亿元。1994 年,国债发行规模首次突破千亿元大关,此后每年公债发行规模都在千亿元以上。1998 年,国债发行规模达到 4000 亿元,是历史之最。

　　(资料来源:李艳丽,等.经济学十日读[M].北京:中国致公出版社,1999:273)

　　政府实行赤字财政政策发行公债时,不能将公债直接卖给居民户、厂商或商业银行。这是因为如果由居民户或厂商直接购买公债,就会减少他们的消费和投资,起不到应有的扩大总需求的作用。同样,如果由商业银行直接购买公债,就会减少他们的放款,会间接地减少支出、抑制总需求。因此,只有把公债卖给中央银行,才能起到扩大总需求的作用。具体做法是:财政部发行公债并卖给中央银行,中央银行向财政部支付货币,财政部就可以将这些货币用于各项支出,或用于举办公共工程,或用于增加政府购买,或用于增加转移支付,以刺激总需求。中央银行购买的政府公债,可以作为发行货币的准备金,亦可在金融市场上卖出。

美国的政府债务与赤字

　　自 20 世纪 80 年代以来,预算赤字一直是美国经济的一个问题。里根总统 1981 年入主白宫时,曾承诺缩小政府支出和减税,但由于减少政府支出比减税还难,结果出现了大量预算赤字。1993 年克林顿入主白宫时,提出第一个主要目标是减少赤字,1995 年共和党控制国会时,减少财政赤字在立法议程中占有显著位置。这两种努力极大地减少了政府预算赤字规模,但并未完全消灭赤字。如联邦政府债务从 1980 年的 7100 亿美元增加到 1995 年的 36000 亿美元,人均政府债务达 1.4 万美元。联邦政府财政赤字占 GDP 比重,1992 年为 4.9%,1996 年为 1.6%。为什么强调减少赤字,反而效果不佳?主要原因是各方对如何减少赤字认识上的分歧。如克林顿支持增税,特别是对较富裕的人群增税,并主张温和地减少预算支出。国会中的共和党反对增税，主张减税以刺激私人储蓄，并强调应大幅度减少预算支出以减少赤字平衡预算。

美国 2001 年财政年度结余 720 亿美元，2002 年财政赤字 1490 亿美元，较为保守的估计今后每年将有财政赤字 2000 亿美元。

（资料来源：侯荣华.西方经济学［M］.北京：中国广播大学出版社，2001：254）

10.2.4 财政政策的挤出效应

所谓挤出效应，是指政府支出增加所引起的私人投资或消费的相应降低，这主要是针对私人投资的降低而言的。挤出效应直接关系到财政政策作用效果的大小。在对这一问题的看法上，有两种不同观点。

10.2.4.1 认为存在百分之百的挤出效应

这一观点认为，政府增加一定数量的支出，会使同等数量的投资减少，支出与投资此消彼长，总需求仍维持不变，原因是：第一，如果政府增加支出的资金来自增税，则政府支出的增加与私人支出的减少是等量的。第二，如果政府支出来自私人举债，同样会完全排挤掉等额的私人支出，总需求仍不会增加。第三，如果货币供给量不变，则不论政府支出和所需资金以什么方式筹集，都会导致金融市场上利息率的提高，而对利息率十分敏感的投资需求就会相应减少。

10.2.4.2 认为存在挤出效应，但是挤出效应的大小要根据具体条件进行具体分析

这一观点认为存在挤出效应，但是挤出效应的大小要根据具体条件进行具体分析，原因是：第一，实行扩张性财政政策的前提条件是处于充分就业状态。此时须用增加政府支出的办法去补偿私人投资与消费的不足，从而使国民收入增加。当生产经营企业的资本、物品在这一过程中被更加充分地利用时，就会刺激投资需求的增加。即政府支出的增加，不仅不会产生挤出效应，反而会促进投资或产生挤进效应。只有在充分就业的状态下，增加政府支出才会产生挤出效应。第二，投资虽然对利息率变动十分敏感，但对预期利润率的变动更加敏感。在经济衰退期，增加政府支出可以起到提高预期利润率的作用，从而刺激投资。因此，在衰退期，增加政府支出将不会产生挤出效应。第三，从政府支出对利息率的影响来看有两种可能的情况：其一，如果货币供给量能随政府支出的增加而增加，则利息率不一定会上升，从而不会抑制私人投资；其二，如果货币供给量不变，利息率将会上升，但是预期利润率由于政府支出的增加而被提高，因而即使投资被挤出也不会是百分之百的投资都被挤出，这样，总需求仍会由于政府支出的增加而有所扩张。

财政赤字与挤出效应的关系是：从现象上看，挤出效应可以说是由财政赤字造成的。财政赤字又可分为结构性赤字和周期性赤字，由于引起这两类赤字的原因是不同的，因此它们对挤出效应的作用也是不同的，具体地说，挤出主要是与结构性赤字联系在一起的，因为结构性赤字反映的是扩张性财政政策的努力，引起货币需求的增加，可能导致较

高的利息率,从而减少投资即产生挤出效应。与此相反,周期性赤字是经济周期的产物,政府支出并未改变,因而在经济萧条时期,货币需求并不增加,反而减少,从而使利息率下降。这不仅不会使投资挤出,反而可能会促进投资。简言之,挤出效应是由结构性赤字引起的,而周期性赤字通常并不会导致对投资的挤出效应。

●●●**同步训练**

> 目标:理解挤出效应的含义。

同步训练

10.3 货币政策

货币政策是国家干预和调节经济的主要政策之一,它在宏观经济政策中的作用不断加强。凯恩斯认为货币政策的效果有限,宏观经济政策的重点在于财政政策。但20世纪60年代后,美国的凯恩斯主义经济学家却强调货币政策与财政政策同样重要,主张双管齐下。70年代后,随着"滞胀"局面的出现,各国纷纷采用了货币主义所主张的控制货币供给量的政策。

10.3.1 货币及其分类

10.3.1.1 货币的含义与职能

经济学家认为,货币是人们普遍接受的、充当交换媒介的东西。货币的职能主要有四种:交换媒介,即作为流通手段,这是货币最主要的职能;计价单位,即用它的单位来表示其他所有商品的价格,这是货币作为交换媒介的必要条件;支付手段,即作为延期支付的手段;贮藏手段,即作为保存财富的一种方式,这是货币作为交换媒介的延伸。

10.3.1.2 货币的种类

根据货币的流动性,即货币的变现能力,可将货币分成以下几类。

(1)通货,即现金。它包括纸币和铸币。纸币是由中央银行发行的法定的不兑现货币,具有法律地位,是公共的和私有的一切债务的法定偿债物。铸币又称补币,是为了便利小额支付和找零而铸造的硬币。纸币和铸币都是国家法定的流动货币,故被称为通货或现金。

(2)存款货币,又称银行货币或信用货币,它是指活期存款及其他可开支票的存款。存款人可以开出支票提取存款,银行见票即付现金。使用支票周转不受数额限制,寄递方便,大大减少了银行间的现金需要。目前,在西方国家,与现金和支票的流动性没有多少差别的,还有很受用户欢迎的信用证。

(3)近似货币,又称准货币或资产货币,它包括定期存款、储蓄存款、政府公债、信誉高的商业票据等。它们本身不是货币,不能用作无限制的交换媒介。但在短时期内可转化为现金(定期存款可以在提前通知的条件下转为活期存款,股票、债券随时可在市场上出售),起到货币的作用。

在经济学中,一般把货币分为狭义的货币和广义的货币。用 M_1 表示狭义的货币,M_2 表示广义的货币,则有

$$M_1 = 通货 + 商业银行的活期存款$$

$$M_2 = M_1 + 定期存款与储蓄存款$$

10.3.2 银行体系、货币创造和货币乘数

10.3.2.1 银行体系

货币政策通常是由中央银行代表政府通过银行体系来实施的。国家的银行体系是由中央银行与商业银行以及其他金融机构组成的两级银行体系。

中央银行是由政府设立的,是国家的银行。中央银行的主要职能有三个方面:代表政府发行货币,中央银行是唯一的货币发行机构;接受商业银行的存款,同时也向商业银行发放贷款,是全国的票据结算中心,领导并监督商业银行的业务活动,所以它是银行的银行;通过实施各种货币政策来调节经济,是国家货币政策的制定者和执行者。

银行系统的第二级是商业银行和其他金融机构。商业银行就其法律地位来说,是自主经营、以营利为目的的独立的经济组织,其主要业务是吸收存款、发放贷款和代理客户的结算,它从这些业务中获得利润。其他金融机构(如储蓄银行等),除在资金来源与运用上各具特点外,其性质和作用与商业银行一样。

10.3.2.2 银行创造货币的机制

在货币政策调节经济的过程中,商业银行创造货币的机制是十分重要的。这一机制与法定准备金制度、支票流通制度以及银行贷款转化为客户的活期存款制度等有着直接的关系。

(1)法定准备金

商业银行资金的主要来源是存款,它主要是靠吸收存款来开展贷款业务的。但是,为了应付存款客户随时取款的需要,确保银行的信誉与整个银行体系的稳定,商业银行不能把吸收的存款全部贷出去。中央银行通常规定商业银行必须从存款中留出一定比例的准备金。这部分准备金,可以存放在本银行的金库中,亦可以存入中央银行,但不计利息。准备金与银行存款的比率,称为银行存款准备金率。由中央银行以法律形式规定的商业银行在所吸收的存款中必须保持的准备金比率,称为法定准备金率。法定准备金率越低,每1元准备金支持的存款数就越大。若法定准备金率为 20%,银行每吸收 100元的存款,就应将 20 元留作准备金,80 元可以用于贷款,也就是每 1 元准备金可支持 5元存款,而当法定准备金率为 10% 时,每 1 元准备金可支持 10 元存款。按法定准备金率提存的准备金,掌握在银行手中而不是私人经济主体手中,因此,它不属于货币供给量。当银行的实际准备金超过法定准备金而形成超额准备金时,银行可以将超额准备金用于贷款,从而相应地增加货币供给量。

（2）支票流通

商业银行代客户办理支票结算业务。因此，商业银行的活期存款就是货币，它可以通过支票在市场上流通，存款人可以用银行支票偿付各种款项。银行的活期存款增加就意味着货币供给量的增加。

（3）银行贷款转化为客户的活期存款

由于支票作为货币在市场上流通，所以当客户从银行获得一笔贷款以后，通常并不取出现金，而是把所得到的贷款作为活期存款存入同自己有业务往来的商业银行，以便随时开支票使用。所以，银行贷款的增加又意味着活期存款的增加、货币供给量的增加。这样，在中央银行货币发行量并没有增加的情况下，商业银行的存款与贷款活动就会创造货币，使流通中的货币量增加。

10.3.2.3　货币乘数

最初的一笔存款经过一系列贷款转化为新的存款的活动，能创造多少货币呢？这取决于法定准备金率。这是乘数原理在银行存款和贷款活动中的体现。假设法定准备金率为 20％，最初商业银行 A 所吸收的存款为 1000 万元，则该商业银行可放款 800 万元，得到这笔 800 万元贷款的客户又将它作为活期存款，存入同自己有业务往来的另一家商业银行 B，商业银行 B 得到 800 万元存款后，留下 20％法定准备金，又可放款 640 万元。得到这 640 万元贷款的客户把这笔贷款存入另一家商业银行 C，该商业银行又可放款 512 万元……这样继续下去，整个商业银行体系可以增加 5000 万元存款，即 1000 万元的存款创造出了 5000 万元的货币。

如果以 R 代表最初存款，D 代表存款总额（即创造出的货币），r 代表法定准备金率（0＜r＜1），则商业银行体系所能创造出的货币量的公式是

$$D = \frac{R}{r}$$

从上式中可以看出，商业银行体系所能创造出来的货币量与法定准备金率成反比，与最初存款额成正比。

如果以 K_m 表示货币创造乘数或货币乘数，则

$$K_m = \frac{1}{r}$$

同投资乘数一样，货币创造乘数也在两个方面发挥作用，它既能使银行存款与贷款数倍扩大，也能使银行存款和贷款数倍收缩。因此，中央银行调整法定准备金率对货币供给量会产生重大影响。

●●● 即问即答

当法定准备金率为 20％，商业银行最初吸收的存款为 100000 元时，银行所能创造的货币总量为（　　）。

A.20000 元　　　　　B.80000 元　　　　　C.500000 元

10.3.3 凯恩斯主义的货币政策

10.3.3.1 货币政策的机制

凯恩斯主义的货币政策就是通过对货币供给量的调节来调节利息率,通过利息率的变动来影响总需求。其货币政策的机制可表述为

货币量→利息率→总需求

货币量之所以能够调节利息率,是与凯恩斯所做的假设分不开的。凯恩斯假定人们的财富只有货币与债券两种形式,债券是货币的唯一替代物。人们在保存财富时只能在货币与债券之间做出选择。持有货币无风险,但也没有收益。持有债券有收益,但也有风险。人们在保存财富时总要使货币与债券之间保持一定的比例。如果货币供给量增加,利息率下降,人们就要以货币购买债券,债券的价格就会上升;反之,如果货币供给量减少,人们就要抛出债券以换取货币,债券的价格就会下降。用公式来表示就是

$$债券价格 = \frac{债券收益}{利息率}$$

可见,债券价格与债券收益成正比,与利息率成反比。因此,货币量增加,债券价格上升,利息率就会下降;反之,货币量减少,债券价格下降,利息率就会上升。

利息率的变动之所以会影响总需求是因为:①利息率的下降会影响投资需求。利息率下降会降低投资者贷款所付的利息,从而降低投资成本,增加投资收益。同时,利息率的下降也会使人们更多地购买股票,从而股票价格上升,而股票价格的上升有利于刺激投资。②利息率下降会影响消费需求。利息率的下降会鼓励人们更多地消费,减少储蓄。相反,利息率的上升会减少投资和消费需求。

资料卡 10-6

格林斯潘与美国联邦储备系统

美国联邦储备系统,简称美联储,是不受总统和政府部门控制的独立政府机构,起中央银行的作用。美联储的职责有四个:制定国家金融政策;对金融机构进行监管;预防金融市场体制性风险;提供金融服务。美联储的最高决策机构为管理委员会,亦称联邦储备委员会。在影响美国经济方面,联邦储备委员会主席被看作仅次于总统的实权人物。1987 年 8 月 11 日,根据里根总统提名,艾伦·格林斯潘宣誓就任联邦储备委员会主席,2001 年 1 月 4 日克林顿再次任命格林斯潘为联邦储备委员会主席,至此格氏连续四次任这一要职。20 世纪 80 年代末,格氏不顾来自共和党的政治压力,坚持提高利率,以短痛换取金融市场的长远稳定发展。后来,他又不顾人们对通胀的担忧,坚持实施低利率,以适应高科技迅猛发展和国际经济几度陷入困境的形势要求,扼住恶性通胀幽灵的喉咙,稳操美国经济持续发展的舵把,创造了美国经济连续增长时间的纪录。在谈论美国经济

从 1991 年至 2001 年的连续增长时,人们称格林斯潘为"一言九鼎的人""最令人尊敬的大管家"和"金融教父"。这是人们对格氏对美国经济命脉的准确把握和市场的宏观调控能力的赞誉。

（资料来源：编者整理）

10.3.3.2　货币政策的工具

在凯恩斯主义的货币政策中,中央银行能够使用的政策工具主要是:公开市场业务、贴现政策以及调整法定准备金率。

(1)公开市场业务

公开市场业务是指中央银行在金融市场上买进或卖出有价债券以调节货币供给量。中央银行在公开市场上购进有价债券实际上就是向市场投放货币,增加货币供给量;中央银行在市场上出售有价证券实际上就是回笼货币,使货币供给量减少。公开市场业务是一种灵活而有效的调节货币量、进而影响利息率的工具。因此,它成为中央银行稳定经济最重要且最常用的货币政策工具。

(2)贴现政策

当商业银行准备金不足时,它可以凭借自身的收益资产,如政府债券或客户借款时提供的票据向中央银行申请借款。贴现就是商业银行向中央银行贷款的方式。贴现率是指商业银行向中央银行借款时的利息率。它一般低于商业银行向客户贷款的利息率。贴现政策是指中央银行变动贴现率与贴现条件(其中最主要的是变动贴现率),以调节货币供给量与利息率。中央银行降低贴现率或放松贴现条件,就可以使商业银行得到更多的资金,这样就可以增加它对客户的放款,放款的增加又可以通过银行创造货币的机制增加流通中的货币供给量,降低利息率。相反,中央银行提高贴现率或严格贴现条件,就会使商业银行减少向中央银行的借款,从而减少它对客户的放款,放款的减少又通过银行创造货币的机制减少货币供给量,提高利息率。贴现率是货币政策中一个处于相对次要地位的工具。

(3)调整法定准备金率

中央银行变动法定准备金率可以通过对法定准备金的影响来调节货币供给量与利息率。根据货币乘数原理,中央银行规定的法定准备金率越低,货币乘数就越大,银行创造货币的能力也就越强。反之,法定准备金率越高,货币乘数就越小,银行就会减少贷款。也就是说,如果中央银行降低法定准备金率,就会增加货币供给量,降低利息率;如果中央银行提高法定准备金率,就会减少货币供给量,提高利息率。由于改变法定准备金率的作用程度过于强烈,它会引起政策上过大和过分突然的变化,因此,这一工具极少被采用。

货币政策除主要运用以上三种工具外,还有以下次要手段:①道义上的劝告。这是指中央银行对商业银行在放款、投资等方面应采取的措施给以指导或告诫,以取得商业银行的配合。这种措施虽不具有法律上或行政上的强制性,但通常是有效的,具有一定约束作用。②证券信贷控制。证券信贷控制也被称作垫头规定,是指在购买有价证券时必须支付的最低比率现金,余下差额由经纪人或银行贷款垫付。③控制分期付款的条件。中央银行规定消费者购买耐用消费品分期付款的条件,如规定应付现款的最短期限与付清贷款的最长期限。④控制抵押贷款的条件。这种措施对控制住宅建造来说是一种有力的工具。⑤规定利息率的上限。控制商业银行对定期存款所支付的最高利息率,这样可以减少定期存款,使存款更多地转移到易于控制的短期存款或债券。

10.3.3.3 货币政策的运用

在不同的经济形势下,中央银行要运用不同的货币政策来调节经济。在经济萧条时期,总需求小于总供给,为了刺激总需求,就要运用扩张性货币政策。如在公开市场上买进有价证券、降低贴现率并放宽贴现条件、降低法定准备金率等,这样就可以增加货币供给量,降低利息率,刺激总需求。在经济繁荣时期,总需求大于总供给,为了抑制总需求,就要运用紧缩性货币政策。如在公开市场上卖出有价证券、提高贴现率并严格贴现条件、提高法定准备金率等,这样就可以减少货币供给量,提高利息率,抑制总需求。

资料卡 10-7

如何理解"稳健中性"的货币政策

2016 年年底,中央经济工作会议确定了 2017 年"稳健中性"货币政策的总基调。央行副行长易纲年内首次回应中性货币政策的含义,他表示"稳健的货币政策是一个中性的货币政策,我们会保持货币政策总体的稳健",他进一步阐释,稳健的货币政策是中性的态势,而中性态势就是不紧不松。

央行在货币政策上一直强调"稳健货币政策",结合近年来其他表述,"稳健"可以被理解成"稳健偏宽松";而"稳健中性",结合"防风险""金融去杠杆"等语境,其在市场上普遍被理解成"稳健偏紧"。但这次央行副行长易纲给出了权威解读——"不紧不松"。市场如何理解"稳健中性货币政策""不紧不松",以及政策执行力度则显得至关重要。

货币理论上"中性货币政策"是指使货币利率与自然利率完全相等的货币政策,有两层含义:一是实际利率中性;二是基础货币总量中性,流动性注入只为弥补缺口。总的来说,是让货币因素不对经济运行产生影响,从而保证市场机制可以不受干扰地在资源配置过程中发挥基础性作用。

为此,有学者对易纲"不紧不松"的说法颇有微词。其实这只是中国式语境罢了。作为学者型央行管理者,易纲不可能不懂得纯粹理论上"中性货币政策"的真正定义,市场也不能单纯把"中性货币政策"理解成理论上的"紧缩性货币政策"。从理论上来讲,货币政策分成"扩张性货币政策"(积极货币政策)和"紧缩性货币政策"(稳健货币政策)两大类。但我国央行的语境中就从来没有出现过"积极货币政策",2016 年及此前表述的"稳健货币政策"，在中国式货币政策中的含义就是"积极货币政策"。市场要习惯这种表述方式，才能真正理解中国货币政策的走势。

实际上，易纲的解读对市场而言，远比书本上枯燥的定义更具现实指导意义。

一方面，中央经济工作会议要求防控资产泡沫，尤其是抑制房地产泡沫，把防控金融风险放到更加重要的位置。这必然要求货币政策拧紧货币的闸门，央行公布了 2017 年 1 月金融数据，当月人民币贷款增加 2.03 万亿元，同比减少 4751 亿元。而此前市场曾预期贷款将远超 2016 年同期放出"天量"。此外，住房按揭贷款的额度、利率都受到央行的"窗口指导"。这就是易纲说的货币政策"不松"。

另一方面，2017 年我国经济总体环境仍不容乐观，国际经济下行压力仍然较大，包括美国在内的经济发达国家都存在较大不确定性。此外，实体经济信贷饥渴依然存在，"稳增长"必然离不开货币的"润滑"作用，2017 年我国的货币政策还没有"猛踩刹车"的本钱。这是易纲说的货币政策"不紧"。

从传统理论上来看，货币政策承载着宏观调控的四大目标，即经济增长、价格稳定（防通胀或通缩）、充分就业、国际收支平衡（汇率及外汇储备）。央行必然会从这些角度掌握"中性货币政策"执行的力度，评估"不紧不松"的时间节点和量级，这给市场带来震荡和调整在所难免。2017 年是国内国际经济形势极为复杂的一年，在这个意义上，央行"赶考"的压力不小，市场更要高度关注震荡和调整对所在行业的影响。

可以肯定的是，只要 2017 年国内数据不是"极其难看"，货币政策必然不会再像 2016 年那样"积极"，尤其是在房地产等存在资产泡沫预期的领域。再加上美联储较强的加息预期及由此引发的人民币贬值预期、外汇储备下降等，有可能导致我国基础货币萎缩、被动加息等，这使得央行采取"稳健偏宽松"货币政策的空间被大大压缩。

不过，也不必对流动性过于担忧。毕竟央行有抵押补充贷款（PSL）、常备借贷便利（SLF）等工具，来保持货币市场流动性，锚定缺口进行"量体裁衣"，但央行应会倾向于阶段性的中性略微偏紧的流动性环境。此外，畅通货币流向实体经济的传导渠道和机制，保障基础设施建设等信贷需求，既是稳增长的需要，也是央行喜闻乐见并努力的方向。

（资料来源：盘和林.如何理解"稳健中性"货币政策[N].国际金融报，2017－02－20（15））

●●● 即问即答

中央银行提高贴现率会导致（　　　）。

A. 货币供给量的增加和利息率的提高

B. 货币供给量的减少和利息率的提高

C. 货币供给量的增加和利息率的降低

10.3.4 货币主义的货币政策

上述货币政策的手段与运用,是以凯恩斯主义理论为依据的。但是,由于凯恩斯主义经济政策在解决经济"滞胀"上失灵,所以 20 世纪 70 年代后,货币主义得以迅速发展。在弗里德曼的领导下,货币主义者向凯恩斯主义宏观经济学提出了挑战,他们反对凯恩斯主义的财政政策,强调货币政策在稳定宏观经济方面的重要性。现在国家在制定和推行货币政策时也部分地采纳了这个学派的主张。货币主义货币政策的主要内容有以下几个方面。

10.3.4.1 货币供给增长是决定名义 GDP 增长的主要因素

货币主义认为,名义总需求主要受货币供给量变动的影响。虽然财政政策对于某些变量,如 GDP 中国防支出或个人消费的比重影响较大,但主要的宏观经济变量,如总产出、就业人数和物价水平的变动却基本上是受货币的影响。也就是说,货币主义认为,货币供给量是影响名义国民收入与价格水平的决定性因素。

那么,货币主义者根据什么认为货币是第一位的呢? 在分析这个问题时,他们做了两个核心假设:①货币周转率具有一种非同一般的稳定性;②货币需求量对利率完全不敏感。

货币周转率即货币流通速度,是指名义 GDP 与货币存量的比率。用公式表示就是

$$V = \frac{GDP}{M} = \frac{PQ}{M}$$

式中,V 代表货币周转率,M 代表货币量,P 代表平均价格水平,Q 代表实际 GDP,GDP代表名义 GDP。

在这个公式中,因为 V 是稳定的,所以影响 P 和 Q 的唯一因素就是 M。由于价格和工资是相对灵活的,因此,在短期内,货币供给量既可以影响名义 GDP 和实际 GDP,也可以影响价格。但是,在长期内,由于经济趋向于充分就业,所以货币供给量的变动,只能影响一般价格水平和以货币表示的其他变量,而不能影响实际 GDP。

10.3.4.2 货币政策的主要目标是保持物价稳定

货币主义的理论依据是现代货币数量论。货币主义的货币政策在传递机制上与凯恩斯主义的货币政策不同。货币主义者认为,直接影响国民收入与价格水平的不是利息率而是货币量,这是由人们对财富形式的选择所决定的。人们的财富有多种形式,如货币、债券、股票、住宅、珠宝、耐用消费品等,人们在保存财富时可以在各种形式中进行选择。这样,货币供给量的变动并不是主要影响利息率,而是主要影响各种形式的财富的相对价格。如果货币供给量增加,则各种财富的价格上升,从而直接刺激生产,使国民收入增加,并使整个价格水平上升。

货币主义者反对把稳定利息率作为货币政策的目标,他们认为物价稳定相当重要,因为通货膨胀不仅会导致市场功能消失,而且会破坏自由经济的正常发展。因此,弗里德曼认为政府应集中精力制止通货膨胀,实现物价稳定。

10.3.4.3 实行简单规则的货币政策

货币主义者认为,如果实行自由放任政策,那么私人经济是趋于稳定的。宏观经济

波动主要是由政府行为,特别是货币供给的无规律变动造成的。货币主义者虽然赞成运用货币政策,但却反对斟酌使用的货币政策,其理由在于经济政策的滞后性。弗里德曼认为,从发现经济制度中存在的问题,到针对问题采取政策而产生效果之间,需要一定的时间。而经济政策的时间滞后不但使它不能起到熨平宏观经济波动的作用,反而会加剧经济波动。因此,他不赞成对宏观经济运行进行"微调"。货币主义者建议实行固定的货币增长率,即根据经济增长的需要,每年按一固定比率增加货币供给量。货币主义者主张的这一政策通常被称为"简单规则的货币政策"。

资料卡 10-8

中国人民银行为何再次降准降息?

2015 年 10 月 23 日,中国人民银行再次降准降息。

从 2015 年 10 月 24 日开始,金融机构一年期贷款基准利率下调 0.25 个百分点至 4.35%;一年期存款基准利率下调 0.25 个百分点至 1.5%。央行称,中国经济仍面临一些下行压力。此次降低存贷款基准利率,主要是根据整体物价的变化保持合理的实际利率水平。当前中国物价整体水平较低,因此基准利率存在一定的下调空间。

此次调整优化定向降准标准,对符合标准的金融机构额外降低存款准备金率0.5个百分点。降低存款准备金率,主要是根据银行体系流动性可能的变化所做的预调。降准原因是未来影响外汇占款变化的因素仍有不确定性,且 10 月份税款集中入库,此前六次定向降准中已有 97% 的金融机构(按家数计算累计)享受了定向降准政策。

(资料来源:编者整理)

10.4　供给管理政策

上述宏观财政政策和货币政策,是需求管理的主要政策内容。自 20 世纪 70 年代以来,经济学家开始重视总供给对经济的影响,分析了供给对通货膨胀的影响以及"滞胀经济问题"。根据这种分析,他们提出了供给管理政策,主要政策措施有收入政策、指数化政策、人力政策和经济增长政策等。

10.4.1　收入政策

收入政策是通过控制工资和物价来制止通货膨胀的政策。收入政策的主要理论基础是供给推进的通货膨胀理论。根据这一理论,通货膨胀是由成本增加,特别是工资成本增加引起的。因此,只要能限制工资增长率,就可抑制成本提高,从而制止物价上涨,消除成本推动型通货膨胀。

收入政策主要有三种形式:工资—物价管制、工资与物价指导线、税收刺激计划。

10.4.1.1 工资—物价管制

工资—物价管制是指政府采用法律手段禁止在一定时期内提高工资与物价。这种措施作用强、效力大，但副作用也大，例如，它会导致排队抢购、定量供应、黑市盛行、地下经济扩张等。更重要的是由于在管制中很难区别相对价格的变化和导致通货膨胀的价格上涨，因此，它必然会扰乱价格体系，破坏市场机制，造成资源配置的不合理。而且在和平时期，实行硬性的工资—物价管制在政治上也会遇到相当大的阻力。因此，一般在特殊时期采用这一政策。

10.4.1.2 工资与物价指导线

工资与物价指导线是指政府为了制止通货膨胀，根据劳动生产率的增长率和其他因素，规定的工资与物价上升的限度，其中主要措施是规定工资增长率（又称"工资指导线"）。工会和企业要根据这一指导线来确定工资增长率，企业也要根据这一规定确定物价上涨率。如果工会或企业违反规定，使工资增长率和物价上涨率超过了这一指导线，政府就要以税收或法律形式进行惩罚。这种做法比较灵活，在 20 世纪 70 年代以后被广泛采用。

10.4.1.3 税收刺激计划

税收刺激计划是指以税收为手段来控制工资的增长。具体做法是：政府规定工资增长率，以税收为实施手段。如果企业的工资增长率超过这一指导线，就给以重税，以示惩罚；如果企业的工资增长率低于这一规定，就给予减税，以示奖励。例如，当政府的目标是使工资增长率从 6% 下降到 4% 时，政府可将 4% 的增长率作为标准，对平均工资增长率高于 4% 的企业按高税率征税；对平均工资增长率低于 4% 的企业按较低的税率征税，或适当减免税收。

10.4.2 指数化政策

通货膨胀会对财产分配和收入分配产生影响，使一些人受益，另一些人遭受损失，从而对经济产生不利的影响。指数化政策就是为了消除这种不利影响而制定的，其具体做法是：根据通货膨胀率定期调整各种收入的名义价值，以使其实际价值保持不变。主要的指数化措施有工资指数化和税收指数化。

10.4.2.1 工资指数化

工资指数化是指按通货膨胀率调整名义工资，以保持实际工资水平不变。在发生通货膨胀时，如果工人的名义工资没变，实际工资就会降低，这就会引起有利于资本家、不利于工人的收入再分配。为了保持工人的实际工资不变，在工资合同中就要确定有关条款，规定在一定时期内按消费物价指数调整名义工资，这项规定被称为"自动调整条款"。同时，也可以通过其他措施按通货膨胀率调整工资增长率。工资指数化可以使实际工资不下降，从而维持经济和社会的稳定，但在有些情况下，工资指数化也会引起工资成本推动型通货膨胀。

10.4.2.2 税收指数化

税收指数化是指按通货膨胀率指数调整税收起征点与税率等级。当发生了通货膨胀时,实际收入不变而名义收入增加了。这样,税收起征点实际上是降低了。在累进税制下,纳税者名义收入的提高使原来的实际收入进入了更高的税率等级,从而使缴纳的实际税金增加。此时,如果不实行税收指数化政策,就会使收入分配发生不利于公众而有利于政府的变化,这会成为政府加剧通货膨胀的动力。只有根据通货膨胀率来调整税收,即提高税收起征点并调整税率等级,才能避免不利的影响。

此外,利息、政府债券收益等其他收入也应该根据指数化政策来调整,使各种收入的增长与一般物价上涨水平相联系,收入随物价指数的变动而伸缩。

10.4.3 人力政策

人力政策又称就业政策或劳工市场政策,是一种通过改善劳动市场结构,减少失业、增加就业机会的政策。人力政策的理论依据是认为相当一部分失业是由劳动力市场的不完全性和经济结构的差异造成的。其中包括:①劳动力本身结构问题。寻找工作困难的人多半是没有专门技能、不能满足企业需要的非熟练劳动力。②经济结构的变化。科学技术的进步和生产的发展会带来经济结构的调整,不适应新的经济结构需求的人会被排挤出就业队伍,成为失业者。③某些地区经济结构的变化,可能造成工人找工作、企业找工人的状态。④劳动力市场信息不灵,造成求职成本过高。

人力政策是对劳动力供给发生作用的政策。其主要措施有:人力资本投资、完善劳动市场和协助工人流动。

10.4.3.1 人力资本投资

政府或有关机构向劳动者投资,以提高劳动者的文化技术水平和身体素质,使其适应劳动力市场的需求。从长期来看,人力资本投资的主要内容是增加教育投资。从短期来看,人力资本投资是对劳动力进行再培训,包括对失业者的培训和在职人员的培训,使非熟练劳动力能够符合劳动市场的需求,使技术过时的劳动者能够掌握新技术。

10.4.3.2 完善劳动市场

失业产生的一个重要原因是劳动市场的不完善。因此,政府应该不断完善和增加各类就业介绍机构,迅速为劳动的供求双方提供准确而完全的信息,使企业和失业者及时了解准确的情况,使企业尽快找到所需人才,使劳动者尽快找到合适的工作。

10.4.3.3 协助工人流动

协助工人流动,增强劳动力的流动性。帮助劳动者和企业进行地区迁移,解决劳动力在地区间流动困难的问题。其措施包括政府提供充分的信息,为劳动力流动提供必要的物质帮助和支持,以及制定有助于劳动力合理流动的优惠政策等。

10.4.4 经济增长政策

从社会的长期发展看,影响总供给的最重要的因素是经济潜力或生产能力。因此,提高经济潜力或生产能力的经济增长政策就成为供给管理政策的重要内容。促进经济增长的政策措施是多方面的,主要有以下几种。

10.4.4.1　增加劳动力的数量,提高劳动力的质量

劳动力数量的增加和质量的提高对经济增长有重要的作用。增加劳动力数量的方法有提高人口出生率、鼓励移民入境等,提高劳动力质量的方法则是增加人力资本投资。

10.4.4.2　增加资本积累

资本的增加可以提高资本—劳动比率,即提高每个劳动力的资本装备率,发展资本密集型技术,利用更先进的设备,提高劳动生产率。资本积累的主要来源是储蓄,因此应鼓励人们储蓄。

10.4.4.3　促进技术进步

技术进步在现代经济增长中起着愈来愈重要的作用。因此,促进技术进步成为各国经济政策的重点,其中主要措施有:国家对全国的科学技术发展进行规划与协调、国家直接投资于重点科学技术研究、政府采取鼓励科学技术发展的措施、加强对科技人才的培养等。

10.4.4.4　计划与平衡增长

现代经济中各个部门之间存在着密切的联系,客观上要求各部门协调增长。在以私有制为基础的资本主义经济中,各部门的协调增长需要通过国家的计划或政策指导来实现。一般来说,各国都通过制定本国经济增长的短期、中期与长期计划和各种经济政策来实现协调增长。

在现实的开放经济中,由于各国经济间存在着密切的联系并相互影响,因此,一国宏观经济政策目标的实现,不仅需要上述各项国内经济政策,还需要各项对外经济政策,如对外贸易政策、汇率政策等,以平衡国际收支,协调国际经济关系。只有对内与对外政策协调,才能实现以上各项宏观经济政策目标。

10.5　宏观经济政策的运用与作用

10.5.1　宏观经济政策的运用

10.5.1.1　政策实施中的具体困难

运用宏观经济政策调节经济运行,使其达到预期的目标,是件很不容易的事情。首先在客观上就存在着种种具体的困难,使政策的效应大打折扣,或者根本就不起作用。因而正确认识这些困难,是政策运用中关键性的第一步。

（1）政策时滞的影响

任何一项经济政策,都是为了解决当时经济中存在的问题、达到一定目标而制定的。"当时经济中存在的问题"这一客观存在是政策设计的前提条件。然而,由于经济运行复杂多变,随着时间的推移,这个前提条件也会随之变化:"存在的问题"或许消失了,或许

变得更严重了,反正与原来的情形不一样了,因而也就失去了与原定政策之间的因果联系,使原定的政策或者调控不力,或者毫无作用,或者起副作用。这就是政策时滞的影响。人们把从经济中出现了不稳定的因素到决策者认识到有必要采取某种政策的时间间隔叫作认识时滞,从认识到有必要采取某种政策到实际做出决策的时间间隔叫作决策时滞,从做出决策到政策付诸实施的时间间隔叫作实施时滞。以上三种时滞合在一起,通称内在时滞。而从政策实施到政策在经济中完全发挥作用的时间间隔叫作外在时滞。各种宏观经济政策的手段不一样,机制不一样,时滞也是不一样的。一般来说,财政政策从决策、被批准到实施,中间环节多,内在时滞较长,但作用比较直接,见效快,外在时滞较短;货币政策则与之相反。因而在决策时,一定要考虑到这些情况。要加强决策的科学性,尽量缩短政策时滞,以免政策无法达到预定的目标。

(2)公众心理预期的影响

经济政策的效应还会受到公众对政策本身和经济形势预期的影响。如果公众认为政策变动是暂时的,从而不对政策做出反应,那么再好的政策也难以达到预期的目标。只有公众认为政策是长期稳定的,并与政府有大致相近的心理预期,才有可能与政策配合,使政策达到预期的目标。一般来说,这种情况是很难实现的。这是许多经济政策最终成效不理想的重要原因之一。

(3)各种非经济因素的影响

经济是社会发展的基础。经济政策的实施,与各种社会因素的影响是分不开的。首先是国内外政治因素的影响。政治集团利益和自身的政治利益,会使政府决策者们改变既定的政策,失去贯彻执行到底的决心。如大选临近,明知已有通货膨胀,想连任的总统一般不会采取紧缩政策。因为紧缩会使失业增加或政府补贴减少,必然使总统的选票大大减少。其次,某些重大事件的发生、较严重的自然灾害都会影响政策的贯彻执行。

10.5.1.2 政策运用中的方法选择

政策实施中的困难,要求政策运用必须谨慎,注重艺术,强调方法选择。

(1)相机抉择

政府为了达到预定的目标,必须根据经济形势和各项政策的特点,机动地选择适当的政策措施,即根据形势采取政策。这有几种不同情况:一是在形势明朗的情况下选用什么样的政策。例如,当失业率相当高时,为了扩大就业,选择作用缓慢的公开市场业务政策就难以立即奏效,而应采取作用快的财政支出政策。二是分析社会形势,选用阻力小的政策。例如,为了抑制通货膨胀,用增加税收的办法可能较易实现,因为经济繁荣,厂商能够承受;而用减少政府支出的办法就比较困难,因为预算支出都不宽裕,普遍削减支出会遭到很多政府官员的反对。三是观察形势发展,选准实施政策的时机。例如,并不是一发现有失业或通货膨胀现象就实施相应政策,而是在失业率或通货膨胀率超过"临界点"时才有必要进行干预。所谓"临界点",是指失业率与通货膨胀率的"社会可以接受的程度"。这在每个国家及其不同历史时期都不一样。美国在 20 世纪 60 年代,失业率与通货膨胀率在 3%～4%是"社会可以接受"的,到 70 年代,5%～6%的失业率与通货膨胀率也是"社会可以接受"的了。

(2)政策搭配

政策搭配即将各种政策配合使用,以达到更好的效果。这里有两种不同的搭配方式:一种是两项或两项以上政策的相互搭配;另一种是不同政策的不同侧面相互搭配。每项政策都有"松""紧"两个侧面。就财政政策而言,"松"的一面是指扩张性的财政政策,即增加财政支出、减少税收等;"紧"的一面是指紧缩性的财政政策,即减少财政支出、增加税收等。各项政策"松"与"紧"的不同搭配,对于经济运行会产生不同的效果。例如,财政政策与货币政策的"松""紧"搭配,就有二者都"松"、二者都"紧"、前"松"后"紧"、前"紧"后"松"四个方案,每个方案的结果不一样。要对付经济萧条,显然二者都以"松"为好。若对付"滞胀",财政政策可以"松",以解决停滞问题;货币政策必须"紧",以压制通货膨胀。

(3)政策协调

政策搭配本有协调的作用,这里主要是指对内、对外经济政策的协调。一方面,要注意对内、对外政策的影响。例如过于松的财政、货币政策,虽有能刺激需求、扩大国内就业的一面,但也能加大进口,致使国际收支产生逆差,于对外政策不利。另一方面,也要注意对外政策对对内政策的影响。例如汇率下降可以减少进口、增加出口,有利于国际收支的平衡,但也会引起国内的通货膨胀,不利于物价的稳定。这说明,必须认真权衡对内、对外政策所产生的各种影响,使二者协调一致,从而实现宏观经济政策的各项目标。

10.5.2 宏观经济政策的作用

10.5.2.1 对经济发展的促进作用

第二次世界大战以后,无论美国、西欧还是日本,其国民经济都实现了快速增长,市场物资丰富,社会比较安定,固定资本更新快,劳动生产率有很大提高,科学技术发展更加迅速。取得这些成就的原因是多方面的,但也应该肯定,其与凯恩斯主义及其宏观经济政策的普遍运用是分不开的。国家干预经济,实质是由国家在全社会范围内调节生产,这不仅缓和了生产社会化与资本私人占有之间的矛盾,也从根本上适应了战后国家垄断资本主义的需要。

宏观经济政策对经济发展的促进作用表现在以下几个方面。

(1)运用扩张性的财政、货币政策刺激总需求,缓解了国民经济中有效需求不足的问题,为生产的发展提供了广阔的市场。

(2)国家的巨额投资推动了科学技术的突破,并为经济发展提供了良好的基础设施及其他有利的条件。

(3)福利支出的大量增加缓和了国内阶级矛盾,社会环境比较安定,保证了经济的发展。

20 世纪 70 年代以来,宏观经济政策出现自由化新动向:一是出卖国有企业,把国有的股份卖给私人,加速推行私有化;二是减少政府对私人企业的干预,让私人企业具有更大的独立性;三是重视市场机制,让市场在经济调节中发挥更大作用。货币主义、供给学派的这些新政策,对于国家克服"滞胀",实现经济复兴同样起到了不可低估的积极作用。

总之,在战后的不同时期运用了不同的宏观经济政策,都取得了非常明显的成效。这些政策的运用要归功于经济学的进步。宏观经济学正是在这个过程中发展、完善起来的。

10.5.2.2 对经济发展的副作用

像任何事物一样,以刺激总需求为目标的宏观经济政策也有一定的副作用。

(1)刺激总需求的同时也刺激了总供给,以生产相对过剩为特征的经济危机并未从根本上被消除。

(2)赤字财政政策使赤字迅速增加,为后来的经济发展带来了更大的困难。

(3)扩张性的货币政策使货币量增加过快,引起了一定的通货膨胀。

(4)福利支出的大量增加既降低了效率,又增加了政府负担。

(5)国家干预的不断加强,在一定程度上限制或破坏了市场机制的正常作用,对经济有不良影响。

上述种种,都是政策机制必然的产物,是不以人的意志为转移的,但如果重视了政策应用中的科学性,是可以使这些副作用降到最低限度的。

▷【本章小结】

■ 框架体系

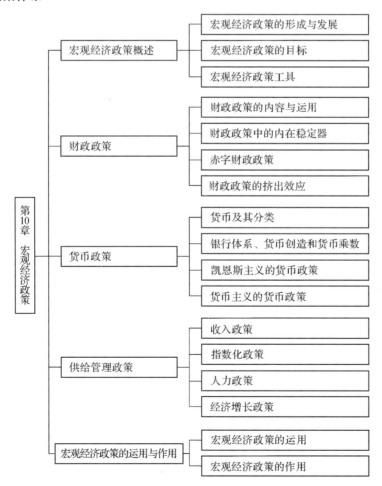

■ **主要术语**

宏观经济政策　财政政策　货币政策　供给政策　收入政策　指数化政策 人力政策　经济增长政策　挤出效应　赤字财政政策　货币创造　货币乘数　政策时滞 相机抉择

■ **主要理论**

通过学习本章,你已经了解了宏观经济政策的目标与工具、财政政策、货币政策、供给管理政策和宏观经济政策的运用与作用等内容。以下几个方面作为本章重点,你需要把握好。

□ 宏观经济政策的目标是充分就业、物价稳定、经济增长、国际收支平衡四个方面。

□ 财政政策的主要内容是政府财政支出和财政收入。

□ 具有内在稳定器作用的财政政策主要包括个人所得税、公司所得税以及各种转移支付。

□ 凯恩斯主义认为,在经济萧条时期,为了解决有效需求不足的问题,政府应增加支出,减少税收,实行赤字财政政策。

□ 凯恩斯主义的货币政策就是通过对货币供给量的调节来调节利息率,通过利息率的变动来影响总需求。中央银行能够使用的货币政策工具主要是:公开市场业务、贴现政策以及调整法定准备金率。

□ 20 世纪 70 年代以后,货币主义认为货币供给增长是决定名义 GDP 增长的主要因素,货币政策的主要目标是保持物价稳定,货币主义者建议实行简单规则的货币政策,即实行固定的货币增长率。

□ 20 世纪 70 年代以后,经济学家重视总供给对经济的影响,他们提出了供给管理政策,主要政策措施有收入政策、指数化政策、人力政策和经济增长政策等。

□ 鉴于政策时滞、公众心理预期及各种非经济因素的影响等,经济学家认为运用宏观经济政策必须注重艺术,注重相机抉择、政策搭配与政策协调等方法的选择。

▷【理论自测】

■ **客观题**

□ 选择题

1. 为每个关键术语选择一个定义。

_____ 充分就业　　A. 在较长的时间跨度上,一个国家人均产出(或人均收入)水平的持续增加

_____ 物价稳定　　B. 国际收支既无赤字又无盈余

_____ 经济增长　　C. 包含劳动在内的一切生产要素都能以愿意接受的价格参与生产活动的状态

_____ 国际收支平衡　D. 利用政府支出和政府税收,直接影响某些经济总量从而消除通货紧缩缺口或通货膨胀缺口

	财政政策	E. 一般物价水平在短期内不发生显著的或急剧的波动
	内在稳定器	F. 财政制度本身具有某些内在的自动调节经济、使经济稳定的功能
	通货	G. 指活期存款及其他可开支票的存款
	存款货币	H. 现金,包括纸币和铸币
	准货币	I. 准备金与银行存款的比率
	存款准备金率	J. 包括定期存款、储蓄存款、政府公债、信誉高的商业票据等
	公开市场业务	K. 商业银行向中央银行借款时的利息率
	贴现率	L. 中央银行在金融市场上买进或卖出有价债券以调节货币供给量
	收入政策	M. 通过控制货币工资和物价来制止通货膨胀的政策

2. 面对国际金融危机,2008 年中央政府促进中国经济发展的"一揽子计划"出台,提出 4 万亿元投资计划,这属于( )。

A. 扩张性的财政政策   B. 紧缩性的货币政策

C. 紧缩性的财政政策   D. 扩张性的货币政策

3. 中央银行最常用的政策工具是( )。

A. 法定准备金率   B. 公开市场业务   C. 再贴现率   D. 道义劝告

4. 在经济萧条时期,为增加国民收入水平应该采取的财政政策是( )。

A. 增加政府支出   B. 提高个人所得税税率

C. 提高公司所得税税率   D. 增加货币发行量

5. 属于内在稳定器的财政政策工具是( )。

A. 社会福利支出   B. 政府公共工程支出

C. 政府购买   D. 政府的基础设施建设投资

□ 判断题

( )1. 扩张性财政政策包括增加政府支出和增税。

( )2. 内在稳定器有自发地稳定经济的作用,但其作用是十分有限的,并不能代替财政政策的运用。

( )3. 政府采用赤字财政政策发行公债时,主要是直接将公债卖给公众或厂商。

( )4. 商业银行体系所能创造出来的货币量与法定准备金率成反比,与最初的存款额成正比。

( )5. 凯恩斯主义货币政策的目标是实现充分就业,而货币主义货币政策的目标是实现物价稳定。

( )6. 提高贴现率可以减少货币供给量。

( )7. 税收政策以控制工资增长率为中心,其目的在于制止成本推动型通货膨胀。

■ 主观题

1. 试述宏观经济政策目标及其相互之间的矛盾。

2. 财政政策的基本内容是什么？

3. 货币政策的基本内容是什么？

4. 目前我国政府在运用经济政策过程中有哪些困难？你认为应如何克服这些困难？

【应用自测】

1. 如果中央银行实施积极稳定的政策，针对以下事件，央行应该往哪个方向变动货币供给和利率？

(1)乐观的预期刺激了企业投资和家庭消费。

(2)为了平衡预算，政府增税并减少支出。

(3)OPEC 提高了原油的价格。

(4)欧盟国家对中国的纺织品进口实行限制。

(5)股市下跌。

2. 假设经济处于衰退期。决策者估计，实现长期自然产量率需要的总需求短缺 1000 亿元，这就是说，如果总需求向右移动 1000 亿元，经济就会处于长期均衡。

(1)政府选择财政政策来稳定经济，如果边际消费倾向是 0.75，而且没有挤出效应，应该增加多少政府支出？

(2)政府选择财政政策来稳定经济，如果边际消费倾向是 0.80，而且没有挤出效应，应该增加多少政府支出？

(3)如果有挤出效应，政府支出与问题(1)和(2)中得出的量相比是多了还是少了？为什么？

(4)如果投资对利率十分敏感，挤出效应问题更大还是更小？为什么？

(5)如果决策者发现，财政政策的时滞是两年，他们更可能把财政政策作为稳定工具，还是更可能让经济自行调整？为什么？

【案例分析】

■ 案例评论

□ 案例

扩张性经济政策的内容

为扩大市场有效需求，遏止物价下跌，防止经济过冷，从 1998 年下半年开始，国家相继采取了一系列扩张性经济政策。

1. 货币政策

1993 年国家在治理经济过热现象时采取的主要是货币政策，因此，1998 年之后国家进行宏观调控，首先采取的也是货币政策，主要有以下内容：第一，降低利息率和存款准备金率。在经过 1996 年 5 月到 1997 年 10 月的连续三次利率下调后，1998 年上半年的形势仍无好转迹象,为了扩大内需,支持中国经济增长,1998年一年之中又三次调低利息率。到2002年2月,国家总共进行了9次降息。1999年下调法定存款准备金率2个百分点,即由8%下调到6%。第二,建立金融资产管理公司,剥离国有商业银行的不良资产。为了减轻国有企业的负担,还实施了"债转股",将银行对企业的债权转为对它们的股权。第三,调整信贷政策。为了提高商业银行增加贷款的积极性,挖掘整个社会有效贷款需求,采取以下具体措施:一是调整了基础设施贷款政策,取消国有商业银行贷款限额控制,改按资产负债比例管理,调整固定资产贷款计划。二是调整对中小企业的贷款政策,各商业银行成立中小企业贷款业务部,建立中小企业贷款的信用担保。三是调整个人消费信贷政策。1999年2月,中国人民银行发布《关于开展个人消费信贷的指导意见》,放开消费信贷业务,所有商业银行都可以办理该业务。四是调整对农村的信贷政策,解决农民贷款抵押难问题。1999年3月,中国人民银行发布《关于做好当前农村信贷工作的指导意见》,允许农村信用社向农民发放信用贷款,同时对助学贷款政策进行了多次调整。五是进行公开市场操作,恢复国债回购业务。六是加强窗口指导,颁布积极实施贷款支持的指导意见。

2. 财政政策

由于宏观经济形势的复杂性、宏观经济内在矛盾的存在以及货币政策传导机制的不畅,货币政策的实施并没有带来预期的效果,相反,居民的心理预期下降,消费谨慎,储蓄加大。因此,从1998年8月开始,扩张性财政政策被摆上台面,并占据了主导地位,其主要包括以下两个方面的内容。

第一,发行国债,扩大政府投资。1998年以来,我国共发行中长期国债5100亿元,投资总规模达2.6万亿元,投资方向主要是基础设施、社会保障、科技教育、重点企业技术改造、创新和产品开发、农村电网改造、高校扩建等方面,并注重均衡发展,支持西部大开发,弥补西部地区急需建设项目的资金不足。同时,为防范金融风险,向四大国有商业银行发行特别国债,以增加银行资本金。

第二,调整税收政策。从1999年开始引入税收政策,推动出口,刺激投资和消费需求,主要措施有:提高出口退税率,从1999年下半年开始减半征收固定资产投资方向调节税;出台房地产优惠政策;恢复征收储蓄存款利息所得税;将B股交易印花税税率由0.4%降到0.3%;对国家鼓励的项目实行投资抵免所得税,税率为40%;2000年暂停征收固定资产投资方向调节税;继续提高出口退税率,促进外贸出口。1999年以来三次提高出口退税率,使综合退税率由12.56%提高到15%。2001年税收政策调整的内容主要有:确定在10年内对西部地区采取一系列税收优惠政策;延续若干增值税的免税政策;为改善国内金融保险企业的经营条件,从2001年起,我国金融保险业的营业税税率分3年从8%降低到5%,每年下调1个百分点;调整车辆购置税的最低计税价格;停止征收香皂和子午线轮胎两种商品以及翻新轮胎的消费税;制定软件出口企业和退伍军人从事营业活动的税收优惠政策;提高社会保障支出占财政支出的比例,研究通过开征社会保障税开辟新的筹资渠道;继续执行投资抵免政策;加快推进农村税费改革。

3. 收入政策

国家在实行扩张性财政、货币政策刺激有效需求、拉动经济增长的同时,还广泛运用收入政策,调整收入分配,希望以此来拉动内需,并配合其他有力措施引导和扩大消费需求,形成对经济增长的多重拉动。1999 年 9 月,国家决定大幅度提高城镇中低收入居民的收入水平,以增强他们的消费能力。将已经建立起来的"三条保障线"(即国有企业下岗职工基本生活保障制度、失业保险制度、城镇居民最低生活保障制度)的水平提高 30%,提高机关事业单位职工收入和离退休人员的离退休金水平,允许国有企业根据效益状况自主决定晋级增薪。2000 年继续落实 1999 年出台的调整收入分配政策,对行政事业单位增资所需资金给予补助。2001 年进一步调整收入分配政策,适当增加机关事业单位职工基础工资。

4. 其他政策

国家在上述政策之外,还采取了其他一些措施。从 1998 年开始清理和减少收费项目,到 1999 年共清理减少了 327 个收费项目,力图增加企业和个人的投资能力和消费能力。从 1999 年开始,扩大高等学校招生规模,并且增加法定假日时间,希望以此刺激消费,从而拉动经济增长。

(资料来源:吴易风,丁冰,李翀.西方经济学与世界经济的发展[M].北京:中国经济出版社,2003)

□ 问题

1. 从 1998 年下半年开始,国家相继采取了哪些扩张性财政政策?

2. 从 1998 年下半年开始,国家相继采取了哪些货币政策?

3. 国家实行宏观调控,配合使用了哪些政策?

4. 联系实际,说说国家实行扩张性经济政策的效应如何。

□ 考核点

财政政策;财政政策的运用

■ 决策设计

□ 案例

朱总理答记者问

新华社记者:您在这次会议的报告中提出,近期要继续实施积极的财政政策,请问您如何看待中国现在的财政赤字? 如果再连续几年增发国债,财政风险会不会逐渐加大? 会不会出现通货膨胀?

朱总理答:1997 年亚洲发生金融危机,中国经济也面临很大的困难,其中一个是外贸出口大幅度下降。1997 年中国的出口增长了 20%,到 1998 年出口变成了零增长,以至于负增长。有的中小金融机构发生了一些危机或者挤兑,国有企业约有一千万名职工下岗，因为需求不足，大多数工业产品生产能力都供过于求。当时面临着这么大的困难，对究竟应当采取什么对策有各种各样的建议。比方说，有人建议人民币应该贬值，以促进出口；也有另外一种建议，把国有资产卖了就可以渡过这个危机。但是党中央、国务院果断做出了采取积极财政政策和稳健货币政策的决策，这个决策执行三年以来，事实证明是正确的。

为什么是正确的呢？因为当时的历史条件是中国的人、财、物都不缺乏。财，指的是银行里居民的储蓄存款很多。但由于工业加工生产能力过剩，已经没有多少有效益的项目可以把银行的存款贷出去，而银行还得照付利息。如果国有银行的这些资金不能被运用，对国家财政就是很沉重的负担。因此，我们采取由国家财政向银行发行国债的形式，把银行的资金运用起来。另外，有些国有企业的生产能力严重过剩，只有进行基础设施建设，才能够把这些过剩的生产能力利用起来。在这种情况下，我们三年发了 3600 亿元国债搞基础设施建设，把整个国民经济都带动起来了。现在看，成绩是非常明显的。

首先，这些资金都是投入基础设施建设的。这三年，我们修建了 17 万千米公路，其中 1 万千米是高速公路；新建、扩建和电气化铁路 1 万千米；长江大堤都达到了防洪的标准，再遇到 1998 年那样大的洪水我们也不害怕了。各个城市也都进行了基础设施建设，全国的生态环境都得到了改善，这个效益是很明显的。

其次，基础设施建设带动了工业生产，国有企业增加了税收和利润，国有企业改革和脱困的三年目标基本实现，国家的财政收入也大大增加了。我们从 2015 年，也就是说实行积极的财政政策的第三年，看到了这个效果。2015 年全国财政收入是 13880 亿元，比 1999 年增加 1960 亿元，跨了很大的一个台阶，因此我们能够还债。

所以，中国的财政赤字虽然是增加了，还增加得比较多，但是所有扩大的赤字都用于基础设施建设，我们有能力使国债得到双倍的收益。我认为增发国债没有任何风险。

去年，我跟美国的前财政部部长鲁宾先生在新疆见面，我问他对中国实行积极的财政政策有什么意见。他问我现在国债的余额是多少，我说 1.2 万亿元，这包括了过去历年借的国债，占我国国内生产总值的 14％。他干脆地告诉我说这没有任何危险，离大家公认的警戒线 20％ 还差得很远。当然，我并不是因为他说了这个话就放心了。我是从去年的实践，就是财政收入一年增加 1960 亿元，感到手里有钱，真金白银都回来了，所以才放心。

这次全国人民代表大会通过今年再发 1500 亿元的国债，用于现有国债项目的建设和西部地区大开发的新建项目。我估计明年可能还需要再发 1500 亿元的国债。经过这两年，现有的国债项目都完成了，西部地区的大开发初具规模，国有企业进入良性循环，财政收入增加，社会资金渠道增多，我相信今后不需要再发这么多国债了。

但是我也有另外一种担心，现在老百姓一听说要发国债，半夜就起来到银行排队，国债一个上午就卖光了。我担心将来不发国债的话，老百姓会对我们有意见。这个道理也很简单,现在银行储蓄的利率一年期只有2.25%,而国债三年期年利率是2.89%,五年期年利率是3.14%。但是,发行国债后,银行的存款并没有减少,在征收利息所得税以后,存款依然还在增加。这表明人民对我国的经济是有信心的。

（资料来源：在九届全国人大四次会议记者招待会上朱镕基总理答中外记者问［EB/OL］.（2001 - 03 - 16）［2018 - 06 - 25］. http：//www.gov.cn/gongbao/content/2001/content_60708.htm）

□ 问题

1. 分析财政政策与货币政策所起的作用。

2. 如何理解案例中的扩张性经济政策？其对当前形势下有何借鉴意义？

□ 考核点

财政政策；货币政策；供给管理政策；宏观经济政策的运用

⇨【自我评价】

学习成果	自我评价				
我已经理解了宏观经济政策、财政政策、货币政策、供给管理政策等本章所涉及的经济学术语的含义	□很好	□较好	□一般	□较差	□很差
我已经了解宏观经济政策的形成与发展,理清了宏观经济政策的目标	□很好	□较好	□一般	□较差	□很差
我已经理解并掌握了财政政策、货币政策、供给管理政策的内容	□很好	□较好	□一般	□较差	□很差
我已经理解并掌握了不同情况下宏观经济政策的运用	□很好	□较好	□一般	□较差	□很差
我已经能够进行简单的宏观经济分析	□很好	□较好	□一般	□较差	□很差

开放经济理论 ▶▶▶

- 开放经济与国际贸易
- 国际收支
- 汇率理论
- 开放经济中国民收入的均衡
- 对外经济政策

▶🎥教学说明

ⓖ 导入语

经济全球化已是当今世界经济发展的潮流,任何一国的经济活动都离不开国际经济交往,即各国之间越来越密切地进行商品、资本和劳务的往来,封闭经济(closed economy)正被开放经济(open economy)取代。

那么,为什么国与国之间需要发生各种各样的经济往来——商品进口和商品出口、资本输入和资本输出以及开展各种形式的经济合作?一个国家的国际收支如何核算?本国货币与外币如何交换?开放经济对一国的国民收入决定又将产生怎样的影响?政府应当在国际经济交往中采取哪些措施?这些正是开放经济理论所要回答的问题。

ⓖ 学习目标

◎ 知道什么是开放经济,如何衡量一个国家的开放程度;

◎ 知道什么是国际贸易,国际贸易有什么好处;

◎ 掌握一个国家国际收支的计量以及国际收支表的项目构成;

◎ 理解开放经济中总需求的组成与均衡国民收入的决定;

◎ 了解政府对外经济政策的主要内容。

11.1 开放经济与国际贸易

11.1.1 开放经济

11.1.1.1 开放经济的含义与衡量

开放经济(open economy)就是参与国际经济活动的经济,在这些国际经济活动中最重要的是国际贸易,所以开放经济最简单的定义就是"参与国际贸易的一种经济"。在国际经济活动中还有资本与劳务的往来。所以,开放经济也可以说是与各国之间存在着密切的物品、劳务、资本等往来的经济。

随着经济全球化的加深,任何一国的经济活动都离不开国际经济交往,即各国之间存在着商品、资本和劳务的往来。当今世界,绝大多数国家是开放的,但各国由于受各自政治经济政策及文化传统的影响,其开放程度并不一样。

衡量一个国家开放程度的指标,是进口总额与国民生产总值或国内生产总值的比率,即

$$经济开放度 = \frac{进口总额}{GNP} \times 100\%$$

或

$$经济开放度 = \frac{进口总额}{GDP} \times 100\%$$

资料卡 11-1

表 11-1 部分地区的经济开放程度(2015 年)

地 区	GDP/亿美元	出口总额/亿美元	进口总额/亿美元	进出口总额/亿美元	外贸依存度/%	经济开放度/%
世 界	734336	164820	167660	332480	45.28	22.83
中 国	108664	22749	16820	39569	36.41	15.48
美 国	179470	15049	23079	38128	21.24	12.86
日 本	41233	6249	6485	12734	30.88	15.73
加拿大	15505	4085	4364	8449	54.49	28.15
德 国	33558	13295	10500	23795	70.91	31.29
英 国	28488	4604	6258	10862	38.13	21.97
法 国	24217	5059	5727	10786	44.54	23.65
意大利	18148	4591	4089	8680	47.83	22.53
墨西哥	11443	3808	4053	7861	68.70	35.42

地 区	GDP/ 亿美元	出口总额/ 亿美元	进口总额/ 亿美元	进出口 总额/亿美元	外贸依 存度/%	经济开 放度/%
印度尼西亚	8619	1503	1427	2930	33.99	16.56
马来西亚	2962	1999	1760	3759	126.91	59.42
泰 国	3953	2144	2027	4171	105.51	51.28
新加坡	2927	3505	2967	6472	221.11	101.37
韩 国	13779	5268	4365	9633	69.91	31.68
印 度	20735	2671	3920	6591	31.79	18.91
巴 西	17747	1911	1788	3699	20.84	10.07
俄罗斯	13260	3403	1941	5344	40.30	14.64

（资料来源：中华人民共和国国家统计局.中国统计年鉴2016[M].北京：中国统计出版社,2016）

11.1.1.2 影响经济开放程度的因素

各国经济开放程度的差异如此之大的原因是多种多样的,归结起来主要有以下几个方面。

（1）经济发达程度

一般来说,经济发达程度与开放程度是正相关的,经济越发达,进出口也就越多,从而开放程度越高;经济越落后,进出口越少,无力打入世界市场,开放程度就越低。

（2）自然资源的赋予

一般来说,自然资源丰富而全面的国家,经济基本可以自立,对国外的需求较小,开放程度较低;相反,自然资源缺乏而单一的国家,需要通过外贸来发展经济,开放程度较高。

（3）经济结构特征

由于资源、历史等因素的差异,各国形成了适合自己国情的经济结构。有些国家具有完整的经济体系,各部门之间保持了适当的比例,经济可以自立,从而开放程度低;而有些国家中某些部门发达,某些部门不发达,经济是畸形、片面的,从而就需要通过国际贸易来实现平衡,开放程度就较高。

（4）历史文化传统的影响

有些国家历史上是开放的,文化具有包容性,这就决定了其现实中经济开放程度较高,而有些国家历史上基本是封闭的,文化具有排外性,这就会降低经济开放程度。

（5）政治与经济政策

有些国家出于政治上独立的需要而强调经济上的自立,有些国家在国际社会中受歧视而不得不经济自立,有些国家出于政治上的考虑而采取闭国政策,这些都降低了一国本来能达到的开放程度。相反,政治上开放的国家,一般来说,经济开放程度也高。

●●●即问即答

> 经济开放度是衡量一国开放程度的指标,即( )。
> A. 进口总额与国内生产总值之比
> B. 出口总额与国内生产总值之比
> C. 出口总额与进口总额的差与国内生产总值之比
> D. 出口总额与进口总额的平均值与国内生产总值之比

11.1.2 国际贸易

国际贸易是国际经济活动中最重要的经济活动。不同国家之间为什么会开展国际贸易？开展国际贸易可为各贸易国带来什么好处？对此,经济学家们曾提出不同的理论。

11.1.2.1 国际贸易理论

(1)亚当·斯密的绝对有利理论

英国古典经济学家亚当·斯密从分工能提高生产率的前提出发,提出了开展国际贸易对各国都有利的理论。斯密认为,各国由于自然资源赋予或后天条件的不同,生产同一种商品所用的成本并不一样。例如,英国和葡萄牙都生产呢绒和葡萄酒,但成本不同,如表 11-2 所示。

表 11-2　单位产品的劳动投入(1)

国　家	呢　绒	葡萄酒
英　国	30	40
葡萄牙	40	30

由表 11-2 可见,英国生产呢绒的成本低于葡萄牙,而葡萄牙生产葡萄酒的成本低于英国。这样,英国可以只生产呢绒,葡萄牙可以只生产葡萄酒,英国进口葡萄酒、出口呢绒,葡萄牙进口呢绒、出口葡萄酒。更一般地说,各国生产自己生产成本最低的产品,然后与其他国家交换其他产品,这样对各国都是有利的。

根据这一理论,斯密提出了自由贸易的主张。

(2)李嘉图的相对有利理论

斯密的理论建立在两国绝对成本比较的基础之上,是绝对有利理论。但实际上,往往一国无论生产什么绝对成本都低于另一国。在这种情况下,国际贸易还有利于双方吗？李嘉图的相对有利理论正是要解决这一问题的。

这种理论认为,一国生产自己相对成本低的产品并与别国进行交换,对双方都是有利的。例如,英国与葡萄牙生产呢绒与葡萄酒的成本情况如表 11-3 所示。

表 11-3　单位产品的劳动投入(2)

国　家	呢　绒	葡萄酒
英　国	100	120
葡萄牙	90	80

由表 11-3 可见,葡萄牙生产这两种产品都比英国有利。在这种情况下,双方贸易的基础就不是绝对成本而是相对成本。

对葡萄牙来说,生产呢绒的成本是英国的 90%,生产葡萄酒的成本是英国的 67%。这就说明,葡萄牙生产两种物品都绝对有利,但生产葡萄酒的相对优势更大。对英国来说,生产呢绒的成本是葡萄牙的 1.1 倍,生产葡萄酒的成本是葡萄牙的 1.5 倍。这就说明,英国生产这两种物品都绝对不利,但生产呢绒相对有利一些。这样双方生产对自己来说相对有利的产品并进行交换就是有利的。英国生产呢绒,换取葡萄牙的葡萄酒,葡萄牙生产葡萄酒,换取英国的呢绒,双方都有利。这是因为,英国 220 单位的劳动可以生产 2.2 单位的呢绒,葡萄牙 170 单位的劳动可以生产出 2.125 单位的葡萄酒。两国按 1:1 的比例交换,则同样的劳动成本,能消费的产品都增加了。

相对有利理论在国际贸易理论中具有重要的地位,成为自由贸易政策制定的依据。以后的各种国际贸易理论都是由此发展起来的。

(3)赫克歇尔—奥林(H-O)定理

自从李嘉图以后,新古典经济学家曾用国际需求、机会成本等概念解释相对有利理论,但对国际贸易理论最重要的发展是瑞典经济学家赫克歇尔(E. Heckcher)和奥林(B. Ohlin)提出的资源赋予理论,即一般所说的赫克歇尔—奥林(H-O)定理。

相对有利理论强调的是各国间劳动生产率的差异,而 H-O 定理强调的是各国自然资源赋予的差异。这一理论的基本内容是:各种商品生产中所使用的各种生产要素的比例是不同的。使用劳动多的是劳动密集型产品,使用资本多的是资本密集型产品。各国由于资源赋予的不同,各种生产要素的多少与价格不同,有些国家劳动丰富,劳动的价格低;有些国家资本丰富,资本的价格低。在国际社会中,生产要素的流动受到一定的限制。这样,各国就生产自己具有资源优势的产品,各国的产品进行交换。具体来说,劳动力丰富且价格低的国家生产劳动密集型产品,资本丰富且价格低的国家生产资本密集型产品,然后双方进行交换。因为各国都是出口自己生产要素价格低的产品,其结果对双方都有利。

●●●● 即问即答

1. 假定有两个国家 A 与 B,生产两种产品 X 与 Y。A 国生产 X 物品有比较优势的条件是(　　)。

A. 生产 1 单位 X 物品所放弃的 Y 物品比 B 国少

B. 生产 1 单位 X 物品所需要的劳动投入比 B 国少

C. 生产 1 单位 X 物品所需要的资本投入比 B 国少

D. 生产 1 单位 X 物品所需要的一切投入比 B 国少

2. "世界上一些最贫穷的国家找不到产品来出口,它们没有什么资源是丰富的,它们的土地和资本都不丰裕。在一些又穷又小的国家里,甚至连劳动都不丰裕。"用所学资源赋予理论分析这两句话是否正确。

11.1.2.2 行业内部的贸易

前面分析的是不同国家不同行业之间的商品贸易,是行业之间的贸易,它是由各国在不同行业所具有的相对优势决定的。然而,在现实经济中随处可见同一行业内部同类产品的贸易。其特点在于:在同一行业内不同国家所提供的产品虽有差异但可互相替代。如美国产的汽车可能在外形上比日本产的汽车大,或者牌子的名气不同,但两国产品可互相替代、互相竞争。

行业内部贸易的产生并不是因为比较优势的存在,而是因为:第一,各国消费者的偏好是多样性的。在同一行业,不同的人喜欢不同的产品,如汽车,有的美国人就喜欢日本的汽车。这样,虽然美国出口汽车,但同时也有必要进口一部分日本的汽车以满足一部分美国人的需要。第二,在一些垄断竞争的行业,规模经济限制了行业只能生产有限种类的产品,每一种类产品的生产就只能是小规模的。为追求规模经济,各国都只选择有限种类的产品生产。这样,本国不生产的那些种类的产品可靠进口获得。这是规模经济导致行业内部贸易的最主要原因。

11.1.2.3 国际贸易的经济效应

如果各国都按上述理论进行专业化生产,然后通过国际贸易获得自己所需要的产品,那么,国际贸易就会产生这样一些经济效应。

第一,资源配置在世界范围内实现最优化。各国按自己的资源条件进行专业化生产,可以使资源得到最有效的运用。由于资源配置的改善,同样的资源可以生产出更多的产品,增加世界各国的福利。

第二,产品价格的均等化。各国产品在世界范围内进行竞争,其结果是各种产品在各国的水平相等,而且价格水平最低。

第三,生产要素的价格均等化。通过国际贸易,各国生产要素的价格也均等化。在进行贸易之前,同种要素在各国的价格不同,这正是进行贸易的原因。通过各国之间的贸易,某种要素价格低的国家生产这类物品并出口,需求增加,该物品价格提高,生产要素价格也提高。某种要素价格高的国家进口这类物品,其生产要素价格必然下降。各国产品流动的结果就是生产要素价格的均等化。

总之,国际贸易对各国都是有利的。

11.1.2.4　国际贸易政策

从理论上说,国际贸易有利于资源在全世界的配置,能使各国福利最大化,但在现实中,各国在贸易中是存在利害冲突的。例如,发达国家与发展中国家之间的自由贸易实际上是更有利于发达国家的,发展中国家作为发达国家的原料基地和工业品市场,为发达国家发展经济提供了有利的条件。由于世界市场上原料价格偏低或不稳定,工业品价格偏高,所以发展中国家往往得不到相应的利益,而且,这种自由贸易也阻碍了发展中国家民族工业的形成。

在自由贸易体制下,一国国内某种产品的价格若高于外国同类产品的价格,外国的产品就会被进口到本国。这样,自由贸易的直接受益者就是该国的消费者,他们可以比过去低的价格购买到商品,因而消费者剩余就增加了。对于生产同类产品的生产者来讲,廉价的进口品极大地冲击了自己的市场,只好被迫减价,或关闭停产,解雇工人,他们则是贸易的损失者。这种情况在发展中国家尤为显著,自由贸易直接威胁着发展中国家传统部门的生存,导致失业增加,动摇经济的稳定性。因此,各国都通过贸易保护政策,如关税或直接限制进口,减少本国生产者所承受的压力,保护本国的产业。

然而,实施贸易保护政策又必将破坏社会全部资源的最优配置。在自由贸易体制下,一国的产业若无法抗拒外国的竞争,将自行衰退,丧失其原来的比较优势地位,经济中资源会自动转移到那些具有比较优势的行业中去,各国的产业结构也相应调整。贸易保护政策的实施则阻碍了新资源的移动。

📚 知识链接

贸易自由化的环境效应

经济合作与发展组织(OECD)认为,贸易自由化将产生以下五种效应。

规模效应。规模效应指贸易自由化导致的经济规模变化所造成的环境影响。通常认为,贸易自由化会促进经济的增长,带来经济规模的扩大。它既可能造成资源的加速使用和污染的过度排放,从而对环境造成更大压力;也会带来国民财富的增加,使人们生活水平提高、环境意识改善、努力程度增加。

结构效应。结构效应指贸易自由化通过影响经济结构所造成的环境影响。贸易自由化促进专业化分工,导致各国更依赖于自己的资源优势参与国际竞争,从而推动各国经济结构的转变。它可能使一个国家的产业结构由污染严重的第一、二产业主导向污染较轻的第三产业主导转变的速度加快,正如在许多发展中国家发生的状况,对其环境带来巨大的改善;也可能促使一个国家不恰当地利用其资源优势,过度地发展资源出口产业和污染严重的产业,造成环境的恶化,例如许多发展中国家盲目扩大其自然资源出口,成了发达国家的原材料供应地,而这些原材料的价格往往没有包括环境成本。

技术效应。贸易自由化加速了各国间的技术流动。新技术往往带来生产效率的提高,使得在产出相同的情况下,使用更少的投入,排放更少的污染。但贸易自由化也拓宽了过时、有害技术和工艺的转移渠道,这样的例子在发达国家向发展中国家的技术转移中并不鲜见。

产品效应。与技术效应类似,贸易自由化也促进了各国间的产品流动。一国可以通过贸易获得对环境更加友好的产品,可以弥补自己资源的不足。同样,贸易自由化也可能带来不好的产品,例如发达国家向发展中国家的垃圾转移。

规制效应。规制效应指贸易自由化对一国的环境政策、措施、标准的制定和实施造成影响,从而对环境产生影响。贸易自由化可以推动一国改善环境管理、加强环境措施和提高环境标准,增强其改善环境的效果;同时,伴随贸易自由化的国际贸易规则也可能限制一国根据本国情况实施环境政策的自由和能力。另外,为了提高国际竞争力,各国会竞相降低其环境标准,从而陷入国家间制定环境标准的"囚徒困境"。

以上五种效应,既可能带来环境的改善,也可能造成环境的恶化,而决定其不同效果的重要因素在于,是否存在完善的市场和恰当有效的管理。

(资料来源:贸易自由化的环境效应[N].经济参考报,2002-12-20)

●●● 同步训练

目标:理解贸易保护政策的影响。

11.2 国际收支

国际贸易与各国间的其他经济交往必然引起国际支付问题。在开放经济中,国际收支是一个十分重要的问题。

11.2.1 国际收支平衡表

国际收支是一国在一定时期内(通常是一年内)对外国的全部经济交往所引起的收支总额的对比。这是一国与其他各国之间经济交往的记录。国际收支集中反映在国际收支平衡表中,如表11-4所示。

表 11-4　2017 年中国国际收支平衡表

单位：亿美元

项　目	行　次	金　额
1. 经常账户	1	1649
贷　方	2	27089
借　方	3	−25440
1.A　货物和服务	4	2107
贷　方	5	24229
借　方	6	−22122
1.A.a　货物	7	4761
贷　方	8	22165
借　方	9	−17403
1.A.b　服务	10	−2654
贷　方	11	2065
借　方	12	−4719
1.A.b.1　加工服务	13	179
贷　方	14	181
借　方	15	−2
1.A.b.2　维护和维修服务	16	37
贷　方	17	60
借　方	18	−23
1.A.b.3　运输	19	−561
贷　方	20	372
借　方	21	−933
1.A.b.4　旅行	22	−2251
贷　方	23	326
借　方	24	−2577
1.A.b.5　建设	25	36
贷　方	26	122
借　方	27	−86
1.A.b.6　保险和养老金服务	28	−74
贷　方	29	41
借　方	30	−115
1.A.b.7　金融服务	31	18
贷　方	32	34
借　方	33	−16

续 表

项　目	行　次	金　额
1.A.b.8　知识产权使用费	34	－239
贷　方	35	48
借　方	36	－287
1.A.b.9　电信、计算机和信息服务	37	77
贷　方	38	270
借　方	39	－193
1.A.b.10　其他商业服务	40	161
贷　方	41	586
借　方	42	－426
1.A.b.11　个人、文化和娱乐服务	43	－20
贷　方	44	8
借　方	45	－27
1.A.b.12　别处未提及的政府服务	46	－18
贷　方	47	17
借　方	48	－35
1.B　初次收入	49	－344
贷　方	50	2573
借　方	51	－2918
1.B.1　雇员报酬	52	150
贷　方	53	217
借　方	54	－67
1.B.2　投资收益	55	－499
贷　方	56	2349
借　方	57	－2848
1.B.3　其他初次收入	58	5
贷　方	59	7
借　方	60	－3
1.C　二次收入	61	－114
贷　方	62	286
借　方	63	－400
2.资本和金融账户	64	570
2.1　资本账户	65	－1
贷　方	66	2
借　方	67	－3

项 目	行 次	金 额
2.2 金融账户	68	571
资 产	69	−3782
负 债	70	4353
2.2.1 非储备性质的金融账户	71	1486
资 产	72	−2867
负 债	73	4353
2.2.1.1 直接投资	74	663
2.2.1.1.1 直接投资资产	75	−1019
2.2.1.1.1.1 股权	76	−997
2.2.1.1.1.2 关联企业债务	77	−22
2.2.1.1.2 直接投资负债	78	1682
2.2.1.1.2.1 股权	79	1422
2.2.1.1.2.2 关联企业债务	80	260
2.2.1.2 证券投资	81	74
2.2.1.2.1 资产	82	−1094
2.2.1.2.1.1 股权	83	−377
2.2.1.2.1.2 债券	84	−717
2.2.1.2.2 负债	85	1168
2.2.1.2.2.1 股权	86	340
2.2.1.2.2.2 债券	87	829
2.2.1.3 金融衍生工具	88	5
2.2.1.3.1 资产	89	15
2.2.1.3.2 负债	90	−10
2.2.1.4 其他投资	91	744
2.2.1.4.1 资产	92	−769
2.2.1.4.1.1 其他股权	93	0
2.2.1.4.1.2 货币和存款	94	−370
2.2.1.4.1.3 贷款	95	−397
2.2.1.4.1.4 保险和养老金	96	0
2.2.1.4.1.5 贸易信贷	97	−194
2.2.1.4.1.6 其他	98	192
2.2.1.4.2 负债	99	1513
2.2.1.4.2.1 其他股权	100	0
2.2.1.4.2.2 货币和存款	101	1055
2.2.1.4.2.3 贷款	102	496
2.2.1.4.2.4 保险和养老金	103	7

开放经济理论

第11章

327

续　表

项　目	行　次	金　额
2.2.1.4.2.5　贸易信贷	104	－12
2.2.1.4.2.6　其他	105	－32
2.2.1.4.2.7　特别提款权	106	0
2.2.2　储备资产	107	－915
2.2.2.1　货币黄金	108	0
2.2.2.2　特别提款权	109	－7
2.2.2.3　在国际货币基金组织的储备头寸	110	22
2.2.2.4　外汇储备	111	－930
2.2.2.5　其他储备资产	112	0
3. 净误差与遗漏	113	－2219

注：1. 本表根据国际货币基金组织《国际收支和国际投资头寸手册》(第六版)编制

2. "贷方"按正值列示，"借方"按负值列示，差额等于"贷方"加上"借方"。本表除标注"贷方"和"借方"的项目外，其他项目均指差额

3. 本表计数采用四舍五入原则

资料来源：国家外汇管理局国际收支分析小组.2017 中国国际收支报告[R/OL].(2018－03－29)[2018－06－25]. http：//www. safe. gov. cn/wps/wcm/connect/7d56088044f5f8c2ac79fdea2ebe8e37/2017％E5％B9％B4％E4％B8％AD％E5％9B％BD％E5％9B％BD％E9％99％85％E6％94％B6％E6％94％AF％E6％8A％A5％E5％91％8A.pdf？MOD＝AJPERES&CACHEID＝7d56088044f5f8c2ac79fdea2ebe8e37

11.2.1.1　编制国际收支平衡表的基本原则

第一，只有国内外单位间的经济交易才被记入国际收支中，其中包括居民、企业与政府。区分国内与国外的概念十分重要，例如，一家企业在国内的部分是国内，而在外国的子公司被视为国外。

第二，要区分借方和贷方两类不同的交易。借方是国内单位向国外单位付款的全部交易项目，是一国资产减少或负债增加；贷方是国外单位向国内单位付款的全部交易项目，是一国资产增加或负债减少。在国际收支平衡表上，最后借方与贷方总是平衡的。

第三，国际收支平衡表是复式簿记。

11.2.1.2　国际收支平衡表的内容

国际收支集中反映在国际收支平衡表中，该表把(也只把)国内外经济单位间的经济交易分成借方和贷方，按复式记账原理编制。

国际收支平衡表的贷方是正号项，记录外国居民对本国居民的支付，是资本流入，包括：商品与劳务的出口；外国居民对我国的单方面捐赠、汇款、遗赠等；外国居民对我国的投资；我国在外国进行投资所得收益的流入；我国收回以前在国外的投资。

国际收支平衡表的借方是负号项，记录我国居民对外国居民的支付，是资本流出，包括：商品与劳务的进口；我国居民对外国的单方面捐赠、汇款、遗赠等；我国居民对外国的投资；外国在我国进行投资所得收益的流出；外国收回以前在我国的投资。

国际收支平衡表的主要项目有经常项目、资本项目和官方储备项目。

(1)经常项目

经常项目，又称商品和劳务项目，包括贸易收支、劳务收支和转移支付三个次级项目，既包括商品的进出口，又包括技术的输出与引进，保险费的支付以及债务持有人的利息、投资者的红利等支付与收入。商品的进出口，称为有形项目；保险、运输等劳务的进出口，称为贸易劳务项目；利息、红利等项目是资本服务项目。所有使用外汇支出的项目都记入借方，而获得外汇的项目则记入贷方。

(2)资本项目

资本项目，是记录所有资本国际流动的项目，具体包括直接投资、证券投资、银行贷款、贸易信贷、债券销售和政府贷款等国际资本的流动。资本流出国境记入借方，流入国境记入贷方。短期资本是那些具有较高流动性的资产，如银行存款、短期国库券等；长期资本则指偿还期在一年或一年以上的资本往来，如直接投资、国际组织借款等。

(3)官方储备项目

官方储备项目是国家货币当局对外交易净额，包括一国政府储备的黄金、外汇以及国际货币基金组织分配给该国的特别提款权等。政府可使用这些国际支付手段来弥补经常项目和资本项目的逆差。最后还有一项误差项，主要反映国家在统计国际收支各项数据时，由于资料来源不一致或统计不准确而发生的误差。它与官方储备项目一起，构成国际收支平衡表的平衡项目，依靠误差项国际收支可以在账面上保持平衡。

●●● 即问即答

Q 即问即答

假设我国最初国际收支账户是平衡的（既无盈余又无赤字），然后我国企业增加了从美国的进口量，并通过向美国借款为进口的增加量筹资。现在国际收支是（　　）。

A. 经常账户盈余，资本账户盈余　　　　B. 经常账户盈余，资本账户赤字

C. 经常账户赤字，资本账户盈余　　　　D. 经常账户赤字，资本账户赤字

●●● 即问即答

Q 即问即答

问题：以下交易分别属于借方还是贷方项目？

● 进口货物；出口货物

● 非居民向居民提供服务；居民向非居民提供服务

● 非居民从本国取得收入；居民从外国取得收入

● 居民对非居民提供单方面转移；非居民对居民提供单方面转移

● 居民获得外国资产；非居民获得本国资产

● 居民偿还非居民的债务；非居民偿还居民的债务

● 官方储备资产增加；官方储备资产减少

11.2.1.3 国际收支的平衡与不平衡

在不考虑官方储备项目的情况下,国际收支有平衡与不平衡两种情况,不平衡又分为国际收支顺差与国际收支逆差两种情况。

当经常项目与资本项目的借方与贷方相等,也就是在国际经济活动中一国的总支出与总收入相等时,就称为国际收支平衡。当国际收支平衡时,官方储备项目不变。当经常项目与资本项目的借方与贷方不相等时,就称为国际收支不平衡。如果是贷方大于借方,即总收入大于总支出,则国际收支顺差,或者说,国际收支有盈余;如果是借方大于贷方,即总支出大于总收入,则国际收支逆差,或者说,国际收支有赤字。

当国际收支顺差,即有盈余时,会有黄金或外汇流入,即官方储备项目增加;当国际收支逆差,即有赤字时,会有黄金或外汇流出,即官方储备项目减少。这也就是说,当国际收支中的经常项目与资本项目之和不相等,即国际收支不平衡时,要通过官方储备项目的调整来实现平衡。

资料卡 11-2

2017 年我国国际收支状况

2017 年,我国国际收支运行逐步趋稳,呈现基本平衡。

首先,经常账户差额继续处于合理区间,全年顺差 1649 亿美元,与 GDP 之比为 1.3%。其次,非储备性质的金融账户重现顺差,全年顺差 1486 亿美元,2016 年为逆差 4161 亿美元。从主要项目看,直接投资、证券投资和其他投资均表现为顺差,分别为 663 亿、74 亿和 744 亿美元。从投资方向看,2017 年境内主体对外投资总体趋稳,直接投资、证券投资和其他投资等资产合计净增加 2867 亿美元,较 2016 年少增 58%;境外主体来华各类投资进一步回升,2017 年净流入 4353 亿美元,较 2016 年增加 68%。最后,外汇储备持续稳步回升,2017 年年末我国外汇储备余额为 31399 亿美元,较 2016 年年末上升 1294 亿美元。

2018 年,预计我国国际收支将延续基本平衡态势,经常账户顺差维持在合理水平,跨境资本流动保持总体稳定。在国内经济平稳运行、改革开放深入推进、人民币汇率双向波动等环境下,我国跨境资金双向流动、总体平衡的格局有望进一步巩固。外汇管理部门将坚持稳中求进总基调,推动跨境资本流动均衡管理,实行更高水平的贸易投资自由化、便利化,稳步推进金融市场双向开放,构建跨境资本流动宏观审慎管理体系,完善外汇市场微观监管框架,加强外汇储备经营管理能力建设。

(资料来源:国家外汇管理局国际收支分析小组.2017 中国国际收支报告[R/OL]. (2018 - 03 - 29)[2018 - 06 - 25]. http://www.safe.gov.cn/wps/wcm/connect/ 7d56088044f5f8c2ac79fdea2ebe8e37/2017%E5%B9%B4%E4%B8%AD%E5%9B% BD%E5%9B%BD%E9%99%85%E6%94%B6%E6%94%AF%E6%8A%A5%E5% 91%8A.pdf? MOD=AJPERES&CACHEID=7d56088044f5f8c2ac79fdea2ebe8e37)

11.2.2 我国国际收支状况分析

11.2.2.1 中华人民共和国成立以来我国国际收支发展状况

(1)第一阶段：中华人民共和国成立初期至 1978 年

这是我国计划经济体制时期，国家严格管制外汇，实行统收统支体制。这一阶段我国尚没有编制国际收支平衡表，反映国际收支状况的是当时的国家外汇收支表。

(2)第二阶段：1979—1993 年

这一阶段我国开始实施改革开放战略，国际收支的总体特征是：国际收支总量增长快(1993 年的国际收支总量是 1982 年的 5.4 倍)，反映出我国对外开放度不断提高。但是，国际收支差额和外汇储备波动十分明显。国际收支有 4 年逆差，由于国家外汇储备不能满足对外经济交往的需要，20 世纪 80 年代初期我国不得不向国际货币基金组织(IMF)借用救助性贷款，此后外汇储备又经历了一个升降起伏的阶段，1993 年年底，国家外汇储备余额为 211.99 亿美元。

(3)第三阶段：1994—2001 年

1994 年我国开始实施外汇体制改革(人民币汇率并轨、实行结售汇制度、建立银行间外汇市场等)，这一阶段我国的国际收支也有了显著变化，具体表现在以下几个方面。

①经常账户与资本和金融账户持续"双顺差"(双顺差，就是指国际收支经常项目、资本和金融项目都呈现顺差)，从而国际收支总体保持顺差。

②资本和金融账户规模扩大，资本项目大量顺差成为国际收支顺差的最主要因素。

③服务和收益逆差逐年扩大。从 1993 年起，服务和收益项下出现逆差，这是我国服务业对外开放和引资规模持续增长的结果。

④储备资产持续大幅增加。

⑤由于国际收支持续顺差，储备资产不断增加，人民币汇率呈现稳中趋升的态势。

(4)第四阶段：2001 年以后

2001 年我国正式加入世界贸易组织，国际贸易和对外投资发展迅猛。自 2005 年到 2008 年上半年，我国的国际收支一直保持较大的顺差。国际收支经常项目、资本和金融项目保持的"双顺差"占总顺差的比例一直很大，这是我国国际收支最显著的特征。

2010 年至 2012 年，我国国际收支经常项目、资本和金融项目呈现"双顺差"，储备资产持续增长，国际收支总顺差大幅下降。2010 年以来，我国经济呈现缓中趋稳的走势，国内物价水平保持稳定。我国国际收支从亚洲金融危机以来的持续"双顺差"首次转为"经常项目顺差、资本和金融项目逆差"的状态，这说明我国国际收支状况继续改善，经济增长的内生性、自主性进一步增强。2012 年，经常项目顺差 1931 亿美元，较 2011 年增长 42％；资本和金融项目逆差 168 亿美元，为亚洲金融危机以来首次逆差，2011 年为顺差 2655 亿美元；国际收支总顺差 1763 亿美元，下降 56％，大大低于 2007—2011 年年均顺差 4552 亿美元的规模。

11.2.2.2 我国国际收支失衡的原因

我国连续的、长期的、大幅度的经常项目与资本和金融项目的"双顺差"已明显表现为经济的外部失衡。这既有悖于传统的国际收支结构理论,又是各国国际收支结构实践中罕见的,其之所以能够维持十余年之久,在很大程度上得益于国内外经济发展环境和国内特殊的管理体制与鼓励政策,但其本身也潜伏着一定的风险,易引发诸多矛盾和问题。这种局面是由一系列客观复杂的原因造成的,其中既有国际的原因,也有国内自身的原因。

从国际上来看,随着世界各国经济的联系越来越紧密,发达国家和新兴工业化国家为了实现更优化的资源配置,在进行产业结构调整的过程中一些产业和产品向国外转移。而我国为了适应国际形势的发展,日趋完善基础设施和法律、政策,同时不断加大对外开放的步伐,再加上我国劳动力成本低,使得我国逐渐成为国际制造产业转移的一个主要目的地。同时由于国内金融市场不发达,国内企业往往借助境外资本市场进行融资,从而增加了资本的快速流入。而外国直接投资的发展也促进了出口的增长,1992年以来流入我国的境外资本年平均增长速度保持在28.9%左右。

从国内来看,主要是以下原因造成了我国的持续大额顺差。

(1)储蓄率过高。我国经济增长失衡的根本原因是储蓄率过高。国内总储蓄率在20世纪90年代平均为GDP的40%,在2004年上升至GDP的47%。尽管投资率在此期间也有所增长,但储蓄增速快于投资增速,扩大了经常账户顺差。当前的储蓄率和资本形成率无论与我国历史平均水平相比还是与其他主要国家相比均处于高位。一般认为我国储蓄率高主要是因为个人储蓄欲望强烈,但更主要的原因是企业和政府的储蓄率高,企业高储蓄率造成投资增长效益较低并可能导致产能过剩。此外,国内储蓄转化为投资的渠道不畅,金融市场发展相对滞后,导致企业不得不更多地依赖自有储蓄。

(2)加工贸易仍占主导地位。外商直接投资主要集中在劳动力密集、技术含量低的产业和领域,以加工贸易出口为主。深入分析我国贸易结构可以发现,一般贸易及其他贸易实际上处于逆差状态,持续攀升的贸易顺差主要来源于加工贸易。无论是来料加工还是进料加工,最终产品一般都销往国外,在我国境内所形成的增值部分自然构成顺差。因此,加工贸易的规模越大,相应的顺差必然也越大。

(3)非对称性国际收支政策。长期以来,我国采取鼓励出口和鼓励外资流入的非对称性国际收支政策。我国的国际收支"双顺差"是多年的对资本"奖入限出"的传统思想和对外资不加选择的"超国民待遇"等经济政策综合作用的结果。这些政策使得资本流出受到管制,流出渠道少,导致资本项目净流入大于净流出格局的形成。外资的大量涌入不仅扩大了我国资本和金融项目顺差,而且加大了外资企业出口额在我国出口总额中的比重。

总而言之,我国国际收支状况不仅反映了国际经济金融环境的变化、我国对外部门经济发展的水平,同时也反映出了国内的经济结构和产业变迁。我国国际收支状况的变化和发展不仅取决于国内外经济环境的变化,而且取决于我国相关的国际收支调节措施的制定和实施效果。

11.2.3 国际收支调节政策

根据以上理论,通过自发调节或国家干预可以恢复国际收支平衡,但一般认为,自发调节的时间长,这样就需要一些具体政策来调节国际收支。这些政策主要有以下几种。

调整进出口。在国际收支赤字时,鼓励出口、限制进口;在国际收支盈余时,限制出口、鼓励进口。

调整利率。利率影响国际资本流动,从而可以通过调节资本项目来使国际收支平衡。具体做法是:在国际收支赤字时,提高利率,吸引资本流入;在国际收支盈余时,降低利率,迫使资本流出。

调整汇率。调整汇率主要是通过汇率变动调整进出口。一般来说,在国际收支赤字时,汇率贬值,可以增加出口;在国际收支盈余时,提高汇率,可以限制出口。

开展国际合作。其包括各国进行合作,帮助某个国家克服国际收支不平衡。

11.3 汇率理论

在各国的经济往来中,汇率是十分重要的。要了解开放经济,就必须了解汇率的一些常识。

11.3.1 外汇和汇率的概念

外汇是指外国货币,或者对外国货币的索取权,如在外国的存款与外国的支付承诺等。

汇率又称"汇价",是一国货币单位同他国货币单位的兑换比率。它是由于国际结算中本币与外币折合兑换的需要而产生的。汇率的变动对各国国内经济与国际经济关系都有重大影响。

外汇汇率有两种标价法,即直接标价法和间接标价法。直接标价法,又称应付标价法,是以一定单位的外国货币为标准,用折合多少本国货币来表示,也就是指一定单位外国货币值多少本国货币。采用这种标价方法,如果外汇汇率上升,说明外币币值上升,本币币值下跌;反之,则说明外币币值下降,本币币值上升。间接标价法又称应收标价法,是以一定单位的本国货币为标准,用折合多少外国货币来表示,也就是指一定单位本国货币值多少外国货币。采用这种标价方法,则外汇汇率的升降与本国货币币值的高低成正比,即外汇汇率上升,说明外币币值下跌,本币币值上升;反之,则说明外币币值下降,本币币值下降。

目前,世界各国大都采用直接标价法。英国由于资本主义发展较早,曾经占有大量殖民地,英镑曾是国际贸易计价结算的标准,所以英国长期以来一直采取间接标价法。由于美元在国际贸易中作为计价标准的情况比较多,所以纽约外汇市场在 1978 年 9 月开始也改用间接计价法。当前,通常汇率都以 1 美元所能兑换的本国货币的多少来表示。

在汇率问题上还有两个基本概念,即汇率的升值与贬值。汇率的升值是指用本国货币表示的外国货币的价格下跌了。例如,如果美元与欧元的汇率由 1 欧元＝0.6 美元下降为 1 欧元＝0.4 美元,对美国来说是汇率升值,因为用美元表示的欧元价格下跌,意味着美元升值了。汇率贬值是指用本国货币表示的外国货币的价格上升了。例如,如果美元与欧元的汇率由 1 欧元＝0.4 美元上升为 1 欧元＝0.6 美元,对美国来说是汇率贬值,因为用美元表示的欧元价格上升,意味着美元贬值了。

同步训练

●●● **同步训练**

目标：理解外汇、汇率的含义。

资料卡 11-3

免费喝啤酒？

故事发生在美国和墨西哥边界的小镇上。一个游客在墨西哥一边的小镇上,用 0.1 比索买了一杯啤酒,他付了 1 比索,找回 0.9 比索。他到美国一边的小镇上,发现美元和比索的汇率是 1 美元＝0.9 比索。他用剩下的 0.9 比索换了 1 美元,用 0.1 美元买了一杯啤酒,找回 0.9 美元。回到墨西哥的小镇上,他发现比索和美元的汇率是 1 比索＝0.9 美元。于是,他把 0.9 美元换为 1 比索,又买啤酒喝,这样在两个小镇上喝来喝去,总还是有 1 美元或 1 比索。换言之,他喝到了免费啤酒。那到底是谁在为他的啤酒付账呢？

（资料来源：编者整理）

11.3.2　汇率制度

各国的不同时期有不同的汇率制度。

11.3.2.1　固定汇率制

固定汇率制是指一国货币同他国货币的汇率基本固定,其波动仅限于一定幅度之内的一种汇率制度。在这种制度下,中央银行固定了汇率,并按这一水平进行外汇的买卖。中央银行必须为任何国际收支盈余或赤字按官方汇率提供外汇,当有盈余时购入外汇,当有赤字时售出外汇,以维持固定的汇率。

实行固定汇率有利于一国经济的稳定,也有利于维护国际金融体系与国际经济交往的稳定,减少国际贸易与国际投资的风险。但是,实行固定汇率要求一国的中央银行有足够的外汇或黄金储备。如果不具备这一条件,必然出现外汇黑市,黑市的汇率要远远高于官方汇率,这样是不利于经济发展与外汇管理的。

11.3.2.2 浮动汇率制

浮动汇率制是指一国中央银行不规定本国货币与他国货币的官方汇率,汇率由外汇市场自发决定的一种汇率制度。

浮动汇率制又分为自由浮动(即清洁浮动)汇率制与管理浮动(即肮脏浮动)汇率制。自由浮动汇率制指中央银行对外汇市场不采取任何干预措施,汇率完全由市场力量自发地决定;管理浮动汇率制是指实行浮动汇率制的国家,其中央银行为了控制或减缓市场汇率的波动,对外汇市场进行各种形式的干预,主要是根据外汇市场的情况售出或购入外汇,通过对供求的影响来影响汇率。

实行浮动汇率有利于通过汇率的波动来调节经济,也有利于促进国际贸易,尤其在中央银行的外汇与黄金储备不足以维持固定汇率的情况下,实行浮动汇率对经济较有利,同时也能取缔非法的外汇黑市交易。但浮动汇率不利于国内经济和国际经济关系的稳定,会加剧经济波动。

11.3.2.3 战后西方各国汇率制度的演变

1944 年 7 月,美国、英国、法国、中国、苏联等 44 国代表在美国新罕布什尔州布雷顿森林举行了联合国货币金融会议,这一会议通过了《国际货币基金协定》,由此形成了以美元为中心的国际货币体系,又称"布雷顿森林体系"。在这一体系下,西方各国实行了黄金美元本位制(又称国际黄金汇兑本位制)。这就是 20 世纪 70 年代之前西方各国所实施的固定汇率制度。

20 世纪 60 年代之后,由于多次发生美元危机,这一货币体系开始动摇。1971 年 8 月 15 日,美国宣布停止美元兑换黄金。同年 12 月,根据西方"十国集团"达成的史密森协定,美元贬值 7.89%,即将每盎司黄金的价值从 35 美元改为 38 美元,并将汇率波动幅度从 1% 扩大为 2.25%。1973 年 2 月,美元再度贬值 10%,即每盎司黄金的价值升为42.22美元。此后,西方各国相继放弃了固定汇率制而采用浮动汇率制。目前,世界各国主要是采用浮动汇率制。

11.3.3 汇率的决定

11.3.3.1 均衡汇率的决定

汇率的高低,即外汇市场上各种货币之间的买卖价格,同一般商品的价格一样,也是由供给和需求水平决定的。

在外汇市场上,对外汇(如美元)的需求来自本国希望进口外国产品的进口商,也就是说,进口商想买外国的产品时,就必须将本国货币换成美元。同在商品市场上,某商品的需求量与价格之间呈反方向变动一样,在外汇市场上,外汇的需求量也同汇率即外汇的价格呈反方向变动。外汇(如美元)价格下跌(也即美元贬值,本币升值),对外汇的需求量增加,反之则减少。这是因为在外汇价格下跌时,外币贬值(本币升值),用同样多的本币可买到更多的进口商品,从而对外币(如美元)的需求也就增加了。如图 11-1 所示。

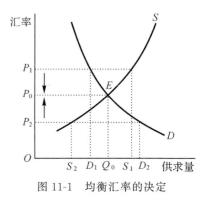

图 11-1　均衡汇率的决定

在图 11-1 中,纵轴代表汇率水平,箭头向上表示本币贬值、美元升值,箭头向下表示本币升值、美元贬值;横轴表示对美元的需求量(或供给量)。我们以一条向右下方倾斜的曲线代表外汇市场上对美元的需求曲线,随着汇率的降低,对美元的需求将扩大。

对美元的供给来自本国的出口商,他们出口商品时获得美元的货款支付,他们卖出美元换回本币。同在商品市场上,某商品的供给量与价格之间呈同方向变动一样,在外汇市场上,对外汇的供给量也同汇率即外汇的价格呈同方向变动。美元价格上升(也即美元升值,本币贬值),对美元的供给量就增加,反之就减少。这是因为在外汇价格上升时,外币升值(本币贬值),用同样多的外币就可出口更多的商品,出口增加,从而对美元的供给也就增加了。在图 11-1 中,用一条向右上方倾斜的曲线表示外汇市场上美元的供给曲线,美元的供给量随着汇率的上升而增加。

均衡汇率的决定也就如其他商品市场上均衡价格的决定一样,使外汇(如美元)供需相等的汇率即均衡汇率。如图 11-1 所示,由外汇的需求曲线与供给曲线的交点 E 决定的汇率 P_0 即为均衡汇率。汇率 P_1 高于 P_0,则在外汇市场上美元的供给超过了美元的需求,汇率开始下跌,即本币开始升值,美元贬值。本币升值使其出口品在美国市场上的美元销售价格上升,从而使该国对美国的出口开始减少;同时,本币升值意味着该国在购买美国的商品时,同样多的本币可购买的数量更多了,于是进口开始增加。这样随着汇率的下跌,美元的供给随出口的减少而减少,需求随进口的增加而增加,直到供需相等时,汇率重新回到均衡水平,即由 P_1 回到 P_0。当汇率在 P_2 时,市场上美元需求超过供给,迫使汇率上升,从而本币贬值,美元升值,该国对美国出口开始增加,进口减少。市场上美元供给增加、需求减少,直至供需重新相等。

11.3.3.2　购买力平价理论

购买力平价理论是在 20 世纪初由瑞典经济学家卡塞尔系统提出的。购买力平价理论有两种形式:绝对购买力平价说和相对购买力平价说。前者说明在某一时点上汇率的决定,后者说明汇率的变动。

绝对购买力平价说的基本观点是:本国人之所以需要外国货币,是因为它在外国(货币发行国或第三国)具有对一般商品的购买力。外国人之所以需要本国货币,也是因为其在国内具有购买力。因此,一国货币对外国货币的汇率,主要是由两国货币在其本国

所具有的购买力决定的,两国货币购买力之比决定了两国货币的交换比率。其计算公式为

$$R = \frac{P_a}{P_b}$$

式中,R 表示两种货币的汇率,P_a 与 P_b 分别表示两国各自的物价水平。这里的前提是各国实行自由贸易,国际价格(即不同货币的相对购买力)保持稳定,国际收支趋于平衡。这样,就可以依据两国物价水平求得均衡汇率。

相对购买力平价说把汇率升降归因于物价或货币购买力的变动。这就是说,在某一时期,汇率的变化要与同一时期两国物价水平的相对变动成比例。假定某一时期 A 国物价指数由 100 上升为 320,B 国物价指数由 100 上升为 240,于是新汇率等于旧汇率乘两国物价指数的比率,其计算公式为

$$R' = \frac{P_a^1 / P_a^0}{P_b^1 / P_b^0} \cdot R^0 = \frac{gP_a}{gP_b} \cdot R^0$$

式中,R' 为新汇率,P_a^1 / P_a^0 和 P_b^1 / P_b^0 分别为 A 国与 B 国基期与下一期的物价变动率,即 A 国与 B 国的通货膨胀率 gP_a 和 gP_b,R^0 为旧汇率。

尽管经济学家对购买力平价理论有不同的看法,但大多数经济学家认为这一理论可以解释汇率的决定与变动。

●●● 即问即答

Q 即问即答

假定美元与日元之间的汇率是 1 美元 = 120 日元,如果美国的物价指数是 150,日本的物价指数是 100,美元与日元的实际汇率是(　　　)。

A. 1 美元 = 80 日元　　　　　　　B. 1 美元 = 120 日元

C. 1 美元 = 180 日元　　　　　　D. 1 美元 = 240 日元

11.3.3.3 影响汇率的其他因素

汇率有即期汇率与远期汇率之分,即期汇率是指现在的汇率,远期汇率是指未来某一时期的汇率。汇率作为外汇的价格取决于外汇的供求关系。汇率的变动实际上反映了一国的国际收支与经济状况,取决于多种因素。

第一,国际收支状况。这对一国汇率有直接影响。国际收支顺差引起外国对该国货币需求的增加,引起汇率上升;国际收支逆差引起该国对外汇需求增加,从而引起汇率下降。在固定汇率下,这一点很重要。国际收支逆差增加往往是汇率下降、货币贬值的先兆。

第二,通货膨胀。正如购买力平价理论所说明的,通货膨胀率是决定汇率的重要因素。因为物价上涨会削弱一国商品在国际市场上的竞争能力,减少出口,增加进口,引起对外汇需求的增加,导致汇率下降。

第三,利率。利率变动引起短期资本国际流动,从而影响国际收支与汇率。利率上升使资本流入,汇率上升;利率下降使资本流出,汇率贬值。在浮动汇率下,通货膨胀与利率是影响短期汇率的重要因素。

第四,经济增长率。经济增长率对汇率的影响实际上难以确定。如果出口不变化或增长较慢,经济增长所引起的进口增加,会使国际收支恶化,汇率贬值;如果经济是出口导向型的,经济增长带动出口增加,就会使国际收支改善,汇率升值。而且,经济增长也有利于使本国货币升值,从而使汇率上升。经济增长对汇率的影响要针对实际情况进行具体分析。

第五,财政赤字。财政赤字对汇率的影响也不易确定。一般说来,财政赤字增加会加剧通货膨胀,从而使汇率贬值;但财政赤字又会使利率上升,使汇率升值。哪一种作用更大,仍要根据具体情况进行分析。

第六,外汇储备。外汇储备的增加可以增强一国中央银行干预外汇市场、维持汇率的能力。但这种作用只在短期内有效,而且作用有限。

此外,影响汇率的因素还有投机性、政治性因素及其他偶然性因素。正因为影响汇率的因素复杂,所以,远期汇率不易预测,要通过外汇期货市场来保值,也可以利用汇率的不确定性进行外汇投机。

资料卡 11-4

人民币汇率制度改革及其发展趋势

汇率制度又称汇率安排,是指一国货币当局对本国汇率变动的基本方式所做的一系列安排或规定。在国际金融史上,迄今为止共出现了三种汇率制度,即金本位体系下的固定汇率制、布雷顿森林体系下的固定汇率制和浮动汇率制。采取适当的汇率制度,对于一国的经济发展以及国际贸易将会起很大的作用。改革开放以来,人民币汇率制度经历了三个发展阶段。

第一阶段,1981—1993 年,实行双重汇率制。其中,1981—1984 年,官方汇率与贸易外汇内部结算价并存。这一时期人民币汇率制度的主要特点是典型的双重汇率。从性质上说双重汇率属于贸易性汇率,是以我国的贸易政策为中心,为出口创汇服务的。人民币币值仍然处于高估的状态,难以很好地发挥经济杠杆的作用。

1985—1993 年,官方汇率与外汇调剂价格并存。1980 年我国恢复了在 IMF 中的合法地位,按照 IMF 的有关规定,其会员国可以实行多种汇率,但必须尽量缩短向单一汇率过渡的时间。为了解决汇率制度带来的诸多问题,尽快达到国际标准,从 1985 年 1 月 1 日起,我国又恢复了单一汇率,该汇率以贸易汇价为基础。另外,1980 年 10 月起我国创办了外汇调剂市场,开展外汇调剂业务,当时规定外汇调剂价格是在官方汇率之上加 10％。

第二阶段,1994—2004 年,实行以市场供求为基础的、单一的、有管理的浮动汇率制。

1993 年中国人民银行颁布了《关于进一步改革外汇管理体制的公告》,该公告把我国的外汇体制改革提上了日程,标志着我国外汇体制改革正式起步,改革的主要内容有:第一,实行浮动汇率制度,中国人民银行宣布从 1994 年 1 月 1 日起,实行外汇调剂市场和人民币官方汇率并轨。第二,放开人民币兑换,允许人民币有条件市场兑换,同时取消人民币额度管理制度,取消各类外汇留成。第三,成立银行间外汇市场,原外汇调剂中心继续保留,服务于外商投资企业的外汇交易需要。第四,从 1994 年 1 月 1 日起,境内不允许外币流通,不允许通过任何非法的途径进行外汇买卖,暂停原外汇券的发行,已发行的继续使用,直到兑换完毕。

第三阶段,2005 年至今,实施盯住一篮子货币的、有管理的人民币浮动汇率制。中国人民银行在 2005 年 7 月推出了人民币汇率机制的改革方案,其核心内容是人民币不再仅看美元的"脸色"行事,而是有条件地选择若干主要币种,按照相应的权重决定人民币的浮动汇率,这是根据我国经济及外贸现状实施的一项重大变革。与此同时,政府对人民币汇率进行管理和调节,维护人民币币值的稳定。这些管理和调节都是以市场为基础的,参考一篮子货币计算人民币多边汇率指数的变化。当时规定出台后人民币对美元即升值 2%,即 1 美元兑 8.11 元人民币。

众所周知,人民币汇率制度其实包括了多方面的内容,主要涵盖人民币汇率形成机制、外汇市场和外汇管理制度等多方面的内容和规范。在执行过程中也产生了一系列问题,主要有以下几个方面。

第一,货币政策的独立性和实效性受到现有外汇管理制度的制约。这主要体现在我国强制性的外汇结算制度方面。这种外汇结算制度的后果是国家在外汇资金已经相当充裕的情况下,仍然不得不大量吃进真实贸易项下和投机人民币升值项下的双重外汇流入,被动地增加基础货币投放。

第二,在决定汇率未来走向方面,多方面的原因往往造成政策左右为难的局面。比如当前局势下人民币升值预期有增无减,人民币面临着国内和国外的强大压力,但是如果现在人民币大幅度升值,必然对我国的外贸出口产生巨大的影响,同时造成外汇储备的巨量减值,形成无可置疑的损失,也会影响到持有外汇的其他人群和机构。

第三,人民币汇率经过改革虽然受美元的影响有所削弱,但不可否认,美元对人民币的影响仍然是决定性的,客观上为美国向中国输出通货膨胀、转移经济成本提供了通道。

综上所述,进一步完善人民币汇率形成机制、加快人民币汇率机制的改革是建立和完善社会主义市场经济体制、充分发挥市场在资源配置中的基础性作用的内在要求,也是深化经济金融体制改革、健全宏观调控体系的重要内容,与完善党中央和国务院关于建立以市场为基础的有管理的浮动汇率制度、保持人民币汇率在合理均衡水平上基本稳定的要求相吻合。同时,推进人民币汇率形成机制改革,对于解决对外贸易不平衡、扩大内需以及提升企业国际竞争力、提高对外开放水平都具有重要的意义。

具体来说,应从以下几方面完善人民币汇率制度改革。

第一，增强汇率弹性，扩大汇率浮动区间。从长远来看，人民币汇率制度的改革方向应是增强汇率的弹性和灵活性，扩大汇率的浮动区间，逐渐放松对资本和外汇的管制。人民币汇率制度改革应把握的原则是真正反映市场的供求关系，采用多样化的管理方式和手段，适当扩大汇率的浮动区间。

第二，加强对国际游资的管理和监控，防止汇率波动带来严重冲击。国际游资为追求高额投机利润而在全球金融市场中频繁流动、积聚和炒作，在股票、期货、房地产等极富投机性的市场上，巨额游资可以轻易地在较短时间内吹起经济泡沫，引发市场的暴涨暴跌。

第三，调节外汇储备规模，减轻人民币升值压力。截至 2008 年年底，我国外汇储备规模为 2.1 万亿美元，位居世界第一。虽然当前我国外汇储备充足的态势有利于维护国家和企业的对外信誉，增强海内外对我经济和人民币的信心，有利于拓展国际贸易、吸引外商投资、降低国内企业的融资成本，有利于维护金融体系稳定、应对突发事件、平衡国际收支、防范和化解国际金融风险，但是外汇储备持续激增是国际收支失衡的结果，顺差也是国际收支失衡的一种表现。现在，我们应该由过去的"藏汇于国"向"藏汇于民"转变，"藏汇于民"转变意味着民众与市场也要分担承受汇率风险，这就要求有一个较为完善的外汇市场。

（资料来源：编者整理）

11.4 开放经济中国民收入的均衡

在开放经济中，国民收入的均衡仍然是由总需求与总供给决定的。这里主要分析总需求在开放经济中如何决定一国的国民收入与国际收支状况。

11.4.1 开放经济中的总需求

在开放经济中，一部分国内产品要卖给外国人（出口），国内居民的一部分支出要用于购买外国产品（进口）。因此，在开放经济中，要区分国内支出（即国内总需求）与对国内产品支出（即对国内产品的总需求）这两个概念。国内支出指国内居民户、厂商、政府的支出，其中部分用于购买国内产品，部分用于购买国外产品（进口产品）。对国内产品支出包括了本国对国内产品的支出与国外对本国产品的支出。所以

$$对国内产品支出＝国内支出－进口＋出口$$
$$＝国内支出＋（出口－进口）$$
$$＝国内支出＋净出口$$

这时决定国民收入水平的总需求不是国内需求，而是对国内产品的总需求。因此，在开放经济中，国民收入的恒等式为

$$Y=C+I+G+NX$$

或

$$NX=Y-(C+I+G)$$

式中,NX 为净出口,Y 为产出,$C+I+G$ 为国内支出。

11.4.2 开放经济中均衡国民收入的决定

11.4.2.1 *IS-LM* 模型与国民收入均衡

在运用 *IS-LM* 模型分析开放经济中的均衡时有这样几点假设:第一,不考虑价格变动对均衡的影响,即假设价格是不变的;第二,不考虑资本项目对均衡的影响,即只分析经常项目对均衡的影响,而且用贸易收支均衡来代表外在均衡;第三,假定出口不变,进口取决于国民收入,与国民收入同方向变动,即进口随国民收入增加而增加,随着国民收入减少而减少。

可用图 11-2 来说明开放经济中的国民收入均衡。

在图 11-2 中,*IS* 曲线与 *LM* 曲线相交于 E,决定了利息率为 i_0,国民收入为 Y_0。$NX=0$ 代表了外在均衡,即贸易收支均衡。在假定出口不变时,进口由国民收入决定,当国民收入为 Y_B 时,所决定的进口与出口相等,从而贸易收支均衡,即净出口为零($NX=0$)。如果国民收入小于 Y_B,这时进口小于 Y_B 时的进口,因此,出口大于进口,贸易收支有盈余(即 $NX>0$)。如果国民收入大于 Y_B,这时进口大于 Y_B 时的进口,因此,出口小于进口,贸易收支有赤字(即 $NX<0$)。在图 11-2 中,$Y_0<Y_B$,所以贸易收支有盈余。

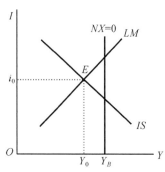

图 11-2　开放经济中的国民收入均衡

11.4.2.2 国民收入均衡的变动

这里运用 *IS-LM* 模型分析总需求(即对国内产品的总需求)变动对内在均衡和外在均衡的影响。

(1)国内总需求增加

国内总需求增加会使 *IS* 曲线向右上方移动,这就会使均衡的国民收入增加,同时也会使贸易收支状况恶化(即贸易收支盈余减少或赤字增加)。可用图11-3说明。

在图 11-3 中,由于国内总需求增加,*IS* 曲线从 IS_0 移动到 IS_1,这时 IS_1 与 *LM* 曲线相交于 E_1,决定了国民收入为 Y_1,即国民收入从 Y_0 增加到 Y_1。由于国民收入增加,进口增加,因此就会使贸易收支盈余减少,即贸易收支恶化。

应当注意的是,这时国内总需求增加对国民收入增加的影响大小,即国内总需求增加所引起的国民收入增加量

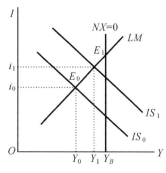

图 11-3　国内总需求变动与国民收入均衡

取决于乘数的大小。但开放经济中的乘数要考虑到进口增加在国民收入中所占的比例。进口增加在国民收入增加中所占的比例称为边际进口倾向。开放经济中的乘数称为对外贸易乘数,计算公式为

$$\text{对外贸易乘数} = \frac{1}{1-\text{边际消费倾向}+\text{边际进口倾向}}$$

这一乘数小于封闭经济中的乘数。

根据以上所述同样可以得出:国内总需求减少,会使国民收入减少,贸易收支状况改善,即贸易收支盈余或赤字减少。可见,国内总需求增加,不仅会影响国内的国民收入,还会影响贸易收支状况,而且国内总需求增加所引起的国民收入增加量也与封闭经济时不一样。

●●● **同步训练**

同步训练

> 目标:理解对外贸易乘数的含义。

(2)出口增加

出口增加提高了对国内产品的需求,从而总需求增加,并使国民收入增加。国民收入的增加会使进口增加,但由于这时国民收入的增加是由出口增加引起的,一般来说,出口增加所引起的国民收入增加不会全用于进口(即边际进口倾向小于1),所以贸易收支状况改善(贸易收支盈余或赤字减少)。可用图 11-4 说明。

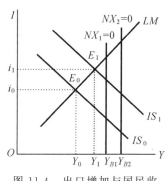

图 11-4 出口增加与国民收入均衡

在图 11-4 中,出口增加使总需求增加,从而 IS 曲线从 IS_0 移动到 IS_1,IS_1 与 LM 相交于 E_1,决定了国民收入为 Y_1,即国民收入从 Y_0 增加到 Y_1。由于出口增加,贸易收支均衡水平由原来的 Y_{B1} 变为 Y_{B2},即在 Y_{B2} 时实现了贸易收支均衡($NX_2=0$)。国民收入增加中进口的增加小于出口的增加,因此,贸易收支状况改善。

当国内总需求中由对进口品的需求变为对国内产品的需求时,也同样会增加对国内产品的总需求,从而与出口增加的影响相同,即国民收入增加,贸易收支状况得以改善。

在开放经济中,除了总需求影响内在均衡与外在均衡以外,价格水平、汇率水平、利率水平等因素也会影响国民收入的均衡及变动。

11.4.3 开放经济中各国经济的依赖性

开放经济中,各国的国民收入决定与变动是相互影响的。一国的失业和通货膨胀会通过不同的渠道传递到其他国家。

11.4.3.1 国际贸易与各国经济的相互依赖性

各国经济的相互依赖性,即失业与通货膨胀的国际传递,主要是通过国际贸易的渠道发生的。

在开放经济中,一国国内总需求与国民收入的增加会通过进口的增加影响对国外产品的需求,从而使与之有贸易关系的国家的国民收入也增加。这种一国总需求与国民收入增加对别国的影响,称为"溢出效应"。反过来,别国由于"溢出效应"所引起的国民收入增加,又会通过进口的增加使最初引起"溢出效应"的国家的国民收入再增加,这种影响被称为"回波效应"。这两种效应概括了各国国民收入变动的相互影响。

各国之间相互影响的程度并不一样,大体上取决于这样几个因素:第一,国家的大小。一般来说,大国对小国影响大,小国对大国影响小。第二,开放程度。开放程度高的国家对别国的影响与受别国的影响都大,而开放程度低的国家对别国的影响与受别国的影响都小。第三,边际进口倾向的大小。一国的边际进口倾向越大,对别国的影响与受别国的影响越大;一国的边际进口倾向越小,对别国的影响与受别国的影响越小。

资料卡 11-5

中美贸易起冲突,德国为何不淡定?

2017 年 8 月,美国总统特朗普宣布美方将根据《贸易法》第 301 条调查中国的贸易行为,调查内容包括中国涉嫌侵犯美国知识产权、强制美国企业进行技术转让的相关指控等。

但是德国媒体不淡定了。这几天,德国各大媒体纷纷发表评论说,中美之间绝对不会有贸易战,也不能有贸易战!

话说回来,中美要打贸易战,德国为何不淡定?

因为中美贸易战一旦付诸行动,真正"开打",受到影响的就绝不会只是中美两国,德国也会跟着倒霉。不仅德国,欧洲也会深受其影响。

德国工商大会主席史伟哲就公开表示:"世界两大经济体之间的争斗也会对德国(欧洲)造成负面影响。"为什么这么说?专家认为,如果特朗普针对中国的贸易制裁不局限于进口范围,德国经济也可能因此受到连累。无论美国还是德国,要想贸易发展顺畅,就必须确保所有贸易伙伴都合作愉快,每个环节都运行流畅。这样企业才能满足遍布全球的客户需求。

举个例子,中国向美国的出口额达 4626 亿美元,占其总出口额的 18.3%,而这又是美国总进口额的 21.4%。中国卖给美国的主要是消费品,而这些消费品是从什么机器上生产出来的呢?"德国造"占了很大比例。不仅如此,这些出口到美国的消费品,还包括德国企业在华公司的产品。当然,还包括其他欧洲国家在华公司的产品。

中美贸易战若开打,德国企业也受影响。更关键的是,如果美国对中国进口产品征收惩罚性关税,同样会冲击美国,从而影响德国等欧洲国家。提高关税导致进口商品涨价,大部分美国消费者会成为这一政策的受害者,尤其是低收入阶层。那么问题就来了,德国经济界不得不面对的一个问题是,如果美国消费者不得不拿出更多钱购买消费品,德国汽车在美国的销量还是不是能维持稳定? 德国与美国和中国的双边贸易额都在1700亿欧元左右,加起来就是约3350亿欧元,相当于德国出口总额的15%。

所以说,美国这项针对性的调查,牵一发而动全身。受影响的不仅仅是中美两国。德国、欧盟都不希望中美贸易战打响。

(资料来源:孙帆.中美贸易起冲突 德国为啥不淡定了?[EB/OL].(2017-08-20)[2018-06-25].http://mt.sohu.com/20170820/n507607979.shtml)

11.4.3.2 国际资本流动与各国经济的相互依赖性

在经济全球化的今天,除了国际贸易之外,国际资本流动也把各国经济紧紧联系在一起。引起这种联系的可能是短期资本流动,也可能是利率变动。在前一种情况下,如果一国发生了衰退而引起资金周转不灵,从各国抽回资本或减少对外投资,就会导致其他国家由于资本外流而总需求减少,从而也发生衰退。在后一种情况下,一国经济变动引起利率变动,而利率变动引起短期资本国际流动,从而影响别国经济。

11.5 对外经济政策

要实现内在均衡与外在均衡不仅需要财政政策、货币政策这些国内政策,还需要对外经济政策。对外经济政策主要包括对外贸易政策、汇率政策、对外投资政策和国际经济关系的协调等。

11.5.1 对外贸易政策

对外贸易政策可以分为两类:一是自由贸易政策,二是保护贸易政策。从总体上看,自由贸易有利于实现世界范围内的资源配置,从而达到全世界经济福利的最大化。但实际上,全世界经济福利的最大化并不一定是各国本身经济福利的最大化。因此,自由贸易往往会受到限制。在不同的时期,不同的国家都是自由贸易与保护贸易政策交替,或两者不同程度的结合。

采取保护贸易政策有利于国内充分就业的实现、经济的增长和国际收支状况的改善。保护贸易政策包括关税政策及非关税壁垒两类。

(1)关税政策

关税政策是保护贸易的主要工具之一。关税是对通过一国海关的货物所征收的税,又可分为进口关税和出口关税。限制进口主要是用进口关税,进口关税包括按进口货物总价值的一定百分比征收的从价关税和按固定税额征收的特别关税,常用的是从价关税。关税可以起到限制进口、保护国内市场的作用,还可以增加本国财政收入。各国还可以根据国内市场的情况调整各种进口品的税率。但是一国在运用关税政策时,也会引起其他国家的报复,从而不利于本国产品的出口。

（2）非关税壁垒

非关税壁垒是用关税以外的工具来限制进口,主要包括以下几种方式。

①限额

限额分为进口限额与出口限额,还可分为对各国不加区别地进行外贸货物限量的非歧视性限额和对不同国家制定不同限量的歧视性限额。此外还有建立在双边协商基础上的自愿出口限额与有计划出口安排,以及在一定关税税率基础上对进口货物施加一定限制的关税限额。这种进口限额有利于减少进口量,保护国内市场。

②补贴

补贴是指对本国与外国进口品进行竞争的部门进行补贴,因此,又称进口竞争部门补贴。这种补贴的目的在于提高本国产品的竞争能力。

③进口特许

进口特许又称进口许可证,目的在于限制进口。进口许可证分为三种:进口数量型许可证——对进口数量加以限制,其中又包括规定一定时间进口的时间性许可证和规定一定条件进口的条件许可证;外汇控制型许可证——控制进口商品所需的外汇;统计许可证——以贸易统计资料为依据,对某些产品的进口加以监督和指导。这种方法能直接控制进口的数量与类型,但会增加贸易成本和贸易的不确定性,同时手续烦琐。

④进口技术壁垒

进口技术壁垒是指通过对商品的技术性能检验来限制进口。这类检验包括对机械设备的性能、零部件通用性的检验以及对与卫生和安全有关的商品的质量控制。这种检验往往成为进口的限制。

非关税壁垒是一种运用非常广泛的保护贸易手段,这种政策工具对保护国内市场是有效的,但也有副作用:一是同样会引起其他国家的报复,二是会引起官员的腐败。

总之,无论哪一种保护贸易政策,在有其积极作用的同时,也产生了副作用。尤其是保护贸易政策之下,走私行为普遍存在,对国内经济会带来不利的影响。

●●●● 同步训练

目标:理解非关税壁垒相关术语的含义。

同步训练

11.5.2 汇率政策

汇率影响对外贸易与国际收支,同样也会影响国内经济。因此,在对外经济政策中,汇率政策也是十分重要的。

11.5.2.1 汇率贬值政策

在固定汇率制度下,贬值可以提高进口品的相对价格,降低出口品的相对价格,从而增加出口,减少进口,既增加了国内就业,又有利于减少国际收支赤字。

但是,汇率贬值对外贸的影响并非如此简单。许多经济学家认为,贬值对经济的影响是先不利后有利。这是因为汇率贬值后,绝大部分贸易按原来签订的合同交易,在按新汇率结算时,会使以本币计算的出口商品收汇减少,而以外汇支付的进口商品的数额却不变,于是在短期内国际收支恶化。只有过一段时间后,随着出口增加,进口减少,对经济才会有有利的影响。

11.5.2.2 汇率管制政策

在浮动汇率情况下,政府也要运用买卖外汇的方法对汇率进行干预,避免汇率的大幅度波动。这是因为,汇率的波动影响人们对未来的预期,使人们对经济持悲观态度,从而影响经济的稳定性。特别是汇率的过分贬值还会使国内通货膨胀加剧,不利于物价稳定目标的实现。有时为了实现经济与非经济目标,也需要通过干预维持较低或较高的汇率。

11.5.3 对外投资政策

资本输出在当代有着重要的意义。在国际经济关系中,有些国家要吸引外资,有些国家要输出资本。对发达国家来说,资本输出更为重要。鼓励对外投资主要采用了这样一些手段:第一,通过国家的对外经济援助和其他政治、经济甚至军事手段,为私人对外投资开辟道路。第二,利用纳税优惠政策鼓励和支持私人对外投资。其中包括可以在应交税费中扣除在国外已交税金的国外纳税减免,避免双重纳税;在国外投资收入汇回之前不予征税的延期纳税;等等。第三,对私人对外投资实行担保和保险。这样可以减少私人对外投资的风险。第四,制定保护海外私人投资利益的法律。第五,利用各种渠道对私人对外投资提供资金上的支持。

11.5.4 国际经济关系的协调

各项对外经济管理政策在实质上都是损人利己的,这就会影响各国之间的关系,引起各国之间的冲突。但从长远看,各国的利益又有其一致性,即各国的经济是共同繁荣的,损人利己最终也会给自己的经济带来困难。这就需要调整各国之间的经济关系。

从国际范围来看,对各种经济关系的协调主要有这样一些途径:第一,建立各种国际经济组织,通过这些组织来协调各国经济关系,如世界贸易组织和国际货币基金组织等。第二,建立地区性经济一体化组织,加强本地区经济发展,协调本地区的经济关系,并共同对付其他国家,如欧共体。第三,各国、各集团之间进行双边或多边谈判,各方做出相应的让步。

在现实中,经济关系总是与政治、军事等关系交织在一起。因此,国际经济关系的协调还涉及许多其他问题。

我国 1990 年以来宏观经济政策国际协调的实践

20 世纪 90 年代,经济全球化对我国经济和社会生活产生了深刻的影响,一是因为经济全球化的互动效应加大,二是因为我国的改革开放程度加深。在此过程中,政府运用宏观经济政策方面受经济全球化影响最深,它往往被不自觉地要求与外部经济协调配合。

20 世纪 90 年代上半期,主要宏观经济政策利用世界经济稳定形势,专注于国内均衡,在内部协调方面取得了长足进步。这一时期,世界主要经济实体美国、西欧经济相对平稳,它们所执行的宏观经济政策也比较稳健,这给我国的宏观经济政策提供了良好的运行环境。我国宏观经济政策的目标主要集中于国内的经济增长和通货膨胀,1993 年下半年至 1996 年,通过紧缩性的财政政策和货币政策"双紧"搭配,成功地实现了经济的"软着陆"。同时,我国政府还对汇率制度进行了改革,实行有管理的浮动汇率制度,这为日益开放的经济提供了又一政策平台。但是,有管理的浮动汇率制和"双紧"政策同时运用,使国际收支出现较大顺差,人民币汇率升值压力增大。

1997 年东南亚金融危机冲击我国经济,宏观经济政策不得不与之协调配合。1997 年东南亚金融危机对我国宏观经济政策的影响首先在于形成了巨大的汇率压力和外贸压力。由于周边国家的货币都大幅贬值,人民币汇率升值形成了对出口部门沉重的压力;而且,这些国家自我保护的外贸政策也直接影响到我国的出口贸易。东南亚危机对我国宏观经济政策产生更深远影响的是外资政策。国际投资者出于对投资风险的考虑而减少对外投资,使外资政策效应减弱。国家有关统计数据显示,1997 年下半年,我国出口增长逐步放缓,贸易顺差减少,贸易部门效益恶化,外国资本流入减少,国内资本因降息而外逃。外部经济环境的负面影响,最终减缓了我国经济发展的步伐,也导致 1998 年"通货紧缩"现象出现。

这一时期,我国宏观经济政策处于两难境地:一方面需要与外部经济协调,实行人民币汇率贬值,外贸政策更为宽松,货币政策需要扩张;另一方面,为防范通货膨胀和金融风险,人民币汇率政策不便使用,货币政策也不能过于扩张。在此情况下,我国政府坚持稳定的汇率政策和稳健的货币政策,同时运用积极的财政政策来调控经济的运行。政府也运用外贸政策与国际经济协调,加大出口补贴和出口退税力度,减免部分出口商品税收,鼓励出口。但是,世界经济特别是亚洲经济的衰退,以及亚洲诸国采用"以邻为壑"的货币贬值政策,使我国外贸出口更为困难。1998 年,我国商品出口总额为 1836 亿美元,增速仅为 0.5%。对于外贸依存度较高的发展中国家而言,外需的减少加剧了国内经济的紧缩。这也就是为什么 1997—1998 年我国宏观经济政策效果不是十分明显的重要原因之一。1999 年,我国政府继续为解决"通货紧缩"而努力,大力执行积极的财政政策和稳健的货币金融政策,侧重于内部政策的协调配合,取得了一定的效果。1999 年,经济增速为 7.1%,物价则持续走低,CPI 下降 1.4%,PPI(生产价格指数)下降 3%。众多经济学家认为,我国经济要尽快走出"通货紧缩"阴影,外部政策如汇率政策、外资政策、外贸政策必须同时加大调控力度,从而与世界经济协调配合。

2000 年下半年开始,世界经济发展速度整体放缓,影响到我国宏观经济政策效果;特别是美国、西欧、日本三大经济体出现衰退,它们所执行的宏观经济政策影响到我国经济,要求我国宏观经济政策注重国际协调。面对经济的衰退,美国实施了扩张性的财政政策和货币政策,并动用行政手段推行贸易扩张和保护政策。这种政策的实施,虽然一定程度上鼓舞了世界各国的经济信心,有助于我国宏观经济政策保持一贯性,便于治理"通货紧缩";但是,它也使我国外贸出口形势更为严峻,外贸政策效应更小,汇率政策又面临协调变动的情形。出于经济发展的长远考虑,结合国内的经济形势,2000 年以来,我国的汇率政策并未改变,只是强调了外贸政策、外资政策与外部经济协调,鼓励出口,同时利用稳健的货币政策对外国资本进行协调,引进外资。宏观经济政策的协调依旧侧重在国内经济部分,这也制约了我国经济的快速恢复。

(资料来源:编者整理)

【本章小结】

■ 框架体系

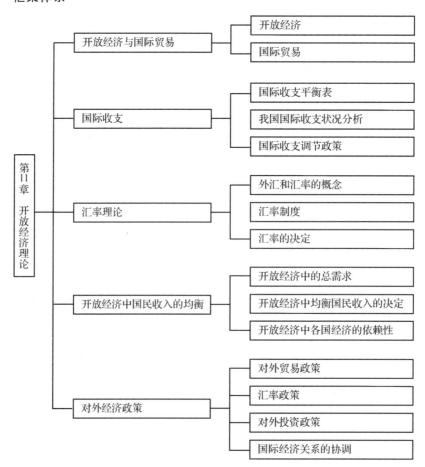

■ **主要术语**

开放经济　国际贸易　国际收支　经常项目　资本项目　汇率　固定汇率
浮动汇率　购买力平价理论　对外贸易乘数　关税　自由贸易　保护贸易
非关税壁垒

■ **主要理论**

通过学习本章,你已经了解了开放经济的基础知识和基本理论,包括开放经济的
含义、国际贸易的基本理论、国际收支账户的内容及平衡与调节、汇率的基础理论、开
放经济中国民收入的均衡以及对外经济政策。以下几个方面作为本章重点,你应该掌
握好。

□ 开放经济就是参与国际经济活动的经济,在这些国际经济活动中最重要的是国际
贸易。衡量一个国家开放程度的指标是一国进口总额占 GNP 或 GDP 的比重。影响一
国经济开放程度的因素主要有经济发达程度、自然资源的赋予、经济结构特征、历史文化
传统的影响以及政治与经济的政策等。

□ 对国际贸易有什么好处的解释主要有亚当·斯密的绝对有利理论、李嘉图的相对
有利理论和赫克歇尔—奥林定理。国际贸易总体能促进一国的经济发展,但也有不利的
影响,即国内经济会受到国际经济波动的影响,从而导致经济不稳定。

□ 国际收支是指一国在一定时期内从国外收进全部货币资金和向国外交付全部货
币资金之间的对比关系。国际收支平衡表是系统记录一定时期各种国际收支项目及其
金额的一种统计表,可以用来评价一国对外经济活动的情况。

□ 汇率又称汇价,是一个国家的货币折算成另一个国家货币的比率,也就是用一国
货币单位所表示的另一国货币单位的价格。汇率的决定理论主要有购买力平价理论。
影响汇率的因素主要有国际收支状况、通货膨胀、利率、经济增长率、财政赤字、外汇储
备等。

□ 开放经济中总需求的组成为国内需求加进出口净值,进口一部分是自发性的,另
一部分取决于国民收入水平和边际进口倾向。四部门经济中总需求的变动、进出口的变
动都影响均衡国民收入如何决定和国际收支的改善或恶化。

□ 政府对外经济政策主要包括保护贸易政策(包括关税政策和非关税壁垒)、汇率政
策(包括汇率贬值政策和汇率管制政策)、对外投资政策和国际经济关系的协调等。

▶ **【理论自测】**

■ **客观题**

□ 选择题

1. 为每个关键术语选择一个定义。

　　　　　经济开放度

A. 又称应收标价法,是以一定单位的本国货币为标准,
用折合多少外国货币来表示,即一定单位本国货币值
多少外国货币

理论自测

开放经济理论
第11章

_____ 国际收支		B. 衡量一个国家开放程度的标准,是进口总额与国民生产总值或国内生产总值的比率
_____ 汇率		C. 一国在一定时期内(通常是一年内)对外国的全部经济交往所引起的收支总额的对比
_____ 直接标价法		D. 又称"汇价",是一国货币单位同他国货币单位的兑换比率
_____ 间接标价法		E. 又称应付标价法,是以一定单位的外国货币为标准,用折合多少本国货币来表示,即一定单位外国货币值多少本国货币
_____ 浮动汇率制		F. 指一国中央银行不规定本国货币与他国货币的官方汇率,汇率由外汇市场自发决定的一种汇率制度
_____ 固定汇率制		G. 指一国货币同他国货币的汇率基本固定,其波动仅限于一定幅度之内的一种汇率制度
_____ 均衡汇率理论		H. 汇率的高低由外汇市场上的供给和需求水平决定的理论

2. 各国之间开放程度差异大的原因是多种多样的,归结起来主要有( )。

A. 经济发达程度   B. 自然资源的赋予

C. 经济结构特征   D. 历史文化传统的影响

E. 政治与经济政策

3. 国际贸易的经济效应有( )。

A. 资源配置在世界范围内实现最优化   B. 产品价格的均等化

C. 生产要素的价格均等化   D. 贸易摩擦引起政治摩擦

4. 国际收支调节政策包括( )。

A. 调整进出口   B. 调整利率   C. 调整汇率   D. 开展国际合作

5. 非关税壁垒是用关税以外的工具来限制进口,其中包括( )。

A. 限额   B. 补贴   C. 进口特许   D. 进口技术壁垒

□ 判断题

( )1. 经济发达程度与开放度是正相关的,经济越发达,出口也就越多,从而开放度越高。

( )2. 一国无论生产什么绝对成本都低于另一国。在这种情况下,国际贸易不会产生。

( )3. 斯密的理论建立在两国相对成本比较的基础之上,可以说是相对有利理论。

( )4. 目前,世界各国的外汇大都采用间接标价法。

( )5. 当前我国实行的是固定汇率制度。

■ 主观题

1. 什么是开放经济? 一个国家的开放程度如何决定? 如何衡量?

2. 亚当·斯密的绝对有利理论的基本观点是什么? 李嘉图的相对有利理论的主要

观点是什么？赫克歇尔—奥林定理的基本内容是什么？

3.国际贸易会给一个国家的经济带来什么有利和不利的影响？

4.为什么要实行贸易保护政策？贸易保护政策主要包括哪些内容？

5.什么是国际收支？国际收支平衡表的基本项目有哪些？国际收支调节理论主要包括什么内容？

6.什么是汇率？汇率如何决定？影响汇率的因素有哪些？

7.在开放经济中均衡国民收入是如何决定的？

8.对外经济政策主要有哪些内容？

【应用自测】

应用自测

金融危机带来的机遇与挑战

2008年，在次贷危机演化为全球金融危机并进一步危及实体经济的情况下，主要股指均出现大幅下跌，纷纷创下历史或阶段新低。

1.美国股市前期宽幅震荡，后期加速下跌

2008年年初至3月上旬，受次贷危机影响，美国三大股指总体保持震荡下行走势。3月10日后，受美联储与西方主要央行推出一系列救市措施以及一些大企业发布的一季度财报优于市场预期等因素影响，三大股指逐步震荡走高。5月19日后，在原油价格屡创新高、投资者对通胀和经济前景担忧升温以及房利美、房地美和其他金融机构股价大跌等因素的影响下，三大股指再度震荡下跌至7月15日。此后，在油价下跌、美国证券交易委员会宣布限制"裸卖空"条例、政府公布一系列救市措施等因素的影响下，美国三大股指震荡回升。进入9月后，随着美国金融危机的逐步加剧，美国大型金融机构均损失惨重，同时，实体经济形势也不断恶化，受此影响，三大股指大幅下跌。11月20日，道琼斯指数报收于7552点，创5年半以来最低收盘纪录；标准普尔500指数报收于752点，创11年来最低纪录；纳斯达克指数报收于1316点，创5年来最低纪录。此后，在美国政府推出一系列救市措施，以及市场看好奥巴马新组建的政府经济团队等因素的推动下，美国股市从低点反弹。2008年年末，道琼斯指数、标准普尔500指数和纳斯达克指数分别报收于8776.4点、903.3点和1577点，较2007年年末分别下跌33.8%、38.5%和40.5%。

2.欧洲股市震荡下跌

2008年，欧洲主要股指和美国股市走势基本类似。一季度，在各大银行接连公布次贷损失，导致银行、保险等金融股遭受重挫的影响下，欧洲股市震荡下跌。其后，因公布的一些经济数据相对强劲，增强了市场信心，欧洲三大股指震荡上涨。进入下半年，在国际金融危机严重影响欧洲各国实体经济、汽车和建筑等行业销售大幅下滑、大批企业裁员等因素的影响下，各主要股指开始大幅下跌。11月下旬起，因各国相继出台一系列经济刺激方案，中央银行多次采取降息、注资等救市措施，欧洲主要股指有所回升。2008年年末，德国DAX、法国CAC40股指和英国金融时报股指分别报收于4810点、3218点和

4434.2 点,较 2017 年年末分别下跌 40.4％、42.7％和 31.3％。

3. 亚洲地区各股指显著下跌

2008 年年初开始,在美国次贷危机引发全球金融市场动荡,国际原油和粮食价格持续上涨导致各国通货膨胀压力加剧,亚洲部分国家(如中国、越南、印度、印尼等)采取了紧缩性货币政策等因素的影响下,亚洲地区各主要股指震荡下跌,其中,越南、中国内地和印度股指跌幅位列全球前三。9 月后,美国次贷危机演化为全面金融危机,并拖累实体经济发展,美欧等经济体对亚洲的进口需求减缓,外资也出现撤离亚洲市场的迹象。受以上因素影响,亚洲地区各主要股指大幅下跌。至 11 月末,在亚洲各国通胀压力减缓、中央银行均采取降息措施、政府出台刺激内需的经济振兴方案等因素的影响下,亚洲各主要股市有所反弹。2008 年,亚洲地区主要股指全年跌幅均超过 40％。其中,日经 225 股指全年下跌 42％,澳大利亚股市下跌 43％,上证综指下跌 65.4％,均创下历史最大年跌幅;中国香港恒生指数全年跌幅达到 48.3％,是自 1974 年以来表现最差的一年;韩国股市全年下跌 41％,创 8 年来最大年跌幅;印度股指下跌 52.4％,泰国股指下跌 47.6％,越南股指下跌 66％。

(资料来源:中国人民银行上海总部国际金融市场分析小组.2008 年国际金融市场报告[R/OL].(2014 – 08 – 14)[2018 – 06 – 25].https://wenku.baidu.com/view/cdfb7db26294dd88d0d26b87.html)

根据以上资料回答下列问题:

1. 政府对危机采取了哪些救市措施?

2. 后来经济恢复了吗?股指恢复了吗?什么因素促使经济和股指恢复(或没恢复)?

3. 股指大幅下跌,是否会给投资者带来机会?为什么?

➡️【案例分析】

案例分析

■ 案例评论

□ 案例

2008 年国际金融市场报告

《2008 年国际金融市场报告》(以下简称《报告》)指出,2008 年国际金融危机持续扩散,一些大型金融机构陷入困境,主要市场信用萎缩,公众信心受挫,危机对实体经济的负面影响持续加深。主要经济体相继衰退,其他经济体增长也显著放缓。多数经济体实施扩张性宏观经济政策并采取必要的救援措施。预计 2009 年世界经济的不景气状态仍将持续,国际金融市场动荡局面也将延续,但随着危机效应更加彻底的释放和各方面应对措施效果的逐渐显现,国际经济金融形势也可能出现转机。

《报告》指出,2008 年,主要发达经济体继续主导国际金融市场格局,新兴市场经济体所占市场份额继续有所上升;受国际金融危机影响,国际金融市场动荡加剧,部分市场交易萎缩,价格波动剧烈,利率总体走低,主要股指大幅度下跌,下半年部分市场行情出现大幅度逆转。美元上半年走弱、下半年走强。大宗商品价格上半年大幅度上升,原油、基本金属、农产品等大宗商品价格持续上涨并不断创出历史新高;下半年行情逆转,石油、铜、铝都由年中达到的历史最高点分别降至年底的近五年来最低点。《报告》指出,国际金融体系在危机中暴露了一些不稳定因素,需进行必要改革。应强化在国际金融体系中占主导地位的国家的国际责任,扩大发展中国家在国际金融体系中的作用,逐步改善国际货币体系,改革国际金融组织,加强国际金融监管,鼓励区域金融合作,提高国际金融体系的稳定性。

《报告》认为,面对国际金融危机带来的挑战,中国果断采取了扩大内需等积极应对措施,同时也在力所能及的范围内对外提供各种形式的援助,参与国际及区域经济金融合作。在外资对中国金融市场参与进一步加大的同时,中资也继续积极审慎地参与国际金融市场。今后,中国将继续支持市场发展创新;进一步优化中国金融市场参与者结构,适当扩大境外资本对中国金融市场的参与程度;积极参与国际监管合作,推动国际金融秩序调整;创造条件推动中资金融机构和机构投资者参与国际市场;继续积极稳妥地推进中国金融市场对外开放。

(资料来源:中国人民银行上海总部国际金融市场分析小组.2008 年国际金融市场报告[R/OL].(2014 - 08 - 14)[2018 - 06 - 25].https://wenku.baidu.com/view/cdfb7db26294dd88d0d26b87.html)

□ 问题

1. 根据《报告》,你认为金融危机扩散到全球的根源是什么?

2. 根据《报告》,你认为金融危机为什么会影响实体经济?

3. 根据《报告》,请给出应对金融危机的措施。

□ 考核点

国际金融危机;汇率;对外开放

■ **决策设计**

□ 案例

中国金融市场与国际金融市场价格走势

1. 与国际债券市场相似,中国国债收益率曲线更加陡峭

2008 年,全球主要经济体国债收益率曲线的扁平化特征得到进一步修正。在中国银行间债券市场上,尽管 2008 年中短期国债和长期国债的收益率均走低,但中短期国债收益率的降幅明显大于长期国债,国债收益率曲线变得更加陡峭。

2. 中国外汇市场与国际外汇市场交易价格走势基本一致

2008 年,银行间外币/外币即期市场交易价格的走势与国际市场基本一致,如欧元/美元、美元/日元等。

3. 中国主要股指 2008 年度跌幅位居全球最大跌幅之列,表现出作为新兴市场的不稳定性

2008 年,与全球股市走势相似,中国主要股指也出现明显下跌。2008 年年末,上证综指和深证综指分别报收于 1821 点和 554 点,同比分别下跌 65.4% 和 61.7%。2007 年中国主要股指年度涨幅为全球最高,2008 年中国主要股指位居全球跌幅最大之列,表现出作为新兴市场的不稳定性。

4. 中国多数期货品种的价格走势与国际市场基本一致

2008 年,上海期货交易所(SHFE)的铜、铝、锌期货与伦敦金属交易所(LME)的价格走势基本一致。由于供需结构的差异,国内外农产品期货市场走势的相关度存在一定差异。其中,中国市场大豆、豆粕、豆油、棕榈油市场与国际市场走势关系密切,中国玉米市场与国际市场相关度不高。

5. 中国黄金市场价格走势与国际市场基本保持一致

在 2008 年的多数交易日中,中国黄金市场价格走势与国际市场基本保持一致,平均差价幅度为 0.67 元/克。

(资料来源:中国人民银行上海总部国际金融市场分析小组.2008 年国际金融市场报告[R/OL].(2014 - 08 - 14)[2018 - 06 - 25]. https://wenku.baidu.com/view/cdfb7db26294dd88d0d26b87.html)

□ 问题

1. 中国金融市场与国际金融市场价格是否有关联性?

2. 根据《报告》,请问中国金融市场是否国际化?

3. 假如你是债券、股票、黄金投资者,你是否需要考虑国家金融市场形势?为什么?

□ 考核点

国际金融市场;价格走势;关联性

▷【自我评价】

学习成果	自我评价				
我已经知道了什么是开放经济以及如何衡量一个国家的开放程度	□很好	□较好	□一般	□较差	□很差
我已经明白了了国际贸易的含义以及国际贸易带来的好处	□很好	□较好	□一般	□较差	□很差
我已经掌握了一个国家国际收支的计量以及国际收支表的项目构成	□很好	□较好	□一般	□较差	□很差
我已经理解了开放经济中总需求的组成与均衡国民收入的决定	□很好	□较好	□一般	□较差	□很差
我已经了解了政府对外经济政策的主要内容	□很好	□较好	□一般	□较差	□很差

参考文献

[1] 保罗·萨缪尔森,威廉·诺德豪斯.经济学学习指南[M].曹祖平,许云翀,张会,等译.北京:华夏出版社,2000.

[2] 保罗·A.萨缪尔森,威廉·D.诺德豪斯.经济学(第12版)[M].高鸿业,等译.北京:中国发展出版社,1992.

[3] 厉以宁.西方经济学[M].北京:高等教育出版社,2002.

[4] 梁小民.宏观经济学[M].北京:中国社会科学出版社,1996.

[5] 梁小民.微观经济学[M].北京:中国社会科学出版社,1996.

[6] 梁小民.西方经济学教程[M].北京:中国统计出版社,2000.

[7] 卢锋.经济学原理(中国版)[M].北京:北京大学出版社,2002.

[8] 罗节礼.当代西方经济学原理[M].成都:四川大学出版社,2001.

[9] 迈克尔·帕金.经济学(第5版)[M].梁小民,译.北京:人民邮电出版社,2003.

[10] 曼昆.宏观经济学[M].5版.张帆,梁晓钟,译.北京:中国人民大学出版社,2005.

[11] 曼昆.经济学基础(第二版)[M].梁小民,译.北京:生活·读书·新知三联书店,2003.

[12] 曼昆.经济学原理(原书第3版)[M].梁小民,译.北京:机械工业出版社,2003.

[13] 斯蒂格利茨.《经济学》小品和案例[M].王尔山,等译.北京:中国人民大学出版社,1998.

[14] 斯蒂格利茨.经济学[M].北京:中国人民大学出版社,2000.

[15] 宋承先.现代西方经济学[M].上海:复旦大学出版社,1997.

[16] 尹伯成.西方经济学简明教程[M].上海:上海人民出版社,2002.

[17] 张瑞恒.经济学原理[M].重庆:重庆大学出版社,2002.

[18] 中国世界经济学会.世界经济与中国(2003年)[M].北京:人民出版社,2004.